"新师范"建设丛书

下册

广东省基础教育优秀在线教学案例集

陈文海　熊建文　赵艺◎主编

广东高等教育出版社
Guangdong Higher Education Press
·广州·

内容简介

2020年4月，华南师范大学依托广东省“新师范”建设指导委员会，组织召开了“华南师大－中小学”协同发展联盟优秀在线教学案例云分享会，优中选优，筛选出14个学科的101个教学案例结集成册，分为上、下两册出版。本书为下册，分为数学篇、物理篇、化学篇、生物篇和信息技术篇5篇，共51个教学案例，大部分案例附有视频资源。这些优秀教学案例和课例视频，可帮助广大基础教育一线教师提升在线教学水平，促进信息技术与学科教学的深度融合；可供中小学教师交流在线教学经验和方法，促进在线教学技术创新发展。全书架构清晰，示例丰富，适合作为中小学教师、教学研究者的在线教学方法参考用书。

图书在版编目（CIP）数据

广东省基础教育优秀在线教学案例集．下册/陈文海，熊建文，赵艺主编．—广州：广东高等教育出版社，2021.2
（“新师范”建设丛书）
ISBN 978－7－5361－6900－5

Ⅰ．①广…　Ⅱ．①陈…②熊…③赵…　Ⅲ．①中小学－网络教育－教案（教育）Ⅳ．①G632.421

中国版本图书馆CIP数据核字（2020）第202035号

GUANGDONG SHENG JICHU JIAOYU YOUXIU ZAIXIAN JIAOXUE ANLI JI · XIACE

出版发行	广东高等教育出版社 社址：广州市天河区林和西横路 邮编：510500　营销电话：（020）87553335 http://www.gdgjs.com.cn
印　刷	广州市怡升印刷有限公司
开　本	787毫米×1092毫米　1/16
印　张	21.5
字　数	524千
版　次	2021年2月第1版
印　次	2021年2月第1次印刷
定　价	68.00元

序　　言

荀子有言："国将兴，必贵师而重傅；贵师而重傅，则法度存。"教师队伍的建设，事关国家和民族的兴衰成败。2018 年，中共中央、国务院颁布《关于全面深化新时代教师队伍建设改革的意见》。同年，广东作为教育大省在全国率先出台《广东"新师范"建设实施方案》，助推全省乃至全国的教育现代化建设。该方案明确提出，要办好一批高水平、有特色的师范院校和师范类专业，形成在全国具有影响力的教师教育广东新模式。2019 年，广东省教育厅专门组建广东省"新师范"建设指导委员会，秘书处设在华南师范大学。

华南师范大学是一所以教师教育为特色和传统的高等学府，其最初的源头是 1921 年创立的广州市立师范学校。1933 年，以这所师范学校为基础，成立勷勤大学师范学院。在随后数十年中，学校数易其名，最终于 1982 年定名为华南师范大学。经过近百年的探索与积累，如今的华南师范大学已经成为我国南方的教师教育"重镇"。近年来，以"新师范"建设为契机，华南师范大学聚焦国家重大发展战略和广东基础教育发展需求，制定出台了《"新师范"建设行动计划（2018—2022 年）》，以培养新时代"四有"好教师为目标，为粤港澳大湾区输送了一批又一批兼具家国情怀和国际视野的卓越人才，在打造大湾区文化教育共同体、引领基础教育改革与发展等方面做出了积极贡献。

2020 年是《教育信息化十年发展规划（2011—2020 年）》和《教育信息化"十三五"规划》收官之年，也是深入推进《教育信息化 2.0 行动计划》、加快发展"互联网+教育"的教育创新之年。在抗击新冠肺炎疫情的特殊背景下，广大一线教育工作者响应教育部"停课不停学"号召，淬炼教育信息技术，全面开展线上教学，并由此涌现出一批饱含教育激情和教育智慧的优秀在线教学案例。为总结、巩固、引领和继续深化基础教育在线教学成果，华南师范大学依托广东省“新师范”建设指导委员会、“华南师大－中小学”协同发展联盟平台，于2020年4月开展了面向中小学的语文、数学、英语、政治、历史、地理、物理、化学、生物等14个学科的在线教学案例征集和评选，并举行线上云分享会，有100多所学校的6 000多名教师在线参加了这次活动。

本次活动共征集到各类在线教学案例1 229个，经过专家认真评选，从中评出一等奖123个。在这123个教学案例中，我们优中选优，选取了其中101个案例入编成集。这套优秀在线教学案例集具有鲜明的时代特色：第一，发挥优秀教学案例的示范性，分篇收录了14个学科的优秀在线教学案例，量足质优，兼顾覆盖面和典型性；第二，发挥大学学科教研力量的引领性，每篇均设有学科导言，并在每个案例后附有学科专家有针对性的精要点评，从学科角度指引现代教育技术与学科教学深度融合的可能途径和先进模式；第三，呈现方式新颖，体现出新型图书的特点，兼具图文和视频，阅读体验更佳。

在这次史无前例、世无前例的大规模在线教育实验中，全国亿万师生开展大规模在线教育，这对运用信息化手段推进教育教学方式改革具有革命性意义。广东省的教育战线工作者们戮力同心，践行使命，取得了不少值得总结和推广的成果。衷心希望本教学案例集能给同行者以鼓舞，能给后继者以启发。让我们继往开来，共创中国现代教育新华章。

陈文海
于华南师范大学
2020年6月12日

目　录

数　学　篇

物理篇

化学篇

生 物 篇

信息技术篇

数学篇

数学在线教学的经验

华南师范大学　冯伟贞、苏洪雨

在“停课不停学”的状况下，原来在基础教育中处于“业余”状态的在线教学突然“转正”，而教师们也从对在线教学的迷惑、观望，逐步转向大胆尝试、探究。经历了近百天的在线教学的实践，许多教师适应了这种在线教学的方式，由此也产生了不少优秀的在线教学案例，为开展在线与在校的混合式教学提供了丰富的经验。

数学教学有数学学科的特点。数学的高度抽象、推理论证的严谨和广泛应用注定其教学方式与其他学科有着显著的不同。对于在线教学，数学学科也面临着同样的问题。如何通过网络，构建一个“虚”和“实”的数学课堂环境，吸引学生投入数学学习？这对数学教师有很大的挑战。例如，面向虚拟的“课堂”，怎样设计合理的数学教学？在授课中，如何了解学生的学习状态？怎样开展有效的数学交流互动？教学展现形式对学生学习有什么影响？如何评价学生的数学学习？等等。

面对突发的疫情，数学教师在“摸着石头过河”的情形下，开始尝试面向未来的在线教学。经过几个月的努力，许多教师不仅掌握了在线教学技术，而且创造了具有数学特色的教学模式与案例，这为未来的在线教育发展提供了很好的示范。这些线上教学模式主要包括：(1) 精讲录播 + 自主练习 + 直播互动 + 评价反馈；（2）同步直播＋互动探究＋展示分享＋归纳总结；（3）课前导学＋整合录播＋及时反馈＋批改评讲；（4）任务发布＋自主探究＋展示分享＋直播提升＋讨论总结；等等。这些模式为数学线上教学提供了很好的参考，也为未来的数学教育发展提供了新的研究思路。

当然，无论是哪种在线数学教学模式，最后都应以学生的学习效果进行评价，也就是无论怎样教学，必须提高学生数学学习兴趣，促进学生数学学习，提升学生数学能力。因此，在线教学模式也就要体现数学教学的本质，即以学生为主体、教师为主导的教学。数学是需要“思维”的学科，既有抽象的高度，又有和现实密切相关的直观性；学习数学既需要严谨的逻辑，又需要观察、归纳、类比和猜想。所以，线上教学作为一种形式，更重要的是让学生体验数学的本质，这自然和线下教学有不同之处。在线上教学中，最需要师生互动，哪怕学生在聊天区回应一个“是”或“否”，教师也能稍感踏实。但是，线上真实的互动存在着各种各样的问题：一是视频对话、分享屏幕都可能受到网络不畅的干扰；二是直播平台在技术方面无法实现多人共同交流，交流环境嘈杂，当参与讨论的人数超过 10 人，课堂就会变得很混乱；三是数学符号、图形只能通过图片交流，而拍摄、传递图片又使得交流失去了直接性，与线下教学无法比拟。这都是线上数学教学中互动交流的问题，需要进一步的技术升级。

尽管现在的线上教学在技术方面还有许多的不足，但是今天的技术愈加丰富，尤其是随着高速网络的普及，各种在线教学的平台、媒体、数学教学的辅助软件使得线上教育蓬勃发展。对于数学教师而言，既要深刻理解数学，理解学生，进行合理的数学教学设计；又要勇于尝试各种技术，充分利用技术开展教学，通过线上教学，探讨技术与数学教学的整合，发展有特色的数学教育技术。例如，数学课例的录制，不仅要注重知识的传授，而且要适度生动活泼，吸引学生观看；通过社交软件或者直播平台与学生互动交流，掌握学生自主学习的效果；充分利用数学软件，例如超级画板、几何画板、GeoGebra、SPSS 等软件，展示数学的发生发展过程，帮助学生理解数学。

在开展了近一个学期的线上教学之后，我们解决了一些远程教育的问题，积累了成功的经验，摸索出适用的教学模式，但是也发现了许多的问题。例如，数学语言独特，如何在线上教学中有效地开展书面交流？如何有效监控学生的数学思维过程，发现学生学习中存在的问题？如何有效地进行数学评价，并做到因材施教？……这些都是在未来的数学教学中，值得深入探讨的问题。

高一“正弦定理”教学案例

华南师范大学附属中学　罗碎海

一、 案例简介

“教是为了不教”。学生会学习、学生能发现新知识、学生能解决新问题，这是教学的最终目的与最高目标。笔者认为对数学的学习若能从“自然、优美、简单”去探究数学的发现发展过程，就可以接近“教是为了不教”的目标。

本案例是人教A版高中数学必修5第一章“解三角形”第一节“1.1.1 正弦定理”的内容。三角形中的正弦定理，课本上是通过发现直角三角形中边与所对角正弦值之比相等，从而猜想推广到一般三角形中。根据对往届学生的调查，发现没有学生是这样得出正弦定理的，说明书上方法不合理，至少与学生现有的学习心理与数学思维不吻合，即对培养学生思维能力、发现新知识的能力不利。笔者采用数学代数的形式演变与探求几何意义相结合的方法进行教学（往届学生易想到，接受自然，评价较高），以期让学生学得自然，体会追求代数形式的美并改进公式，进一步明白公式的代数变形隐含的几何意义，通过了解几何意义又改进代数公式，达到“自然、优美、简单”。在这里，“自然”指学起来容易，“优美”指学起来有趣有情，“简单”指便于记忆应用。

二、 教学设计

（一）教学要点

——复习小学的三角形面积公式：

$$S=\frac{1}{2}\times底\times高$$ **（知识源头）**

——应用初中知识用字母表示面积公式：

$$S=\frac{1}{2}ah_a$$ **（代数观点）**

——应用高中三角函数，将面积公式中的三角形的高换为三角形基本元素（三边与三角）表示：

$S=\dfrac{1}{2}ab\sin C$（**基元观点**）

——由数学形式的对称性得到三个面积公式相等：

$S=\dfrac{1}{2}ab\sin C=\dfrac{1}{2}bc\sin A=\dfrac{1}{2}ca\sin B$（**数学元素对称性**）

——让等式形式变得更美观、简单、对称：

$\dfrac{\sin C}{c}=\dfrac{\sin A}{a}=\dfrac{\sin B}{b}$（**代数形式演变**）

——代数比值相等，发现只由一边与一角，即$\dfrac{\sin A}{a}$决定比值（**整体与部分关系**）

——寻求比值的几何意义，代数返回几何（**数形统一**）

——固定角位置，让边位置动（**代数不变让几何动**）

——看不到规律，用对称性换为固定边位置，让角位置动（**元素对称性**）

——发现与圆周角定理有关（**同弦所对圆周角相等或互补**）

——特殊化得到比值：

$\dfrac{\sin A}{a}=\dfrac{1}{2R}$（**普遍性与特殊性**）

——发现将公式上下颠倒书写更简单：

$\dfrac{a}{\sin A}=\dfrac{b}{\sin B}=\dfrac{c}{\sin C}=2R$（**数学简洁美**）

——应用发现三角形中边大则正弦大，正弦大则边大：

$a>b\Leftrightarrow\sin A>\sin B$

（二）教学实施

教学 PPT 截图见图 1，具体教学内容请观看课例视频。

（a）

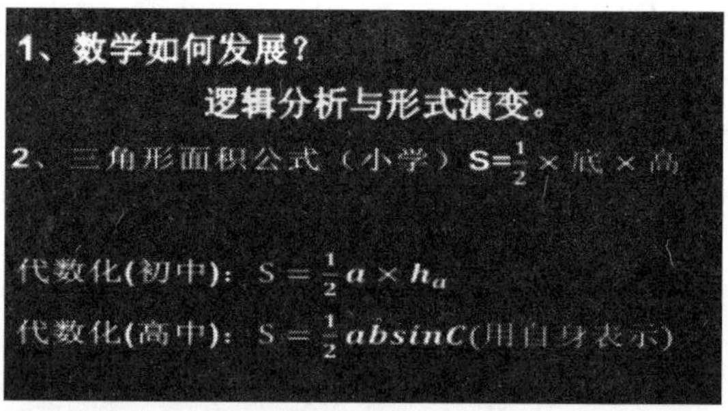

（b）

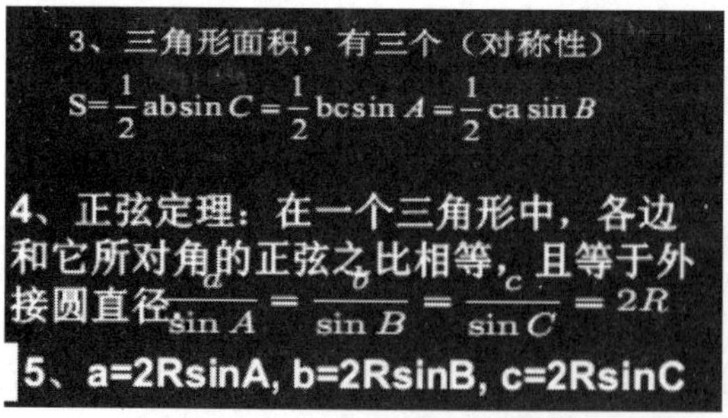

（c）

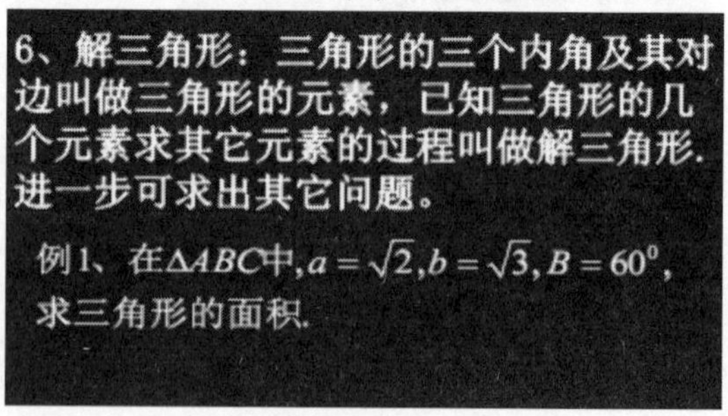

（d）

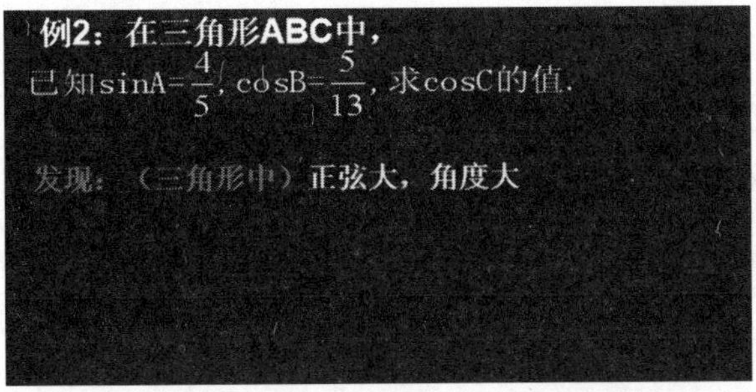

(e)

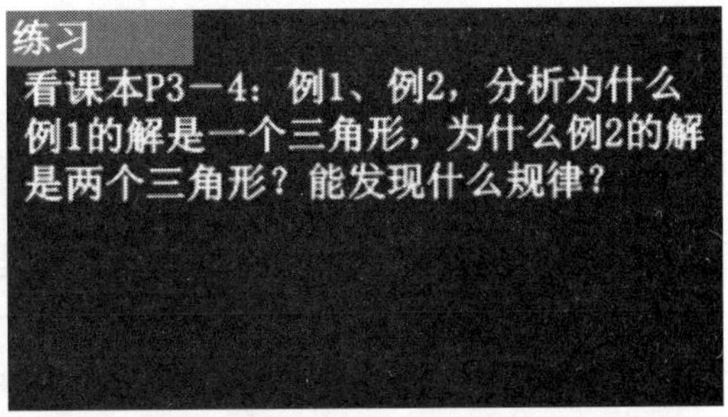

(f)

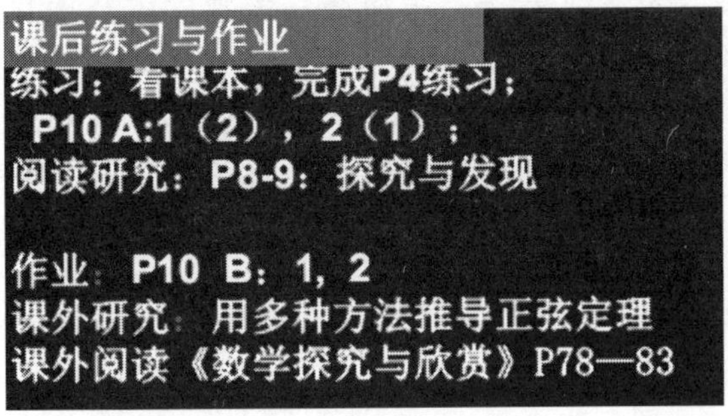

(g)

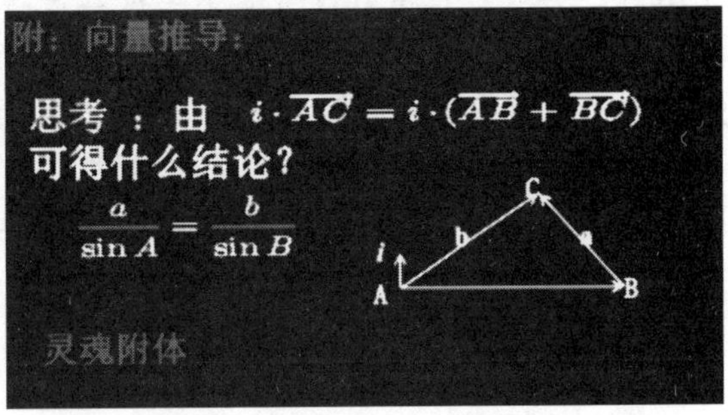

(h)

图 1　教学 PPT

（微信扫描二维码可观看课例，网页下载链接：
https://portal.scnu.edu.cn/article－13963－522－1.html）

三、 教学成效与反思

（1）这节课的内容探究总结于论文《对正弦定理的思考》［中学数学月刊，2005（7）］，并收入《数学探究与欣赏（第二版）》（暨南大学出版社，2017：78）。

（2）学生听课自然，学得明白，外校（罗定中学、河源中学等）教师反馈表示赞赏。

（3）一次学到$\frac{a}{\sin A}=\frac{b}{\sin B}=\frac{c}{\sin C}=2R$，与外接圆半径一起，比课本完整，学生得到一个整体关系式。

（4）知识产生过程符合学生认知特点、数学发展特点。

（5）由于只要求上课 20 分钟，所以向量方法及正弦定理巧用只能放在课后或之后的课上学习。

（6）PPT 中例 1 有两解，但其中有一个是增根，除课堂上讲到的验根法之外，也可用“边大则正弦大”提前判断，还可以变式训练无增根的情况。课堂没时间这样做，只能在之后的课上加强。

作者简介

罗碎海，1983 年大学毕业任教，1995 年从陕西调入华南师范大学附属中学，2005—2018 年任数学科组组长 14 年。个人在杂志上发表数学研究文章 70 多篇，其中各级获奖论文 50 多篇。参编教学用书 20 多本。出版个人专著 2 本：《数学探究与欣赏》于 2010 年 5 月由暨南大学出版社出版，2017 年 7 月推出第二版，并于 2018 年获广东省中小学特色读物评选一等奖；《高中数学专题拓展辅导》于 2013 年 12 月由吉林大学出版社出版，2018 年 9 月获广东省第四届中小学校本课程建设成果资源奖。与周建锋老师合著《高中数学问题探究》（2017 年 7 月由暨南大学出版社出版）一书获广东省中小学特色教材评选一等奖；编写华南师范大学附属中学高中特色班数学补充教材并获广东省第四届中小学校本建设成果一等奖。所带班学生有高考总分状元多人次，所教学生有广东省数学单科状元，所指导学生有获全球“丘成桐中学生数学奖”奖牌。

专家点评

本案例的教学体现了数学的自然发展，揭示了数学的内在魅力与发展动力，从算术到代数再到数形结合，最后体现对数学美的追求。教学过程符合学生学习的心理特点，问题设计深深激起学生的求知欲望，是教会学生自己学习的课，是进行学生美育教育的课，是数学思想大放光芒的课，是实现了数学核心素养的课。

——华南师范大学数学科学学院　苏洪雨

高一“球的体积和表面积”教学案例

广东广雅中学　徐广华

一、 案例简介

本案例是人教A版高中数学必修2第一章“空间几何体”第三节“1.3 空间几何体的表面积与体积”之“1.3.2 球的体积和表面积”第一课时的内容。本节课在复习前面学习过的柱体、锥体、台体的体积公式的基础上，启发、引导学生通过观察、探究、发现，利用祖暅原理推导出球的体积公式；类比圆的面积公式的推导方法，运用极限思想和面积分割、体积分割的方法推导出球的表面积公式，进而通过例题及变式练习掌握公式的简单应用。本案例除了渗透类比、猜想、化归转化等数学思想方法以外，也渗透了数学文化史，如祖冲之父子、刘徽等的故事，以增强学生的民族自豪感。

二、 教学设计

（一）学习目标

（1）了解球的体积公式和表面积公式的推导思想、方法以及数学文化史。

（2）掌握球的体积公式和表面积公式及其简单应用。

（二）复习导入

柱体、锥体、台体的体积公式（见图1）。

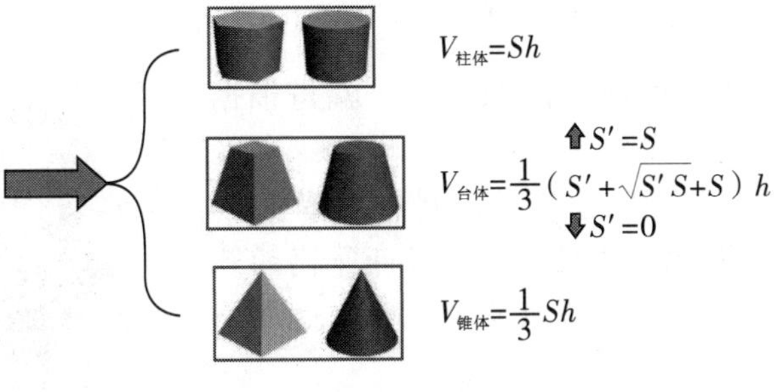

图1　柱体、锥体、台体的体积公式

引导学生思考：如何推导出球的体积公式呢？

（三）探究发现

引导学生观察：高等于底面半径的三种旋转体的体积对比（见图2）。

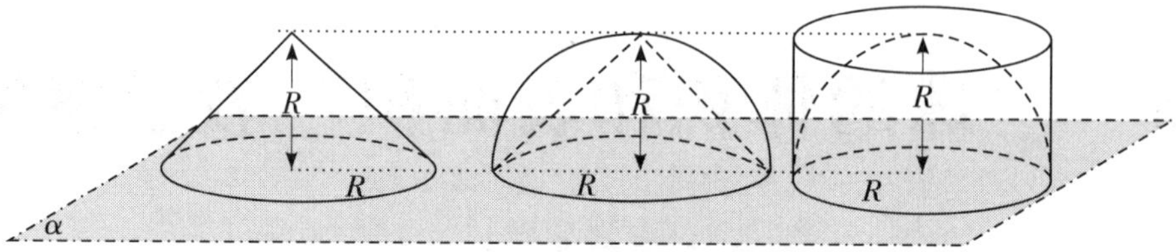

图2　三种旋转体

根据前面学过的柱体和锥体的体积公式，易得：$V_{圆锥}=\frac{1}{3}\pi R^3$，$V_{圆柱}=\frac{3}{3}\pi R^3$，那么$V_{半球}=?$

启发学生：从直观的感觉来看，半球的体积应该大于圆锥的体积（因为在半球里面可以作一个内接圆锥），小于圆柱的体积（因为在圆柱里面可以作一个内接半球），即半球的体积应该介于圆锥和圆柱的体积之间，从而猜测出半球的体积公式：$V_{半球}=\frac{2}{3}\pi R^3$，故$V_{球}=\frac{4}{3}\pi R^3$。进一步发现，半球的体积恰好等于圆柱的体积减去圆锥的体积，这为后面利用祖暅原理推导半球的体积公式，启发学生想到在圆柱里面挖掉一个圆锥所得截面是圆环面埋下伏笔。

（四）祖暅原理

为了证明球的体积公式，先要介绍一个重要的原理——祖暅原理：夹在两个平行平面间的两个几何体，被平行于这两个平面的任意平面所截（见图3），如果截得的两个截面的面积总相等，那么这两个几何体的体积相等。

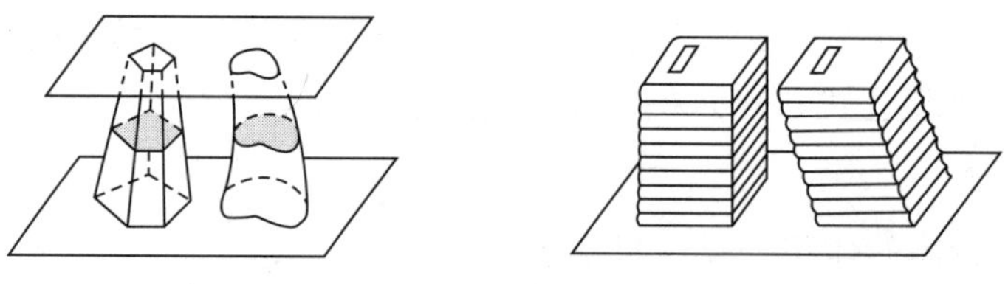

图3　平行平面截两个几何体

前面我们学过的柱体、锥体的体积公式，就是根据祖暅原理和长方体的体积公式推导出来的。

祖暅原理（原文）：“缘幂势既同，则积不容异”。“势”即是高，“幂”是面积。意思是：如果两等高的几何体在同高处截得两几何体的截面积恒等，那么这两个几何体的体积相等。

图4　祖冲之和祖暅像

祖暅［zǔ gèng］，是祖冲之的儿子。

祖冲之是中国南北朝时期杰出的数学家和天文学家，他最早将圆周率 π 精算到小数第 7 位。

祖暅原理的提出（在公元6世纪初）要比其他国家早一千一百多年（该原理在欧洲直到十七世纪才由意大利数学家卡瓦列里发现）。

祖冲之父子是中华民族的骄傲和自豪！

（五）利用祖暅原理，推导球的体积公式

先来研究半球（半径为 R）的体积。为了应用祖暅原理，我们需要找一个能够求体积的，使它和半球高度一样，并且用任何一个水平面去截它们时，得到的截面积都相等的几何体。

如图5，设平行于大圆且与大圆的距离为 h 的平面截半球所得截面的半径为 r，$r=\sqrt{R^2-h^2}$，则截面面积 $S_1=\pi r^2=\pi R^2-\pi h^2$，$S_1$ 可以看成是在半径为 R 的圆面上挖去一个半径为 h 的同心圆，所得圆环的面积。

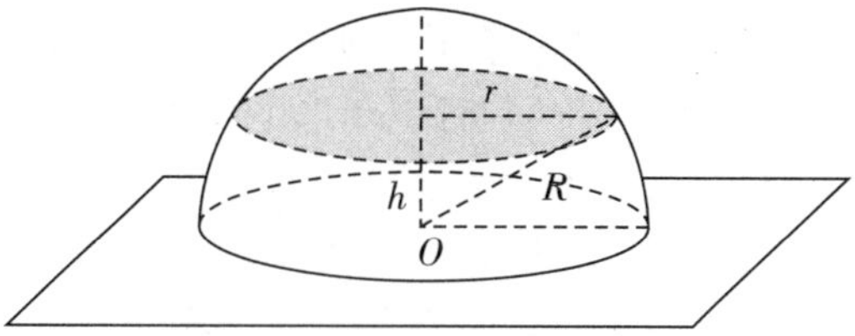

图5　截面面积

启发引导学生思考：我们应该找一个怎样的几何体呢？

这个几何体要能够求出其体积，而我们前面刚好学过柱体和锥体的体积公式，因此这个几何体可以是柱体或锥体或由柱体、锥体组成的组合体，同时，用任何一个水平面去截这个几何体和半球，所得到的截面积要相等。

因为半球的截面面积等于一个圆环的面积，所以要找一个几何体，用水平面去截它时得到的截面是一个圆环面。从前面的探究，我们发现半球的体积恰好等于圆柱的体积减去圆锥的体积，因此启发我们找一个底面半径和高都等于球半径 R 的圆柱，从圆柱中挖去一个以圆柱的上底面为底面、下底面圆心为顶点的圆锥，把所得的几何体与半球放在同一水平面上（见图6）。

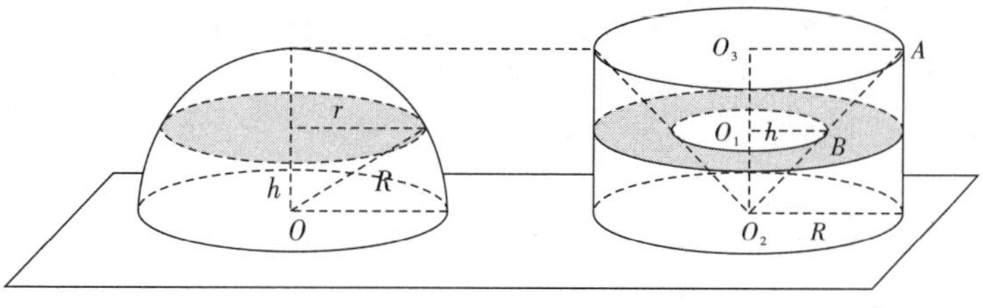

图6　圆柱体启发

用任一水平面去截这两个几何体，截面分别为圆面和圆环面。

圆环大圆半径为 R，小圆半径为 h，面积 $S_2=\pi R^2-\pi h^2$，所以 $S_1=S_2$，

根据祖暅原理，这两个几何体体积相等，即：

$$\frac{1}{2}V_{球}=V_{圆柱}-V_{圆锥}=\pi R^3-\frac{1}{3}\pi R^3=\frac{2}{3}\pi R^3$$

这样我们就推导出球的体积公式：$V_{球}=\frac{4}{3}\pi R^3$。

（六）感悟反思

感悟：利用祖暅原理求几何体的体积，关键是找出一个满足条件的能够求出体积的几何体。我们知道，将多面体或旋转体的侧面展开成平面图形，将空间问题转化为平面问题，是解决立体几何问题的基本方法。

反思：球的表面是曲面，不能展开成平面图形，所以球的表面积无法用展开图求出，那如何推导球的表面积公式呢？

球和圆联系密切，它们有很多相似的性质，先来回忆圆的面积公式推导方法。

（七）圆的面积公式推导方法

假设将圆 n 等分，则可用面积分割的方法（见图 7），将圆的内接正多边形的面积分割成 n 个全等的等腰三角形的面积相加，得：

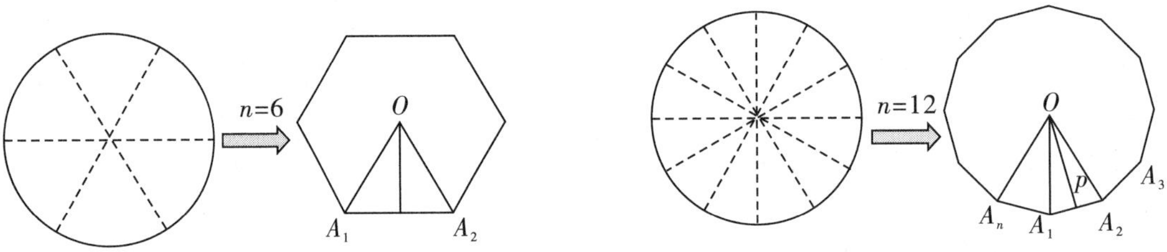

图 7　面积分割法

$$S_{正多边形}=S_{\triangle A_1OA_2}+S_{\triangle A_2OA_3}+\cdots+S_{\triangle A_nOA_1}=\frac{1}{2}p\ (A_1A_2+A_2A_3+\cdots+A_nA_1)\ =\frac{1}{2}pC_{正多边形}$$

其中 p 为圆心 O 到圆内接正多边形每一条边的距离，即每一个全等的等腰三角形的高。

当 $n\to\infty$时，显然 $p\to R$，$C_{正多边形}\to C_{圆}$，$S_{正多边形}\to S_{圆}$，

故 $S_{圆}==\frac{1}{2}\cdot R\cdot\ (2\pi R)\ =\pi R^2$，这样就推导出了圆的面积公式。

如此聪明巧妙的方法，究竟是谁发明的呢？早在公元三世纪，中国魏晋时期著名的数学家刘徽就为推导圆的面积公式发明了“倍边法割圆术”，这是世界上最早的“极限”思想。

“割圆术”的“三步骤”：

启发引导学生：能否借助一样的思想方法，来推导球的表面积公式呢？

图 8　刘徽像

（八）类比探究：推导球的表面积公式

第一步：分割

将球面分割成 n 个小网格（见图 9），表面积分别为：S_1，S_2，…，S_n，则球的表面积为：$S=S_1+S_2+\cdots+S_n$（面积分割）。

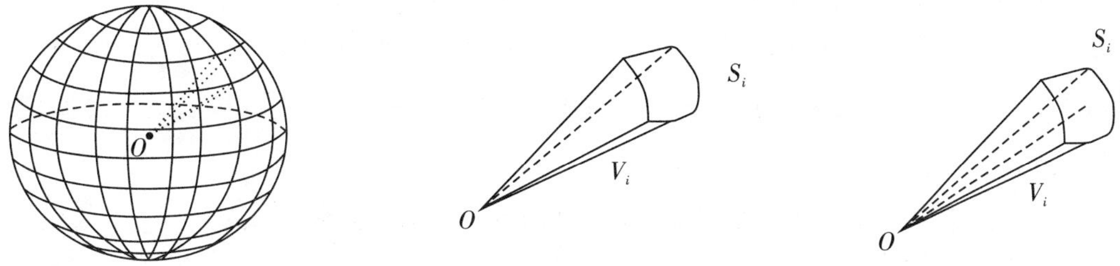

图 9 球面分割法

将每个小网格表面与球心 O 连接起来，构成 n 个“小锥体”，其体积分别为：V_1，V_2，…，V_n，则球的体积为：$V=V_1+V_2+\cdots+V_n$（体积分割）。

第二步：求近似和

设每个“小锥体”的高分别为：h_1，h_2，…，h_n，则 $V_i=\frac{1}{3}S_ih_i$，由第一步得：$V\approx\frac{1}{3}S_1h_1+\frac{1}{3}S_2h_2+\cdots+\frac{1}{3}S_nh_n$。

第三步：化为准确和

如果网格分得越细，则每个“小锥体”就越接近小棱锥，每个小棱锥的高 h_i 就越来越趋近球的半径 R（见图 10），即 $V_i=\frac{1}{3}S_iR$，由第二步得：$V=\frac{1}{3}S_1R+\frac{1}{3}S_2R+\cdots+\frac{1}{3}S_nR=\frac{1}{3}R(S_1+S_2+\cdots+S_n)=\frac{1}{3}RS$。

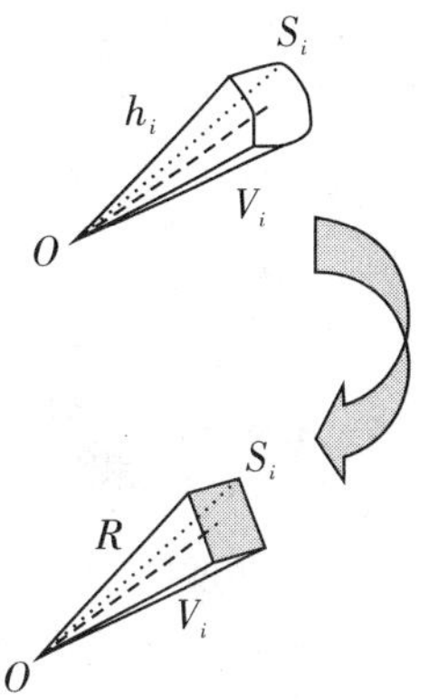

图 10 网格细分

而前面已经推导出了球的体积公式：$V=\frac{4}{3}\pi R^3$，代入上式得：$\frac{4}{3}\pi R^3=\frac{1}{3}RS$，从而 $S=4\pi R^2$，这样就推导出了球的表面积公式。

（九）得出结论

球的体积公式：$V_{球}=\frac{4}{3}\pi R^3$；

球的表面积公式：$S_{球}=4\pi R^2$。

（1）球的体积和表面积，只与球的半径 R 有关，都是以 R 为自变量的函数。

（2）球的表面积恰好是球的大圆面积的 4 倍。

（十）公式应用

例 1 球的体积是$\frac{32\pi}{3}$，则此球的表面积是（　　）

A. 12π　　B. 16π　　C. $\frac{16\pi}{3}$　　D. $\frac{64\pi}{3}$

分析： 由 $V_{球}=\frac{4}{3}\pi R^3=\frac{32\pi}{3}$，得 $R=2$，则 $S_{球}=4\pi R^2=16\pi$，故答案选 B。

变式练习　若两个球的体积之比是 8 : 27，则这两个球的表面积之比是________。

分析：设这两个球的半径为 R_1，R_2，体积为 V_1，V_2，表面积为 S_1，S_2，则

因为 $V_球=\frac{4}{3}\pi R^3$，$S_球=4\pi R^2$，所以 $V_1 : V_2=R_1^3 : R_2^3=8 : 27$，得 $R_1 : R_2=2 : 3$，故 $S_1 : S_2=R_1^2 : R_2^2=4 : 9$。

例 2　（课本 P27 例 4）如图 11，圆柱的底面直径与高都等于球的直径。

求证：（1）球的体积等于圆柱体积的$\frac{2}{3}$；

（2）球的表面积等于圆柱的侧面积。

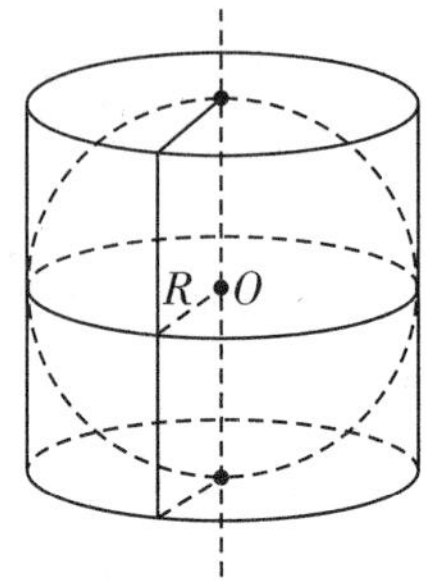

图 11　例 2 图

证明：（1）设球的半径为 R，则圆柱的底面半径为 R，高为 $2R$。

因为 $V_球=\frac{4}{3}\pi R^3$，$V_{圆柱}=\pi R^2\cdot 2R=2\pi R^3$，

所以 $V_球=\frac{2}{3}V_{圆柱}$。

（2）因为 $S_球=4\pi R^2$，$S_{圆柱侧}=2\pi R\cdot 2R=4\pi R^2$，

所以 $S_球=S_{圆柱侧}$。

（十一）课堂小结

（1）球的体积公式：$V_球=\frac{4}{3}\pi R^3$；球的表面积公式：$S_球=4\pi R^2$。

（2）利用祖暅原理，构造几何体，推导出球的体积公式。

（3）类比圆的面积公式的推导方法，运用极限思想，推导出球的表面积公式。类似地，可用这种思想方法推导球的体积公式，留给有兴趣的同学去研究。

本案例第一课时　另附第二课时

（微信扫描二维码可观看课例，网页下载链接：
https://portal.scnu.edu.cn/article-13963-511-1.html，
https://portal.scnu.edu.cn/article-13963-512-1.html）

三、　教学成效与反思

（一）教学成效

2020 年 3 月 20 日，笔者参与了由广州市教育局、广州广播电视台和珠江数码联合组织的“停课不停学”广州电视课堂的录课拍摄，主讲“球的体积和表面积（1）”“球的体积和表面积（2）”两节课的内容，分别于 2020 年 3 月 25 日、26 日在广州广播电视台“广州电视课堂”播出，引起省、市较大反响。该节目还可以供学生反复回看。

广东广雅中学现在的高一学生以及笔者曾经任教过的已经毕业甚至已参加工作多年的学生，都通过广州电视课堂收看了这节课，课堂获得一致好评，微信朋友圈转发量也很

高，博得一片点赞。学生们普遍认为，能够在20分钟内，将球的体积公式和表面积公式的推导思想方法和推导过程深入浅出讲得那么清晰，很不容易。

（二）教学反思

关于本案例内容的教学，教材上说这两个公式以后可以证明；教师用书上说，教学时可以采用教材中的方法，直接给出球的体积公式和表面积公式，也可以利用教材第30页“探究与发现”介绍的祖暅原理推导出球的体积公式。此外，教师用书上还给出了利用极限思想推导出球的体积公式的方法。

球的体积公式和表面积公式的推导都很难讲，估计不少中学教师讲这个内容时，都不讲公式的推导，而是直接就讲公式的应用。笔者觉得尽管公式的推导很难讲，但其蕴含的数学思想方法非常重要，如面积分割法、体积分割法、类比探究的思想等。如果不讲公式推导，直接给出公式，然后就讲公式的应用，尽管要容易讲很多，但这样学数学、讲数学意义不大，所以笔者觉得有必要讲讲，就当是对自己的一次挑战吧。

考虑到线上教学的对象是广州市全体高一学生，因此教学内容的难度必须把控好，不能太难，也不能太易，也就是要适度。教师用书上球的体积公式的推导方法比较复杂，要用到必修5数列求和，用到正整数的平方和公式、求数列极限等知识，笔者舍去了这种方法，选用了教材第30～32页“探究与发现”中的祖暅原理来推导，更切合目前高一学生的认知水平，也更通俗易懂。笔者用了教师用书上球的表面积公式的推导方法，加入了圆的面积公式的推导思想方法，然后类比到推导球的表面积公式，这样的思维衔接过渡比较自然，学生听起来更容易接受。本案例除了渗透一些重要的数学思想方法，如类比、猜想、极限思想和面积分割、体积分割的方法等以外，也渗透了数学文化史，如祖冲之父子、刘徽等的故事，以增强学生的民族自豪感。

相信中学教师在教学中都习惯说这节课内容是“球的表面积和体积”，为什么必修2教材中是“1.3.2 球的体积和表面积”，而不是“1.3.2 球的表面积和体积”呢？如果不讲公式的推导，是无法理解其原因的；如果讲了公式的推导，我们就会明白：球的表面积公式是利用了球的体积公式推导出来的，所以球的体积在前，球的表面积在后。

作者简介

徐广华，广东广雅中学教学科研处副主任、数学科第二批首席教师，广东省数学学会中小学数学教育专业委员会副主任，华南师范大学首批兼职硕士研究生导师，广东省南粤优秀教师，广州市第四批教育专家培养对象，广州市第一届“高中十佳青年数学教师”之首。教学风格与特色：践行“原生课堂”，重视知识的发生、发展规律，尊重学生的个性差异，启迪数学思想，感悟数学方法，弘扬数学文化。

专家点评

“球的体积和表面积”是高中数学必修 2 的内容，教材注重的是直观感知，使学生掌握相关的公式即可，并没有要求学生学会推导公式。但是徐老师根据学生的实际情况，重视学生的数学思维过程培养，利用信息技术引导学生观察、探究、发现，利用祖暅原理推导出球的体积公式。通过精讲录播，徐老师深入浅出，展示数学推导、探究过程，让学生体验数学的逻辑思维、抽象概括和直观想象的魅力，理解数学的类比和猜想、转化与化归的思想方法，也学习了分割求和取极限的思想方法。在线上教学中，案例渗透数学文化，增加了教学的生动性和文化性。

——华南师范大学数学科学学院　冯伟贞

高一“直线与平面垂直的判定”教学案例

广州市花都区秀全中学　胡晓燕

一、 案例简介

战“疫”期间，学生居家学习，由于“时空分离、师生分离、行为分离”，教与学的场景发生变化。本案例为人教A版高中数学必修2第二章2.3.1的内容，在线下教学设计的基础上，以问题驱动的方式，重构教学活动情境。在设计和实施过程中重点体现四个方面：①利用师生线上的共同资源，让学生直观感知、体会直线与平面垂直概念的形成过程；②指导学生线上实验，操作确认、探索发现直线与平面垂直的判定定理；③设置问题串，启发学生思考，帮助学生在原有知识的基础上，建构新的知识技能；④通过思辨论证，让学生体会几何推理证明的思考方法、基本规则，发展学生的空间想象力和逻辑思维能力。

二、 教学设计

（一）教学依据与目标

（1）理论依据：建构主义学习理论、目标导向教学设计理论。

（2）教学目标：根据《普通高中数学课程标准（2017年版）》的要求，本节课的目标分解如图1所示。

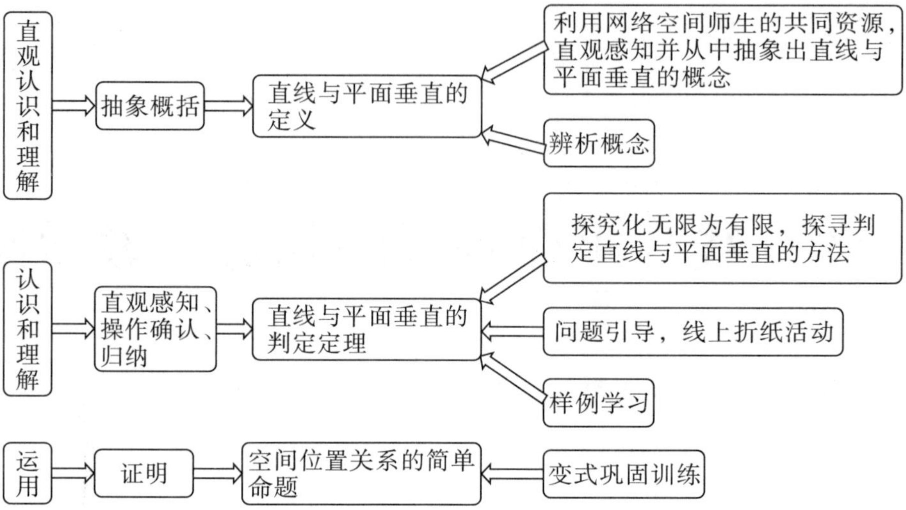

图 1 课程目标

（二）教学内容与重点、难点

本节课的内容包括直线与平面垂直的定义和判定定理两部分，线面垂直的定义为概念性知识，判定定理属于智慧技能中的规则学习，故本课属于数学规则课型，需达到掌握水平。

重点：直线与平面垂直的判定定理的探究及简单应用。新课标对判定定理不要求证明，但通过定理的探索过程，培养和发展学生的几何直觉以及运用图形语言进行交流的能力，体会“平面化”和“降维”的转化思想，是本节课的重要任务。

难点：直线与平面垂直定义的理解和判定定理的探究。

（三）教学支持条件

（1）学生在初中已经掌握平面内证明线线垂直的方法，学习了直线与平面平行的判定定理，获得了研究线面位置关系时，从定义到判定再到性质的经验，具备一定的抽象概括、归纳猜想和推理能力。

（2）学生对线上资源的利用以及对信息化技术的运用比较熟练，具备线上交流的能力。

（四）教学策略设计

基于直播教学的背景，本节课采用问题驱动、自主体验、合作探究的教学策略，通过“问题—操作、思考—回答”的方式进行学习指导。提供不同的观察场景，让学生直观感知直线与平面垂直的具体形象，引导学生用数学语言对几何图形进行精确的描述，体会直线与平面垂直定义的合理性；直播学生折纸实验过程，设置问题，引导学生归纳出直线与平面垂直的判定定理；引导学生摆出反例模型，对定理的两个关键条件“双垂直”和“相交”进行理解和确认。

（五）教学准备

（1）在线平台。

（2）学生学习用具（教材、笔、手机或电脑、三角形纸片、连麦准备）。

（3）教师教学用具（教材、手绘板、课件、手机或电脑、三角形纸片）。

（六）教学过程设计

1. 第一步：告知教学目标

学习内容：①直线与平面垂直的概念；②直线与平面垂直的判定定理（重点与难点）。

【线上活动】

进入直播课堂，在评论区适当互动，利用屏幕共享，解释教学目标。

【设计意图】

激发学习动机；提示学生利用教学目标监控自己的学习进程。

2. 第二步：复习回顾，提出新课题

问题1：直线与平面的位置关系有几种？（直线在平面内、相交、平行，图示见课例视频）

【线上活动】

教师在直播中要求学生用笔和书本模拟直线与平面的位置关系。

【设计意图】

激活原有知识，为同化新知识做准备。

3. 第三步：习得直线与平面垂直的概念

（1）直观感知—观察思考—发现概念。

［情境1］展示地面上竖立的旗杆与地面的位置关系的图片。

【线上活动】

问题2：你还能举出生活中哪些直线与平面垂直的例子？观察你学习的空间。

【设计意图】

从实际背景出发，直观感知直线和平面垂直的位置关系，从而建立初步印象。

［情境2］一本书打开直立在桌面上（见图2）。

【线上活动】

师生操作展示，学生观察思考。

问题3：①书脊 AB 与桌面上经过 B 点的直线有什么关系？②书脊 AB 与桌面上不过 B 点的直线有什么关系？③书脊 AB 与桌面上的任意直线有什么关系？

【设计意图】

引导学生通过观察直立于桌面的书脊与书和桌面交线的位置关系（即线线的垂直）来分析、归纳直线与平面垂直这一概念。

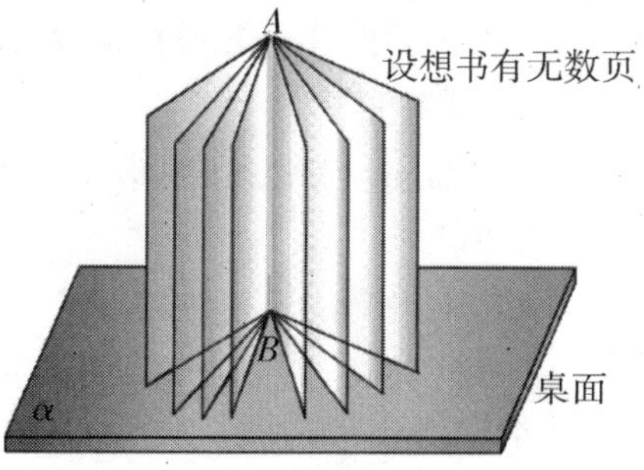

图2　直立的书本

（2）总结归纳—辨析理解—形成概念。

定义：如果直线 l 与平面 α 内的任意一条直线都垂直，我们就说直线 l 与平面 α 互相垂直，记作：$l\perp\alpha$。直线 l 叫作平面 α 的垂线，平面 α 叫作直线 l 的垂面。

思考：定义中“任意一条直线”是什么意思？能不能换成“无数条直线”？

结论：如果一条直线垂直一个平面，那么这条直线就垂直于这个平面内的任一直线（见图3）。

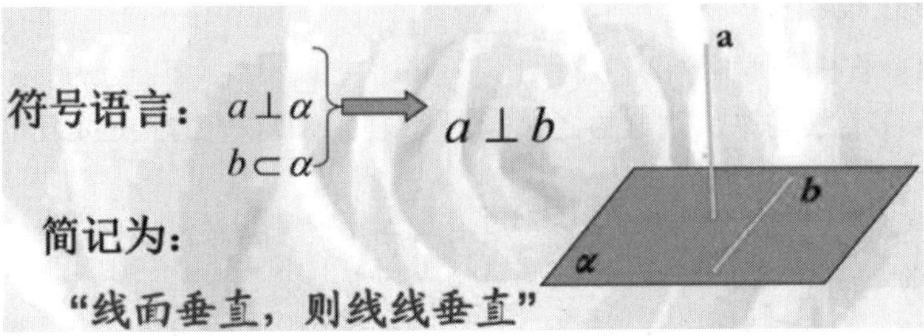

图3　定义的符号语言（PPT 截图）

【线上活动】

教师利用手绘板，引导学生用数学语言对几何图形进行描述。

【设计意图】

直线与平面垂直概念比较抽象，难以通过实例将概念的本质属性归纳出来，故采用概念同化的学习方式。

4．第四步：习得直线与平面垂直的判定定理

（1）动手操作—猜想定理。

问题4：用定义判断一条直线与一个平面是否垂直，显然不好操作。能否在平面内寻求有限条直线与该直线存在某种位置关系，从而推断出直线与平面垂直？如果直线 l 与平面 α 内的一条、两条（两线平行或相交）、无数条直线垂直（见图4），则直线和平面 α 互相垂直吗？

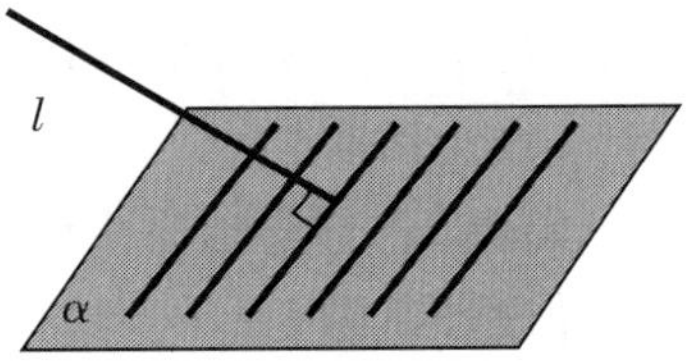

图4　直线与平面垂直判定

【线上活动】

学生自主操作，教师线上提示，猜想判定定理。

【设计意图】

通过提问，使学生产生学习需求，维持学习动机；学生通过动手，激发探索的积极性。

（2）操作确认—感知定理。

折纸实验：过$\triangle ABC$ 的顶点 A 翻折纸片，得到折痕 AD（见图5），将翻折后的纸片竖起放置在桌面上，BD，DC 与桌面接触，如图6所示。

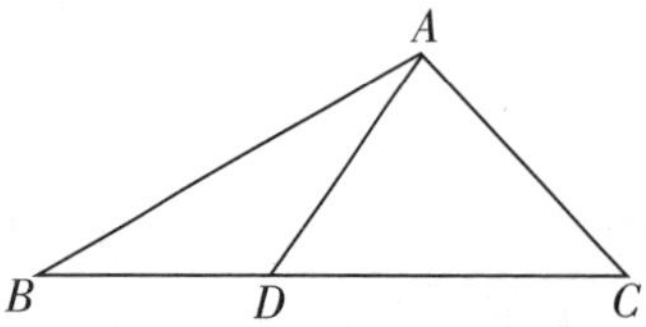

图5　折纸实验1

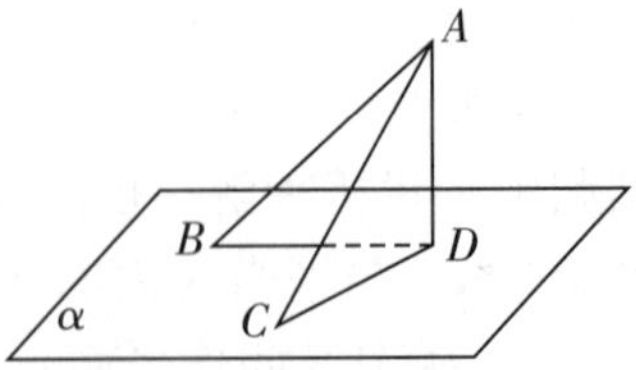

图6　折纸实验2

问题5：折痕 AD 与桌面垂直吗？如何翻折才能使折痕 AD 与桌面所在的平面垂直？

问题6：当折痕 $AD \perp BC$，翻折之后垂直关系（即 $AD \perp CD$，$AD \perp BD$）会发生变化吗？由此你能得到什么结论？

【线上活动】

为确认实验有效，连麦学生直播展示实验的过程，调整折纸情况，呈现直线与平面“垂直”与“不垂直”两种情况。

【设计意图】

通过观察试验，分析折痕 AD 与桌面不垂直的原因，探究发现折痕 AD 与桌面垂直的条件。

（3）辩证分析—习得定理。

问题7：①把 AD，BD，CD 抽象为直线 l，m，n，把桌面抽象为平面 α，直线 l 与平面 α 垂直的条件是什么？（见图7）②若 α 内两条相交直线 m，n 与 l 无公共点且 $l \perp m$，$l \perp n$，直线 l 还垂直平面 α 吗？由此你能给出判定直线与平面垂直的方法吗？（见图8）

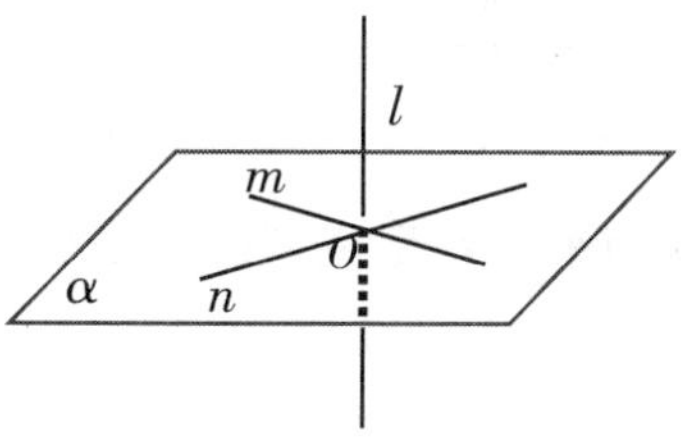

图7　问题7①题

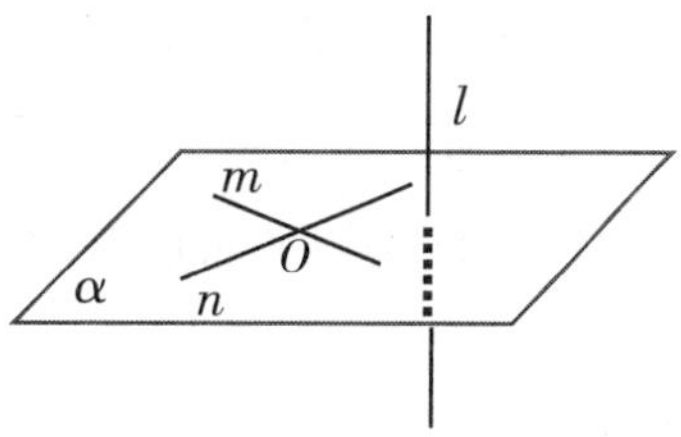

图8　问题7②题

判定定理：一条直线与一个平面内的两条相交直线都垂直，则该直线与此平面垂直（见图9）。

符号语言：

$$\left.\begin{array}{ll}\text{垂直} & \left\{\begin{array}{l} l \perp a \\ l \perp b \end{array}\right. \\ \text{内} & \left\{\begin{array}{l} a \subset \alpha \\ b \subset \alpha \end{array}\right. \\ \text{相交} & a \cap b = A \end{array}\right\} \Rightarrow l \perp \alpha$$

图形语言：

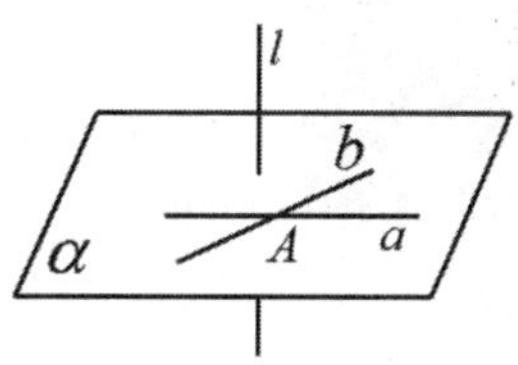

线线垂直 $\xrightarrow{\text{判定定理}}$ 线面垂直

图9　判定定理的符号语言与图形语言

【线上活动】

通过评论区的互动，教师利用手绘板在课件上引导学生辨别分析判定定理的条件，强调定理的三种语言的转化。

【设计意图】

学生用自己的话或者数学符号语言归纳、解释定理，明确判定一条直线与一个平面是否垂直，取决于在平面内能否找到两条相交直线和已知直线垂直，而两条相交直线是否和已知直线有公共点是无关的。

5. 第五步：样例学习及变式训练

本案例精选例题及讲解见课例视频。

6. 第六步：课堂总结

（1）一个概念：直线与平面垂直的概念。

（2）两个思想：无限转化有限；相互转化的数学思想（见图 10）。

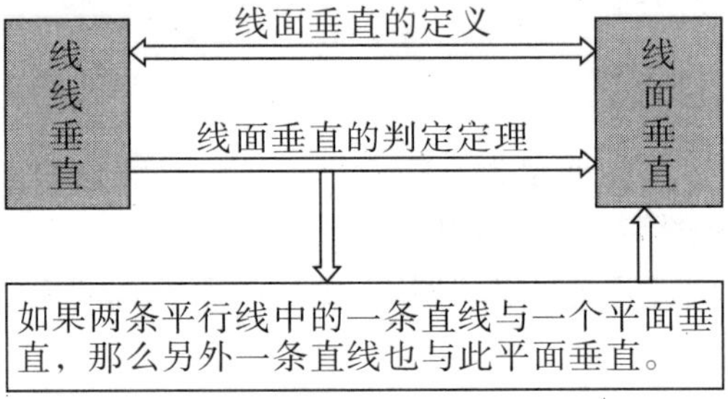

图 10 课堂总结

（3）三个原理：直线与平面垂直的性质；直线与平面判定定理；两平行直线垂直平面性质。

【设计意图】

采用组织策略帮助学生加强记忆；通过知识和方法两个层面上的总结提炼，培养总结归纳的能力以及学习反思的习惯。

7. 第七步：布置作业

本环节略。

（微信扫描二维码可观看课例，网页下载链接：https://portal.scnu.edu.cn/article-13963-520-1.html）

三、 教学成效与反思

章建跃博士说“教好数学就是落实数学核心素养”①，课堂教学实施过程是发展学生核心素养的过程。本节课围绕培养学生的数学抽象、直观想象、逻辑推理展开。

（一）从具体到抽象，关注“两个过程”

本案例有效利用线上师生的共同资源（生活场景——升旗礼、墙角、长方体模型，随

① 章建跃. 把数学教好是落实核心素养的关键［J］. 中小学数学（高中版），2016（5）：4.

手拈来的物品如纸、笔)，让学生从丰富的具体事例中概括出直线与平面垂直概念；通过反例，罗列似是而非、容易产生错误的对象让学生辨析，促进学生认识直线与平面垂直的本质。课堂教学能够关注数学知识的发生发展过程和学生的数学学习过程，使学生在课堂中有高度集中的思维参与。连麦学生，线上直播折纸实验，通过“实验—猜想—归纳—检验”的方法获得直线与平面垂直的判定定理，使学生在认知水平上的升维和在研究方法上的降维过程中体会转化与化归的思想。

（二）以问题驱动，重构教学情境

“学生的学习活动必须与任务或问题相结合。”（建构主义学习理论）本节课的教学任务通过以七个问题驱动、七个教学步骤完成，在相应的环节设置线上活动。通过“问题—操作、思考—回答”的方式指导学习，帮助学生建构线线垂直与线面垂直转化的知识体系，使学生的推理论证能力得到发展。在课堂中植入教师、学生的日常学习生活情境，通过教师线上的指导点评、操作演示、照片上传、评论区交流等，拉近师生空间距离。

（三）学而知不足，思而得远虑

“停课不停学”给在线教学带来了新契机，也给教师的教和学生的学带来了新挑战。对学生而言，线上的学习能够培养学生自主自律的能力；直播课具有录制和回放功能，可以让学生在课余时间补弱，使学生的学习不会因为课程的结束而中断。但是缺少教师的面授、点评和监督，学习的主动性和热情大减，容易出现线上课堂效率低下等问题。对教师来说，面临信息技术、教学资源、线上教学方法带来的困难，对教师线上教学的胜任力提出更高的要求。本节课由于教师触屏、触网授课的组织协调、语言表达、网络不同步等问题，课堂上学生的反馈还不够热烈，学生线上折纸活动所占时间较多，课堂超时。

作者简介

胡晓燕，任教于广州市花都区秀全中学，数学中学高级教师。毕业于广州师范学院，有18年高三毕业班教学经历，致力于高中数学课堂教学研究，曾参与或主持广州市、花都区相关课题。

专家点评

在线教学中进行直播教学对教师有着很大的挑战，教师首先要进行精心的教学设计，然后进行模拟真实教学的虚拟教学。在胡老师的案例中，按照常规的数学教学开展，从具体直观的案例逐步推广到抽象的线面垂直概念，让学生在直观感知中获取概念，并通过直接展示学生活动，促进学生开展数学探究活动，激发学生的学习积极性。线上直播折纸实验，通过“实验—猜想—归纳—检验”的方法获得直线与平面垂直的判定定理，达到了常规教学的效果，超越了时空和虚拟网络的限制。在这样的教学模式下，教师能够同步观察学生的数学探究活动，及时调整教学，并评价学生的作业，做出反馈。这是直播线上教学的典型案例，值得学习和研究。

——华南师范大学数学科学学院　苏洪雨

多元媒体融合的线上数学教学初探
——以高二数学“变化率问题”为例

华南师范大学附属中学　黄靖舒

一、 案例简介

本课内容选自人教 A 版高中数学选修 2－2 第一章“导数及其应用”。本案例分析了传统教学方式与线上教学方式的差异，提出线上教学建议。案例通过问题链引入平均增长率的定义及其几何意义；通过例题帮助学生掌握平均变化率的简单应用，着重讲解“平均变化率”的完整图式；最后要求学生完成针对训练与开放式合作作业，巩固新知识并了解数学史，感受数学美。

二、 教学设计

线上教学与传统教学有着截然不同的课堂组织形式，如果只是将传统教学的内容“视频化”，忽视两种教学的巨大差异，教学效果将会大打折扣。笔者通过对比传统教学与线上教学的课堂氛围、学习自主性、思维呈现三个方面，总结出如表 1 所示的教学建议。

表 1　传统教学与线上教学的对比及教学建议

项目	传统教学	线上教学	教学建议
课堂氛围	面对面授课，能充分展现教师的教学风格与个人魅力； 通过提问、组织活动等方式，能营造良好的学习氛围，激发学生兴趣	直播授课可利用平台模拟传统课堂进行提问，让学生展现学习成果与想法； 但学生单独面对电脑、手机等智能产品，学习氛围较差	教学内容遵循“少而精”的原则，时间控制在 25 分钟内； 语言要更加精练规范，呈现的内容适当增加图片、视频等，既要考虑避免视觉疲劳（以黑绿、深灰等深色为背景较好），又要尽可能使画面更加生动； 增加与主题密切相关的内容，如小视频、历史故事等，吸引学生的关注

续上表

项目	传统教学	线上教学	教学建议
学习自主性	教师占主导地位，学生在教师的引导下完成任务； 通过观察学生眼神、表情等，得到及时反馈，随时调整教学内容，把控教学节奏	直播授课中教师占主导地位，但对课堂的把控力度会降低，主要凭借授课经验把握课堂节奏，且在学生比较少回应的情况下，容易偏快； 录播授课中教师仅完成"教"，"学"这一环节完全交给学生； 学生可以根据个人实际情况选择加速、暂停等，自主掌握课堂节奏	课前布置预习任务，课后精选作业，定期进行测验，利用三类任务进行学习效果的监控与跟踪，及时调整教学容量、内容与难度； 利用微信、QQ 等对学生进行教育，提醒学生重视网络课程； 加强家校沟通（如定期公布作业情况等），借助家长力量对学生产生约束； 对于基础较差、自控力弱的学生，多使用直播授课，通过课堂点名、提问等外在方式提高学生学习主动性； 对于基础较好、自控力强的同学，可采取录播授课、直播答疑的方式，将主动权交给学生，实现个性化教学； 录课时可在关键处有意识地停顿，引导学生思考
思维呈现	可通过多媒体课件、板书等方式充分展示教学内容的分析与理解； 学生板书可充分暴露他们的思维过程	直播或录播课堂中板书容易受学生智能设备大小的影响，显得不够清晰； 在家录制的直播或录播课堂，实现板书需要添置各类配套工具，不易实现	通过板书演示解题过程、分析问题，充分暴露解题者的思维，是数学教学中非常重要的一环。教师应当充分重视，在线上教学中应尽量克服困难，准备配套工具，学习使用新的软件

（一）教材分析与学情分析

导数是微积分的核心概念之一，它是研究函数增减、变化快慢、最值等问题的最一般、最有效的工具。教材通过具体的事例，引出"平均变化率"以及"增量 Δx"，为后续导数概念的学习建立基础，并渗透"以直代曲""数形结合""建模"等数学思想。

学生已掌握函数基本性质、直线倾斜角等概念，具备利用函数分析事物变化以及建立数学模型的基本能力。

（二）教学目标

（1）知识与技能：能根据平均变化率的定义进行简单运算；理解平均变化率的几何意义，能用其几何意义解决简单的数形结合问题。

（2）过程与方法：经历从具体数据抽象为数学符号解决问题的过程，体会用数学工具建立模型的思想；通过用平均变化率描述实际问题，体会"以直代曲"的思想方法。

（3）情感态度价值观：体会平均变化率的科学价值与应用价值；体会数学公式在不同

背景下的多样性与统一美。

（三）教学重点与难点

重点：平均变化率的初步应用和几何意义。

难点：平均变化率的应用与对增量 Δx 的理解。

（四）教学过程设计

1. 问题引入，激发兴趣

提问：甲、乙两人经营同一种商品，甲挣到 10 万元，乙挣到 2 万元，你会如何评价甲、乙两人的经营成果？为什么？

甲、乙两人投入相同资金经营同一种商品，甲用 5 个月时间挣到 10 万元，乙用 5 天时间挣到 2 万元，你会如何评价甲、乙两人的经营成果？为什么？

【设计意图】

利用符合实际生活经验的例子引入，让学生体会用数学工具描述现实生活的必要性，激发学生的学习兴趣。

问题 1 观察表 2，如何从数学角度刻画 2006—2012 年我国人均 GDP“猛增”？

表 2 问题 1 表格

时间 x（年）	2000	2002	2006	2012
人均 GDP y（美元）	7 942	9 506	17 000	40 000

问题 2 观察图 1，如何从数学角度刻画房价“暴涨”、气温“陡升”？

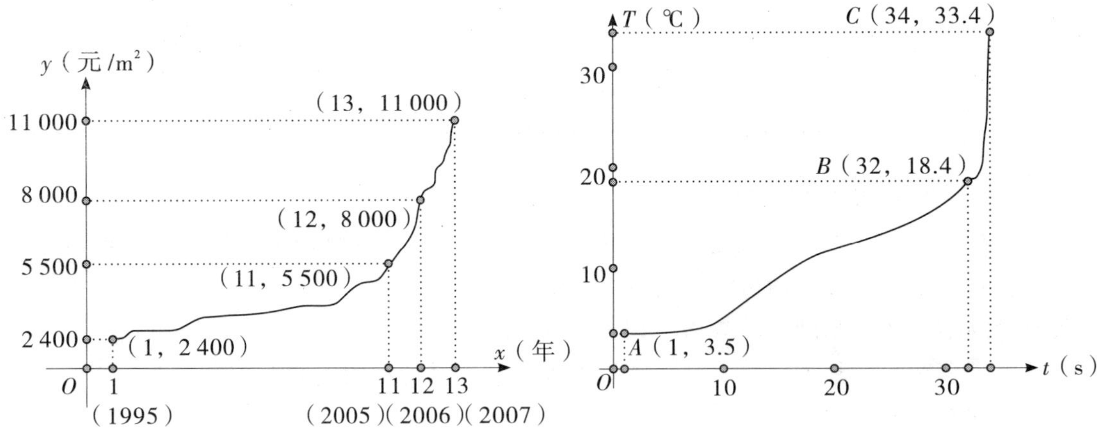

图 1 问题 2 图

【设计意图】

通过三类实际问题，让学生体会“平均变化率”乃至数学是生活的工具；通过具体数据的计算，为后面抽象为符号运算打下心理基础。

问题 3 在吹气球的过程中可发现，随着气球内空气容量的增加，气球的半径增加得越来越慢。从数学的角度，如何描述这种现象呢？

【设计意图】

在前面的铺垫下，学生易想到用“平均变化率”来描述。学生经历“实际问题数学化”的过程，渗透“数学建模”思想。

2．新知探究，明晰概念

如果将上述3个问题中的函数关系用 $y=f(x)$ 表示，那么问题中的变化率可以如何表示呢？如图2，平均变化率 $\frac{f(x_2)-f(x_1)}{x_2-x_1}$ 表示什么？

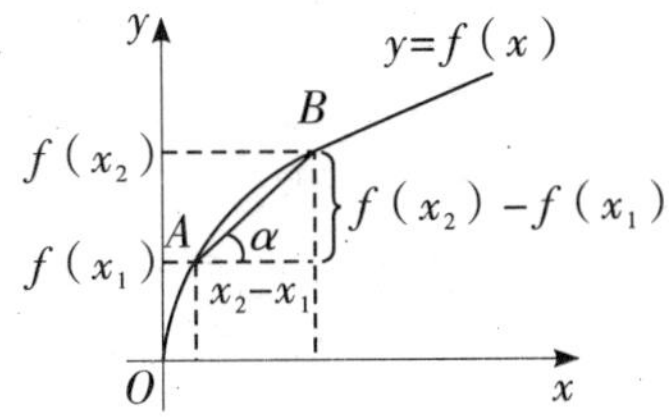

图2　平均变化率的几何意义

【设计意图】

在明晰概念的过程中，要特别强调“增量”并不是表示“增加的量”，而是表示“相对变化了的量”，它有大小、正负之分，为导数概念的引入与理解打下基础。

3．应用公式，巩固新知

（1）实际应用与探究。

人们发现，在高台跳水运动中，运动员相对于水面的高度 h（单位：m）与起跳后的时间 t（单位：s）存在函数关系：$h(t)=-4.9t^2+6.5t+10$。我们怎么描述运动员的运动状态呢？计算运动员在 $0\leqslant t\leqslant\frac{65}{49}$ 这段时间内的平均速度，并思考下面的问题：

①运动员在这段时间是静止的吗？

②你认为用平均速度描述运动员的运动状态有什么问题吗？

【设计意图】

教师利用几何画板求出 $0\leqslant t\leqslant 0.5$ 以及 $1\leqslant t\leqslant 2$ 时的平均速度，结合图象，让学生体会同一个函数在不同范围平均变化率可能不一样，并让学生体会在要求“不那么精确”的前提下，平均变化率的符号可以大致判断函数的趋势，渗透“以直代曲”思想。

高台跳水例子中的两个问题说明了用平均速度描述运动状态的局限性：它只能描述两个时间点间的变化趋势，但其内部的运动无法准确描述。借此引导学生思考：如何精确描述运动员的运动状态？如果将时间段不断地缩小，能否准确地说明函数值的变化趋势？引发学生对“极限思想”的思考，为后续定义导数、导数在增减性的应用做准备。

（2）例题讲解。

例1　求函数 $y=2x^2+3$ 在 x_0 到 $x_0+\Delta x$ 之间的平均变化率，并求当 $x_0=2$，$\Delta x=-\frac{1}{2}$ 时该函数的平均变化率。

例2　试比较正弦函数 $y=\sin x$ 在 $x=0$ 和 $x=\frac{\pi}{2}$ 附近的平均变化率哪一个大？

例3　过曲线 $y=f(x)=x^2-x$ 上的两点 P（1，0）和 Q（$1+\Delta x$，Δy）作曲线的割线，已知割线 PQ 的斜率为2，求 Δx 的值。

【设计意图】

通过例1，让学生熟悉平均变化率的基本应用、运算和书写表达规范；设置“$\Delta x=-\frac{1}{2}$”，强调“增量 Δx”可为正、可为负、不可为 0。在例 2 中，通过对“附近的平均变化率”的解读，再次强调“增量 Δx”的性质；教师通过分析题目、板演示范，让学生熟悉变化率的基本应用，深化对增量 Δx 的理解，并在解决问题过程中，综合运用三角函数恒等变换等知识，渗透“比较大小”“分类讨论”等解题技巧与思想方法。例 3 是平均变化率几何意义的逆问题，学生容易根据定义列方程求得结果，深化对概念的理解。

三道例题遵循从易到难、从正向问题到逆向问题、多角度建立概念图式的原则，层层递进，帮助学生建立完整的心理图式。

4. 课堂小结和作业布置

（1）小结略。

（2）作业布置：

①完成“变化率问题”针对训练。

②以 3 ~5 人为一组，合作完成以下任务：通过阅读书籍、搜索互联网等方式，了解微积分的创立历史、导数概念的演变等，每组选择一个主题学习，并于下节课开始逐一给同学们介绍有关内容（最好依托于 PPT、视频等多媒体工具进行，不超过 2 分钟）。

【设计意图】

利用针对训练帮助学生巩固学习的内容；通过小组作业，让学生了解知识的来龙去脉，激发学生学习兴趣；鼓励学生合作交流，提升学生搜索信息、合作与表达能力；录播与直播相结合的上课方式，既能满足学生自主性的学习，又能保持师生、生生的亲密沟通与交流，更有利于教与学的顺利完成。

（微信扫描二维码可观看课例，网页下载链接：
https://portal.scnu.edu.cn/article-13963-557-1.html）

三、 教学成效与反思

利用“青鹿智慧课堂”云平台的统计数据，可知学生解题平均正确率为 81%，整体掌握情况良好，基本能达到教学目标。同时，经过与学生的沟通交流，发现学生主要存在以下问题：（1）求平均变化率时，误以为一定是正数；（2）部分学生认为 $\frac{f(x_0)-f(x_0+\Delta x)}{-\Delta x}=\frac{f(x_0-\Delta x)-f(x_0)}{-\Delta x}$，误认为 $f(x)$ 在 $x=x_0$ 两侧的平均变化率是相等的。在以后教学中，可针对平均变化率的大小比较、几何意义应用（数形结合）等设置变式练习。

笔者所在学校曾对在线教学做了调查，大部分学生对在线教学是比较满意的，但有接近一半的学生表示焦虑和担忧，或者十分迷茫、不知所措。在线教学不仅是教学形式从“传统的师生面对面互动”转向“师生一对一云端沟通”，还有学习方法、时间分配以及心态、目标的转变。教学中更应该充分考虑学生长期对着电脑、手机等智能产品而逐渐产生枯燥、焦虑的心态，授课过程不宜过长，且应适当增加新的刺激点（如贴近学生的音乐、图像等）；同时，在课后应及时答疑，并多在答疑群中提供学习建议，多给予学生鼓励与关心，有针对性地进行一对一谈话与辅导，缓解学生的焦虑心情。

在线教学给教育工作者们提供了新的思路：能否利用网络直播，实现异地同时上课，打破空间的限制？能否将上课的关键内容、题目答疑制作成视频，上传到云端中心，实现随录随看，打破时间的限制，并减轻教师的课后负担？在“停课不停学”的政策推动下，多元媒体教育云平台的搭建将会更进一步，相信可以进一步推动教育公平化，因材施教，开展特色化教育。

在学习、摸索各类软硬件的过程中，笔者发现云端教育发展早已超出想象，如 PPT 录制功能、剪辑软件、腾讯会议 APP 等，只要熟练运用，可以极大地提高工作效率与效果。因此，当代教育工作者应该始终怀抱开放的心态，不断学习，不断进步。

作者简介

黄靖舒，华南师范大学附属中学一级教师，多年担任数学竞赛教练，教学能力过硬，科研能力强。在省、市、校级各类教学技能比赛、论文评比中多次获奖，曾获广东省教学能力大赛二等奖；竞赛成绩突出，多次被评为竞赛优秀教练员。

专家点评

在这个案例中，黄老师分析了线上教学与传统教学的差异并提出教学建议，为我们充分展示了高中数学“变化率问题”的线上教学过程：通过问题链引入平均增长率的定义以及几何意义；讲解例题帮助学生掌握平均变化率的简单应用，建立“平均变化率”的图式。黄老师还利用“青鹿智慧课堂”云平台的统计数据分析得知学生整体掌握情况良好。案例的最大特点是使用多种硬件和软件技术，探究线上数学教学的模式，提高数学教学的效果。

——华南师范大学数学科学学院　冯伟贞

高二“椭圆及其标准方程”教学案例

佛山市顺德第一中学　关嘉欣

一、 案例简介

本案例内容选自人教 A 版高中数学选修 2－1“2.2.1 椭圆及其标准方程”。案例立足于椭圆的发展史，将 HPM（数学史与数学教学）融入椭圆的教学中。一方面，通过旦德林双球模型发现椭圆的“定点”与“定长”，椭圆上任意一点到两定点的距离相等，并根据这一特征得到椭圆的定义；另一方面，通过教师引导、小组合作，结合椭圆的对称性，选择适当的坐标系，探究得到椭圆的标准方程。

二、 教学设计

（一）教学内容分析

本节课的主要内容是研究椭圆的定义及其标准方程，属于概念性知识。从知识上，本节是在必修 2 直线与圆的方程的基础上，对曲线与方程概念的进一步实际应用，同时也是研究椭圆几何性质的基础；从方法上，本节内容的学习为进一步研究双曲线、抛物线提供了研究方法与理论基础。在研究椭圆定义与方程的过程中，渗透数学抽象、数学运算、直观想象、逻辑推理的数学核心素养。因此，本节内容起到承上启下的重要作用，是第二章内容的基础。

（二）学情分析

在本节之前，学生已经学习过直线与圆的方程、曲线与方程的概念，对解析几何有初步认识，能用坐标法研究几何图形。学生对椭圆概念的形成及精准的数学语言描述存在一定困难。而在推导椭圆标准方程时会遇到两个困难：一是建立合适的坐标系使椭圆方程最简单，二是化简方程。而学生已有的知识与能力不能完全胜任，需要教师适当引导。

（三）教学目标

1. 知识与技能

（1）掌握椭圆的定义，能用数学语言准确描述椭圆的概念。

（2）能选择恰当的坐标系，推导出椭圆的标准方程。

（3）理解椭圆的标准方程中 a，b，c 的几何意义。

2．过程与方法

（1）通过研究旦德林双球模型发现椭圆的几何性质，培养数学抽象的核心素养。

（2）利用椭圆的几何性质提炼出椭圆的定义，培养直观想象的核心素养，体会数形结合的数学思想。

（3）通过推导椭圆的标准方程，培养数学运算的核心素养，掌握解析几何的研究方法。

3．情感、态度和价值观

（1）通过发现生活中的椭圆，体会数学与生活的紧密相连，感受到数学的实用。

（2）通过利用旦德林双球模型探究椭圆的定义，激发学生学习数学的积极性，培养学生的学习兴趣与创新意识。

（3）通过推导椭圆的标准方程，感受算法优化的重要性，从椭圆图形的对称性、方程的简洁性体会数学的美与简洁。

（四）教学重点与难点

重点：椭圆的定义及其标准方程。

难点：从旦德林双球模型发现椭圆的几何性质，从而得到椭圆的定义，能建立恰当的坐标系推导出椭圆的标准方程。

（五）教学方法

（1）几何画板 + 数学道具辅助教学。

（2）学生自主探究 + 合作学习。

（六）教学活动

1．情境创设

【教师活动】

（1）提问：观察图 1 至图 4，你从这些图中发现了什么共同图形？

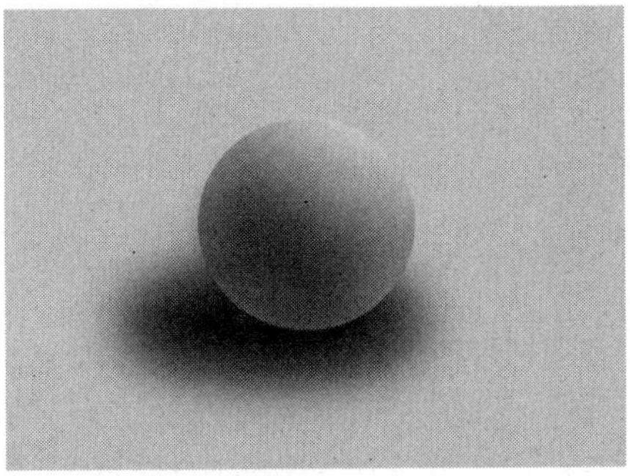

图 1　球体在阳光下的影子

图 2　倾斜的水杯

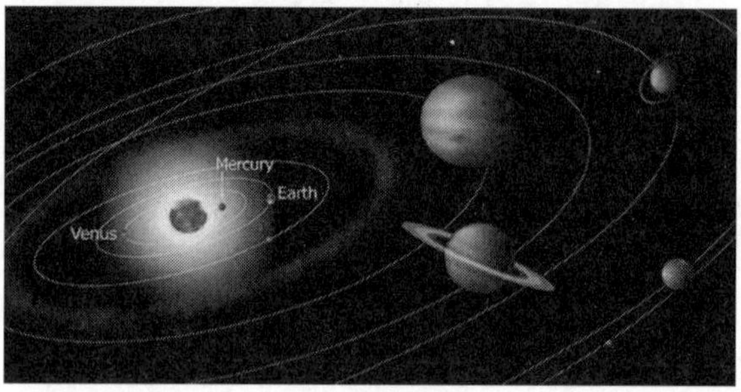

图 3　行星轨道

图 4　美国旧金山现代美术馆

（2）类比圆的定义：平面内到定点距离为定长的点的轨迹是圆，那么具备什么性质的图形才能称之为“椭圆”？

【学生活动】

观察图片，发现这 4 张图中都蕴含了“椭圆”；小组合作探究椭圆的几何性质。

【设计意图】

从学生已有的认知出发，让学生对椭圆有一个直观、生活上的认识，为严谨的数学定义做铺垫；把数学与生活联系在一起，体现数学的实用。

2. 小组探究，形成概念

【教师活动 1】

问题 1　回到球在阳光下的影子这个例子，观察其数学模型（见图 5），其中 P 点为球在阳光下的影子（椭圆）边沿上的一点，Q 点为过 P 点的光线与球面的切点，而 F 点为球与地面的接触点，那么 $|PQ|$ 与 $|PF|$ 有什么关系？

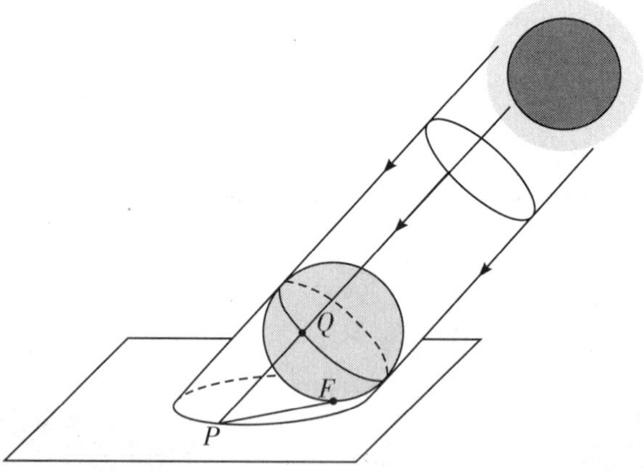

图 5　球在阳光下的影子数学模型

问题 2　经过刚才的探究，我们发现椭圆（影子）上的一点到椭圆内的定点（球与地面的接触点）的距离可以转化为该点到圆柱上的一点（圆柱母线与球面的交点）的距离。能否利用这个等价关系寻求椭圆的定义？（提示：找到类似圆定义中的定点与定长。）

教师借助几何画板演示学生的想法（见图 6）。通过几何画板把立体图形平面化（见

图 7)，可以发现椭圆上的任一点 P 到两个定点 E、F 的距离之和为定值 $|QR|$。

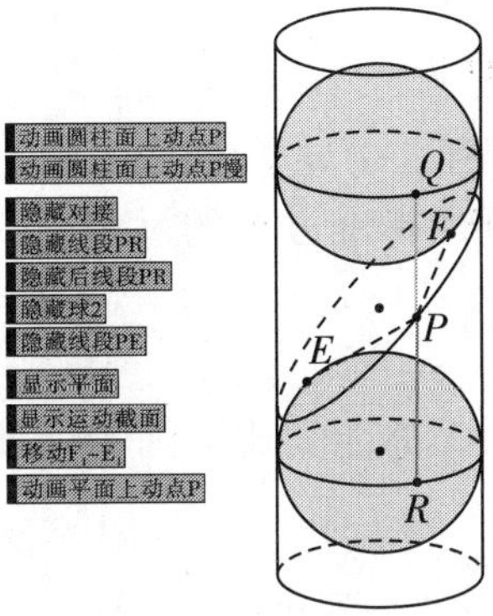

图 6　问题 2 图①

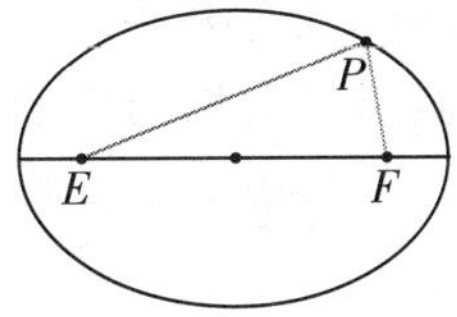

图 7　问题 2 图②

【学生活动 1】

结合空间中球的切线长相等这一预备知识，利用几何画板发现旦德林双球模型中的一个定点；类比圆几何性质中的定点与定长，通过小组合作探究找到椭圆定义中的定点与定长。

【设计意图】

类比圆定义中的定点与定长，借助旦德林双球模型发现椭圆中的定点与定长，让椭圆定义的生成自然与科学；通过小组探究，培养学生逻辑推理、直观想象、数学抽象的数学核心素养。

【教师活动 2】

问题 3　通过刚才的探究我们发现了椭圆的几何性质：到两定点（两球与横截面的切点）的距离之和为定值。那么是否满足这个性质的都是椭圆呢？

问题 4　请你结合椭圆的几何性质与反例，给出椭圆的定义。

预设：平面内到两定点 F_1，F_2 的距离的和等于常数 $2a$（$2a>|F_1F_2|$）的点的轨迹叫作椭圆。这两个定点叫作椭圆的焦点，两个焦点的距离 $|F_1F_2|$ 叫作焦距。

教师补充提问：如果 $2a=|F_1F_2|$，则动点 P 的轨迹是什么？如果 $2a<|F_1F_2|$ 呢？

（如果 $2a=|F_1F_2|$，则动点 P 的轨迹是线段 F_1F_2；如果 $2a<|F_1F_2|$，则动点 P 的轨迹不存在。）

【学生活动 2】

在教师的问题引导下，通过小组合作探究逐步完善椭圆的定义：需要在平面内；到两定点的距离之和要比两定点间的距离大。在得到椭圆的定义后，分析 $2a=|F_1F_2|$ 与 $2a<|F_1F_2|$ 时动点 P 的轨迹。

【设计意图】

结合正反例逐步完善椭圆的定义，培养学生严谨的数学思维；通过进一步提问，加深学生对 $2a>|F_1F_2|$ 这一条件的理解，并在这一过程中培养学生直观想象的数学核心素养与巩固数形结合的数学思想。

3. 合理建系，推导方程

【教师活动1】

问题5 请你根据椭圆的定义求出其方程。

教师根据学生展示的建系方法与其对应的方程，引导学生比较不同建系下的方程的简洁性，从而说明合理建系的重要性。在求得椭圆的标准方程的过程中，学生会存在建系、计算上的困难，教师可以适当给予引导：

①求曲线方程的步骤有哪些？

②椭圆与圆都具备轴对称与中心对称的性质，你能类比求圆的标准方程的建系方法，选择恰当的坐标系，使得椭圆的方程更简洁吗？

③如何化简式子：$\sqrt{(x+c)^2+y^2}+\sqrt{(x-c)^2+y^2}=2a$？

④令 $b=\sqrt{a^2-c^2}$，可以得到椭圆的标准方程。思考令 $b=\sqrt{a^2-c^2}$ 有什么优点？

（方程形式美观简洁，更符合“标准”的感受。）

【学生活动1】

根据椭圆的定义自行建系、设点、列式、化简、证明，得到椭圆的方程；与小组内其他成员比较，分析不同的建系方法对方程的影响，思考如何建系才会使得方程最简洁；小组讨论如何处理化简过程中遇到的双根号的式子；分析令方程中的 $b=\sqrt{a^2-c^2}$ 的优点。

【设计意图】

不给定坐标系，让学生自行建系，感受不同的建系方法对运算过程以及化简结果的影响，从而让学生学会优化算法，培养学生数学运算的核心素养；在学生遇到建系、运算上的困难时给予适当点拨，让学生感悟到要从图形的几何性质分析如何建系才能确保结果的简洁性与标准，学会在一开始就做出前瞻性的选择，提高解决问题的效率；令 $b=\sqrt{a^2-c^2}$，让学生体会如何让方程标准化；在分析 a，b，c 几何意义的过程中体会数形结合的数学思想。

【教师活动2】

问题6 若椭圆的焦点在 y 轴上，那么椭圆的方程是什么？

法1：学生重新建系，利用坐标法得到方程。

法2：意识到本质上只是坐标系的 x 轴与 y 轴进行互换，因此只需要把方程的 x 与 y 进行互换就可以了。

教师结合学生的分析结果小结：焦点在哪个坐标轴上，哪个对应的分母就是 a^2（数值上较大）。

【学生活动2】

自行探究焦点在 y 轴上的椭圆的方程，小组成员间比较不同的解决方法；分析如何根据椭圆的标准方程判断焦点所在的轴。

【设计意图】

能从图形的变化推导出方程的变化，从而直接利用焦点在 x 轴上的标准方程得到焦点在 y 轴上的标准方程，培养学生逻辑推理的数学核心素养；通过分析如何根据椭圆的标准方程判断焦点所在的轴，培养学生归纳总结的能力。

4. 归纳小结，明晰重点

（1）数学知识上：一个定义、两种方程。

（2）数学思想上：数形结合、方程、化归。

（3）数学方法上：坐标法、类比、空间问题平面化。

【学生活动】

在教师的引导下完成本节内容的总结。

【设计意图】

及时总结，回顾要点，加强记忆。

5. 课后思考，思维拓展

思考题1 如图8，AB 是平面 α 的斜线段，A 为斜足，若点 P 在平面 α 内运动，使得 $\triangle ABP$ 的面积为定值，则动点 P 的轨迹是？

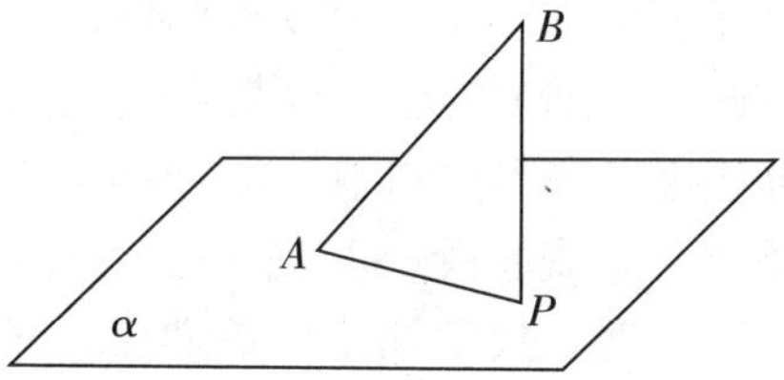

图8 思考题1图

思考题2 对椭圆方程推导过程的式子进行适当变形后，所得式子商为定值或积为定值，你能说出所得式子的几何意义吗？对应的曲线又是什么呢？

推导过程中的式子 $\sqrt{(x+c)^2+y^2}+\sqrt{(x-c)^2+y^2}=2a$

（1）由 $a^2-cx=a\sqrt{(x-c)^2+y^2}$ 得 $\dfrac{c}{a}=\dfrac{\sqrt{(x-c)^2+y^2}}{\dfrac{a^2}{c}-x}$

（2）由 $\dfrac{x^2}{a^2}+\dfrac{y^2}{a^2-c^2}=1$ 得 $\dfrac{y^2}{a^2-c^2}=1-\dfrac{x^2}{a^2}=\dfrac{a^2-x^2}{a^2}$ 得 $\dfrac{y}{x-a}\cdot\dfrac{y}{x+a}=\dfrac{c^2}{a^2}-1$

【学生活动】

学生课后思考，可进行讨论。

【设计意图】

思考题1是为了考查“椭圆可由平面截圆柱得到”这一知识点，考查学生能否把“面积为定值”化归为“点的轨迹为圆柱”；思考题2为了提升学生对解析几何的认识——借用坐标法，既可以利用几何特征将几何对象代数化，又可以利用方程式的几何意义将方程几何化，使形与数对应统一起来，同时也为下一节课的学习做好铺垫。

（微信扫描二维码可观看课例，网页下载链接：
https://portal.scnu.edu.cn/article-13963-519-1.html）

三、 教学成效与反思

根据本节课的重难点，结合学情分析，笔者从以下两部分对本节课进行教学效果评价：

（一）理解椭圆的定义

历史上最初对椭圆的认识是从圆柱、圆锥的斜截面轮廓线开始的，而笔者的教学设计也是以此为起点。笔者以“球在阳光下的影子”为情境引入椭圆，也以此模型作为起点探究椭圆的定义。借助旦德林双球模型可以让学生发现椭圆的几何性质——椭圆上任一点到两定点距离之和为定值，从而通过对细节完善得到椭圆的定义。通过这个方式得到的椭圆定义符合知识的生成规律，也让定义来得更自然，能帮助学生加深对椭圆本身的理解。此外，在这个过程中，让学生经历“直观感受→几何论证→提炼性质→完善概念”的过程，有利于培养学生直观想象、逻辑推理、数学抽象的数学核心素养。

（二）理解椭圆的标准方程的建立

任何一种建系方式都可以求出对应的椭圆方程，只是呈现的结果简繁程度不一。笔者一方面给予学生充分的空间去尝试、比较、分析，另一方面通过类比让学生意识到可以利用图形的对称性建系，从而使得方程看起来也更为对称与简洁。相比教师直接给定坐标系，这样的方式更能充分调动学生的积极性，也能在教学过程中培养学生的数学思维。

作者简介

关嘉欣，2015年毕业于华东师范大学，现为佛山市顺德第一中学教师。教学与教研两手抓，教学风格兼具幽默与技巧，亲和力强，互动性高，深受学生喜爱。精通数学史与数学文化，多次尝试将HPM融入日常教学，教研能力强。

专家点评

在这节课中，教师精心制作了一个教师手书、手绘与语音同步的虚拟课堂，为学生展示了椭圆的概念，真实再现了数学发生与发展的过程，让学生经历“直观感受→几何论证→提炼性质→完善概念”的过程，有利于培养学生直观想象、逻辑推理、数学抽象的数学核心素养。

——华南师范大学数学科学学院　冯伟贞

高二数学复习课导数中的参数范围的求法

肇庆宣卿中学　夏艳梅

一、 案例简介

本案例课题是高二复习课，是通过翻转课堂教学法在线上授课。课前一天以作业的形式发布了导数中的参数范围的求法复习资料以及第二天课堂上要讲解的与复习资料配对的例题，学生根据自身情况自主复习并尝试自主解决。教师还把导数相关基础视频发表在“洋葱学院”平台，供基础薄弱的学生复习。通过“班级小管家”小程序收集学生自主检查答题数据，绝大部分学生能完成课前预习自学任务。全年级四个班共 165 人一起在线上课，上课过程中有穿插平台的一些课堂管控功能，如实时查看课堂听课认真度，通过课堂学生在线名单实时点名实现课堂的监管，随机抽查学生连麦回答问题，要求学生在交流区反馈做题答案等，来确保课堂的参与度。课堂在线直播以拓展加深巩固为主，教师讲解大概 25 分钟，剩下时间学习小组各自线上讨论总结，并配一道课程效果检测题，以了解课堂知识掌握情况，课后再配相关作业进行知识的拓展深化。总体来看，学生知识掌握过关。

二、 教学设计

（一）课前自学设计

1. 课前自学目标

复习导数中的参数范围的求法，自主建构知识方法。

2. 课前教师准备

教师提前下载网上优质导数相关基础知识微课供基础薄弱学生选择复习，并布置好面向全体学生的与课堂相关的预习任务。

3. 设定学习目标

知识梳理拓展应用，从整体上用样本的频率分布估计总体分布，去构建知识体系，实现知识真正内化。

4. 设计课前自主学习任务单（见表 1）

表 1　课前自主学习任务单

目标、学法指南
（1）课题名称： 高二数学复习课导数中的参数范围的求法第 1 课时
（2）达成目标： 梳理导数中的参数范围的思想方法，并应用对应知识方法解决问题
（3）学习方法建议： 先复习相关知识方法，再尝试解决预习任务；若导数基础知识有遗忘的，可以先看微课
（4）课堂学习形式预告： 自主微课学习梳理→完成自主学习检测题目，记录不懂之处→在线课堂教师提问检测自学梳理效果→知识强化，理解应用导数解决参数问题→教师评价、学生反思总结
自主学习任务
自学相关微课，用自己擅长的方法梳理构建导数中的求参数范围与单调性相关的知识方法体系并表达出来，尝试解决 3 道例题。 根据个人情况合理安排课余时间完成（约半小时）
疑惑和意见

（二）课堂活动设计

1. 教学环节一

教师课前通过“班级小管家”小程序查看学生自学预习答题情况，了解自学知识过关程度，在课堂上抽查学生自学情况，选择配套的作业让学生进行讲题比赛。

【教师活动】

根据答题情况利用在线教学平台随机抽人回答、提问，利用平台练习评价功能进行学生讲题评价（见图 1，清晰的教学过程请看课例视频）。

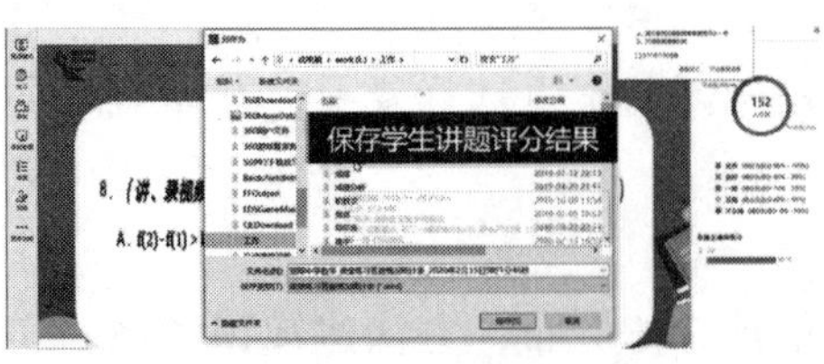

图 1　学生讲题评价

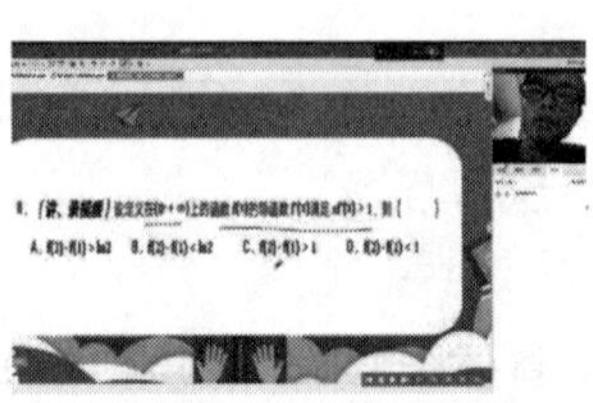

图 2　讲题比赛活动

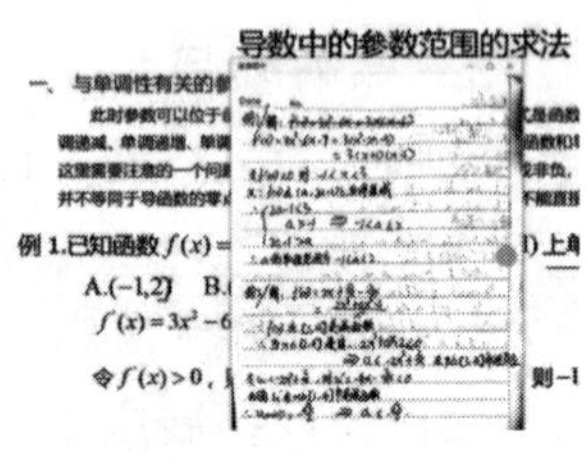

图 3　指导学生思考

【学生活动】

反馈自主学习疑惑，梳理本节课要掌握的基础知识。回答教师提出的问题。通过讲题比赛活动调动学生参与的积极性（见图2）。

【设计意图】

通过数据与抽查双重办法确保学生自主学习、自觉学习，真正落实基础知识过关。

2．教学环节二

确保预习全员参与，了解学生疑惑点后进一步引导学生进行知识应用与内化。

【教师活动】

给学生时间堂上思考解决问题，引导学生反馈问题、解决问题，最后指正，实现知识巩固（此处讲解例1，见图3）。

【学生活动】

认真完成教师精选的题目并反馈，学会应用新学知识解决问题。

【设计意图】

教师根据预习做题反馈情况，有针对性地引导学生利用导数单调性相关知识去解决问题，强化数形结合和转化、化归思想，实现知识内化。

3．教学环节三

复习回顾用导数单调性解决参数问题，会进一步应用相关知识去解决问题后，进一步提炼升华。

【教师活动】

师生一起探讨如何入手解导数中与单调性相关的求参数范围的问题，解答学生疑惑，理清思路，总结方法。

【学生活动】

例2　已知函数$f(x)=x^2+a\ln x+\dfrac{2}{x}$在［1，4］上是减函数，求实数$a$的取值范围（解答过程见课例视频）。

【设计意图】

学生在课前已预习并尝试解答，题目所求与疑惑已弄清楚，学生参与情况才会好。

4．教学环节四

巩固加深知识应用能力。

【教师活动】

通过综合性的问题把本节课所学到的所有知识融合应用，帮助学生分清概念、方法，进一步理解单调性与导数的关系及思想方法，实现课堂知识的巩固和内化。当课堂进行到一定时间，在学生自主做题时，有必要巡查学生在线听课的情况，并对不认真的学生进行提醒（见图4）。

【学生活动】

完成教师布置的提高综合应用题目（见例3），把作答过程以图片的形式发给教师评价。

例 3　已知函数 $f(x)=ax$，$g(x)=\ln x$，$a\in\mathbf{R}$，若函数 $G(x)=\dfrac{xf(x)}{a}+ag(x)+\dfrac{2}{x}$ 在区间 $[1,+\infty)$ 上为单调函数，求 a 的取值范围。

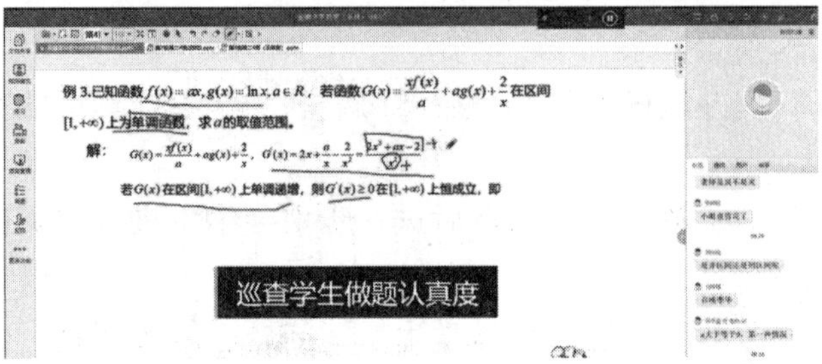

图 4　使用在线教学平台巡查学生听课情况

【设计意图】

翻转课堂的优势就在于课前把简单易学的基础知识通过微课、自主学案等形式供学生个性化自学，使得课堂上师生有更多时间进行知识应用、巩固、加深拓展，真正实现知识的内化。

5. 教学环节五

拓展、讨论、反思总结并评价。

【教师活动】

对上交的学生作品检查评价并展示优秀作业。

【学生活动】

进一步进行例 4 拓展应用，并在课后完成详细解答作为本节课知识掌握程度评价。学生自主思考探索，师生总结课堂知识，课后做最后的查漏补缺，形成自己的知识梳理图，并交给教师检查评价。

例 4　已知函数 $f(x)=x^3+(k-1)x^2+(k+5)x$，其中 $k\in\mathbf{R}$，若函数 $f(x)$ 在区间 $(0,3)$ 上不是单调函数，求 k 的取值范围。

【设计意图】

有评价才有促进，评价得分计入小组得分。

（微信扫描二维码可观看课例，网页下载链接：https://portal.scnu.edu.cn/article-13963-558-1.html）

三、　教学成效与反思

（一）教学效果评价

因为本节课知识对于本年级学生来说有点难，而相关知识检测题答对率绝大部分在

50% 以上，故可以看出本节课课堂效果比较好，一半以上学生能掌握应用导数单调性解决求参数问题，教学目标很好地达到了。但对于涉及计算复杂的综合性题目，学生的计算能力还有待加强，当然这不是在这一节课就可以解决的问题。另外，从学生的反馈也能看出学生喜欢翻转课堂的授课方式，翻转课堂照顾到各种层次学生的自主学习，学生在课堂的获得感很好。

（二）教学反思

1. 教育技术的反思

本节课还有需要改进的地方。因为线上授课的原因，课堂上教师讲得还是有点多，一些解题过程和课堂总结等问题其实都可以让学生来反馈解决，一是因为线上连麦或视频比较费时，二是线上小组合作解决也没有面对面上课容易操作，只能在讨论区进行一些反馈讨论。

本节课所用的“无限宝”直播平台提供课堂限时测试、练习在线作答，能及时反馈，根据答对率进行评讲，测试、练习的成绩分析可保存导出。课堂可以实时看到每一位学生的答题反馈，可以根据学生反馈提问、评讲，还可以看出学生答题所用时间，那些随便乱蒙快速答题的学生很容易被教师识别。当然，如果测试题目比较多，教师还可以提前制定答题卡直接导入。本节课学生预习的题目虽是主观题，但也可设计为客观题答题。本节课应用习题评价功能，统计预习例题的答对率，把握学生的预习情况。

本节课在学生自主练习时，教师在平台不定时点名，系统自动反馈各学员学习状态，学生听课认不认真、认真了多长时间都可以保存导出发到家长群，教师在课堂上也可及时提醒、提问听课不认真的学生。同时，平台设计学员是统一导入安排账号的，所以平台还可以通过用户通讯录实时查看各班在线与不在线名单，不在线学生名字显示灰色，实现课堂实时监控功能。

课堂随机抽人提问，师生课堂实时语音、视频，也可以发起抢答活跃课堂气氛。平台上传课件、文件音频、视频都非常方便，操作就如我们平时打开文件。打开的 PPT、PDF、Word 文档还可以实时标注书写、翻页，也可以在平台单独打开白板书写演示，实现黑板、多媒体播放功能。同时平台还自带两种模式的录课功能，每一节课都可以录下来。本节课授课中教师都应用了这些功能，效果不错。

2. 教学方法的反思

翻转课堂是通过颠倒安排课前知识传授和课堂知识内化时间段，实现在线与传统课堂学习的主动融合。它与传统教学相比，突破了传统课堂的一些局限，重构了教学结构，突出了以生为本，体现了教学新理念，也就是教师把要教授的内容中学生容易自学的部分用微课呈现，学生课前根据自己的水平自主学习，可以反复观看，课上教师就不用再讲基础的内容，课堂时间用来拓展、提高、深化，可以有更多时间与学生讨论。作为一线教师，很有必要探索如何在大数据时代背景下，借助基于最新数字化手段的个体化、自主性的互动式创新型人才培养模式的构建，革新传统课堂教学模式。

已经有了好的网课平台，要开展翻转课堂模式的教学，有时还需要有小而精的微课。疫情期间网上有很多优质、免费的微课，这些微课做得形象生动，可视性强，而且每个都基本在10分钟以内，可以用手机下载一个APP在线观看。这次疫情网课，每周笔者都会提前在百度网盘发布一周要预习观看的微课，让学生按照笔者事先发的教学进度表提前进行观看，并于第二天在课堂上把遇到的不懂的问题提出来一起解决。之后在课堂上进行线上测试，看学生自主学习效果如何，也可以在线连麦抽查，或让学生来讲，从而进行查漏补缺，真正实现知识内化掌握。有些人可能会想很多在线教学平台都有回放功能，何须那么麻烦呢？其实学生去看网课回放的时间不多，很少有学生会花大时间看课程回放，而主要是看知识概念的回放。笔者把知识按一个个细化的点制成微课，方便学生预习和回看，提高学习效率。

人本主义学习理论的基本观点：第一，学习是人类与生俱来的本能。人本主义心理学的主要创始人马斯洛认为人类与生俱来就有内发的成长潜力。第二，教育应该以学生为中心，而不是教师。人本主义心理学的另一个代表人物罗杰斯提出了以学生为中心的教育理念。第三，以自由为基础的学习原则。罗杰斯的《学习的自由》一书阐述了他所坚信的以自由为基础的自由学习原则。① 以上三个原则体现了人本主义的自由学习观，强调教育是价值引导及创造的过程，有用的学习只能产生于以自由为基础的、学生自发地全身心投入，也就是学生能动地组织学习，学习效果是最好的。这与翻转课堂不谋而合，翻转课堂的一大优点就是课堂上有更多的时间解惑答疑、拓展及给学生展示，有利于学生自主学习能力的培养。人本主义学习理论是本节课设计的理论依据，也是基于翻转课堂模式的高中数学课堂教学设计的重要理论依据。

作者简介

夏艳梅，数学教育硕士，高中数学一级教师，南粤优秀教师，广东省高考研究会数学专家委员会专家库成员，广东省初等数学学会肇庆办事处秘书长。作为主持人或成员参与多个重点课题研究并已结题，多次获得区级以上教师专业技能比赛一等奖。

专家点评

对于翻转课堂的教学模式，已经有较为丰富的研究成果。该案例充分利用翻转课堂的优势，通过选择优秀的数学微课，引导学生开展自主学习。教师对学生的学习监控做了充分工作：按照事先发的教学进度表提前进行观看，并于第二天在课堂上把遇到的不懂的问题提出来一起解决。在课堂上，在线连麦抽查或让学生来讲题，从而进行查漏补缺，真正实现知识内化掌握，对学生学习的效果进行记录评价、及时反馈，达到了师生互动的良好效果。所选择的教学平台，功能比较全面，提供课堂限时测试、练习在线作答，及时反馈，根据答对率进行评讲，测试、练习的成绩分析可保存导出，这对线上教学有很大的帮助。

——华南师范大学数学科学学院　冯伟贞

① 俞平. 数学教育心理学［M］. 南宁：广西教育出版社，2004：27－30，38－44.

高三复习探究课“三次函数的图象与性质”教学案例

佛山市顺德第一中学　李华民

一、 案例简介

三次函数是人教A版高中数学选修2－2第一章第三节的内容。三次函数是中学数学利用导数研究函数的一个重要载体，有着重要的地位。围绕三次函数命制的试题，近几年来在全国各地高考及模拟试题中频繁出现，已成为高考数学特别是文科数学的一大亮点，因此学习和掌握三次函数的基本性质很有必要。但教材没提及三次函数这一概念，题型也局限在解决系数为常数的极值和单调区间问题，各种教辅资料中也往往只从求导、求极值、求单调区间等角度进行一些零碎的、浅表的探索，而很少对它做出比较系统的、实质性的阐述。

本节课是高三复习探究课，具体内容是借助信息技术，通过几何画板的操作生成关于三次函数的动态效果，从而以三次函数图象的形状特征为主线，探究三次函数的单调性和极值问题，加强学生对三次函数图象与性质的感性认识，引发学生的理性思考，形成经验，同时在此过程中体会数形结合、分类讨论、化归与类比等思想方法。

二、 教学设计

（一）教学内容与重难点分析

重点：探究系数 a，b，c，d 的大小的变化与三次函数图象之间的变化规律，根据图象探究三次函数的性质（单调性和极值）。

难点：根据图象分析三次函数的性质（单调性和极值）。

（二）教学目标

1．知识与能力

（1）加深对三次函数图象和性质的认识，学会利用三次函数解决问题；增强分析问题、解决问题的能力。

（2）掌握一定的多媒体环境下研究性学习的方法和手段。

2. 过程与方法

通过对函数$f(x)=ax^3+bx^2+cx+d$（$a\neq0$）性质的研究，引导学生建立讨论函数性质的基本框架，知道函数性质的基本内容及其作用，掌握研究函数性质的基本过程和方法。

3. 情感态度与价值观

通过直观的图形和抽象的函数性质的统一，培养学生的辩证唯物主义思想观；在研究的过程中，通过同学之间的讨论与协作，培养合作精神。

（三）学情分析

本节课借助导数的工具和图形技术来研究三次函数的图象和性质，符合学生的认知规律。三次函数的导数是二次函数，二次函数是重要的且广泛应用的基本初等函数，学生对此已有较为全面、系统、深刻的认识，并在某些方面具备了把握规律的能力。

（四）教学策略

根据教学内容的特点，本节课的设计强调利用多媒体制作动画课例引导学生主动探究式的学习方式，这也是新课程所倡导的教学理念。为突破难点，本节课紧紧围绕教学重点，结合学生已有的基础——会用导数研究三次函数的性质，通过创设问题情境搭设台阶，并以追问或问题串的形式引导学生积极参与教学。利用演示方法，让学生凭借图象的直觉去发现、去探索，逐步加深对三次函数图象和性质的认识，实现从具体到抽象、从感性到理性的深化。

（五）教学过程

1. 设置情境、导入新课

【师生活动】

教师：同学们，我们已经学习了二次函数的一般形式，那么你能类比二次函数给出三次函数的定义吗？

［学生回答，教师根据学生回答归纳：形如$y=ax^3+bx^2+cx+d$（$a\neq0$）的函数叫作三次函数。定义域：$\mathbf{R}$。］

教师：三次函数的导函数是什么？

学生：导函数是$f'(x)=3ax^2+2bx+c$（$a\neq0$），是二次函数。

教师：判别式是$\Delta=b^2-4ac$吗？

学生：不是，是$\Delta=(2b)^2-4\times3a\times c=4(b^2-3ac)$。

教师：二次函数的系数会对函数的图象与性质产生怎样的影响？请同学们回想一下，然后思考并回答以下问题。

（学生虽说对二次函数较熟悉，但提高到理论层面来认识仍有点难度，所以通过以下问题串引导。）

①系数a是如何影响图象的？

答案：开口和大小。a为正时开口向上，a为负时开口向下。a的绝对值越大，开口越小；a 的绝对值越小，开口越大。

②系数 a 和 b 的变化是如何影响图象的？

答案：对称轴的左右平移变化。

③系数 c 对图象的影响是怎样的？对函数的单调性有影响吗？

答案：上下平移；不影响。

④图象与 x 轴的交点个数由谁来确定？

答案：由判别式 $\Delta = b^2 - 4ac$ 来确定，这里 Δ 是个综合参量。

学生思考回答，教师因势利导：由刚才的复习，我们知道，三次函数的导数是二次函数，而二次函数的图象与性质和系数的变化有关，不难看出，系数 a，b，c，d 的变化对三次函数 $f(x) = ax^3 + bx^2 + cx + d$（$a \neq 0$）的图象与性质有直接的影响。那么系数如何影响函数的图象与性质呢？就让我们带着这个问题一同进入今天的学习探究中。

【设计意图】

旨在引导学生从熟知的二次函数的情形出发，类比联想，发散、拓展学生思维，为接下来探究三次函数的图象与性质做铺垫，并由此导入新课。

2．借助工具、尝试探究

（1）探究一：初识系数 a，b，c，d 的变化将怎样影响三次函数的图象与性质。

【师生活动】

例题　利用函数工具画三次函数 $f(x) = ax^3 + bx^2 + cx + d$（$a \neq 0$）的图象，观察图象并思考以下问题。

①你能猜想哪个系数对函数的单调性没有影响？

（让学生类比二次函数做出猜想，之后在几何画板中演示验证。得出结论：系数 d 不影响函数的单调性。）

②观察系数 a 变化时函数图象有何特征？

（教师通过几何画板演示让学生观察，适时提示引导学生思考、归纳图象的特征。）

③当系数 $a>0$，系数 b 和 c 分别变化时，图象有何特征？

追问：Ⅰ当系数 $a>0$，系数 b 和 c 都变化时，图象有何特征？

Ⅱ那么当系数 $a>0$，系数 a，b，c 三个都变化时，图象特征会变化吗？

（引导学生分析得出结论，分析函数的图象时只要看两个量：系数 a 和导函数的判别式 Δ。）

Ⅲ当系数 $a<0$ 时，请同学们类比 $a>0$ 猜想一下图象变化的规律。

（学生类比 $a>0$ 猜想，教师通过几何画板演示验证。）

Ⅳ根据系数 a 和导函数的判别式 Δ 的不同情况，完成表 1。

（鉴于学生的不同认知程度，教师通过几何画板演示，让学生认真观察，自主探究或与同桌和前后桌讨论交流、合作研究。教师适时加以点拨、归纳总结。）

表 1　三次函数 $f(x)=ax^3+bx^2+cx+d\ (a\neq 0)$ 图象

项目	$a>0$		$a<0$	
	$\Delta>0$	$\Delta\leqslant 0$	$\Delta>0$	$\Delta\leqslant 0$
图象	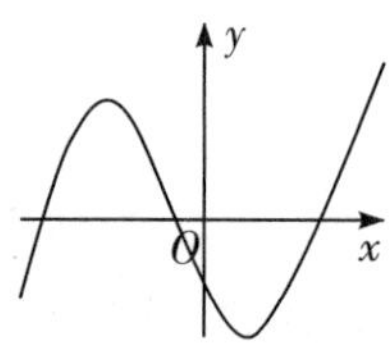	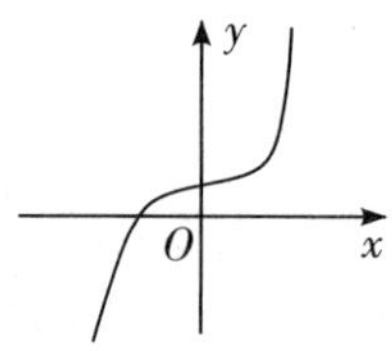	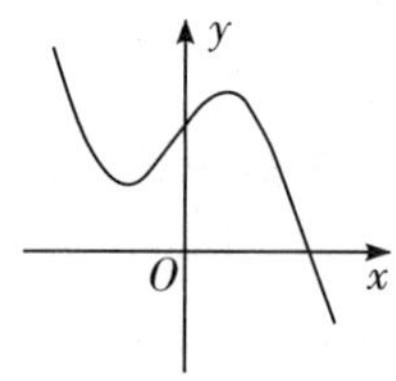	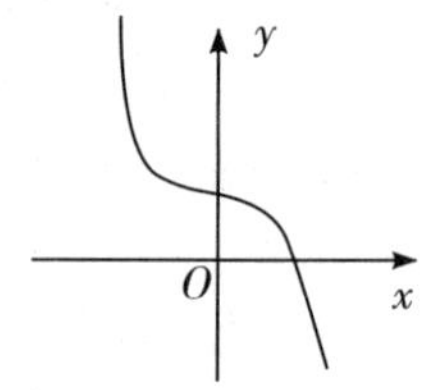

【设计意图】

本题探究系数对单调性的影响，让学生观察图象有多种情形，引导学生明确探究思路和方向，并正确进行分类。

（2）探究二：三次函数的单调性、极值。

【师生活动】

教师：由探究一不难发现三次函数 $f(x)=ax^3+bx^2+cx+d\ (a\neq 0)$ 的单调性和极值。其中，$a>0$ 且 $\Delta\leqslant 0$ 和 $a<0$ 且 $\Delta\leqslant 0$ 两种情形下三次函数在 $\mathbf{R}$ 上是单调函数，另外两种不是单调函数。那么它在 $\mathbf{R}$ 上一定有几个单调区间，如何来确定单调区间？

学生：利用导函数来确定。

（教师根据学生回答情况引导学生思考三次函数与导函数的图象间的关系。）

追问：①观察下面图象（见图 1），你能说出它们的单调区间吗？

②图中的 x_1 和 x_2 的值如何来确定呢？

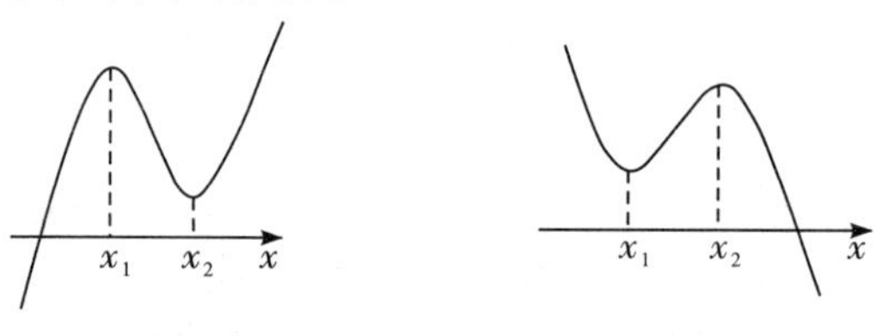

图 1　图象的单调区间

（让学生直观感知，明确 x_1 和 x_2 的实际意义和求法。）

③根据上图能说说三次函数的极值情况吗？（归纳总结见表 2）

表 2　函数 $f(x)=ax^3+bx^2+cx+d\ (a\neq 0)$ 的图象与性质（单调性、极值）

项目	$a>0$		$a<0$	
	$\Delta>0$	$\Delta\leqslant 0$	$\Delta>0$	$\Delta\leqslant 0$
图象	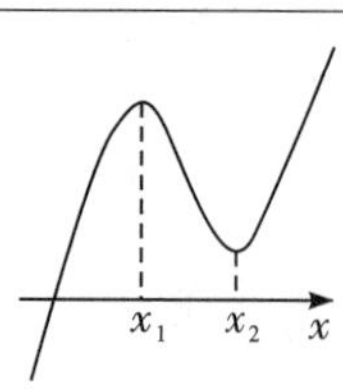	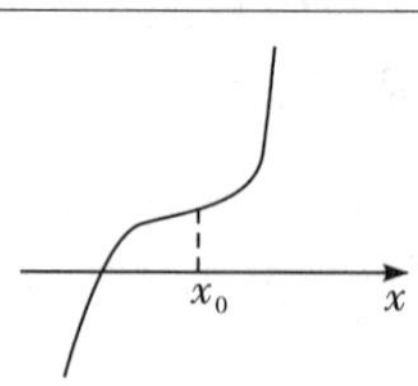	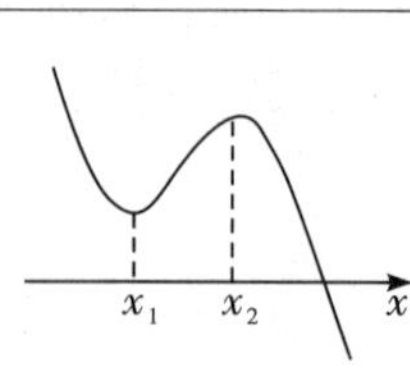	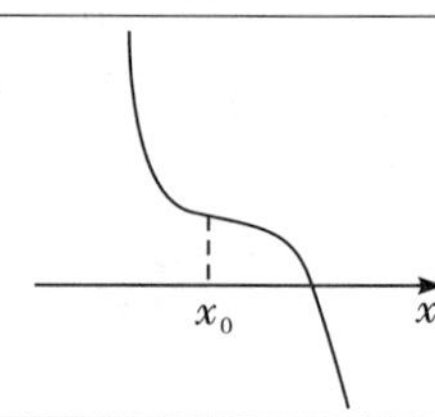

续上表

<table>
<tr><td rowspan="2">项目</td><td colspan="2">$a>0$</td><td colspan="2">$a<0$</td></tr>
<tr><td>$\Delta>0$</td><td>$\Delta\leqslant0$</td><td>$\Delta>0$</td><td>$\Delta\leqslant0$</td></tr>
<tr><td>单调区间</td><td>在 $(-\infty, x_1)$ 和 $(x_2, +\infty)$ 上是增函数；
在 (x_1, x_2) 上是减函数</td><td>在 $\mathbf{R}$ 上是增函数</td><td>在 (x_1, x_2) 上是增函数；
在 $(-\infty, x_1)$ 和 $(x_2, +\infty)$ 上是减函数</td><td>在 $\mathbf{R}$ 上是减函数</td></tr>
<tr><td>极值</td><td>$f(x)_{极大值}=f(x_1)$
$f(x)_{极小值}=f(x_2)$</td><td>无极值</td><td>$f(x)_{极小值}=f(x_1)$
$f(x)_{极大值}=f(x_2)$</td><td>无极值</td></tr>
</table>

【设计意图】

利用多媒体呈现三次函数的图象，从感性到理性，凭借图象的直觉去发现、去探索，从数形结合层面进行思考，逐步加深对三次函数图象与性质的认识。

3. 探究应用、加深理解

【师生活动】

例 1 已知三次函数 $f(x)=ax^3+bx^2+cx+d$ 的导函数 $f'(x)$ 的图象如图 2 所示，则 $y=f(x)$ 的图象最有可能的是（　　）

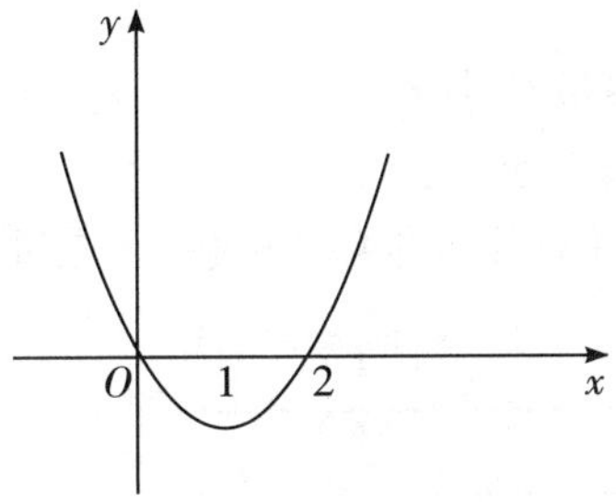

图 2　例 1 图

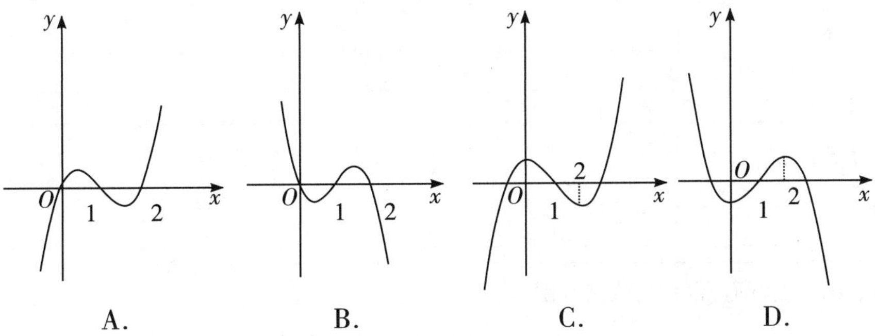

例2 设三次函数$f(x)=\frac{a}{3}x^3+bx^2+cx+d\ (a>0)$，且方程$f'(x)-9x=0$的两个根分别为1，4。

（1）当$a=3$且曲线$y=f(x)$过原点时，求$f(x)$的解析式；

（2）若$f(x)$在$(-\infty,\ +\infty)$无极值点，求a的取值范围。

【设计意图】

例1直接给出导函数图象，然后设计了四个选项，意在通过对图象的观察、问题的判断，直接考查三次函数的性质，同时也培养学生的数形结合意识和能力；例2引导学生熟练地用待定系数法求函数方程，提醒学生先求导再算Δ避免出错。

4. 深化练习、巩固提升

【师生活动】

例题 设函数$f(x)=6x^3+3(a+2)x^2+2ax$。

（1）若$f(x)$的两个极值点为x_1，x_2，且$x_1x_2=1$，求实数a的值；

（2）是否存在实数a，使得$f(x)$是$(-\infty,\ +\infty)$上的单调函数？若存在，求出a的值；若不存在，说明理由。

【设计意图】

本题主要考查函数的单调性、极值等基本知识。通过练习，加深对所学内容的理解，推进了三次函数性质的深化与三次函数方法的研究，同时也提升学生运用导数研究函数的性质的能力。

5. 课堂小结

（1）请学生对今天所学内容进行小结。

（2）本节课涉及的思想方法有哪些？

（3）同学们通过学习本节课还有什么体会和疑惑？（通过整理表3的数学日记反馈给教师）

表3 数学日记

数学日记：	
______年______月______日 星期____________	天气____________
学习课题____________	自我评价____________
知识归纳与整理：____________________	
数学思想和方法：____________________	
写给教师的话：（对教师说说你的收获与困惑）____________________	

【设计意图】

让学生系统地、有条理地消化所学知识，并引导学生体会几何画板的作用和其蕴含的数学思想方法，将研究的方法迁移到其他函数的研究之中。通过学生的“数学日记”，加强教师与学生的交流，从中了解到学生理解问题的方式，可以通过疑惑解答使学生再生知识，激起学生探究未知的欲望。

6. 作业

（1）设函数 $f(x)=x^3-x^2+(a+1)x+1$，其中 a 为实数。

①已知函数 $f(x)$ 在 $x=1$ 处取得极值，求 a 的值；

②已知不等式 $f(x)>x^2-x-a+1$ 对任意 $a\in(0,\ +\infty)$ 都成立，求实数 x 的取值范围。

（2）探究题：尝试探究三次函数的零点问题。

【设计意图】

弹性题不做统一要求，为不同学生提供更为广阔的探究空间，达到因材施教的目的。

（微信扫描二维码可观看课例，网页下载链接：
https://portal.scnu.edu.cn/article-13963-518-1.html）

三、 教学成效与反思

高次函数是一道美丽的数学风景。当年高斯证明一元 n 次方程必有 n 个根（复数域）曾经轰动数坛。导数进入高中，学生有缘欣赏到三次函数的风景。三次函数的导数是二次函数，再次求导则成为一次函数，研究这“祖孙三代”的关系，看看哪些性质有遗传性，它们的“DNA”有什么关联，很有趣。本课例是疫情期间佛山市组织录制的，课例的制作利用了手绘视频程序，因为时间关系，有些语言还不够精准，但是课例尽可能地借用各种信息技术手段，由导函数的性态研究原函数的性态，显示二者的“血缘关系”（如原函数的中心对称，到了“下一代”，同是对称，却变成轴对称了）。本节课例的实施过程还是有很多的不足之处，比如预先录制的课例在使用时师生的互动不如课堂上充分，教师也就无法捕捉学生的知识生成过程中的亮点，对于学生的疑惑之处也难以及时解答。

作者简介

李华民，顺德第一中学高中数学教师，华南师范大学教育管理专业研究生课程进修班结业，教育部“国培计划”广东省数学骨干教师学员，省级课题研究骨干教师，顺德区教育基金先进教师，顺德区“优秀共产党员”，顺德区学科优秀教师。2016 年广东省首届高中青年教师教学竞赛顺德区第一名，代表顺德区参加省决赛。获广东省数学教育学会论文评比一等奖。

专家点评

通过课例和手绘视频程序，录制精品课程，教师线上教学，带领学生欣赏到三次函数的风景。李老师的手绘视频程序使得数学教学设计丰富多彩、生动活泼，增加了观赏性，能够激发学生的学习兴趣。同时，李老师的课例讲解深入浅出，为学生演示了数学问题解决的过程，这对于学生自主学习有很大的帮助。当然，线上教学，师生互动需要更多的关注，这也是线上教学的难点，毕竟只有了解学生的学习过程，教师才能更好地为学生讲解相关的概念、定理和分析问题。

——华南师范大学数学科学学院　苏洪雨

基于微信公众号的高三数学讲评课初探

广州市花都区秀全中学　杨艳冰

一、 案例简介

高中数学知识内容多，难度大，很多学生会因为缺乏学习数学的正确方法或者本身数学基础差，对数学学习感到恐惧、抗拒，学习积极性不高，不懂的问题在课堂上也不敢提出来，每个学生都想要得到教师的精细化教学，一对一地解决他们的问题。个性化教学是分层次教学继续发展下去的必然演变，也是提高教学质量、打造高效课堂、促进学生自我实现的关键。学生进入高三，会有比较多的考试和测验，教师能否上好讲评课，决定着学生对知识查漏补缺的效率。而传统课堂中，教师只能在有限的时间里选取大部分学生的高频错题来进行评讲，对于成绩好和差的学生来说都是低效的，所以在此提出“基于微信公众号的高三数学讲评课”数学课堂，利用网络教学的优势，提高高三数学讲评课的有效性和针对性。而本案例设计的讲评课能使大部分学生在此课堂中得到一套为自己精心准备的课程。

二、 教学设计

（一）教学策略

教师主导下的学生个性化学习。

（二）教学工具

1. 硬件

（1）微软 Surface Pro6（操作系统是 Windows，使用起来和办公电脑一样，有触屏功能，支持使用微软 Surface Pen）。

（2）微软 Surface Pen（在一些软件中使用起来跟签字笔书写感觉接近）。

2. 软件

（1）EV 录屏。

（2）OneNote（配合 Surface Pen 书写方便、美观，方便学生观看）。

（3）GeoGebra 或者几何画板（绘制数学图象）。

（4）微信和钉钉软件。

（三）教学实施

（1）发布一套试卷，开启钉钉会议在线监考。

（2）学生把试卷上传至智学网，教师评改分数。

（3）从智学网上或者钉钉投票中查看学生得分情况（见图 1），发起微信公众号投票，民主投票需要讲解的题目。

题号	分值	平均分	得分率
1	5	3.9	77.1%
2	5	4	79.2%
3	5	4.4	87.5%
4	5	4.3	85.4%
5	5	3.8	75.0%

建议关注以下高频错题

提示：点击题号直接进入练习讲评

6 7 8 10

11 12

图 1　智学网学生得分情况

（4）根据考试情况和学生反馈选取题目，选用 EV 录屏和 OneNote 分段录制微课（可选区录制，使画面更简洁，见图 2，详尽解题过程见微课视频）。

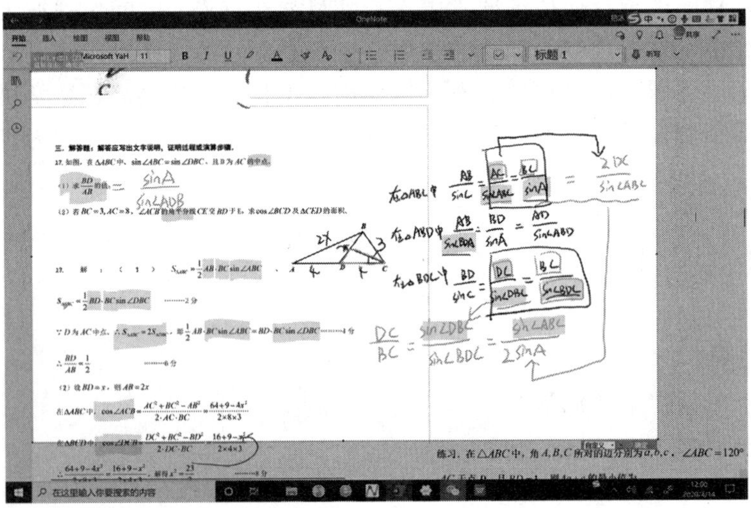

图 2　分段录制微课

（5）根据学生反馈情况录制了试卷选择题第 8、10、11 题的讲解视频作为第一个微课，填空题第 15、16 题的讲解视频作为第二个微课，解答题每两题的讲解视频作为一个微课，共 5 个微课，上传到微信公众号中。

公众号限制一篇文章最多插入 3 个视频，所以这次讲评课做了两篇公众号文章，插入多个微课方便学生快速找到自己想要解惑的题目。上传视频到微信公众号的素材中，其上传和审核过程一般需一小时左右，要提前上传。利用这段时间撰写公众号文章，把视频穿插进去，发布在微信公众号自定义菜单上。

（6）把微课信息发送到微信班群或者钉钉班群，提醒学生观看。在讲评课中可采取两种模式：以学生小组合作为主或者教师主导。以学生小组合作为主的课堂中，学生首先根据自己的需求，在指定时间看讲评微课；其次以小组为单位，小组长建立钉钉会议，学生进行疑点讨论；再次教师进行总结和对常错点、易错点进行点评。课后小组长登记小组成员的考勤情况。教师主导的课堂里，教师建立钉钉直播，指定时间让学生选微课观看，教师把握节奏，课后很快可以在钉钉里看到学生在线情况。

（7）在微信小程序“作业簿”中发布作业，让学生提交修改好的试卷、错题整理、错题想法和疑惑的地方。

每天利用“作业簿”小程序发布作业，学生上传作业照片，可以快速地进行上交情况登记和成绩登记。而教师打开“作业簿”这个小程序即可查看学生情况，批改后还可以下载当天详细情况。

（8）课后可与学生通过微信进行互动答疑，根据考勤情况与个别学生进行谈心辅导，激发学生学习动力；还可以在钉钉或者微信上与个别学生交流，进行辅导。

（微信扫描二维码可观看微课，网页下载链接：
https://portal.scnu.edu.cn/article-13963-516-1.html,
https://portal.scnu.edu.cn/article-13963-517-1.html,
https://portal.scnu.edu.cn/article-13963-513-1.html,
https://portal.scnu.edu.cn/article-13963-514-1.html,
https://portal.scnu.edu.cn/article-13963-515-1.html）

第8、10、11题　第15、16题　第17、18题　第19、20题　第22、21题

三、 教学成效与反思

（一）优点

（1）能够实现因材施教。高三有很多的套卷考试，数学共22道题目（选择题12道，填空题4道，解答题6道）。到了高三，高中的众多内容已经学完，因为学生个体差异，出现的知识缺漏有可能是不一样的。对于普通课堂或者网上直播来说，教师只能在有限的课堂时间里选取大部分学生的高频错题来进行讲评，对于成绩好和差的学生来说都是低效的。本案例设计的讲评课，在普通课堂和网上直播课堂都出现的尖子生上课做自己的练习册，后进生觉得听不懂而不想听课等情况都可以避免，提高学生的学习效率。

（2）降低因为网络不好导致直播卡顿和延时对教学的影响。在“停课不停学”期间，

我们遇到了各式各样的问题，如希沃、哔哩哔哩等软件都出现过被学生“挤爆”而无法正常上课的情况。但是因为微信公众号本来就服务于各式各样的群体，建立已久，所以出现这些情况的概率会低一点。

（3）学生一旦习惯他的科任教师在某一个公众号发布所有该学科资料，慢慢地就不需要每找一份作业或答案都从群里面打开文件，使学生的学习资料得到优化。

（二）缺点

没有传统课堂或者网上直播中那么容易检测学生的在线情况。

（三）效果

经过这一段时间的实践，根据个人观察和学生反馈，笔者深感“基于微信公众号的高三数学讲评课”这一课堂模式能给动力充足的学生更大的发展空间，待回校正常上课时，将这一模式搬到电脑室或者智慧课堂上进行也是非常值得一试的。

作者简介

杨艳冰，2014 年毕业于华南师范大学，毕业后在秀全中学任职。在数学教学及解题竞赛中多次获奖，其中 2019 年高考试题研究成果获区一等奖并在区内进行主题发言。本案例是基于作者主持的课题“数学微课对辅导高三不同层次学生的有效性探讨”的研究。

专家点评

在线教学可以通过各种方式实现，现在也有各种各样的教学平台，但是真实地展现数学教学的过程，是达成教学目标所必须的。杨老师基于已有的成熟社交软件——微信，充分发挥其稳定、全面的特点，合理使用硬件和软件 EV 录屏、OneNote、GeoGebra、几何画板等，提高高三数学讲评课的有效性和针对性，教学效果较好。这种模式也可以在后续的教学中继续发展。

——华南师范大学数学科学学院　苏洪雨

高三第二轮复习：函数不等式的证明

华南师范大学附属中学　周建锋

一、 案例简介

本节课是高三第二轮复习的专题内容：证明不等式。在与函数有关的不等式证明中，难度大，方法灵活。这节课主要讲解利用构造法和放缩法证明函数不等式，例 1 主要用了构造中间量的方法，并引导学生进一步思考这种构造法的原理和大体思考的方向；例 2 既承接了例 1 的方法，又进一步引出放缩的证法，对放缩的一个重要技巧——待定系数法做了深入的探讨，并引导学生思考通过变形构造新函数的证法，其中还渗透了在求导过程中遇到形如 $\ln x$ 的函数的求导技巧（“清君侧”法）。整节课利用两个例题及变形，把函数不等式证明中的构造法、放缩法、待定系数法、求导技巧等有机地结合起来。

二、 教学设计

（一）设计

1. 教学内容和内容解析

本节课重点讲解不等式证明的两个重要方法：构造法、放缩法。证明函数不等式时，构造法和放缩法是两个重要而且难度很大的方法：构造法中除了构造新函数，有时还需要构造中间量，这是一个难点；在放缩中如何把握放缩的尺度也是难点。本节课介绍待定系数法的介入，帮助学生寻找放缩的最佳尺度。

2. 教学目标

通过对函数不等式证明的探讨，理解构造法、放缩法及待定系数法等数学方法，进一步体会解决数学问题中的重要数学思想，提升数学核心素养。

3. 教学难点

学生在学习数学时，由于缺乏足够的理解和领悟，解题常处于机械模仿的层次，对数学主要方法和思想领会不深，遇到需要灵活变通的时候常常没有方向。证明不等式很多时候就需要充分运用数学思想和解题策略，结合扎实的基本功，才能圆满解决。放缩法需要掌握好尺度，没有固定模式，需要结合掌握的知识进行探索；而构造法需要对构造的模型有个初步的设想，要有良好的数学感觉。这两个难点都是学生在证明不等式中经常遇到的，要反复体会和领悟。

4. 教学过程

（1）讲解例1证明不等式$\frac{1}{e+1}\frac{(x+1)(\ln x+1)}{x}>\frac{2e^{x-1}}{xe^x+1}$。

本题通过构造中间量，达到传递不等式关系的目的，并由此上升到6个一类函数$y=xe^x$，$y=\frac{x}{e^x}$，$y=\frac{e^x}{x}$，$y=x\ln x$，$y=\frac{x}{\ln x}$，$y=\frac{\ln x}{x}$，引导学生总结这类函数的特征，为将来进行类似的构造提供一个思考方向。

（2）讲解变式$(x+1)(\ln x+1)(xe^x+1)>2(e+1)xe^{x-1}$（其中$x>1$）的证明。

向学生传递一个思想：证明此类不等式前，注意对不等式两边的代数式进行适当的变形。

（3）讲解例2不等式$ae^x-x\ln x>0$（其中$a\geqslant\frac{2}{e^2}$）的证明。

通过各种途径的证明，系统地学习函数不等式的常用证法。

构造中间量：设想$2e^{x-2}>x\ln x\Leftrightarrow\frac{2e^{x-2}}{x^2}>\frac{\ln x}{x}$，左端函数有最小值，右端函数有最大值，利用不等式的传递性质达到证明的目的，同时也进一步认识例1中提到的6个函数在构造中间量时的作用。

放缩法：对左端放缩$2e^{x-2}\geqslant\lambda x^2$（其中$x>1$），设计这个放缩模式的依据是右端$x\ln x\leqslant x(x-1)$，所以需要将左端缩小为二次式，本例事先不清楚系数应该是什么，可以结合待定系数法，同时渗透待定系数法的思想。这个方法本质上也是构造中间量，不过中间量不是常数，而是一个函数。

构造函数：直接证$2e^{x-2}-x\ln x>0$，证明此时$f(x)_{\min}>0$。这是证明函数不等式的常用证法：将要证的不等式两端移到一边，构造新函数，通过求新函数的最值来达到证明的目的。构造新函数时也有一些常用技巧，如本例中$\ln x$系数不是常数，一次求导无法去除对数函数，通过两边同除以x（“清君侧”法），变为证明$\frac{2e^{x-2}}{x}-\ln x>0$，在求导的运算上有一定的优势。

（4）最后通过布置课后作业，巩固本节课学习的几个重要的思想方法和技巧。

（二）实施

回顾不等式证明中两种重要的方法：放缩法、构造法。

1. 例1讲解

例1 求证：当$x>1$时，$\frac{1}{e+1}\frac{(x+1)(\ln x+1)}{x}>\frac{2e^{x+1}}{xe^x+1}$

（1）题目分析。

师：本题中，若要将右端移到左边，构造一个函数证明其恒大于0，那将是十分困难的。因为同一个函数中既有指数函数，又有对数函数，在求导过程中会带来很大的困难，恐怕极难断定函数的单调性，从而证明恒大于0。

所以设想存在 $A>0$，使得$\frac{1}{e+1}\cdot\frac{(x+1)(\ln x+1)}{x}>A>\frac{2e^{x-1}}{xe^{x}+1}$。事实上，在 $x>1$ 时，左端代数式在 $x=1$ 时是个定值，$x\to+\infty$时，$\frac{1}{e+1}\cdot\frac{(x+1)(\ln x+1)}{x}\to+\infty$，粗略估计有最小值。同理，右端代数式在 $x=1$ 时是个定值，$x\to+\infty$时，$\frac{2e^{x-1}}{xe^{x}+1}\to0$，粗略估计有最大值。（这种估计是有意义的，可以在大方向上避免一开始就误入歧途。）

当然，这个设想对原不等式来讲是一个充分条件，它是否成立还需要进一步的论证。

（2）解题过程。

该内容详见课例视频。

（3）归纳总结。

与指对数函数有关的一些函数类型如 $y=xe^{x}$，$y=\frac{x}{e^{x}}$，$y=\frac{e^{x}}{x}$，$y=x\ln x$，$y=\frac{x}{\ln x}$，$y=\frac{\ln x}{x}$，以及与其类似的函数（如本题中的左右两端），熟悉这些函数的最值情况有利于解决如本题需要构造中间值的问题。

（4）变式拓展。

变式　证明：当 $x>1$ 时，$(x+1)(\ln x+1)(xe^{x}+1)>2(e+1)xe^{x-1}$

师：细心的学生容易发现，将不等式两端同除以 $(e+1)x(xe^{x}+1)$，即为刚才的题目。目的是想告诉大家，在必要时，还需要对不等式两端进行变形，才能构造中间值。本题中，如不变形，当 $x\to+\infty$时，$2(e+1)xe^{x-1}\to+\infty$，不可能找到一个中间值 A，使得 $2(e+1)xe^{x-1}<A$。变形主要考虑将指对数分离，考查是否有最大值或最小值，再进一步验证。

2. 例2讲解

例2　（2017佛山二模）设函数 $f(x)=ae^{x}-x\ln x$，其中 $a\in\mathbf{R}$，e是自然对数的底数。若 $a\geqslant\frac{2}{e^{2}}$，证明：$f(x)>0$。

师：$0<x\leqslant1$ 时，$x\ln x\leqslant0$，则 $f(x)>0$，只需证 $x>1$，$a=\frac{2}{e^{2}}$时，$f(x)>0$，即 $2e^{x-2}-x\ln x>0$。

（1）思考一：能否用例1的方法来证明？（解释见课例视频）

（2）思考二：要证 $2e^{x-2}>x\ln x$，能否将左端缩小为一个代数式，证这个代数式大于右端？放缩的尺度该如何控制？（解释见课例视频）

（3）思考三：如果直接证 $2e^{x-2}-x\ln x>0$，证明此时 $f(x)_{\min}>0$ 又如何？（解释见课例视频）

师：这节课通过这两个例题的学习，我们总结了构造中间量的方法、放缩的方法（待定系数法的介入），以及求导过程中的一些小技巧。最后请同学们完成下面两个练习，巩固领会这节课的两个重要方法。

3. 课后练习

（1）求证：$e^x\ln x+\dfrac{2e^{x-1}}{x}>1$。

（2）已知 $x=\dfrac{1}{a}$ 是函数 $f(x)=(x+1)e^{ax}\ (a\neq0)$ 的一个极值点。

①求 a 的值；

②求 $f(x)$ 在 $[t,\ t+1]$ 上的最大值；

③设 $g(x)=f(x)+x+x\ln x$，证明：对任意 x_1，$x_2\in(0,\ 1)$，有 $|g(x_1)-g(x_2)|<\dfrac{1}{e}+\dfrac{2}{e^2}$。

（微信扫描二维码可观看课例，网页下载链接：
https://portal.scnu.edu.cn/article-13963-523-1.html）

三、 教学成效与反思

由于本案例是录播课，没有课堂的现场反馈，只能通过课后网络平台的交流将课内延伸到课外。

（1）对“证明不等式”这节录播课，学生对其中的一步放缩技巧很感兴趣，经常在线和笔者交流。

（2）录播课的优势在于，学生可以课后无限次地回看，对其中不明白的地方可以反复回味，同时在网络平台和教师交流，这是传统课堂不具备的。

（3）本节课主要介绍的两种方法，学生在后续做题时都有比较好的运用，所布置的两个练习题反馈的效果也不错。

（4）录播课最大的不足就在于，缺少了传统课堂现场的互动，学生有问题不能第一时间提问，对基础偏弱的学生来讲延长了消化的时间。这一点只能通过后期的交流进行弥补。

作者简介

周建锋，1992 年全国高考四川省单科状元，1996 年毕业于北京师范大学数学系，现任华南师范大学附属中学数学高级教师，数学科组长，华南师范大学兼职硕士生导师。2005—2015 年担任广州市数学中心组成员。2006 年获得“广州市优秀数学青年教师”称号。2006 年、2009 年两次任广东省高考数学评卷题组副组长。2012 年成为“国家骨干教师培训”成员。共有 10 余篇论文发表在数学专业杂志上，各类获奖论文 20 余篇。主编或参与编写的著作有《高中数学奥林匹克教程》《高中数学问题探究》《创新思维下的高中数学解题策略》等。指导的学生所获奖项有：3 人次获数学冬令营银牌，2 人次进入中国数学奥林匹克国家集训队，3 人次分获俄罗斯数学邀请赛金牌 1 枚、银牌 2 枚。2005 年广东高考中，指导的一名学生成为数学单科状元，该年任教的奥林匹克班高考数学平均分创下华南师范大学附属中学历次高考奥数班的最高纪录。

专家点评

对于高中复习课，最强调效率和效果。在这节课中，周老师以数学问题解决方法为核心，探究了与函数有关的不等式证明，尽管难度比较大，但是方法比较灵活。在录播课中，周老师先设计了例 1，应用构造法，引导学生思考；例 2 在例 1 的基础上，引出放缩法的证明以及放缩的一个重要技巧——待定系数法；再通过两个典型例题分析，进行变式教学，渗透方法和技巧。本节课体现了数学的本质，突出了构造法、放缩法、待定系数法、求导等数学思想方法的整合，达到了高效的数学教学效果。

——华南师范大学数学科学学院　苏洪雨

基于提高初二数学网络课堂学习效率的研究

——以“二次根式的意义”为例

广州市天河外国语学校　许映吟

一、 案例简介

在全民抗击新冠肺炎时期，大家居家抗疫。为响应教育部“停课不停学”的号召，教师开展了一系列网络教学帮助学生居家学习。本案例是以人教版数学八年级下册 16.1“二次根式”为教学内容，义务教育阶段八年级学生为教学对象，探索如何提高数学网络课堂学习的效率。此年龄阶段的学生具有半成熟、半幼稚的特点，因此，教师要根据学生的心理特点与居家学习的特点，对传统的 40 分钟的线下课堂进行优化。为了避免学生长时间对着电子产品，教师在备课阶段先录制好 20 分钟的学习视频，通过播放视频增加学生线下练习的时间，提高在线学习的效率，使学生真正学有所得。

二、 教学设计

（一）设计思路

一节课 40 分钟，统一新课讲授控制在 20 分钟左右，尽可能多地给学生当堂动笔练习的机会，并对学习疑问或共性问题进行解答，个别问题课后点对点交流。

1. 根据课程标准做好教材分析

作为初中阶段“数与式”内容的最后一章，二次根式是在平方根知识的基础上，学习二次根式的概念、性质和运算。二次根式是表示非负数（包括具体的数和表示数的字母）的算术平方根的一类式子，从平方根的意义出发，得到二次根式有意义的条件是被开方数为非负数，而且二次根式的值是非负数，这就是二次根式的双重非负性。

2. 根据年龄特点做好学情分析

学生已经学习了整式、分式的概念和性质，也学习了算术平方根的相关知识，这些内容可以迁移到二次根式的学习中，能使学生更容易理解新知识。算术平方根主要涉及具体数的开平方，而二次根式包含了对含字母的式子进行开平方运算，比具体数的开平方运算更抽象。八年级的学生抽象思维已占主导地位，但抽象思维在一定程度上仍以具体形象思维为支撑。因此，在教学过程中注重前后知识的连贯性，有助于发展学生的逻辑思维。

（二）教学重点与难点

重点：掌握二次根式有意义的条件。

难点：会利用二次根式的双重非负性解决相关问题。

（三）教学准备

本案例网络课程采用的是钉钉的屏幕分享模式。此模式的缺点是连麦反应慢，比较耗时，可用文字互动弱化此缺点；优点是比较流畅，易操作，学生进入状态后教师可直接播放学习视频，视学生听讲情况灵活处理。

“课堂准备做好的同学请发 1”“听不懂的或者快听懂了可以发 2”……通过简单的打字回应，是本案例的特色。这种方式符合在线课堂教学的特点，加强了生生、师生间的交流合作，提高课堂效率，避免了教师的“满堂灌”。

本节课一开始上课就进入直播间，进入直播间的时间稍有差异，学生可以根据教师给的课堂指引（见图 1）进行 2 分钟左右的课堂准备。

20200309数学课堂安排	2020/3/9 11:30
20200310数学	2020/3/10 8:32
20200312数学	2020/3/12 8:33
20200312数学_天外八年级4班师生群_...	2020/3/14 20:01
20200316数学	2020/3/16 8:35
20200317数学	2020/3/17 7:53
20200319数学	2020/3/21 15:51
20200323数学	2020/3/24 8:24
20200324数学	2020/3/26 8:19
20200326数学	2020/3/30 7:46
20200331数学	2020/3/31 7:43
20200407数学	2020/4/11 12:17
20200409数学	2020/4/11 12:17

20200324 数学：

1.学评 P16 第 5 题，P17 第 3、4 题（学评、红笔）

2.课本 P9 第 9-13 题（课本）

20200407 数学：

1. 构造直角三角形解决问题（笔记本、课本、红笔）

2. 作业讲评、课堂练习（笔记本、红笔）

单元卷勘误：

1. 答案选 C，

11. 答案为 $\sqrt{5}$

18. 答案 AC=13

图 1　课堂指引

（四）教学过程

1．教材自学（课前预习）

指定自学的内容：人教版数学八年级下册课本第 2 页例 1 至第 3 页探究模块前。可提出 1 ~ 2 个问题写在课本对应位置用于收看课例视频前的讨论时。

2．课例助学（网络课堂 20 分钟）

（1）新课讲解。

【教师活动 1】

上一节课，我们学习了形如 $\sqrt{a}$（$a\geqslant 0$）的式子叫作二次根式，我们来思考一下，为什么要有条件“$a\geqslant 0$”？在与七年级下册所学的算术平方根进行概念的对比后，我们发现：“二次根式其实就是一个非负数的算术平方根”。

那么，我们来看看这个概念的背后蕴含着怎样的原理呢？首先，既然 $\sqrt{a}$ 是算术平方根，那么$\sqrt{a}$本身应该是一个非负数，有$\sqrt{a}\geqslant 0$；而且二次根式的定义中又强调了 $a\geqslant 0$，这就说明，在这个概念背后，隐含着二次根式有双重非负条件，这就是二次根式概念的内涵：双重非负性，$a\geqslant 0$，且$\sqrt{a}\geqslant 0$。

【设计意图】

以提问的方式，让学生回顾二次根式、算术平方根的概念，建立新旧知识的联系。由二次根式都是算术平方根，理解$\sqrt{a}\geqslant 0$；而被开方数等于一个数的平方，而平方具有非负性，推导出“被开方数 $a\geqslant 0$”，理解“被开方数非负”。

【教师活动 2】

举例：在实数中，$\sqrt{3}$，$\sqrt{4}$，$\sqrt{5}$都是二次根式，都有它的意义；那 $\sqrt{-1}$，$\sqrt{-4}$呢？$\sqrt{x}$呢？

【设计意图】

举 a 表示数的例子，进而提出 a 表示任意数的式，由此可以利用非负性来判断式子中未知数的取值。

（2）典例分析。

【教师活动 1】

教师过渡语：理解这个内涵，对我们解答二次根式相关的题目有非常重要的作用。下面我们来看例 1。

例 1　当 x 是怎样的实数时，$\sqrt{x-1}$在实数范围内有意义？

【设计意图】

例题是关于二次根式有意义的字母的取值范围。教师通过问题“$\sqrt{x-1}$表示的意义是什么？被开方数是什么？你能根据二次根式的概念得到答案吗?”引导学生从概念出发思考问题。

【教师活动 2】

变式 1　当 x 是怎样的实数时，下列各式在实数范围内有意义？

① $\sqrt{2x+3}$　　　　② $\sqrt{6-x}$

变式 2　当 x 是怎样的实数时，$\sqrt{x^2}$在实数范围内有意义？$\sqrt{x^3}$呢？

归纳：要使二次根式在实数范围内有意义，即需满足被开方数 $\geqslant 0$，列不等式求解即可。

变式 3　当 x 是怎样的实数时，$\sqrt{\dfrac{1}{x}}$在实数范围内有意义？$\dfrac{1}{\sqrt{x}}$呢？

归纳：一旦遇到含有分式的式子，要注意分母也要不为 0 才能保证式子有意义，注意双重限制条件的应用。

【设计意图】

变式训练，使学生对二次根式的意义有更加深刻的理解。变式 2 同时回顾了平方的非负性，与二次根式的双重非负性相呼应。强调由非负性可以得到一个不等式，也就是使二次根式存在问题转化为不等式的存在问题。变式 3 加上分式的内容，帮助学生温故知新，既复习了分式有意义的条件，又加深对二次根式有意义的理解。

（3）问题思考。

【教师活动】

教师过渡语：例 1 的解答，运用了被开方数为非负数的知识，而我们也可以运用 $x\geqslant 0$ 的知识进行解题。

问题 1 $|a-2|+\sqrt{b-3}=0$，此时 a，b 是否确定？

问题 2 $(a-2)^2+\sqrt{b-3}=0$，则 a，b 是否确定？

【设计意图】

这两道题既是对二次根式非负性的应用，又将初中阶段学过的非负性代数式主要有绝对值、偶次幂及二次根式联系起来，有利于帮助学生完善知识体系。

小结：$\left.\begin{array}{l}\sqrt{a}\ (a\geqslant 0)\\ a^2\\ |a|\end{array}\right\}\geqslant 0$

（4）课堂小结。

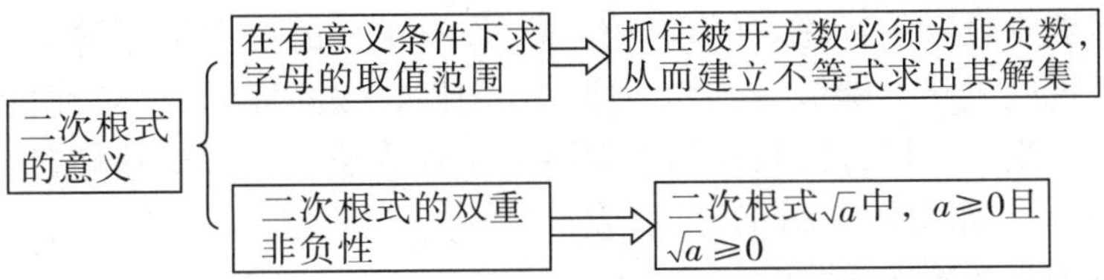

图 2　课堂小结

【设计意图】

将所学知识串联，帮助学生建立知识体系。

（5）课后作业。

本环节略。

3. 作业实施

（1）课堂作业。

视频内容播放结束后，选用课本作业，学生利用纸质课本就可以直接看书解答，既能缓解长期对着电脑的疲劳，也可当堂反馈学习情况，适时做好调整。

（2）课后作业。

布置作业—上交作业—批改作业—作业反馈。

选用课堂练习订正、“阳光学业评价”作业，能够更好地检测学生的上课效率，及时做好在线课堂的调整。要用好学生的课本、学业评价等手头上的资料，其具有很强的操作性，与线下课堂相呼应，更能引导学生进入状态进行线上学习。教师利用钉钉的“家校本”布置作业，学生做完纸质作业直接拍照上传，类似于线下交的作业，同学之间看不见彼此的作业，既可解决学生长期看电子产品的问题，又能方便教师及时了解学生的学习情况，实现师生互动。同时，教师改作业后，可选出优秀作业进行展示，实现生生交流。

4. 答疑方式

居家学习答疑的方式有很多种，利用电子产品可语音交流、可书面交流的特点，主要的答疑方式有：与教师单独私聊答疑、与作业优秀的同学交流、“家校本”提问交流、课堂集中讲评。例如“家校本”答疑方式：主要用于作业中遇到的问题，学生在提交的时候可以说出自己的疑惑，教师给予答疑，如果是共性问题则开一堂讲评课进行讲解。

（微信扫描二维码可观看课例，网页下载链接：https://portal.scnu.edu.cn/article-13963-521-1.html）

三、 教学成效与反思

（一）学习视频的接受度高

在课前准备好录制的教学视频，既能帮助学生梳理知识，又能减轻教师因为设备操作问题而影响在线课堂效果的忧虑。同时，教师可以有更多的精力留意学生的留言板互动问题，根据留言板情况调整上课节奏，加强课堂互动性，提高课堂效率。而且，视频录制的内容适用于广大学生，可以方便教师间的教研交流等活动。学习视频的在线教学，既满足了学生学习的需要，也深受教师同行的喜爱。

（二）网络学习的参与面广

初中生对于电子产品的接受能力较强，居家学习，学生自主安排的时间较多，可以更加灵活地与教师、同学交流。网络课程中，所有学生都可以回答同一个问题，参与更加广泛了。教师还可以有意识地引导学生在遇到不太明白的地方时做好标记，多提供几种解决方式，比如通过课后交流或者看课程回放消化疑难，发挥学生的主观能动性。

（三）在线课堂反思

网络课堂教学给教师提出了新的挑战。第一次接触这样的远程教学，手写板、各种软件的编辑都让笔者手忙脚乱，再加上一些困惑，比如，怎么判断出学生是否掌握，是否认真听讲，是否独立完成作业。在这些困惑下，笔者硬着头皮摸索，不断上网查资料，了解其他的网络课程，发现如果教师不断更新自己的观念，不断追求进步，就算第一次接触也是可以做好的，慢慢就有信心了。

在这段时间的网络课程中，笔者更是体会到了“身教胜于言教”，给学生看到了教师也是要不断学习的！大部分学生积极互动，就算是平时安静的学生，也能够参与进来，非常棒！笔者感受到教师跟学生一起进步是一件多么幸福的事情。

网络课堂这种学习方式，也存在一小部分学生由于没教师盯着而出现不听讲、不完成作业的情况。笔者加强了家校沟通，打电话、留言等方式都试过了，但个别学生还是成绩一落千丈，让人担忧。这也给笔者提醒，应不断提高网络课堂效率，让学生能更加积极主动学习。

此次在线课堂给笔者上了一次人生课，作为教师，终身学习的理念更应该贯穿于日常，不断思考如何提高网络课堂教学的效率，边思考边完善，边完善边改进，以促进教师与学生共同发展、共同进步。

作者简介

许映吟，广州市天河外国语学校数学教师。曾获评“天河区先进工作者”、获市微课比赛二等奖等；辅导学生参加数学竞赛多次获奖并被评为“优秀指导教师”；现任天河区初中数学中心组成员，多次承担省、市、区专题发言及公开课。

专家点评

通过线上教学帮助学生居家学习，“二次根式的意义”的案例主要以激发学生的学习兴趣的原则，探索适合网络教学的方式，旨在提高课堂效率。案例首先通过合理的教学设计，探讨教学的目标、重点难点，给出比较详细的教学过程，录制好20分钟的学习视频，通过播放视频增加学生线下练习的时间，提高在线学习的效率，使学生真正学有所得；然后，通过直播软件，解答学生在数学学习中存在的疑问，并及时评价反馈。教师为了提高效率，设置了回答问题的简洁代号，这无疑增加了师生互动的频率。这节课的最大特点是教师录制的视频质量较高，再现了“二次根式的意义”的教学过程，有效促进了学生的学习。

——华南师范大学数学科学学院　苏洪雨

基于初二数学短视频制作的精讲多练
——以“二次根式”章节为例的网络课程实验与反思

广州市天河外国语学校　肖晔

一、 案例简介

疫情期间网课全面铺开，笔者利用视频制作软件，提前录制章节知识点讲解视频，通过精细剪辑，精炼讲解语言，缩短讲解时长，尽量减少学生需要面对屏幕的时间。“二次根式”知识点为人教版数学八年级下册 16.1 的内容，本次课讲解共 8 个小视频，共约 38 分钟，涵盖全章节的重点内容。视频时间短，内容精炼，适合不同层次学生直播或回放观看。把重点内容用视频精细呈现的方式，不仅可以用于网络教学，复课后依然适用。大部分初中生一节课内能专注听课且高效吸收的时间并不长，短视频可以控制教师讲解重点知识时的速度和精炼程度。本课程授课对象为学校初二某班学生。每节课学生基本到齐，但存在迟到现象。

二、 教学设计

（一）课程标准、教材分析

（1）《义务教育数学课程标准（2011 年版）》第一部分前言中“课程设计思路”之“课程内容”提出：在数学课程中，应当注重发展学生的数感、符号意识、空间观念、几何直观、数据分析观念、运算能力、推理能力和模型思想。第三部分“课程内容”之“了解二次根式、最简二次根式的概念”要求：了解二次根式（根号下仅限于数）加、减、乘、除运算法则，会用它们进行有关的简单四则运算。

（2）人教版数学七年级下册学完实数概念后暂停了对无理数的研究。本章节是继实数之后对含根号的数的运算的学习，学习分数概念后需继续学习分数的运算，学完幂的定义后需继续研究幂的运算。本章节重点内容是继无理数定义学习之后继续研究含根号的数的运算，进一步培养学生的运算能力。教材对二次根式的定义比较模糊，例题和练习中对无理数的描述极少使用“二次根式”这样的字眼。高中教材对 n 次根式的定义沿用这种模糊的定义。大学教材里有“含根号的代数式叫作根式”这样的定义，但代数式分为有理式和无理式，不管有理式还是无理式下面的分类都没有根式这一类。笔者认为教材的编写意图是淡化概念，注重计算。

（3）结合课程标准、初高中教材的表述，可以看出“二次根式”章节重点在于运算，不需要太深入地涉及“无理式”意义的研究。

（二）学情分析

本课程授课对象为地段生班，数学能力处于区平均水平，学习自觉性、学习能力、学习意愿都一般。不少学生习惯于在补习班做各种各样的练习，但不见得有效果，因为数学思维没有建立起来，是难以应对变化多端的数学题的。个别学生小学分数计算、分解因数等基础知识都不熟练，代数思维难以建立。少部分学生对一年前学的无理数概念已经模糊。

（三）课时设计及视频制作

1. 第一课时设计

（1）教学目标：能够运用二次根式性质根式和二次根式乘法公式进行简单的含根号的数的运算。

（2）重点：二次根式性质公式和二次根式乘法公式的理解和运用。

（3）难点：$\sqrt{a^2}$在当 $a<0$ 时的化简。（选学）

（4）教学流程概述：

①复习无理数。从希伯索斯发现无理数的故事引入，吸引学生。但是不能太深入，很多学生还搞不清楚分数和无限循环小数是如何互相转化的。

②从算术平方根定义引出二次根式的性质公式（见图1）。

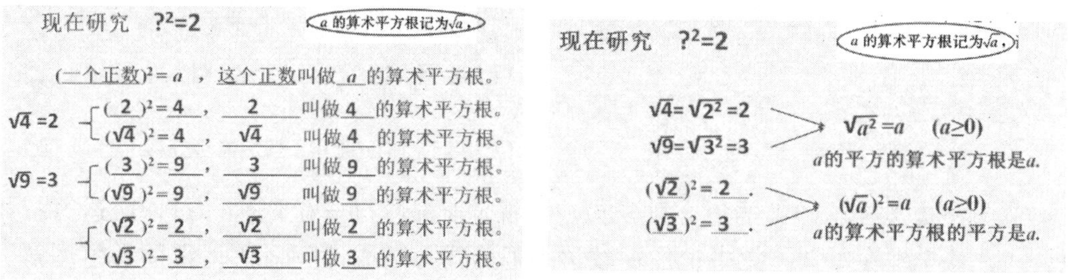

图1 教学流程②

③明确根号的运算功能（见图2）。

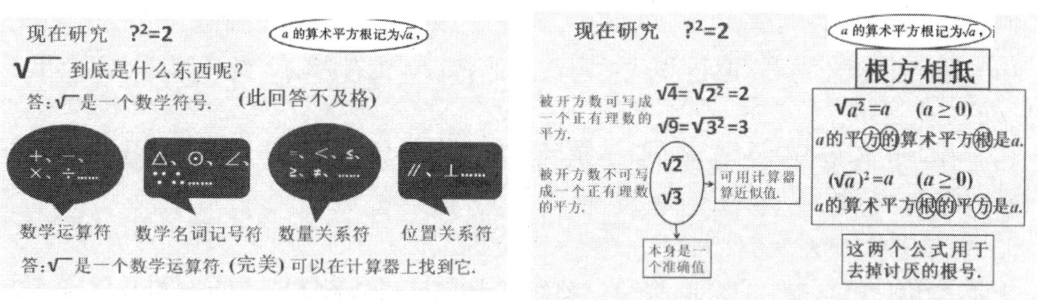

图2 教学流程③

④直接过渡到性质公式的应用（见图3）。

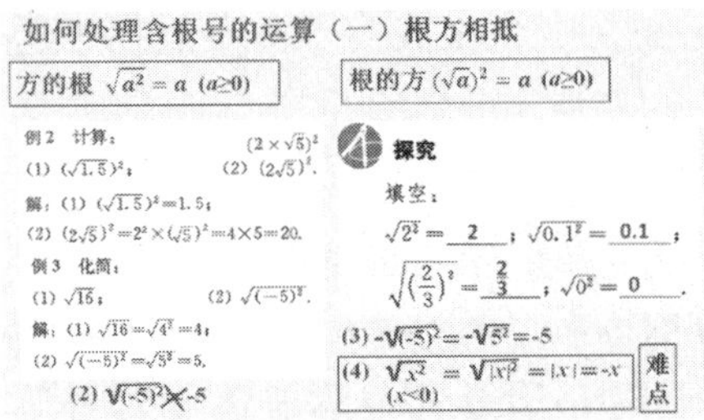

图3　教学流程④

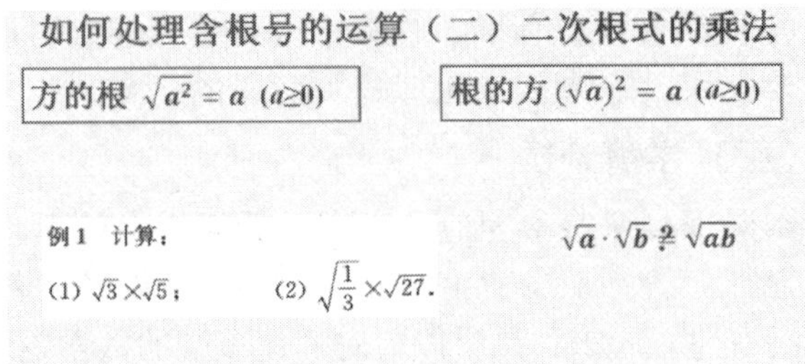

图4　教学流程⑤

⑤乘法公式的猜想、证明。图4中例1第（2）小题，根号内两数相乘积为9，是平方数，所以猜想根的积是否等于积的根。问学生如何证明，有学生回答代入数字，但是代入的都是平方数。不能写成平方的数行不行呢？

⑥引出乘法公式的证明（见图5）。

⑦总结乘法运算的一般步骤及目标（见图6）。

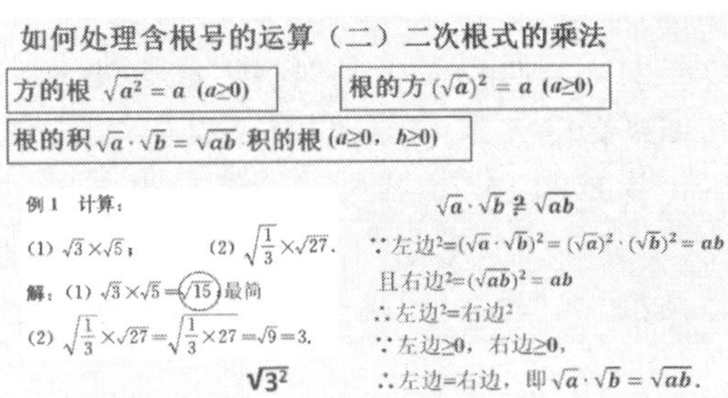

图5　教学流程⑥

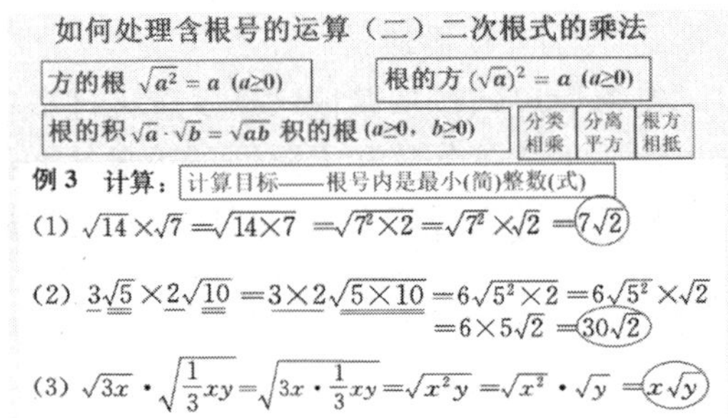

图6　教学流程⑦

本节课公式摆放在PPT的每一页开头，用视觉刺激帮助学生记忆。每一次运算都找到相应公式，让学生在不知不觉中记住。教学中把公式总结成计算口诀，帮助学生理解，比如“根方相抵”“分类相乘”“分离平方”等。特别是“分类相乘”，很多成绩好的学生由于预习时不注意细节，计算过程比较随意，喜欢拆分根号，导致运算复杂化。

其余视频教学设计就不在此赘述。有兴趣的读者可以观看微课视频。

2．课时其他设计

（1）根式的意义放到最后。根式的意义对计算基本没有影响。纯计算题中不会出现没有意义的二次根式。

（2）作业中凡是根号下有字母且为负的化简均以选择题或填空题的形式出现，教授学生用特殊值法解这类题，避免学生进行难度大的化简。

3．视频制作方法

视频制作使用的软件是绘声绘影。设计好教学过程后做PPT，再写讲稿，录音，录屏，最后合成。剪掉多余的语句，尽量使最后的成品简洁明了。

（四）课后改进

讲完除法公式时，发现学生能使用除法公式处理单独两个无理数相除，但不善于处理乘除混合运算。学生的计算习惯是把除变成乘，于是笔者在后续课程加入一个当除数是带根号的数时如何变倒数的例子及乘除法混合的例子。

（五）教学实施

一节课 40 分钟，在线教学统一授课最多 20 分钟，剩下时间为学生练习及个别答疑。

1. 授课流程

授课平台为钉钉直播。先观看视频，在该暂停的地方停下，让学生思考，回答问题。讲新课一般 10 分钟左右，加上讲评练习一般需要 20 分钟左右。剩下的时间让学生做练习（阳光学评和小测），同时教师进行个别答疑。每位学生都可以得到一对一的辅导。

钉钉直播每次连麦反馈会延迟半分钟至数分钟。连麦过多会导致课程时间过长。为了不让多数学生等待少数学生，回答问题尽量用文字回复。上课过程中穿插点名，点到名字的回复表示在听课，用点名提醒学生集中注意力。

课后立刻查看直播数据，把个别观看直播时长不足的情况反馈给学生和家长，叮嘱学生看回放，做作业。

2. 答疑方式

部分学生会主动通过钉钉私聊提问。大部分学生是通过钉钉“家校本”批改作业进行沟通和答疑。批改作业可以画圈批改，语音讲解。

3. 思想沟通

借助钉钉视频会议，分小组进行家长、学生、教师三方视频会议。以鼓励和表扬为主，叮嘱学生好好听课。我们处在一个最好的时代，因为有国家保护，在这么严重的疫情下我们依然生活得很好。抗疫期间，国家要求不出门，我们就不出门。国家要求完成义务教育，我们就认真学习。学习数学的主要目的不是考高分，而是建立自己的逻辑思维，将来面对复杂的事情能够正确地分析。

（本案例暂缺二维码，可通过以下的网页链接观看 8 个微课视频
希伯索斯的故事：https://v.youku.com/v_show/id_XNDYxNzQ4MTgyMA==.html
二次根式（一）：https://v.youku.com/v_show/id_XNDYxNzUwOTc5Mg==.html
二次根式（二）：https://v.youku.com/v_ show/id_XNDYxNzUyMzUyNA==.html
二次根式（三）：https://v.youku.com/v_show/id_XNDY1OTE1Nzk0OA==.html
二次根式（三）混合运算：https://v.youku.com/v_show/id_XNDY1OTIyNzgwMA==.html
二次根式（四）：https://v.youku.com/v_show/id_XNDYxNzU2NzE5Mg==.html
二次根式（五）：https://v.youku.com/v_show/id_XNDYxNzU3MzQ4OA==.html
二次根式（六）：https://v.youku.com/v_show/id_XNDYxNzU5NzA4NA==.html）

三、 教学成效与反思

（一）后进生能理解视频内容

笔者发现几个平时表现很好的学生不交作业，估计是没听或没听懂，就利用钉钉视频

会议，陪着他们重新看了一遍视频。他们能接受视频的内容，能学会二次根式的简单化简，但是不能处理较大的被开方式。比如能掌握 $\sqrt{32}$ 的化简，但是看到 $\sqrt{108}$ 又不会了，不能分解出 108 的平方因数。解决方案是降低要求，继续鼓励，使其慢慢赶上。

（二）直播回放的利弊

个别学生上课不认真听，依赖于看回放。有部分学生接受能力较弱，需要反复看回放帮助理解。每节课后会重播纯课件视频以供学生回看。

（三）无法确定所有学生的作业是否为独立完成

由于学生都是自己在家完成作业，不知道有没有借助网络工具解题，无法确定学生的真实掌握程度。个别学生长期不交作业，教师、家长都很无奈。

（四）反思

通过制作教学视频及观看电视录播课，笔者发现自己平时上课教学语言不够精练，发音不够准确，重点难点不够突出，例题处理不够精细，等等。

网络直播课，工作量只增不减。效果如何？绝不敢断言自己的方式是最好的，毕竟学生才是学习的主体，适合的就是好的。对于学习自觉性差的学生，家长也无力辅导、无力管教的学生，只能让他知道，教师非常在乎他的学习态度。相信学生会从教师的行为中感受到教师对工作的责任心，或许会受到一点点影响。

动漫和偶像电视剧对现在的学生吸引力非常巨大，学生的模仿能力也是很强大的。他们想看什么样的课呢？笔者想，社会上动漫技术发展迅猛，能否借助社会力量，拍一些义务教育阶段的教学动漫剧，设计几种典型的学生动漫人物和教师动漫人物，演绎出“理想的课堂”？学生在观看视频的过程中可以模仿同龄人的思辨方式和行为方式。第 54 颗北斗卫星都飞上天了，我们还是一块黑板一支粉笔，或者黑板变成了电子屏幕，粉笔变成了鼠标，细想确实跟不上时代的发展。然而整个基础教育技术水平的提升，必须是在一个教育理念、教育思想、教育技术都非常先进的团队带领下才能实现。如何实现这个目标，值得我们进一步探讨。

作者简介

肖晔，毕业于华南师范大学数学系。有二十多年教龄，对各层次学生都非常了解，能针对不同层次学生采用不同的教学策略。认为教无定法，学无止境，把不断优化教学方法作为追求。

专家点评

“二次根式”是初中数学的重要内容，本案例提供了 8 个知识点讲解小视频，涵盖全章节的重点内容，这是本案例的亮点。这些小视频时间短，内容精练，适合不同层次学生直播或回放观看，不仅可以用于网络教学，复课后依然适用。视频充分遵从学生的学习心理和数学基础，使得学生能够更好地接受。

——华南师范大学数学科学学院　冯伟贞

小学数学在线教学“双师制”模式实践探究

清远市广铁一中外国语小学　廖晓兰

一、 案例简介

“停课不停学”期间，居家学习，没有班集体，没有教师的提醒与监督，没有同伴的激励和合作，大部分学生无法规律地进行有效学习。学生居家学习的主要任务是什么，主要困惑是什么？从某种层面上来说，是井然有序地提升自己，保持良好的学习习惯和健康的作息习惯，形成高效规律的学习方式，这往往取决于自律品质。面对有效指导学生培养自律品质、自主地进行学习的习惯这一挑战，笔者结合学校以及学生居家学习背景情况探究总结线上教学“双师制”的四种模式：“广州市电视课堂教师＋学科教师”“年级双师制”“学科教师＋学生小教师”“教师线上＋家长线下”。居家学习期间，教师通过线上布置学习任务和主题探究等方式让学生将源于身边、可操作的学习载体或资源进行整合，帮助学生激发居家学习的内驱力，养成数学科自主、合作、探究性的学习习惯。

二、 教学设计

（一）模式一：“广州市电视课堂教师＋学科教师”

学科教师充分利用好广州市电视课堂资源，发挥主导作用，协调好课前、课后与广州市电视课堂的衔接，站稳线上课堂。

1．课前备课：“导、看、研、标”

（1）导：给予线上学习指导方法。

线上课堂对于教师、学生、家长来说都是新的挑战，肯定会遇到很多问题，如学生如何科学有效地观看视频，如何激发学生的主动性……为此笔者结合班级学生的情况，通过在线教育指南视频、“我会学数学”思维导图（见图1）、三段式律动课堂要求（见图2），从课前、课中、课后等多方面教予学生居家学习数学的方法。

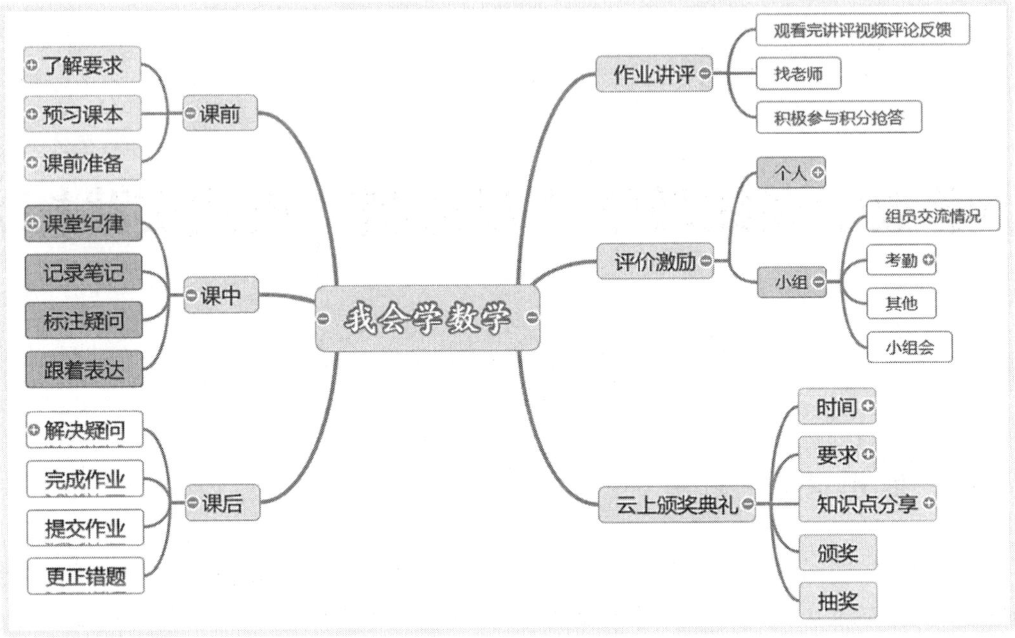

图 1 “我会学数学”思维导图

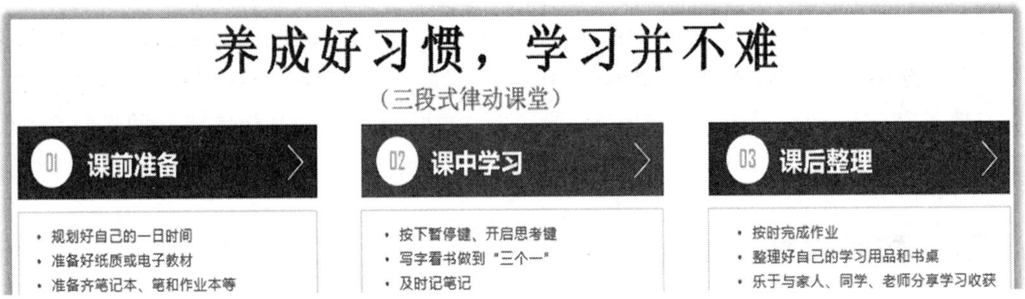

图 2 三段式律动课堂

（2）看：认真观看广州电视课堂资源。

电视课堂资源都是经过很多教师精心打磨的作品，所以有很多方面是值得我们观看学习的。笔者会关注视频中教学的方式、语言，对所教学内容的整合以及解决问题方法的总结，从而调整为适合本班学生的教学。

（3）研：认真钻研教材、教参。

虽然已经有了广州市电视课堂资源，但笔者还是会像在校教学时那样，从以下几个方面进行备课。

①对课标、教材进行通读钻研，进行教法的设想，了解重难点。

②结合电视资源课教师的讲授方法和重难点，预设所教班级学生可能会遇到的问题和重难点的内容。

③根据自己所教班级的学情，备好讲评课的重难点内容，调整讲评课的教学语言、方式。

（4）标：标记重难点、补充内容。

笔者会在书本上标记重难点、知识点或者补充讲解的内容，准备好讲评课要补充的资料，还会通过视频和图片说明给学生学习和记录笔记的提示。

有了视频说明和图片提示的帮助，学生们居家学习的效率有所提高，做笔记的能力也在提高。他们能够成为教师指导下有创造性的主人、个性学习的主人，能够在居家学习中得到教师实际的指导，在实践与学习体验中获得发展。

2. 课后反馈："改、评、讲、练"

（1）改：批改作业。

居家学习，教师无法详细了解学生的学习态度、观看视频课的情况、对所学内容的掌握程度，所以笔者在批改作业时主要看重学生的书写、笔记、更正这三个方面。

（2）评：点评作业。

根据这三个方面的内容笔者建立了激励机制，每个学生都有自己的作业情况积分统计图，及时对每个学生的作业进行批改、点评反馈与跟进，统计加分，并在讲评课中反馈表扬。这种方式使全班学生居家学习的整体效率在提高，被表扬的学生也越来越多。对于小学的学习来说，教师需要给出更明确详细的引导，学生学会了高效地听课，自然而然会激发学习的内驱力。

（3）讲：评讲重难点。

电视课堂讲授新课，教师更应注重讲评课的效率。笔者采用以下方式开展讲评课（见图3）。

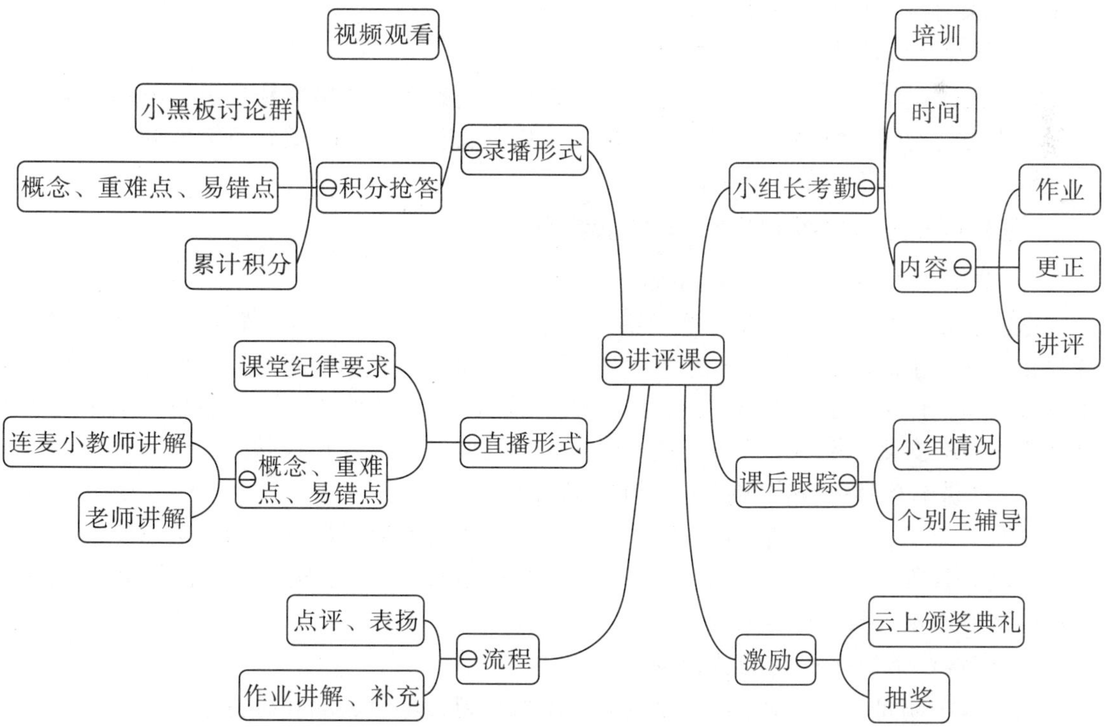

图3　讲评课开展方式

学生在答疑课前观看完录制好的讲评视频，答疑课时开展讨论并对上一节课的知识进行积分抢答，提高学习兴趣。比如三年级下册第一单元学习 8 个方向时，笔者设置的第 1 题是让学生画出 8 个方位的示意图并拍照上传，前 10 名加积分，没准备好学习用品的学生就会手忙脚乱。接着第 2 题，找出这个示意图在书本的哪一页，结果学生又手忙脚乱地翻书，个个热情高涨。课后就有家长给笔者发来信息说：好愉快的积分抢答，看孩子手舞足蹈的样子，答得对不对都自信满满的。

（4）练：练习巩固。

这一环节根据作业和评讲时还没过关的内容进行再练习巩固。

（二）模式二："年级双师制"

"双师制"模式是疫情期间教学的重要方式。学科教师除根据班级学生情况备好每节课的重难点之外，更要思考用怎样的方式去指导学生学习。要给学生提供一个个问题，一步步地启发学生思考，从而激活学生对每一节课的探究欲、内驱力、好奇心和兴趣点。

本案例的"年级双师制"指的是同年级的数学教师，一位教师负责观看广州市电视课堂资源后，关注课程的重难点和学生易错的内容，设计出观看课程的问题提示和符合班级学生情况的作业；另一位教师负责审核问题提示和作业，并进行相应的拓展补充。为此，同年级的教师一定要进行紧密的联系，时刻做好年级教学教研工作。

1. 课前：精准梳理，探讨交流

每次观看完广州市电视课堂资源课程后，解读重难点，提供实际操作建议，精心设计当节课的问题提示和课后作业，确保正确、有效。笔者与同年级的教师保持微信交流，做到统一授课内容、时长、进度、要求、练习。

2. 课后：精准分享，排忧解难

每天批改完作业后，笔者先进行自己所教班级的作业统计情况和反思，再和同年级的教师交流遇到的疑难问题，分享讲评方法，互相取长补短，同时做好每节课的反馈，并保留分析结果，保证返校后查漏补缺。

（三）模式三："学科教师＋学生小教师"

1. 项目小教师——疫情中的数学

居家学习初期，因势利导，笔者借"疫情"这一堂人生大课，精心设置小"项目"课程，培养学生的核心素养。三年级的"'数'说抗疫"和四年级的"'我'辩疫情"两个项目主题，让学生学会活用数学，用"数"致敬抗疫英雄，"图"解疫情，从不同的角度分析疫情的变化，增加了抗击疫情的信心，传递爱与责任（见视频）。

2. 活动小教师——实践探究：测量与计算

学习是为了更好地生活，那如何将学习到的知识更好地运用到我们生活里呢？笔者结合四年级上册所学的内容对学习四年级下册的学生设计了两个实践活动：探究 1 亿有多大；你知道你家的面积有多大吗？

3. 点评小教师——练习题讲解

居家学习期间，每个学生都不受时间的限制，可以通过云端进行表达。

（1）语音反馈知识点的理解，点对点给予指导。

（2）录播讲解小视频分享给全班同学。

（3）在直播点评课上，笔者还会直接连麦小教师进行直播讲解。

4. 管理小教师——小组管理

基于小组合作分享的自主管理和主动学习，能够激活学生的成长热情。笔者对本班的学生进行以下线上小组管理。

（1）按照上学期在校时的小组建立微信小组群。

（2）与班主任、科任教师沟通，给每个学生都安排了一个职务。

（3）定期和小组长开视频会议，培训小组长进行线上管理工作。

（4）根据小组长统计情况，定期直播表扬、提醒。

教师根据积分统计情况，对表现好的学生颁发奖状。同伴间的相互合作，大大激发了学生的学习热情，之前完成作业吃力的学生一下子备受鼓舞，迎头赶上。这一方式实现了教师管理导向小组长管理，小组长管理导向小组员自主管理，最后实现共同体自主管理、快乐成长的目标。

（四）模式四："教师线上 + 家长线下"

居家学习期间，教师线上进行云指导，家长线下帮助进行监督。但家长复工后，很难保证有足够精力和时间去监督孩子做作业。所以若要让学生在没有家长陪伴的情况下也能够进行有规律的学习，教师要注重在线上给予居家学习的方法指导，教会学生自主管理。在实践过程中，笔者主要用以下方法进行激励学习。

（1）建立系统的评价体系，学生家长知悉教师操作的激励机制。

（2）在小组、家庭、学校、班级群、朋友圈分享学生的进步。

（3）以朋友身份与没有父母陪伴的学生建立感情联系。

笔者在该模式探索过程中总结了评价流程（见图4）。首先，笔者会按照学生的情况设计分层作业，保底的基础作业与积分挑战问答作业兼顾，满足不同层次学生的个性化需要；其次，学生通过书面、语音、视频等方式展现自己的学习效果；再次，通过小组、家庭、学校、朋友圈等不同场合的分享，由教师、家长、同伴等进行激励，尽量减少家长监督的作用，使每个学生既是展示者，也是榜样分享者——让学生告诉学生数学如何学与学以致用。

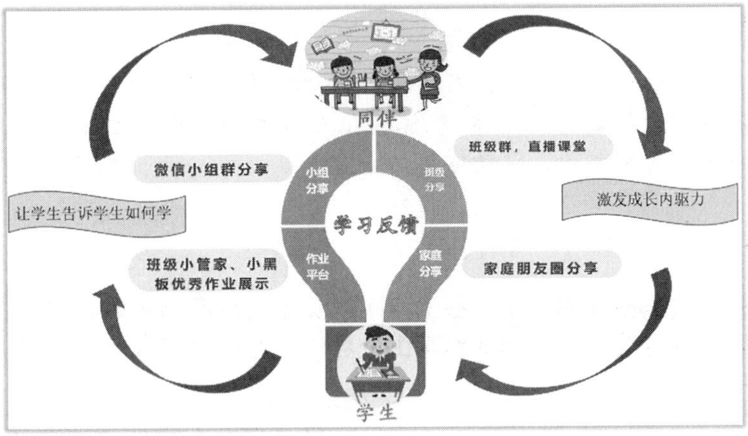

图4 学习反馈评价流程

（微信扫描二维码可观看课例，网页下载链接：
https://portal.scnu.edu.cn/article-13963-506-1.html，
https://portal.scnu.edu.cn/article-13963-507-1.html，
https://portal.scnu.edu.cn/article-13963-508-1.html，
https://portal.scnu.edu.cn/article-13963-510-1.html

“数”说抗疫学生作品（三年级）　“我”辩疫情学生作品（四年级）　“在线教育”指南　疫情中的数学——“我”辩疫情微课（四年级）

三、 教学成效与反思

笔者在线上平台对所教两个班级学生这一个多月来参与反馈作业、讲评答疑的情况和直播人数进行分析，研究这四种“双师制”模式是否有助于提高学生的学习效果。其中三（1）班参与人数由开始的50%逐渐上升到大约80%，而四（3）班的数据更直观地告诉我们取得了不错的效果。

在实践总结过程中，笔者认为可以继续探究的方面有：

（1）很希望我们身在教育一线的教师结合本次居家学习的经历，研究线上出现的教育现象和问题，揭示线上教育规律，整理经验，形成一套系统完整的线上教育学理论，指导未来信息化的教学。

（2）我们可以探究如何有效开展复学课堂，希望这四种线上教学模式和其中的方法对复学也有用，这也是笔者接下来要继续研究学习总结的内容。

课堂是一个充满活力的地方，学生具有各种能力和相应的需求，居家的学习环境又千差万别，因此，如何有效激发学生学习的内驱力是我们要不断探索的。希望借助这次在线教学，在以后形成有效的线上教学指导策略，使居家学习舒缓有度，让云端学习变得更加充满活力和激励。

作者简介

廖晓兰，学校数学学科带头人，多次被评为“优秀德育工作者”。所带班级班风纯正、学风优良，多次被评为“优秀班集体”。课堂上充分发挥学生的主体作用，让学生做课堂的主人，展现课堂的无穷魅力，深受学生的喜爱。

专家点评

在线学习的方式是多样的，小学教学中可以灵活利用网络技术，与学生开展有趣的数学探究。廖老师的四种线上教学模式对学生的数学学习效果有较好的帮助，提高了学生数学学习的积极性。

——华南师范大学数学科学学院　冯伟贞

物理篇

中学物理在线教学

——是什么与做什么

华南师范大学　张军朋

借“华南师大－中小学”协同发展联盟优秀在线教学案例云分享会的案例集出版之际，笔者就中学物理在线教学是什么与做什么谈些思考和建议。

“在线教学”是以视频为中心，以单元或专题为基础的针对某个点或教学环节或某一个问题，基于网络的教学活动，可以是直播课，也可以是录播课。

（一）在线教学课的定义

（1）“在线教学的课”应该是课例或微课程，时间比在校上课时短。主要原因，一是青少年集中精力听讲的时间是有限的；二是长时间眼睛近距离盯着屏幕，对眼睛是有伤害的；三是在线教学的课信息密度大，容易导致认知负荷过度。

（2）“在线教学”针对的某个“点”可以是学科知识点、例题习题、疑难问题、实验操作，也可以是科普知识或者科学文化，如电磁辐射对人体是否有害?

（3）“在线教学”本质是教学活动，要求教学过程完整，教学活动情景化、可视化，是精彩的教学视频。

（4）“在线教学的课”虽然是课例或微课程，但要重视以单元或专题为基础的系列化课程的开发，避免知识的零碎化。

优秀的在线教学要践行新的教学理念。新的教学理念重视交互式学习，凸显出学生的主动性。PPT 做得再好，但仅仅是教师“一讲到底”的在线教学，也不是好的教学。在技术平台的使用上，符合教学需求的，能够达到教学效果的，适合的就是最好的。对于大多数物理教师而言，技术平台的使用并不会带来负担。要做好在线教学，最重要的是要做到精心的教学设计，精心的 PPT 设计，精心的教学，其中最关键的环节是在线教学的设计。

（二）在线教学课的定位

“课”的定位决定了在线教学的授课的起点、方法和授课的侧重点。首先，要明确授课对象的情况（优生、中等生、差生）如何，情况不同，授课的方法也就不同。对于新课一般定位于班级中物理学习程度中等的学生。其次，要确定课的类型，不同类型的物理课，教学方式和方法也有很大的差异。再次，要确定授课的任务，是传道授业还是解惑。对于中等生、差生，大多数在线课程既要传道授业，也要释难、解惑；对于优生，重在释难、解惑，重在学科知识、思想和方法的拓宽、加深，重在教的难点的化解和突破上。

（三）教学设计的理念与要求

教学设计应突出基于问题的探究式学习，设计应充分考虑师生互动方式。在每个点的教学中，均应提出与本知识点相关的若干个具有专家级难度的问题或命题（提得准、提得深刻），留给学生思考，指引学生自主寻找答案，实现探究式学习。

（四）教学模式（以新授知识点为例）

（1）情境与问题：提出或发现使学生感兴趣的与本知识点密切相关的驱动性问题。

（2）讲授与探究：通过层层递进分析问题，讲授展开对新知识的探究（问题、过程、方法、思维、总结）。

（3）应用与拓展：解决一个利用本知识点解决的生活中的问题（或者回应导入环节的驱动性问题），提示一个利用本知识点可以解决的疑难问题，引申一个课外完成的有待解决的问题。

（五）要处理好三对矛盾

（1）要处理好“有”与“无”的矛盾。做到场上无学生，心中有学生。

（2）要处理好“多”与“少”的矛盾。在线课时间有限，课堂教学内容的容量有限，要处理好“多”与“少”的矛盾。内容过多，未免庞杂，重点不突出；内容过少，未免空洞，内容不丰厚。

（3）要处理好“快”与“慢”的矛盾。要准确把握教学的节奏，快慢适当。教学的重点和关键部分，要慢、稳而准；非重点的部分，可以一带而过。

我们应该以什么样的态度看待此次疫情下的在线课堂？

应当指出，此次疫情带来教学形式的变化，不是偶然的、暂时的。“在线教学”是在学校教育这条主渠道之外，又开辟了一个新的渠道。正如中央电化教育馆刘雍潜教授所说的那样：“如果你知道这是一件好事，是今后必然要做的事，那现在的你不妨就劳累一点、努力一点。当你越过这座山，你会看见一片新天地，你会发现前面的付出都是值得的。”

高一“运动的合成与分解”教学设计

云浮市罗定中学　钟敏靖

一、 案例简介

“运动的合成与分解”是曲线运动的起始篇，是平抛运动、斜抛运动的基础知识。根据学校网课时长要求，“运动的合成与分解”分为两课时进行，本案例为第 1 课时。案例以动漫视频、多媒体课件等为载体，为学生提供丰富的感性素材，帮助学生构建合运动、分运动的物理概念；利用播放运动的合成与分解的 Authorware 动画模拟物理实验，为学生提供了研究合运动与分运动关系的物理情境，得出合运动与分运动的关系；类比力的合成与分解，理解运动的合成与分解遵循平行四边形定则，学生通过类比学习，充分运用已学过的知识来解决新问题，进行知识的迁移。案例设计主要目的是让学生掌握物理学解决复杂问题时“化曲为直、化繁为简、等效代替”的科学思维。

二、 教学设计

（一）教学内容分析

本案例是粤教版高中物理必修 2 第一章第二节的内容，教学时间为 23 分钟。

1. 课程标准对本节课的要求

知道什么是合运动，什么是分运动；知道什么是运动的合成，什么是运动的分解；理解运动的合成与分解遵循平行四边形定则；会用作图法和直角三角形知识求解有关位移和速度的合成与分解问题；掌握物理学解决复杂问题时“化曲为直、化繁为简、等效代替”的思维方式。

2. 教材的地位和作用

粤教版高中物理必修 1 主要研究物体沿着一条直线的运动，直线运动只是日常生活中小范围内的特殊情况，而必修 2 中的曲线运动在生产生活中随处可见，因此研究曲线运动具有更普遍的意义。“运动的合成与分解”是学生学习曲线运动的起始篇，学生从简单的直线运动进入复杂的曲线运动的学习。此外，学习好运动的合成与分解，将使学生在今后更容易掌握平抛、斜抛等运动的规律。

3. 教材的编写思路

教材首先从处理曲线运动的方法角度，提出将复杂的运动转化为简单的运动来进行研究，是物理学处理问题的常用方法，点明了学习运动合成和分解的必要性；然后通过两个实验观察思考活动引导学生认识什么是合运动，什么是分运动，以及运动的独立性；在此基础上，学习运动合成与分解的方法——平行四边形定则，进而指出运动的合成和分解是研究曲线运动的基本方法。

教材处理：(1) 对于分运动和合运动概念的引入，教材是通过实验得出的，而这个实验与接下来得出运动的独立性的实验雷同。故本案例改用动漫视频中汽车在空中做平抛运动的曲线轨迹，让学生得出合运动、分运动的概念，这样更能激发学生的学习兴趣，调动学生的学习积极性。(2) 本节课的难点是理解运动的合成与分解遵循平行四边形定则，本案例类比力的合成与分解，通过作出合位移与分位移、合速度与分速度、合加速度与分加速度的矢量图，得出运动的合成与分解遵守平行四边形定则。学生通过类比学习，能充分运用已学过的知识来解决新问题，进行知识的迁移。

（二）学生情况分析

1. 学生的知识基础

学生在物理方面已经学习了匀速直线运动和匀变速直线运动规律、力的合成与分解的平行四边形定则以及物体做直线运动和做曲线运动的条件，在数学方面已经学习了三角函数等基础知识。

2. 学生的心理特点

高一年级学生具有很强的探索新知识的欲望、积极向上的学习态度，有很强的参与意识，对有动手操作的探究实验和演示实验有较强的学习兴趣。因此，教师在教学中应尽可能让学生动手实验，以学生为主体，充分调动学生的学习积极性。但由于线上教学的限制，教师很难组织学生动手操作探究实验，因此教师应多运用多媒体设置物理情境，提供观察素材，提高学生的学习兴趣。

3. 学生的认知困难

学生对将复杂的曲线运动等效成简单的直线运动在理解上还很抽象，不能很好地区分实例中的合运动与分运动，同时对各分运动间的相互独立性存在疑惑，这就要求教师在教学中引入大量的生活实例和实验素材，提高学生的感性认识。

（三）教学目标

1. 物理观念

(1) 能在具体问题中区分合运动和分运动，知道合运动和分运动是同时发生，并互不影响。

(2) 知道什么是运动的合成，什么是运动的分解，理解运动的合成与分解遵循平行四边形定则。

（3）会用作图法和数学三角函数知识求解有关位移和速度的合成与分解。

2．科学思维

渗透等效代替的方法。体会物理学中解决复杂问题时“化曲为直、化繁为简、等效代替”的思维方式。

3．科学探究

通过教学软件模拟物理实验探究分运动的独立性，让学生提升观察的意识，培养学生分析问题、解决问题的能力。学生经历实验、讨论、交流、总结的过程，也能体验成功的乐趣。

4．科学态度与责任

通过教学软件模拟物理实验探究，培养学生逐渐形成严谨认真、实事求是的科学态度。

（四）教学重点与难点

重点：知道合运动和分运动的关系。

难点：会用平行四边形定则进行运动的合成与分解。

（五）教学策略设计

根据课程标准要求，教学中要充分体现“教师主导、学生主体”的教学原则。通过教师创设问题情境和有效的设问引导，让学生置身于问题与情境之中，组织学生自主探究、交流、合作，在探究中完成教学目标。

1．教法与学法

案例采用以讨论交流的科学探究方法为主、教师讲授法等方法为辅的教学法，把教学设计成以现象为基础、以问题为主线的教学过程。例如，在探究合运动和分运动之间的关系时，教师播放 Authorware 动画模拟物理实验，学生观察现象并讨论与交流，教师再通过层层问题，引导学生得出合运动与分运动的关系。

2．教学媒体设计

以动漫素材、Authorware 动画模拟物理实验素材、多媒体课件等为载体，为学生提供丰富的感性素材，帮助学生构建合运动、分运动、运动的合成、运动的分解等物理概念，得出合运动与分运动的关系。

（六）教学流程图

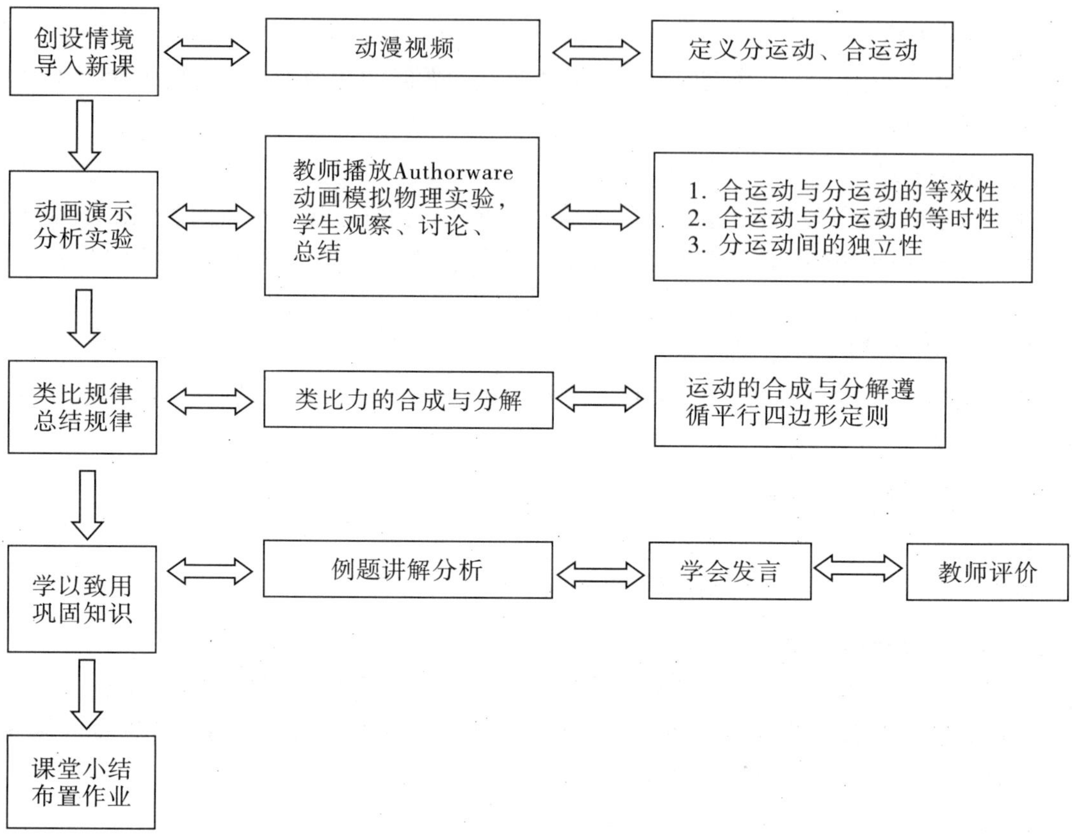

图 1　教学流程图

（七）教学过程设计

1. 教学环节一：温故知新，复习回顾

力的合成与分解教学。力的平行四边形定则：求两个互成角度的力的合力，可以用表示这两个力的线段作邻边，作平行四边形，它的对角线就表示合力，这叫作力的平行四边形定则（示意图详见课例视频）。

2. 教学环节二：创设情境，导入新课

播放动漫视频，提出问题：找出影片中汽车运动中的合运动与分运动分别是什么？

归纳总结：分运动与合运动的概念。

在物理学上，如果一个物体实际发生的运动产生的效果跟另外两个运动共同产生的效果相同，我们就把这一物体实际发生的运动叫作这两个运动的合运动，这两个运动叫作这一实际运动的分运动。

3. 教学环节三：实验探究，总结规律

播放 Authorware 动画模拟物理实验：探究合运动和分运动之间的关系。如图 2，用小锤打击弹性金属片，球 A 沿水平方向飞出，同时球 B 被松开，做自由落体运动。改变小锤打击金属片的作用力，使球 A 沿水平方向飞出的初速度大小发生变化，重复上述实验。

归纳总结：合运动和分运动的关系。

（1）等效性：合运动与分运动的共同效果相同。

（2）等时性：合运动与分运动是同时进行，同时结束。

（3）独立性：各分运动相互独立，互不影响。

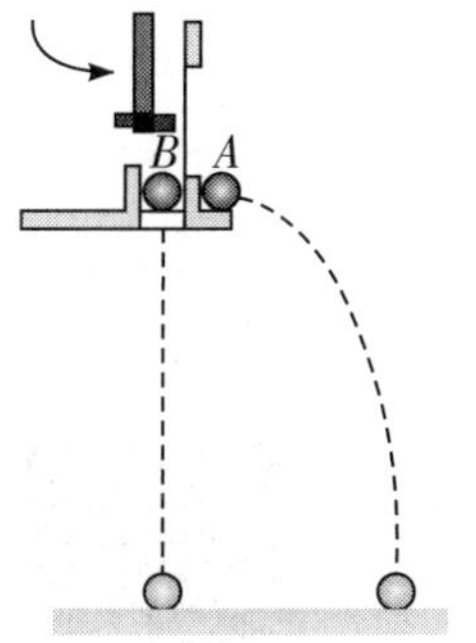

图 2　合运动与分运动的关系

4. 教学环节四：类比规律，总结规律

类比力的合成与分解，得出运动的合成与分解概念及运算法则。

（1）已知分运动求合运动——运动的合成。

（2）已知合运动求分运动——运动的分解。

问题 1：力的合成与分解是对力这一物理量的合成与分解，那么运动的合成与分解是指对哪些量的合成与分解？

引导学生回顾运动是由位移、速度、加速度等物理量来描述的，从而得出运动的合成与分解是指对位移、速度、加速度的合成与分解。

问题 2：力的合成与分解遵循平行四边形定则，那么运动的合成与分解要遵循什么规律？

通过作出合位移与分位移、合速度与分速度、合加速度与分加速度的矢量图，得出运动的合成与分解遵守平行四边形定则。

（拓展延伸：矢量的合成与分解都遵循平行四边形定则。）

5. 教学环节五：学以致用，巩固加深

题 1　篮球运动员将篮球向斜上方投出，投射方向与水平方向成 60°角。设其出手速度为 10 m/s，这个速度在竖直方向和水平方向的分速度各是多大？

6. 教学环节六：课后思考，拓展延伸

课后思考，巩固加深本节课已学知识，并为学习“运动的合成与分解的应用——小船渡河问题”做铺垫。

题 2　（教材第 9 页练习 1）艇在静水中航行的速度是 10 km/h，当它在流速是 2 km/h 的河水中向着垂直于河岸的方向航行时，合速度的大小和方向怎样？

7. 教学环节七：课堂小结，知识回顾

教学结束前播放视频，帮助学生回顾本节课所学知识，强化学生对运动的独立性和叠加性的认识，理解和掌握运动的合成与分解符合平行四边形定则。

（1）分运动与合运动的概念。

（2）合运动与分运动的关系：等效性、等时性、独立性。

（3）运动的合成与分解。

$$\text{合运动}\underset{\text{运动合成}}{\overset{\text{运动分解}}{\rightleftharpoons}}\text{分运动}$$

①遵循平行四边形定则。

②曲线运动一般解题方法（见图 3）：

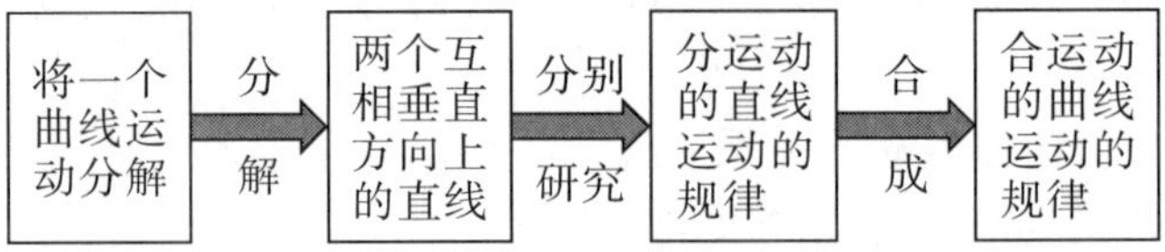

图 3　曲线运动的解题方法

本案例第一课时　另附第二课时

（微信扫描二维码可观看课例，网页下载链接：
https://portal.scnu.edu.cn/article-13964-525-1.html，
https://portal.scnu.edu.cn/article-13964-526-1.html）

三、 教学成效与反思

由于网上授课的限制及学生认知水平的局限性，学生在理解将复杂的曲线运动等效为直线运动的合成上还存在困难，同时对各分运动间的相互独立存在疑惑，这就要求教师在教学中引入大量的生活实例和实验素材，提高学生的感性认识，为此本案例充分创设物理情境。例如，通过动漫素材，创设虚拟式的情境，引入合运动与分运动的概念；利用播放 Authorware 动画模拟物理实验，为学生提供研究合运动与分运动关系的实验情境，得出合运动与分运动的关系。通过创设情境，让学生置身于情境中，有利于学生通过对情境的观察、思考，发现和归纳出蕴含于情境中的物理知识。

作者简介

钟敏靖，物理中学二级教师。工作认真，曾带班级中考物理平均分居罗定市前列，学生单科物理成绩为罗定市第一名。教学能力突出，曾获校物理科教学技能大赛一等奖，校物理科青年教师实验操作技能大赛一等奖，多次被评为优秀班主任、优秀教师。

专家点评

通过对课程标准的解读和分析粤教版高中物理必修 2 的教材，作者确定了三个具体的教学目标：①知道合运动和分运动的关系；②理解运动的合成与分解遵循平行四边形定则；③会用作图法和数学三角函数知识求解有关位移和速度的合成与分解。教材的编写体现了物理知识的层次性，知识内容栏目有“分运动与合运动”“运动的独立性”“运动的合成与分解”。作者对教材进行了二次开发，注重物理情境教学和科学思维渗透，培养学生物理学科核心素养。

值得一线教师借鉴的教学方式有以下几点：

（1）运用多媒体设置物理情境，提供观察素材。以动漫素材、多媒体课件等为载体，为学生提供丰富的感性素材，帮助学生构建合运动、分运动、运动的合成、运动的分解等物理概念。

（2）应用教学软件模拟物理实验，开展探究活动，培养科学思维。通过播放Authorware动画模拟物理实验，学生经历提出问题、实验演示、获取信息、基于证据分析总结等实验探究活动；在教师的引导下，学生自我构建分运动与合运动、运动分解与合成的物理模型。

（3）温故知新，引导学生明确解决问题的思路。类比力的合成与分解的研究方法，讲解运动的合成与分解，培养学生分析问题、解决问题的能力和模型建构、科学论证的能力。

教学结束前教师播放的实验视频可以强化学生对运动的独立性和叠加性的认识，理解和掌握运动的合成与分解符合平行四边形定则。但是，没有充分利用视频资源有用的物理情境信息，比如：玻璃管中的红蜡浮子水平方向做匀加速运动、竖直方向做匀速运动的合运动为曲线运动，教师没有提醒学生观察和思考。如果教师有目的地提醒，则可以为学生学习平抛运动时留下认识基础。

——华南师范大学物理与电信工程学院　詹伟琴

高一“匀速圆周运动”教学设计

湛江第一中学　符木兰

一、 案例简介

贯彻“从生活走向物理，物理走向生活”的教学理念，本节课由生活实例引入，由生活问题分析让学生明白圆周运动的定义，引导学生学习线速度、角速度、周期、频率和转速的概念。通过分析最简单的圆周运动——匀速圆周运动，加深学生的理解并体会匀速圆周运动的特点：线速度的大小、角速度、周期和频率均保持不变。借助习题——钟表指针转动快慢的分析巩固学生的理解和应用。最后走向生活——了解生活中常见的传动装置。

二、 教学设计

（一）教学内容分析

本案例是粤教版高中物理必修 2 第二章第一节的内容，教学时间为 21 分钟。

《普通高中物理课程标准（2017 年版）》对本节课内容的要求是：会用线速度、角速度、周期描述匀速圆周运动。教材首先定义什么叫圆周运动，接着列举日常生活中的圆周运动，让学生去体会和感悟圆周运动；然后通过讨论与交流给出匀速圆周运动的定义，并指出匀速圆周运动是最简单的圆周运动；经历观察与思考后，从描述匀速圆周运动的快慢的角度引入线速度、角速度以及周期、频率、转速等概念，随后推导出线速度、角速度、周期间的关系；最后回归社会，达到通过对常见的传动装置分析让学生加深理解新的物理量的目的。

基于课程标准的要求和对教材的上述分析，本节课做了如下调整：

由生活实例引入，首先让学生明白圆周运动的定义：质点的运动轨迹是圆或圆的一部分的运动叫作圆周运动。通过例举生活中的圆周运动思考与分析做圆周运动的物体的运动有快有慢，从而引入描述圆周运动快慢的物理量的学习。学习线速度的概念，根据匀速圆周运动的概念（结合课件）引导学生认识弧长与时间比值保持不变的特点，进而引出线速度的大小与方向，同时向学生指出线速度就是物体做匀速圆周运动的瞬时速度；学习角速度的概念，向学生说明角度采用的是弧度制并解释弧度制与角度制之间的换算。根据匀速圆周运动具有周期性的特点，探讨物体沿圆周转动的快慢还可以用转动一圈所用时间的长短来描述，为此引入了周期的概念。在讲述概念的同时，让学生体会到匀速圆周运动的特点：线速度的大小、角速度、周期和频率均保持不变。回归社会，通过对常见的传动装置的分析，让学生加深对新的物理量的理解。

（二）学生情况分析

1. 学生的知识基础

学生在前面的学习过程中已掌握了有关曲线运动的相关知识，已经具备了一定的知识积累和生活阅历，再加上在数学上对圆的认识，学生已经初步具备了研究圆周运动问题的基本能力。就知识本身而言，本节课的知识对学生来讲不算困难。

2. 学生的心理特点

高一年级的学生具有很强的好奇心，其积极性、主动性、接受能力较强，对内容贴近生活、理论联系实际的问题具备一定的分析能力。所以在教学中，教师应设置适当的情境问题，引导学生思考并理解新的物理量。

3. 学生的认知困难

学生对圆周运动是熟悉的，但不会分辨圆周运动的快慢，不会定量分析圆周运动快慢。因此，在教学过程中要以学生的前概念为切入点，通过实验观察、多媒体辅助教学和问题的引导，让学生逐步认识线速度、角速度、周期、频率等，并以此描述圆周运动的快慢。

（三）教学目标

1. 物理观念

初步形成描述圆周运动快慢的物理观念，知道匀速圆周运动的定义及特点，能利用线速度、角速度、周期等物理量定量判断运动的快慢，能利用 v、ω、T、f 之间的关系解决圆周运动问题。

2. 科学思维

能判断常见的传动装置的不同点之间线速度、角速度、周期等的关系。

3. 科学探究

能观察物理现象，提出物理问题；能根据已有的生活经验，对相同时间运动的路程、转过的角度、转过的圈数进行分析，得到描述圆周运动快慢的物理量 v、ω、T、f。

4. 科学态度与责任

经历观察、分析总结及探究等学习活动，培养学生尊重客观事实、实事求是的科学态度。

（四）教学重点与难点

重点：线速度、角速度的理解。

难点：线速度、角速度、周期、频率之间的关系。

（五）教学策略设计

在教学的指导思想上，始终坚持“教师为主导，学生为主体”的原则，通过教师创设问题情境和有效的设问引导，让学生亲历物理知识的构建过程。

1. 教学方法

综合应用问题导引法、讲授法和讨论法等多种方法，把教学过程设计成以学生对圆周运动快慢的感性认识为切入点，以观察实验和已有知识为基础，以问题为主线的师生对话交流的过程。

2. 教学媒体设计

以多媒体课件为载体，充分利用图片，让学生从生活中的现象出发，给学生提供丰富的感性材料，帮助学生建立判断圆周运动快慢的物理量的概念。

3. 学法指导

在学法指导上，让学生尝试自己观察思考、分析概括，理解新的物理量，使学生在获取知识过程中，领会物理学的研究方法，受到科学思维方法训练以及探索精神等情感态度价值观教育。

（六）教学流程图

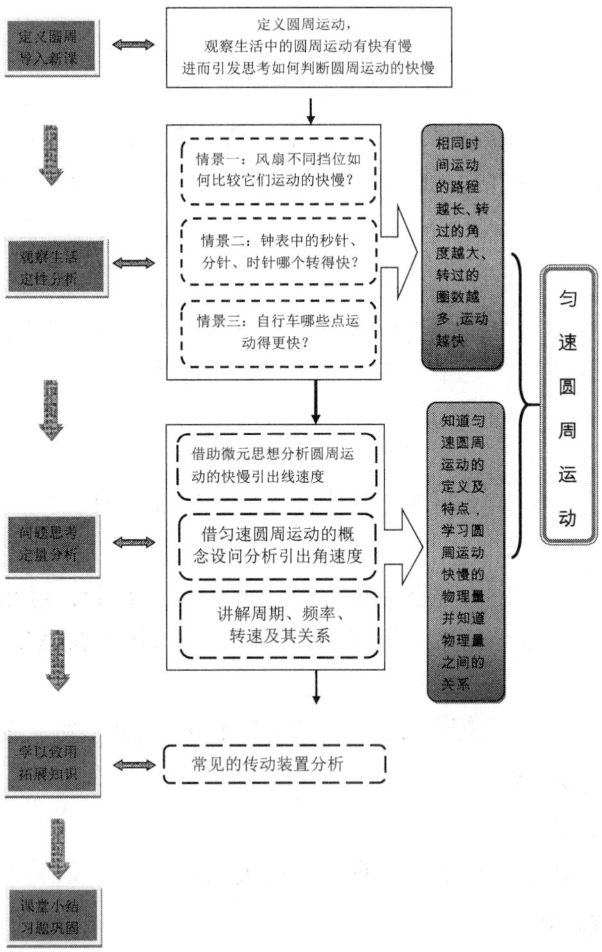

图 1　教学流程图

（七）教学过程设计

1．教学环节一：定义圆周、导入新课

前面我们学习了曲线运动中的抛体运动，接下来我们将一起学习另外一种曲线运动：圆周运动。

什么是圆周运动？轨迹是圆的运动就称为圆周运动。图 2 的小球做的就是圆周运动。如图 3 中转弯的火车在做的是什么运动？其实也是圆周运动。质点的运动轨迹是圆或圆的一部分的运动叫作圆周运动。所以火车转弯时各点做的是圆周运动。

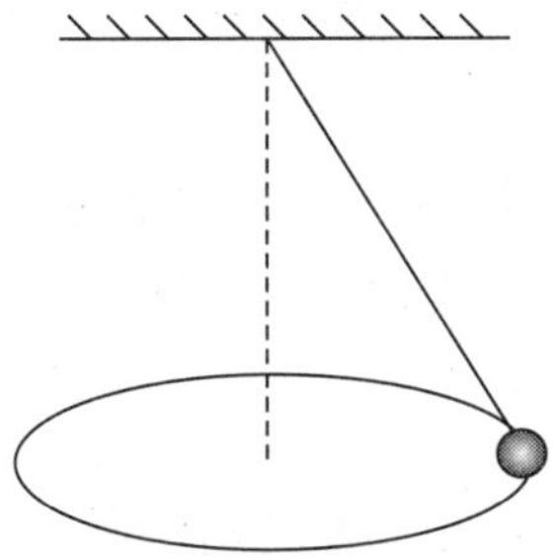

图 2　转动的小球

图 3　转弯的火车

2．教学环节二：观察生活、定性分析

认识生活中的圆周运动（PPT 展示图片），时钟的指针在转动，风扇在转动，也就是秒针、分针、时针以及扇叶上的各质点做圆周运动。转弯的摩托车、蒸汽机工作的转轮，过山车、摩天轮的车厢也在做圆周运动。

想一想生活中还有哪些物体在做圆周运动或转动？

自然界中做圆周运动的有哪些呢？比如说地球围绕太阳公转，虽然做的不是标准的圆周运动，是一个近似圆，但是也可以当作是做圆周运动。再比如地球的自转，可以看成地球上的各物体均围绕地轴做圆周运动。

想一想、议一议：如何描述做圆周运动的物体（见图 4）的运动情况呢？

（1）不同挡位如何比较物体运动的快慢？

（2）钟表中的秒针、分针、时针哪个转得快？

（3）自行车哪些点运动得更快？

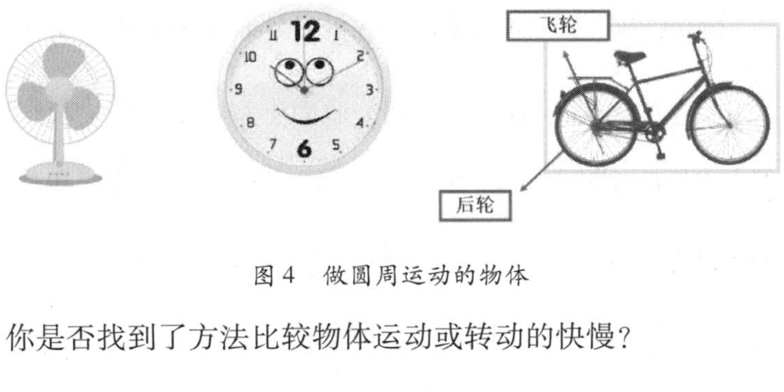

图 4　做圆周运动的物体

思考之后，你是否找到了方法比较物体运动或转动的快慢？

方法包括：比较两个物体在相同时间内通过圆弧的长短；比较两个物体在相同时间内转过的角度；比较两个物体内转过一圈所用的时间；比较两个物体在相同时间内转过的圈数。

3. 教学环节三：问题思考、定量分析

（1）线速度。

播放两小球运动的视频，分析哪个运动得更快。

定义：质点通过的弧长 ΔS 跟通过这段弧长所用时间 Δt 的比值。物理意义：描述质点沿圆周运动的快慢。大小：$\frac{\Delta S}{\Delta t}$。单位：m/s。方向：沿圆周上该点运动方向的切线方向。

（2）匀速圆周运动。

最简单的圆周运动就是匀速圆周运动。定义：质点沿圆周运动，如果在相等的时间里通过的弧长相等，这种运动就叫匀速圆周运动。判断方法：做匀速圆周运动的物体的线速度大小不变。匀速圆周运动的实质是匀速率圆周运动。

（3）角速度。

如图 5 所示，质点 A，B 分别做半径相等的匀速圆周运动，谁转动得更快？

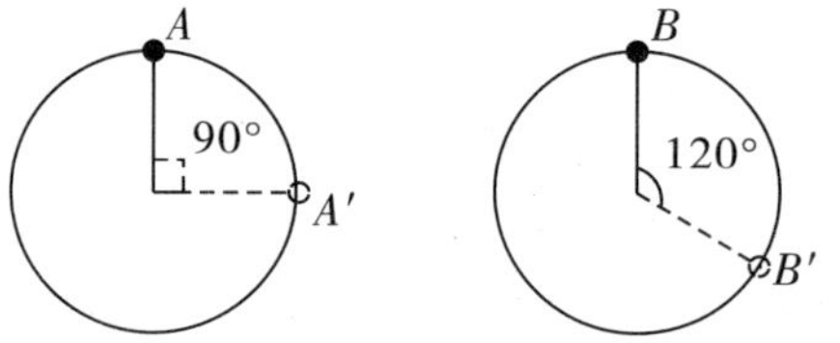

t_1=2 s，φ_1=90°　　t_2=4 s，φ_2=120°

t_3=2 s，φ_3=60°

图 5　匀速圆周运动的质点

定义：质点所在半径转过的角度 φ 跟所用时间 t 的比值，大小为角度 φ 和时间 t 的比值 $\omega=\frac{\varphi}{t}$。单位：弧度每秒（rad/s）。注意，角速度采用的是弧度制，弧度制是这样定义的：等于半径长的圆弧所对应的圆心角为 1 弧度。角速度有方向，用右手螺旋定则判断：四指指向运动方向，大拇指方向为角速度方向。所以匀速圆周运动的角速度方向不变。

（4）周期、频率、转速。

除了线速度、角速度可以描述圆周运动的快慢以外，还有周期、频率、转速也可以描述圆周运动的快慢。

周期：匀速圆周运动的物体运动一周所用的时间。单位为 s。

频率：1 s 时间内完成周期性变化的次数。根据定义可知 $f=\frac{1}{T}$。单位为赫兹（Hz）。

转速：单位时间内转过的圈数，$n=\frac{N}{t}$。单位为转/秒（r/s）。

根据公式，$v=\frac{l}{t}$，$\omega=\frac{\varphi}{t}$，$\frac{1}{T}=f=n$，我们可以得到以下三个关系式：$v=\frac{2\pi r}{T}$，$\omega=$

$\frac{2\pi}{T}$，$v=\omega r$。

回顾与总结匀速圆周运动的特点及性质：匀速圆周运动的速率、角速度、周期、频率、转速都不变，线速度大小不变，方向时刻变化，是变速曲线运动。

4．教学环节四：学以致用、拓展知识

常见的传动和同轴转动装置有3类，分别是皮带传动、齿轮传动和同轴转动。

（1）皮带传动如图6所示，皮带与两轮缘无摩擦转动，所以皮带上A点与左边的大轮缘线速度大小相等，皮带上B点与右边的小轮缘线速度大小相等。

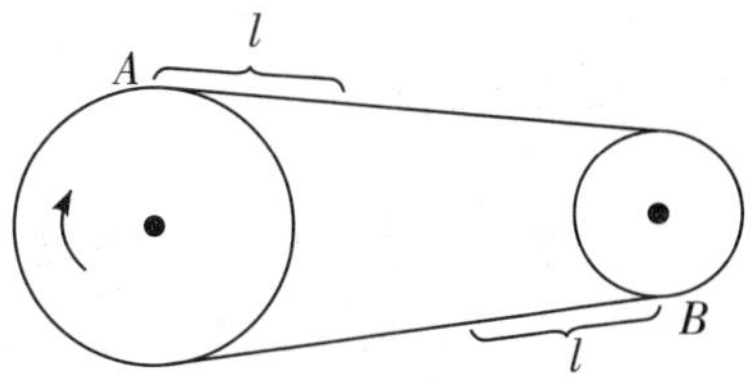

图6　皮带传动

（2）齿轮传动如图7所示，两轮缘直接接触咬合无滑动转动，则两轮缘上的A、B两点在相同时间内转过的路程一样，所以线速度大小相等。

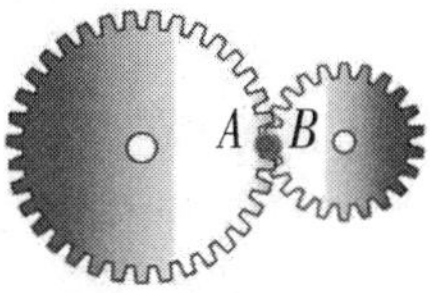

图7　齿轮传动

（3）同轴转动，指围绕同一轴转动物体上的不同点的运动，图7中A、B两点同轴转动，相同时间内转过的角度相同，所以角速度相等，由$\omega=\frac{\varphi}{t}$可知$\frac{v_A}{v_B}=\frac{r_A}{r_B}$。

5．教学环节五：课堂小结、习题巩固

课堂小结及习题内容略。

（微信扫描二维码可观看课例，网页下载链接：
https://portal.scnu.edu.cn/article-13964-559-1.html）

三、教学成效与反思

本案例贯彻“从生活走向物理，物理走向生活”的教学理念，由生活实例引入，循序渐进式引导学生学习掌握描述圆周运动快慢的物理量；通过分析特例——匀速圆周运动，加深学生对线速度、角速度、周期、频率等的理解，借助习题——钟表指针转动快慢的分析，巩固学生对线速度、角速度、周期、频率的理解和应用；最后走向生活——了解生活中常见的传动装置。这体现了物理来源于生活，高于生活，回归于生活的教学理念。

本节课的不足是录课不够熟练，录课过程断断续续，通过剪辑后效果的语调有些卡顿，听起来不够顺畅，应尽量做到一气呵成，语调顺畅。

作者简介

符木兰，任教于湛江第一中学，湛江市“骨干教师培养对象”。曾获2017年广东省中学物理和小学科学实验教师实验操作与创新技能竞赛高中物理组一等奖。

专家点评

作者依据课程标准和对教材的分析，确定了以下四方面教学目标：①初步形成描述圆周运动快慢的物理观念；②知道匀速圆周运动的定义及特点，能利用线速度、角速度、周期等物理量定量判断运动的快慢；③能利用 v，ω，T，f 之间的关系解决圆周运动问题；④能判断常见的传动装置的不同点之间线速度、角速度、周期等的关系。

教学设计的知识结构完整，教学过程条理清晰。主要的特点有以下几点：

（1）源自生活常见的圆周运动，学习描述圆周运动的物理量。从生活中挖掘物理实例、设置物理学习情境，让学生观察与思考，知道圆周运动的描述，掌握反映圆周运动快慢的物理量。

（2）采用多媒体模拟圆周运动，渗透科学思维方法。学生经历观察圆周运动的模型，分析和理解线速度、角速度、周期和频率，探寻各物理量之间的关系。在教学过程中，作者运用多媒体模拟探究，帮助学生建立匀速圆周运动的模型；渗透科学方法中的类比法和微元法，讲解线速度、角速度的概念；突破了教学的难点（线速度与角速度的方向，“匀速”指的是角速度不变，线速度大小不变、但方向变化的圆周运动，匀速圆周运动实际上是一种变速曲线运动）。

（3）运用STSE教学理念，回归实际应用。采用多媒体展示皮带传动和齿轮传动、时钟指针转动、地球自转的实际物理问题，使学生易于学习和掌握这些常见物体转动的特点，培养学生学以致用的能力，乐于面对问题、发现问题、解决问题的科学态度与责任感。

——华南师范大学物理与电信工程学院　詹伟琴

高一“匀速圆周运动”教学设计

肇庆市第一中学　谢达锐

一、 案例简介

“匀速圆周运动”这节课的知识内容简单，但是要理解的概念较多，若没有理解好，会给后面的圆周运动的计算、万有引力与天体运动问题的解答留下很大隐患。“停课不停学”大环境下，学生学习效率低，注意力容易分散。因此案例采用了生活图片引入、动画引起思考、仿真软件引导归纳、课堂训练总结提升的方式，这样几个环节下来能持续吸引学生学习的注意力，让学生在家也能观察相应的物理模型，留下更深刻的印象。其中演示的视频很直接地展现模型中的科学道理，学生可以脱口说出物理结论，不用死记硬背。

二、 教学设计

（一）教学内容分析

本案例是粤教版高中物理必修 2 第二章第一节的内容，教学时间为 20 分钟。“圆周运动”是必修 2“两个运动”里的其中一个，而匀速圆周运动是圆周运动里最特殊也是最简单的一种，《普通高中物理课程标准（2017 年版）》对本节的要求是 I 等级：能在有关问题中识别和直接使用，需要了解和认识。教材从日常生活中常见的现象出发，引导学生概括出质点做圆周运动和匀速圆周运动的特征；然后通过“观察与思考”，对比直线运动，引入描述圆周快慢的物理量——线速度、角速度、周期的概念；接着引导学生推导出三者的关系；最后通过“资料活页”，展示皮带、齿轮传动模型。基于课程标准的要求和对教材的上述分析，笔者对本节教学内容做了如下处理。

1. 利用仿真动画软件 Algodoo，展现物理模型

教学中用到了三个动画：一是两个质点做圆周运动，目的是让学生思考怎么比较它们的快慢；二是一个转盘中两个离圆心不同距离的质点的旋转，目的是让学生知道线速度的局限性，从而学习角速度；三是皮带、齿轮和同轴模型，目的是让学生能通过观察的方式得出两个模型的规律。

2. 利用物理知识解决最贴切的生活问题

观察传送和同轴模型之后，通过一道比较自行车各个齿轮的角速度和边缘线速度的问题，让学生想明白现实生活中自行车和其他交通工具换挡变速的物理原理，使模型规律得到巩固加深。

（二）学生情况分析

1. 学生的知识基础

学生在前面第一章已经学习了曲线运动以及产生曲线运动的原因，而本节开始学习的圆周运动也是曲线运动的一种。学生在日常生活中也接触过很多圆周运动的例子，所以在教学中要充分利用学生已有的知识经验，使学生积极主动地参与教学过程。

2. 学生的心理特点

高一年级阶段的学生具有很强的好奇心，能积极主动地参与到知识的形成过程，对学习内容贴近生活、有动手操作的探究实验有较强的学习兴趣。所以在教学中，教师应充分发挥演示实验和学生实验的作用，注意激发学生的认知兴趣，充分调动学生学习的积极性和自主性。

3. 学生的认知困难

学生对比较直线运动的物体的快慢是熟悉的，但圆周运动是初次接触，在学习之前对描述圆周运动的快慢是模糊的。因此，在教学过程中要以学生的已有概念为切入点，通过联系对直线运动快慢的描述，利用多媒体辅助教学和问题的引导，让学生逐步认识描述匀速圆周运动的几个物理量以及它们之间的关系。

（三）教学目标

1. 物理观念

（1）知道匀速圆周运动的概念。质点沿圆周运动，如果在相等的时间内通过的圆弧长度相等，那么这种运动就叫匀速圆周运动。

（2）理解线速度、角速度、周期、频率还有转速的概念。

2. 科学思维

培养学生把生活问题简化成物理模型的能力和综合分析能力。

3. 科学探究

通过观察思考，探究线速度、角速度与周期等概念之间的关系，了解它们之间的区别和联系。

4. 科学态度与责任

激发学生对身边事物的好奇心，能理解生活中自行车等交通工具换挡变速、传送皮带、齿轮传动的物理原理，让学生体会物理源自生活再回到社会的学科特点。

（四）教学重点与难点

重点：理解线速度、角速度、周期、频率、转速的概念以及它们的关系。

难点：理解传送、同轴两个模型，会比较、计算几个物理量的大小。

（五）教学策略设计

在教学的指导思想上，始终坚持“教师为主导，学生为主体”的原则，通过教师创设问题情境和有效的设问引导，让学生亲历物理知识的构建过程。

1. 教学方法

综合应用演示法、讲授法、谈话法和讨论法等多种方法，把教学过程设计成以学生对生活中圆周运动的感性认识为切入点，以观察动画演示和已有知识为基础，以问题为主线的师生对话交流的过程。

2. 教学媒体

以多媒体课件为载体，充分利用实物图片、模型、仿真软件，让学生从生活的现象出发，给学生提供丰富的感性材料，帮助学生建立匀速圆周运动的概念，并了解匀速圆周运动的两种模型。

3. 学法指导

在学法指导上，让学生尝试自己观察思考、描述实验现象，分析概括，得出物理规律，使学生在获取知识过程中，领会物理学的研究方法，受到科学思维方法训练以及协作精神、探索精神等情感、态度、价值观教育。

（六）教学流程图

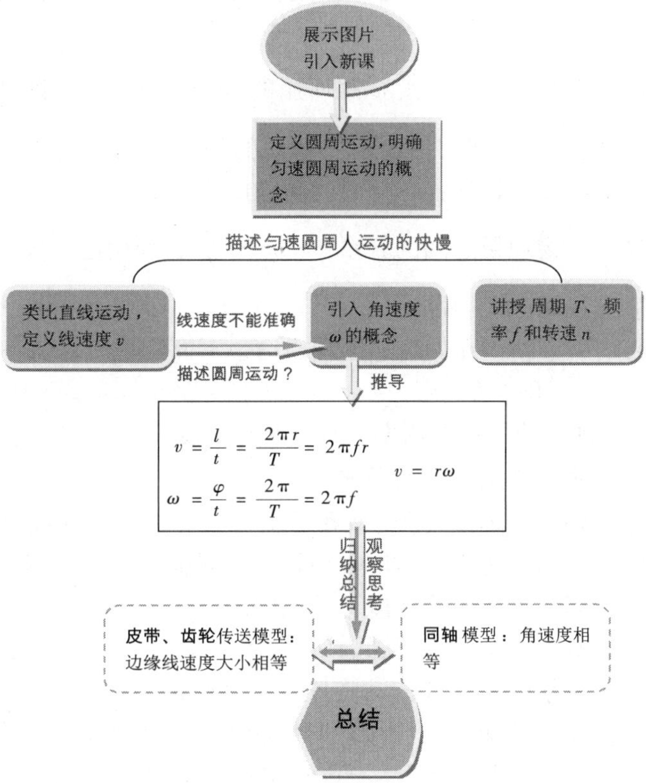

图 1　教学流程图

（七）教学过程设计

1. 教学环节一：情境激疑、确定目标

学生观察并思考电风扇、时钟、自行车、过山车运动的共同特点（详见课例视频），引入新课，归纳总结圆周运动的特征，提出匀速圆周运动的概念。圆周运动：如果质点的运动轨迹是圆，或者是圆弧的一部分，那么这一质点的运动就叫作圆周运动。匀速圆周运动：质点沿圆周运动，如果在相等的时间内通过的圆弧长度相等，那么，这种运动就叫作匀速圆周运动。

2. 教学环节二：创设情境、形成概念

提出问题：怎么比较两个做匀速圆周运动的物体的快慢？

播放动图引导学生类比直线运动比较快慢的方法，学习描述圆周运动的物理量线速度：质点做圆周运动通过的弧长 l 和所用时间 t 的比值叫作线速度 $v=\frac{l}{t}$。教会学生利用类比的思想去学习一个新概念，由易到难更易接受。

3. 教学环节三：实验探究、学习新知

提出问题：只学习线速度能不能把一个圆周运动描述清楚？

操作 Algodoo 演示软件，展示一个转盘上离圆心距离不等的两个点，它们的线速度是不相等的（详见课例视频），引导学生建立角速度概念，利用视频启发学生明白学习新概念的必要。

角速度：质点所在半径转过的角度 φ 跟所用的时间 t 的比值，即 $\omega=\frac{\varphi}{t}$。再学习周期 T、频率 f 和转速 n 的概念。周期：匀速圆周运动的物体运动一周所用的时间。频率：单位时间完成圆周运动的次数。转速：单位时间转动的圈数。

与学生一起推导几个物理量之间的联系 $v=\omega r=\frac{2\pi r}{T}$，利用已有知识推导新知识，让学生印象更深刻。然后完成两道练习题。

练习 1 （多选）一个物体在做匀速圆周运动，下面物理量保持不变的是（　　）

A. 线速度　　B. 角速度　　C. 周期　　D. 加速度

练习 2 请说出时钟上的秒针的周期、频率和角速度。

4. 教学环节四：学以致用、拓展延伸

操作 Algodoo 仿真软件，演示传送模型和同轴模型。总结两个模型中线速度与角速度的关系：皮带、齿轮传动模型边缘线速度大小相等，同轴模型角速度处处相等。

安排思考题：自行车各个齿轮线速度、角速度的大小关系如何？

再让学生完成两道对应模型的练习题。

练习 3 如图 2 所示为某一皮带传动装置。主动轮的半径为 r_1，从动轮的半径为 r_2。已知主动轮做顺时针转动，转速为 n，转动过程中皮带不打滑且 $r_1=2r_2$。下列说法正确的是（　　）

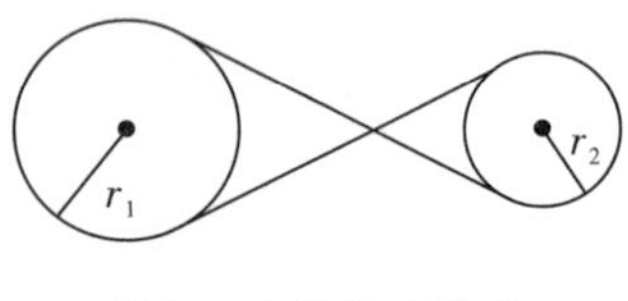

图 2　皮带传动装置

A. 从动轮做顺时针转动

B. 从动轮的转速为 $2n$

C. 从动轮的转速为 n

D. 从动轮的转速为 $0.5n$

练习 4　如图3，地球绕着地轴自转，赤道上的物体 A 和北纬30°上的 B 点随地球做圆周运动的周期是多少？A 点与 B 点的角速度、线速度大小关系如何？

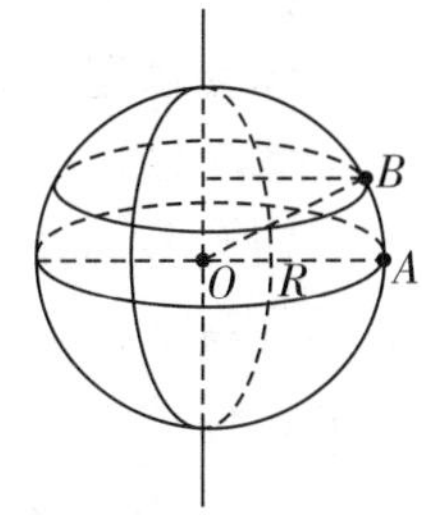

图3　地球自转

5. 教学环节五：课后思考、巩固加深

该环节内容详见课例视频。

（微信扫描二维码可观看课例，网页下载链接：https://portal.scnu.edu.cn/article-13964-533-1.html）

三、　教学成效与反思

本次线上教学课总体上还是非常成功的，教学重难点的处理通过现代化信息技术手段微视频的呈现得以突破，教学过程完整，教学环节比较流畅、重难点突出。学生也都学有所获。

但也存在问题：该节网络视频课时间比较充裕，但随堂练习的题量较少，学生在学习完新知识后不能得到充分的训练。所以在今后的教学中应适当增加随堂练习，有针对性地挑选典型例题，有目的地吸引学生的学习兴趣。在线教学学生注意力很难长时间集中，再加上家中的诱惑更多，以后的录播课需要明确地把一节30分钟左右的课程分为四五个环节，以碎片化的形式来引起学生的注意。

作者简介

谢达锐，2014年毕业于华南师范大学物理与电信工程学院，担任肇庆市第一中学物理教师。带过两届高三毕业班学生，教学经验尚浅，不过胜在与年轻人没有太大代沟。平时教学喜欢在教学课件中插入视频、动画等，一方面是个人的爱好，另一方面也是为了提高学生学习物理的热情。在今后的教学教研中将会一直采用这一方式。

专家点评

依据课程标准，作者结合教材分析，确定教学目标：①理解匀速圆周运动的概念，理解线速度、角速度和周期的定义；②会用线速度、角速度、周期描述匀速圆周运动，通过已有知识推导线速度、角速度和周期的关系；③通过观察思考能归纳皮带传动和同轴模型的规律，并用规律解决问题；④激发学生对身边事物现象的兴趣，提高对物理学习的热情，体会物理知识来自生活再回到社会的学科特点。

教学设计凸显了 STSE 的教学理念，表现为以下几点：

（1）挖掘生活事例，构建物理模型。从生活中挖掘物理实例、设置物理学习情境，利用图片展示，使学生构建匀速圆周运动的物理模型；让学生观察与思考，知道圆周运动的特点，初步了解反映圆周运动快慢的物理量：线速度、角速度、周期、频率。

（2）采用多媒体仿真圆周运动，渗透科学思维方法。作者采用 Algodoo 仿真软件，展示圆周运动的物理过程，刻画了分析圆周运动时极为抽象的物理概念：线速度、角速度、周期、频率的特征。引导学生观察仿真圆周运动的物理模型，渗透类比法、微元法等科学思维方法，类比匀速直线运动瞬时速度的定义，突破了教学难点，使学生掌握线速度和角速度的大小和方向的判断。在教学过程中，学生的模型建构、科学分析、推理、论证等科学思维得到提升。

（3）应用 STSE 教学理念，拓展深化知识。利用 Algodoo 仿真软件展示物理模型。皮带传送、齿轮转动和同轴转动模型，操作模型旋转可以控制圆周运动的快慢，便于学生观察思考，应用所学的知识解决实际问题。培养学生学以致用的能力，以及面对问题、发现问题、解决问题的科学态度与责任。

作者采用的教学素材都取自生活，设计的问题也是贴近于生活的。引入课题时，通过举例，如比较自行车上飞轮、链条、后轮的边缘点的线速度的大小等实际原始物理问题，引导学生在课后拓展环节思考自行车是怎么通过改变飞轮的搭配实现换挡的，汽车的变速箱的工作原理等，体现了 STSE 的教学理念，增强了学生的物理学科科学态度与责任，教学理念和教学方式都值得借鉴。

——华南师范大学物理与电信工程学院　詹伟琴

高一“向心力与向心加速度”教学设计

云浮市云浮中学　李伟炜

一、 案例简介

通过让学生回忆已学到的关于曲线运动和圆周运动的知识，引导学生对圆周运动的受力情况进行分析。帮助学生建立向心力和向心加速度的概念，明白向心力特性以及向心力是一个效果力的概念，然后再通过两个例子帮助学生理解这一概念。通过实验演示引导学生思考，与学生共同探究影响向心力大小的因素，由此引出向心力与向心加速度的公式。通过层层深入的设问，引导学生经历从理论分析到提出猜想，再到实验探究这样一个完整的物理探究过程，培养学生的抽象思维与逻辑思维能力。

二、 教学设计

（一）教学内容分析

本案例是粤教版高中物理必修 2 第二章“圆周运动”第二节“向心力”的内容，教学时间为 24 分钟。《普通高中物理课程标准（2017 年版）》对本节课内容要求是理解向心力和向心加速度的概念，知道影响向心力大小的因素，理解向心力的公式，同时让学生体验实验探究过程，培养学生逻辑思维能力。

1. 教材的地位和作用

向心力是圆周运动的重点知识，从力学的角度去分析物体做匀速圆周运动的原因。它继承与发展了上一节匀速圆周运动中的内容，帮助学生进一步了解匀速圆周运动的特点，同时也为离心运动和万有引力的应用打下必要的基础。

2. 教材的编写思路

教材通过一个在桌面甩动小球做匀速圆周运动的小实验，让学生感受并提出向心力的概念，猜想向心力与哪些因素有关，同时让学生感受不同条件对小球所受向心力大小的影响，提出向心力的公式，并通过牛顿第二定律推导出向心加速度的公式。

3. 教学内容处理

这一节是本教材的重点内容。笔者对本节课的教学做了如下设计：

（1）把内容分成了两个课时来完成。第一课时（在线案例）帮助学生建立向心力和向心加速度的概念，并得出公式。第二课时通过一些实例帮助学生掌握向心力在生活中的应用。

（2）教材引入向心力的实验对于向心力的提出过于突兀，而且对于向心力的特点探究不够直观。笔者在教学中通过让学生回忆已学到的关于曲线运动和匀速圆周运动的知识，引导学生对匀速圆周运动的受力情况进行分析，自行得出向心力存在的事实以及其特点。

（3）教材中探究向心力与什么因素有关的实验过于粗糙，学生难以直观地观察和得出结论。笔者把其换成了更直观、更容易操作、更有说服力的向心力演示仪来进行探究。

（二）学生情况分析

1. 学生的知识基础

学生已学到关于曲线运动和圆周运动的一系列知识，对于物体的这些运动状态有了一定的认识。

2. 学生的心理特点

学生已对圆周运动的运动状态有了足够的认识，有了强烈的好奇心，很有兴趣知道到底是什么力导致这一运动的产生。所以在教学中，教师应顺势而为，充分发挥探究实验的作用，注意激发学生的认知兴趣，充分调动学生学习的积极性和自主性。

3. 学生的认知困难

（1）向心力只改变速度的方向、不改变速度大小的特性。

（2）向心力是一个效果力。

这两个概念对于高一学生来说，都与过去他们所学的概念不一样。笔者将通过足够多的实例帮助学生进一步了解这些概念。

（三）教学目标

1. 物理观念

（1）知道什么是向心力，理解它是一种效果力。

（2）理解什么是向心加速度，以及它的特点。

2. 科学思维

着重培养学生的抽象思维能力与逻辑思维能力。

3. 科学探究

通过生活例子进行猜想，并运用控制变量法进行实验探究过程。

4. 科学态度与责任

经历科学探究过程，体会不同的科学探究方法，培养实事求是的科学态度，激发科学探究的兴趣。

（四）教学重点与难点

重点：向心力和向心加速度的基本概念。

难点：向心力是效果力。

（五）教学策略设计

教学中充分体现“教师主导、学生主体”的教学原则。通过教师创设问题情境和有效的设问引导，让学生置身于问题与情境之中，帮助学生完成从理论推导、提出假设到实验验证这一完整的物理探究过程。

1. 教法与学法

以问题为主线，通过一个个的问题，引导学生自主完成理论推导，提出假设和实验验证这一完整的物理探究过程。例如在探究向心力与什么因素有关时，通过问题情景引导学生思考提出猜想，并一步步引导他们设计探究实验和得出实验结论。

2. 教学媒体

由于是在线教学，为了让学生感受更为直观，笔者在课件中制作了动画和插入了实验视频，帮助学生随问题同步了解向心力。

（六）教学流程图

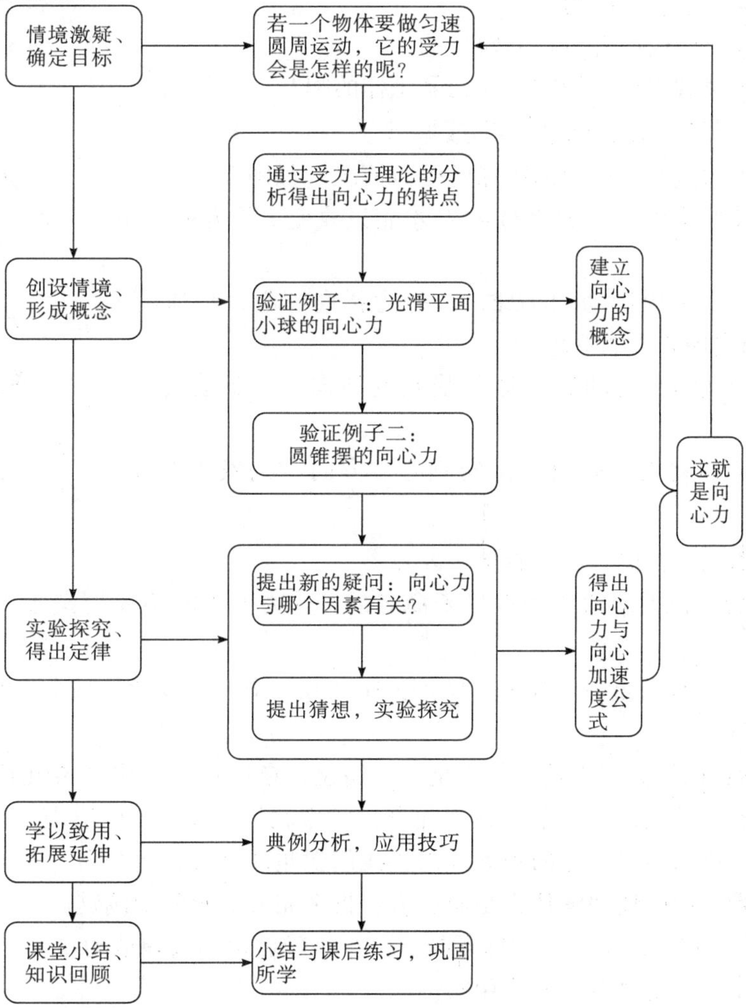

图1　教学流程图

（七）教学过程设计

1. 教学环节一：情境激疑、确定目标

以问题形式进行设疑，通过温故复习，帮助学生回忆圆周运动的有关知识要点，为后面的探究活动进行必要的知识铺垫（解析过程详见课例视频）。

（1）匀速圆周运动是线速度________不变，________不停变化的运动。

（2）如图 2 所示物体所受的合外力与速度的夹角小于 90°时物体做________运动。

物体所受的合外力与速度的夹角大于 90°时物体做________运动。

物体所受的合外力与速度的夹角等于 90°时合力只改变________，不改变________。

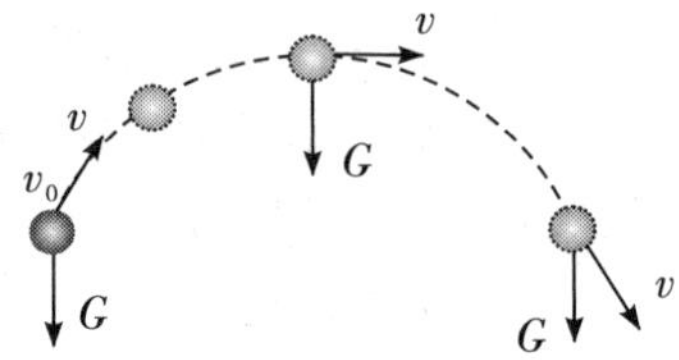

图 2　匀速圆周运动的受力情况

（3）关于曲线运动的轨迹：

①轨迹上某点速度方向为该点______________。

②轨迹上某点所受的合力指向轨迹的____________。

提问：做匀速圆周运动的物体受力是怎样的呢？

2. 教学环节二：创设情境、形成概念

分析一个做匀速圆周运动的小球的受力情况（如图 3 所示）。

思考：小球要受到一个怎么样的力才能只改变 v 的方向，不改变 v 的大小？

结论：做匀速圆周运动的小球，合外力指向圆心，与速度 v 垂直。（随之引出向心力的概念。）

定义：做匀速圆周运动的物体所受到的指向圆心的合外力，叫向心力。

特点：方向始终与 v 垂直，指向圆心。方向时刻发生变化，是变力。

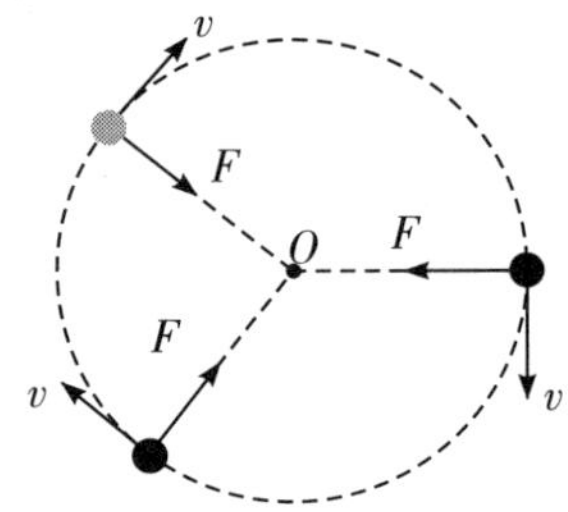

图 3　做匀速圆周运动的小球的受力情况

学习向心力的过程中，应注意两个要点：

（1）向心力是根据力的作用效果来命名的，受力分析时不要把向心力当作一个独立的力。

（2）向心力通常由重力、弹力、摩擦力中的某一个力，或者是某个力的分力，或几个力的合力所提供。

[类比举例：班长其实不是人，它是一个岗位，在班里哪一位（或几位）学生为班里提供班长的服务，那么，那一个（或那几个）学生就是班长。同样道理，在物体所受的所有力里，哪个力提供指向圆心的服务效果，我们就叫这个力为向心力。]

为了帮助学生更好地理解什么是向心力，再来完成下面两个例题。

例 1　在光滑水平面上，一根绳子拉着一个小球做匀速圆周运动。

请思考：①小球受哪些力的作用？

②这几个力的合力是什么？沿什么方向？这个合力起什么作用？

教师强调两点：①受力分析时，不要分析出“一个向心力”。

②哪个力提供了指向圆心的服务？

结论：小球的匀速圆周运动由绳子的拉力 F 提供向心力。

例 2 在空中做匀速圆周运动的圆锥摆（如图 4 所示）。

请思考：①小球受哪些力的作用？

②这几个力的合力是什么？沿什么方向？这个合力起什么作用？

引导学生分析：①这些力是如何提供指向圆心的服务的。

②尝试分别用合成法和分解法去思考。

结论：小球的匀速圆周运动由绳子的拉力与重力的合力 $F_{合} = mg\tan\theta$ 提供向心力。

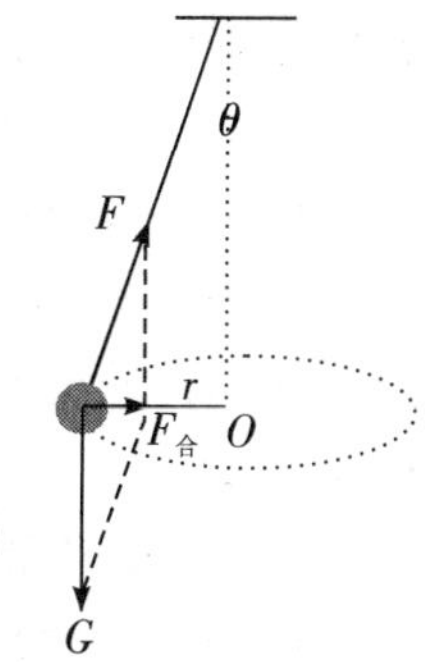

图 4 例 2 示意图

3. 教学环节三：实验探究、得出定律

提问：向心力大小可能与哪些因素有关？

学生猜想：向心力大小可能与物体质量、圆周运动的半径、角速度（线速度）有关。

演示实验视频验证：

（1）实验仪器介绍：向心力演示仪。

（2）实验方法：控制变量法。

（3）如何进行这个探究实验呢？请学生思考以下几点：

①F 与 m 的关系。（如何保证 r 与 ω 不变，这一实验结论是什么？）

②F 与 ω 的关系。（如何保证 r 与 m 不变，如何改变 ω，这一实验结论是什么？）

③F 与 r 的关系。（如何保证 ω 与 m 不变，这一实验结论是什么？）

引导学生思考，完成实验。

结论：①保持 r、ω 一定，m 大，F 也大。

②保持 r、m 一定，ω 大，F 也大。

③保持 ω、m 一定，r 大，F 也大。

从而引出向心力的计算公式：$F = mr\omega^2$，再根据 $\omega = \frac{v}{r}$ 推导向心力的另一表达式 $F = m\frac{v^2}{r}$。

提问：做匀速圆周运动的物体，在向心力的作用下必然会产生一个加速度，这个加速是怎么样的呢？

根据牛顿第二定律：$F = ma$，引导学生推导出向心加速度的公式：$a = \omega^2 r$。

引导学生思考：①向心加速度的方向是怎么样的？

②匀速圆周运动是匀变速曲线运动吗？

结论：①向心加速度与速度方向垂直，指向圆心。

②向心加速度的方向一直在发生变化，所以匀速圆周运动是一种变加速曲线运动。

4. 教学环节四：学以致用、拓展延伸

提问：由向心加速度的公式 $a = \omega^2 r$ 和 $a = \frac{v^2}{r}$，想一想 a 与 r 究竟是成正比还是成反比？

结论：若 ω 一定，就成正比；若 v 一定，就成反比。

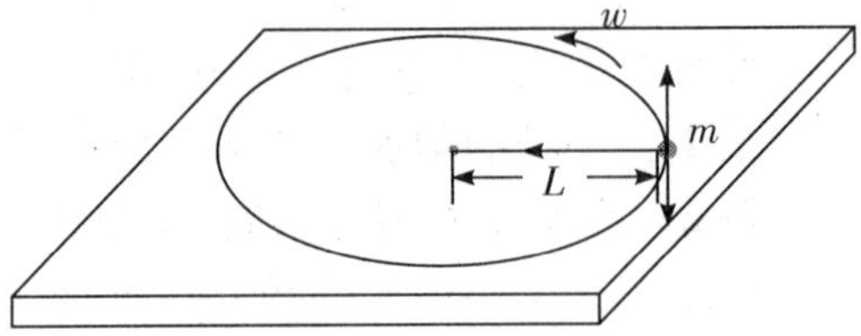

图 5　例题图

例题：如图 5 所示，在光滑的水平面上，用长为 L 的细线拴一质量为 m 的小球，以角速度 ω 做匀速圆周运动，下列说法中正确的是（　　）

A. L、ω 不变，m 越大线越易拉断

B. m、ω 不变，L 越大线越易拉断

C. L、m 不变，ω 越大线越易拉断

D. m 不变，L 减半且角速度加倍时，线的拉力不变

5. 教学环节五：课堂小结、知识回顾

该教学环节内容略。

（微信扫描二维码可观看课例，网页下载链接：https://portal.scnu.edu.cn/article-13964-532-1.html）

三、 教学成效与反思

从旧的知识点出发，引导学生自主地去分析、探究匀速圆周运动的受力特点，得出向心力的概念。通过有趣的例子，帮助学生更好地理解效果力的概念；通过实例，引导学生分析物体所受力是如何提供向心力的；引导学生经历猜想和实验验证的基本物理探究过程，得出向心力与影响其大小的各个因素间的关系；最后得出向心力与向心加速度的公式，再用练习去巩固。引导学生层层深入去学习，教学线条清晰、逻辑性强。线上教学和线下练习结合的方式，既减少学生长时间对着电脑的疲劳，同时又有助于发挥学生自主学习的特点，帮助学生尽快掌握、理解知识要点。

作者简介

李伟炜，中学物理一级教师，云浮市云浮中学高一年级物理科教研组组长。有多年高中物理学教学经验，并多次获教学质量优秀奖。教学方式多变，善于使用生动的语言和在课上引入学生感兴趣的例子，帮助学生跳出枯燥的文字和公式，用更有趣的方式去理解难懂的物理概念。对于学生的学习状态与思维认知缺陷有着精准的认识，课堂中常通过设问和设陷阱的方式，让学生尽早暴露自己思维上的漏洞，并帮助他们及时修正，更有助于他们对物理理论和应用技巧的掌握。

专家点评

依据课程标准以及对教材的分析，作者确定了具体的教学目标：①认识什么是向心力，理解它是一种效果力；②理解向心力公式，并能初步地进行运用；③理解什么是向心加速度，以及它的特点。

作者在线教学实施教学方式如下：

（1）温故知新、导入新课，凸显了科学的思维方法。通过回顾旧知识，引导学生自主地去分析、探究匀速圆周运动的受力特点，从而得出向心力的概念。采用有趣的例子和生活实例，比如使小球在水平桌面做匀速圆周运动和在空中做圆锥摆运动，让学生观察与思考向心力是哪些力提供，帮助学生理解向心力，知道向心力是效果力。

（2）展开实验探究，经历科学探究，培养了科学思维。引导学生经历猜想、实验观察与记录、寻找证据、验证猜想的探究过程，得出向心力与角速度或者线速度、半径、物体的质量的关系。运用牛顿第二定律得到向心加速度的公式。教学过程培养了学生在科学思维中提出质疑、模型建构、科学推理、科学论证的能力，以及通过实验去科学探究物理问题和解决物理问题的精神。

教师考虑到学生上网课所造成的疲劳，严格控制讲课的时间，分散知识的难点，采用了线上教学和线下练习结合的授课方式。

——华南师范大学物理与电信工程学院　詹伟琴

高二“热力学第二定律”教学设计

云浮市云浮中学　区德才

一、 案例简介

本节课的教学过程首先列举生活中四个典型的自发的热学现象来引导学生探究问题，总结出热传导方向的不可逆性；其次引导学生探究能量间转化是否也具有方向性，分析热机的工作原理，先后归纳出热力学第二定律的两种表述；再次分析第二类永动机不可能制成的原因，让学生初步学会运用知识解决问题；最后进一步引导学生深入探究热力学第二定律的微观实质，并引出熵的概念。

二、 教学设计

（一）教学内容分析

本案例是粤教版高中物理选修 3 – 3 第三章第四节的内容，主要为讲授新课，没有课堂练习，教学时间为 23 分钟。《普通高中物理课程标准（2017 年版）》对本节课内容的教学要求是：通过自然界中宏观过程的方向性，了解热力学第二定律，并初步了解熵是反映物质系统无序程度的物理量。

热力学第二定律与热力学第一定律是构成热力学知识的理论基础。热力学第一定律对自然过程没有任何限制，只指出在任何热力学过程中能量不会有任何增加或损失。热力学第二定律则解决哪些过程是可以自发进行的，哪些过程是不可能自发进行的，如果要发生相应的逆过程，应当是在什么样的条件下发生等问题。

为了解决难点，课堂上利用 Flash 动画、图片等手段分析热机等实例，从不同的角度来帮助学生形成对热学现象发生过程的认识，如热量可以自发地从高温物体传到低温物体，功可以全部转化为热，热量可以从低温物体传到高温物体（但要有条件），热可以转化为功（但不完全），最终认识到热力学第二定律也是一条重要的客观规律。

（二）学生情况分析

通过对教材前面章节知识的学习，学生具备了学习基础，例如掌握了物质由大量的分子组成、分子永不停息地做无规则的热运动，以及热力学第一定律、能量守恒定律等，并且学生对热学的物理现象司空见惯，因此他们没有意识到要去对这些规律加以概括，从而造成对这部分内容的忽视。

（三）教学目标

1. 物理观念

（1）了解自然界中宏观过程的方向性。

（2）知道并理解热力学第二定律的两种经典表述。

（3）形成关于宏观热现象都具有不可逆性的概念。

（4）了解第二类永动机概念和不可能制成的原因。

（5）了解热力学第二定律的微观实质。

（6）知道熵的概念。

2. 科学思维

（1）通过对自然中宏观过程的方向性的讨论，培养学生正、逆双向思维能力。

（2）通过探究热力学第二定律的两种表述，培养学生多角度分析问题的发散思维能力。

3. 科学探究

（1）通过表述热力学第二定律的教学，培养学生概括物理规律的能力和准确的文字表达能力。

（2）通过对热力学第二定律的微观实质的寻根问底，培养学生知其现象还要明其道理、知其缘由的良好习惯。

4. 科学态度与责任

（1）体会科学发现的曲折性和必然性。

（2）培养学生尊重客观事实、遵循自然规律办事的科学态度和科学素养。

（3）体会热力学第二定律对于人类实践的指导意义。

（四）教学重点与难点

重点：热力学第二定律内容的理解。

难点：热力学第二定律的两种表述的理解；自然界中进行的涉及热现象的宏观过程都具有方向性。

（五）教学策略设计

上课的内容是课前录制好的视频，然后在网上授课时播放，播放完毕后，教师和学生在钉钉直播平台一起探讨学习内容的课堂练习，并且解答学生学习中存在的疑问。

为了激发学生学习的兴趣和加深对所学知识的印象，在课堂上引入图文结合的典型例子来讲解。这些例子通俗易懂，能把一些抽象的概念讲清楚。另外，利用设问的方式逐步引导学生去探索教学知识。所讲的知识点顺序没有拘泥于课本的顺序，重新进行了组合和编排，符合学生的认知过程，减少知识的重复讲述，提高了课堂的效率，把教学参考里建议的两课时内容压缩到一个课时完成。

（六）教学流程图

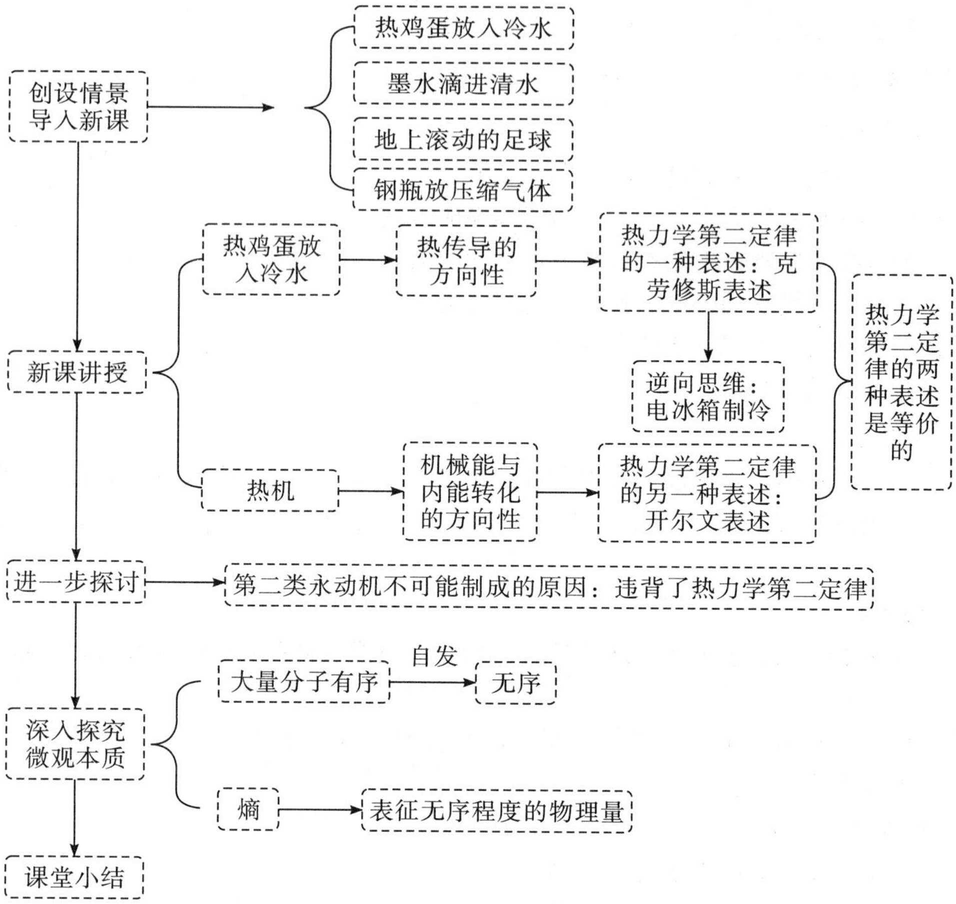

图 1　教学流程图

（七）教学过程

1. 教学环节一：创设情境，导入新课

例 1　把刚煮好的热鸡蛋放在冷水中，过一会儿，鸡蛋的温度降低，水的温度升高，最后水和鸡蛋的温度相同。

提问：原来温度相同的水和鸡蛋，过一会儿水的温度自发地降低而鸡蛋温度自发上升，生蛋变成熟蛋。可能发生这样的现象吗？

回答：热量自发地由高温物体向低温物体传递的过程是不可逆的。

例 2　一滴墨水滴进一杯清水中，不久整杯水都均匀地变黑了。

提问：这杯均匀墨水中的小碳粒又自发地聚集在一起，成为一滴墨水，而其余部分又成了清水。有没有这样的逆过程？

回答：扩散现象进行是有方向的，过程是不可逆的。

例 3　在平地上滚动的足球克服摩擦力做功，其动能转化为内能，最终停了下来，同时足球、地面及周围空气的温度略有上升。

提问：静止的足球和地面周围的空气自发地降低温度释放内能，并将内能全部转化为动能，让足球又滚动起来。会有这样的现象吗？

回答：功可以自动转化为热，但热却不能自动转化为功。通过摩擦而使功转变为热的过程是不可逆的。

例 4 装着压缩气体的钢瓶，打开阀门后会听到“哧”一声，气体被放出。

提问：外面的气体自发地进入钢瓶，使瓶内的气体压强变大。会不会有这样的现象？

回答：气体膨胀（绝热自由膨胀）的过程是不可逆的。

总结：热量传递、扩散现象、功转热、气体膨胀都是单方向进行，不可逆的。

提问：它们违背能量守恒定律了吗？

回答：没有。

通过以上 4 个典型例子，激发学生学习的兴趣。通过问题，引导学生思考得出结论。

2. 教学环节二：分析现象，学习新知

（1）热力学第二定律的一种表述。

分析、归纳四个例子的共同特点，见图 2。

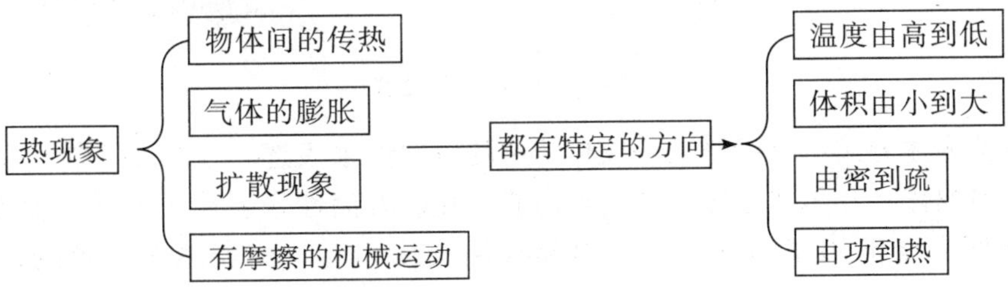

图 2　分析、归纳 4 个例子

总结：无数事实告诉我们，一切与热现象有关的宏观自然过程都是不可逆的。

由此归纳出热力学第二定律，它是反映自然界过程进行方向和条件的定律。得出热力学第二定律的一种表述方式——克劳修斯表述：热量不能自动地从低温物体传到高温物体。它是按热传递的方向性来表述的。

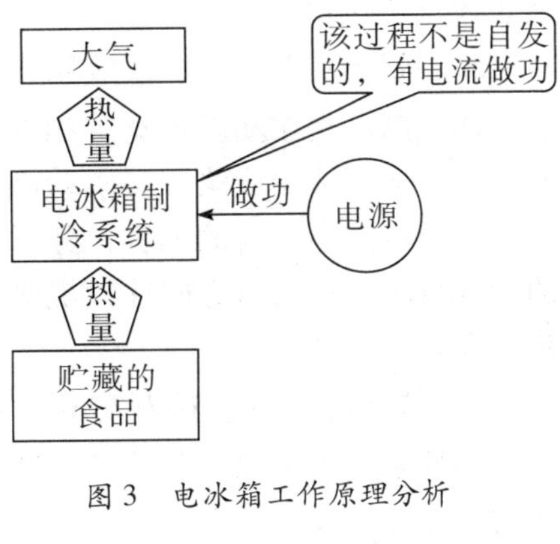

图 3　电冰箱工作原理分析

之后，通过详细分析电冰箱的工作原理（见图 3），进一步深入探究该表述中“自发”的含义，加深学生对克劳修斯表述的认识：在自然条件下，热量只能从高温物体向低温物体转移，而不能由低温物体自动向高温物体转移，也就是说在自然条件下，这个转变过程是不可逆的。要使热传递方向倒转过来，只有靠第三者做功来实现。进一步拓展到整个自然界中很多类似的宏观自发过程都具有单向性，让学生懂得珍惜时间，珍惜生命，培养学生认识正确的人生观、价值观。

（2）热力学第二定律的另一种表述。

通过分析热机的工作原理和过程来探究热力学第二定律的另一种表述。

首先，让学生认识热机的概念和通过简单的 Flash 动画来分析热机的工作原理和过程，让他们明白热机工作过程中能量的转化方式。其次，分析效率问题，得到热机的效率小于 100%，也就是不可能把从高温热源吸收的热量全部转化为机械能，总有一部分热量散发出去（见图 4）。再次，列举汽车行驶的例子来进一步说明热机必然会有损耗。最后，归纳得出热力学第二定律的另一种表述——开尔文表述：不可能从单一热源吸收热量并把它全部用来做功，而不引起其他变化。

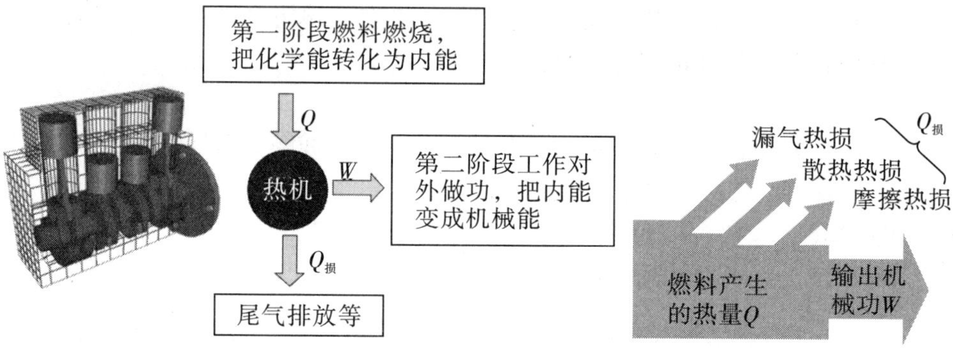

图 4　热机的工作过程

对比两种表述方式：克劳修斯是按热传递的方向性来表述——热量不能自动地从低温物体传到高温物体；开尔文是按机械能与内能转化的方向性来表述——不可能从单一热源吸收热量并把它全部用来做功，而不引起其他变化。这两种表述是等价的，能够互相推导。

应用热力学第二定律的表述解释新课引入的四个例子，学习如何利用热力学第二定律来表述这些现象。

3. 教学环节三：学以致用，深化知识

回顾第一类永动机的概念和失败的原因，举例引出第二类永动机的概念和引导学生思考：为什么不能制成第二类永动机？

基于以前所学习的内容，分析原因：不违背能量守恒定律，但违背了跟热现象相联系的宏观自然过程具有方向性的规律（热力学第二定律）。这是学生运用知识解决问题的初步体现。

4. 教学环节四：微观分析，探究本质

为使学生了解热力学第二定律的微观实质，列举学生排队的例子（见图 5），形象地表达有序和无序的概念。

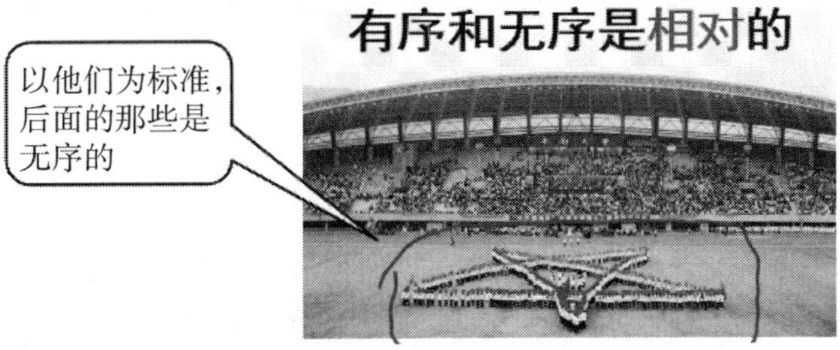

图 15　举例说明有序和无序

两种表述的微观实质：从微观上来说，机械能转化为内能的过程是大量分子的有序运动朝无序运动的方向转换的过程；从微观上来说，热传导过程是使物体内部分子的热运动由比较有序的状态向无序的状态转化的过程。

总结：与热现象有关的自发的宏观过程，总是朝着分子热运动状态无序性增加的方向进行的。

同时，由热力学第二定律的微观实质表述，很容易让学生了解到熵的概念，知道熵越大，系统越无序；熵越小，系统越有序。

为了让学生记住这个抽象的概念，列举学生在操场集队和解散的情境，使学生形象生动地记住熵是反映系统无序程度的物理量。

5. 教学环节五：课堂小结

课堂小结内容略。

（微信扫描二维码可观看课例，网页下载链接：
https://portal.scnu.edu.cn/article-13964-560-1.html）

三、 教学成效与反思

在课堂与学生互动中，笔者发现学生对这节课的内容还是掌握得比较好的。相对于课本的纯文字内容讲解，学生还是喜欢这样图文结合、例子与理论结合的学习方式，而且大部分学生能顺利完成课堂上的练习。

热力学第二定律的内容学习与热力学第一定律区别很大。热力学第二定律有点抽象，与日常的生活、学习差别较远，而且热力学第二定律的两种表述实质上是通过大量实例归纳出来的，因此教学过程中利用学生熟悉的热学现象和曾经接触过的物理模型就显得非常重要。

教学中利用多个典型易懂的例子，以图文结合、问题引导等多种教学方法，并从多个角度来分析热力学第二定律，有效地帮助学生建构了比较完整的宏观热学规律体系，使学生全面地认识热力学定律。但本案例仍存在着不足。例如：录制视频中存着一些口误；对第二类永动机的讲授不够深刻；网上直播课缺少了师生面对面的真实情感的交流，上课效果比不上真正的课堂。

作者简介

区德才，中学物理一级教师，在云浮市云浮中学高中部担任高中物理教师和综合实践科组长，有12年高中物理教学经验，经过4次高中循环教学，担任班主任工作6年。2010年和2011年荣获云浮市云城区优秀班主任称号；所撰写的《新课改背景下高中物理的情感教育》在2012年云浮市云城区优秀教学论文评选活动中获二等奖；课例“第2节 万有引力定律的应用”在2014年度“一师一优课、一课一名师”活动中被评为省级优课；2014年被评为云浮市云城区2014年高考工作先进个人；2017年被评为云浮市云城区优秀教师；2018年指导学生创作的“伪全息3D投影仪”作品荣获2017年广东省中小学创客大赛一等奖；2019年被评为云浮市第一届青少年科技创新大赛优秀科技辅导员教师；多次获得“优秀班主任”、“教书育人，为人师表”积极分子和“教学成绩优秀教师”等校级荣誉。

专家点评

作者基于课程标准和教材分析，确定了具体的教学目标：①了解第二类永动机的概念和不可能制成的原因、热力学第二定律的微观实质；②培养学生逆向思维能力和发散思维能力；③培养学生概括物理规律的能力和准确的文字表达能力；④让学生体会科学发现的曲折性和必然性，培养他们尊重客观事实、遵循自然规律办事的科学态度和科学素养；⑤体会热力学第二定律对于人类实践的指导意义。

作者教学过程贯彻STSE的教学理念，体现物理教学的本质。在课堂导入环节，作者列举4个典型的自发的热学现象，从常见的实际物理问题出发，唤起学生的学习兴趣与动机，从学生已有的热学知识出发观察与思考，分析、归纳、总结热力学的共同物理特征：热的自然过程不可逆性。通过详细分析电冰箱的工作原理，深入探究热力学第二定律的一种表述——克劳修斯表述中“自动”（自发）的含义，引导学生对自然中宏观过程的方向性的讨论，培养学生正、逆双向思维能力。在联系实际的应用环节，教师列举生活、自然界的物理情境，使学生知道很多类似的宏观自发过程都具有单向性、不可逆转，正如人的一生从婴儿呱呱坠地到暮年古稀是一个不可逆的过程，让学生懂得珍惜时间、珍惜生命的可贵，培养学生正确的人生观和情感价值观。

教学设计的创新之处：教学过程作者采用多媒体手段实现图文结合，选取通俗易懂的生活常见的典型例子，激发学生的学习兴趣和动机；通过直观形象的类比，讲清楚抽象的概念和规律，学生易于掌握和理解；应用热力学第二定律解决实际问题。整个教学过程有序且前呼后应，教学结果完整。作者运用设问的方式，逐步地引导学生去探索自然界的奥秘，没有拘泥于教材的内容编排，重新组织教学内容，选择适合学生的认知过程的教学手段开展教学，环环相扣，逻辑性强，减少了知识的重复性，提高了课堂的效果，是一堂高效率的好课。

——华南师范大学物理与电信工程学院　詹伟琴

高二“量子论初步与光电效应”教学设计

东莞市石龙中学　李立辉

一、 案例简介

本节课内容多，时间短。案例在设计上以核心问题为引领，在推进知识落实的同时，力求体现物理学科核心素养的四个要素：物理观念、科学思维、科学探究、科学态度与责任。在线教学采取录制视频进行网络教学的模式，在教学过程中，由学生自主播放观看，通过边看边思考的学习形式，达到本节课的教学目标。

二、 教学设计

（一）教学内容分析

本案例是人教版高中物理选修 3－5 第十七章第 1、2 节的内容（同时参考了粤教版教材），教学时间为 25 分钟。光的本质是什么？这个问题是本章“波粒二象性”要讨论的核心问题。为了解释这个问题，教材先介绍量子论初步知识——普朗克由研究黑体辐射提出了量子化观念，为后面爱因斯坦解释光电效应做铺垫。第 2 节“光的粒子性”，全面体现了核心素养中的科学素养，也是物理学科思维与物理观念的集中体现。从光电效应现象到实验探究其规律，发现这些规律与经典电磁理论相矛盾，再推进介绍爱因斯坦构建模型，应用量子化观念提出理论解释，最后介绍光电效应的意义与应用。

《普通高中物理课程标准（2017 年版）》对本节课内容的要求是：要求学生通过演示实验，观察光电效应现象。了解量子概念的提出，进一步深化物质观念，知道光电效应是光的粒子性的实验证据。知道光电效应的实验规律，理解遏止电压、截止频率（极限频率）、逸出功、瞬时性等概念的含义，知道这些概念与光的电磁理论的矛盾。理解光子说及其对光电效应的解释。知道爱因斯坦光电效应方程，知道其物理意义，能用它来说明波粒二象性。

基于课程标准的要求和对教材的上述分析，为理清本节教材的主线，笔者对本节课的教学环节设计如下：

（1）通过回顾介绍探究“光是什么”的历史，引入光电效应问题。

（2）通过对量子论的由来和内容进行初步的介绍，为后面爱因斯坦解释光电效应进行铺垫。

（3）介绍实验探究光电效应规律。

（4）介绍光电效应实验规律与经典电磁学理论的矛盾。

（5）介绍爱因斯坦应用光子说解释光电效应及其应用。

（二）学生情况分析

1. 学生的知识基础

学生已经知道光伏发电应用，掌握了电路探究的初步知识，但是对光电效应的概念与实验规律及量子化理论、爱因斯坦的光子说、光电效应方程这些知识没有认知基础，对本节课相关的物理观念认知也不够系统。

2. 学生的心理特点

高二年级的学生具有很强的好奇心，已经具有一定的物理观念与科学思维、科学探究能力。

3. 学生的认知困难

学生对抽象和复杂现象的认知还存在比较大的困难，对涉及多因素的实验探究能力有限，构建物理模型的能力还比较弱。

（三）教学目标

1. 物理观念

（1）通过“光电效应”实验现象和理论解释，让学生体验研究物理的大物理观。

（2）了解量子概念的提出，明确光电效应的本质，进一步深化物质观。

（3）通过分析光电子在电场中的运动，渗透力与运动观、能量观的教育；通过介绍爱因斯坦构建模型解释光电效应，渗透能量观的教育。

2. 科学思维

（1）通过定性演示“光电效应”现象，进一步开展定量实验探究，发现产生“光电效应”的实验规律，发现与经典电磁理论的矛盾，进一步介绍爱因斯坦质疑创新，构建模型，应用量子化与能量守恒定律从理论上解释实验现象，渗透对学生的科学思维教育。

（2）爱因斯坦应用普朗克提出的量子化观念解释光电效应实验规律，充分体现了类比、迁移、创新的科学思维。

3. 科学探究

（1）通过定性演示实验到定量探究实验，体现由定性到定量的科学探究思路。

（2）通过呈现应用控制变量法进行科学探究、运用图象处理数据、归纳实验规律等科学方法，进一步培养学生的科学探究能力。

（3）从实验探究到爱因斯坦进行理论探究，体现物理学科科学探究的一种模式。

4. 科学态度与责任

通过应用经典电磁学理论解释光电效应遇到矛盾和爱因斯坦应用量子化理论完美解释光电效应两种对比，来渗透观念更新的重要性的教育。

（四）教学重点与难点

重点：光电效应实验规律、爱因斯坦光子说的解释。

难点：光电效应实验规律、用爱因斯坦光子说解释光电效应实验规律。

（五）教学策略设计

由于学校要求采用“教师录课—平台发布—学生下载观看”的线上教学模式，与实际的课堂教学或者线上直播教学相比少了实时互动，所以本节课以知识点为线索，以核心问题为引导，通过在钉钉直播平台讲授录播课，引导学生逐步分析归纳构建物理知识，领悟提升物理学科核心素养。

1. 教学方法

主要采用讲授加课后答疑的方法。讲授过程中，教师以核心问题引领，以知识点为线索推进，引导学生分析、总结物理概念和物理规律，领悟物理研究思维与方法。

2. 学法指导

在学法上，主要让学生自主观看，边看边思考，课后复习总结知识与技能。

（六）教学流程图

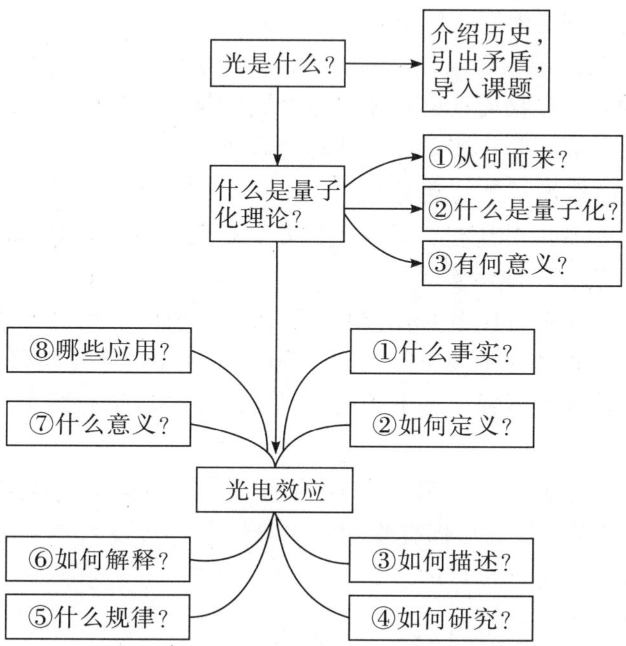

图1 教学流程图

（七）教学过程设计

1. 教学环节一：问题激趣，导入课题

“光是什么？”通过介绍历史上对该问题的认识历程，导出矛盾，引入课题。见图2。

牛顿根据光的直线传播与反射提出微粒说，同时代的惠更斯根据光的折射提出波动说。由于牛顿的威望高，大家比较认同微粒说。后来托马斯·杨发现光的干涉，说明光是一种波。光是一种什么样的波？麦克斯韦根据他提出的电磁理论，预言光是一种电磁波，但是当时没有人相信，直到赫兹通过实验证明光是一种电磁波，人类才认识到光是一种电磁波。但是，赫兹在证实电磁波的同时，还发现电磁波（或光）照射到金属表面时，可以把金属的电子打出来，这就是光电效应现象。当时这种现象无法用电磁理论解释，光电效应变成物理学家天空中的一朵乌云。究竟光是什么？如何解释光电效应现象？

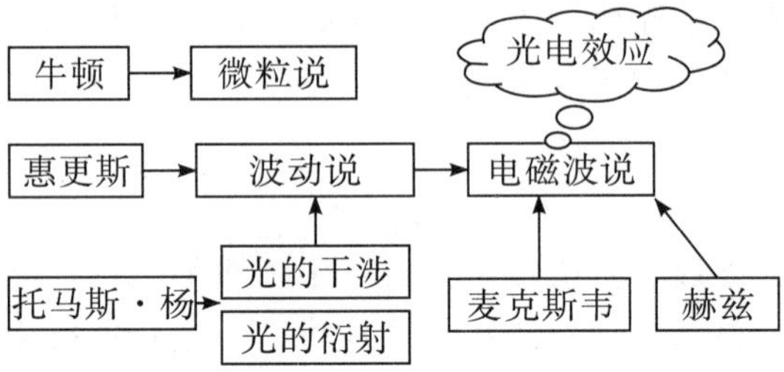

图 2　导入图

2. 教学环节二：介绍量子化理论初步

通过介绍普朗克对黑体辐射的研究，提出量子化的观念，正确解释黑体辐射实验规律，并介绍量子化初步理论内容有以下几点：

（1）振动着的带电微粒的能量只能是某一最小能量值 ε 的整数倍。

（2）带电微粒辐射或吸收能量也只能以这个最小能量值为单位一份一份辐射或吸收。

（3）这个最小能量值 ε 叫作能量子。计算公式为 $\varepsilon = h\nu$。

3. 教学环节三：初步了解光电效应

（1）介绍发现光电效应的历史，呈现光伏发电现象，引入光电效应的概念。

（2）观看“光电效应”演示实验：

当紫外线照射到一块带有负电的锌板时，锌板就会放电；而当普通的可见光照射到同样的带电锌板上时，锌板却并不放电。为什么都是电磁波，紫外线可以，而可见光不能？这个现象用电磁波理论无法解释。这个矛盾吸引了许多科学家的好奇心，从而展开了一系列的深入探究。

4. 教学环节四：开展“光电效应”实验探究，寻找实验规律

如图 3，介绍实验装置、实验探究步骤及实验结果。涉及的基本概念有光电管、光电子与光电流、光照强度、光照频率 ν。

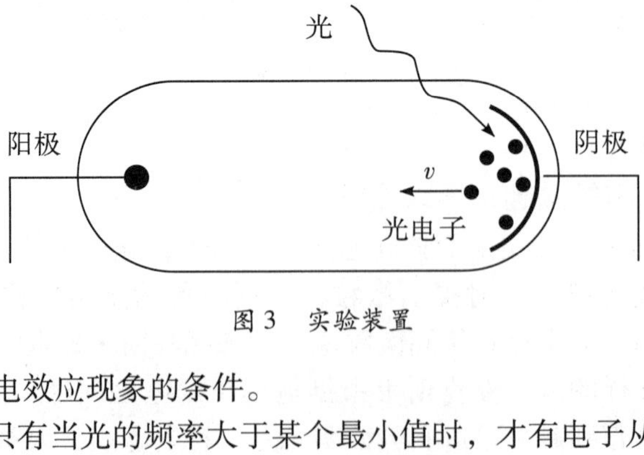

图 3　实验装置

（1）探究发生光电效应现象的条件。

实验现象表明，只有当光的频率大于某个最小值时，才有电子从阴极射出，这一最低

频率叫作极限频率，用 ν_0 表示。这说明发生光电效应具有条件。只要满足大于极限频率这个条件，光电效应马上发生，又说明具有瞬时性。

（2）探究影响光电流大小的因素。

如图 4 所示，在保持光照一定的情况下，只将滑动变阻器滑片从最左端移动到最右端，猜想电流表的读数可能怎么变化。实验结果见图 5。

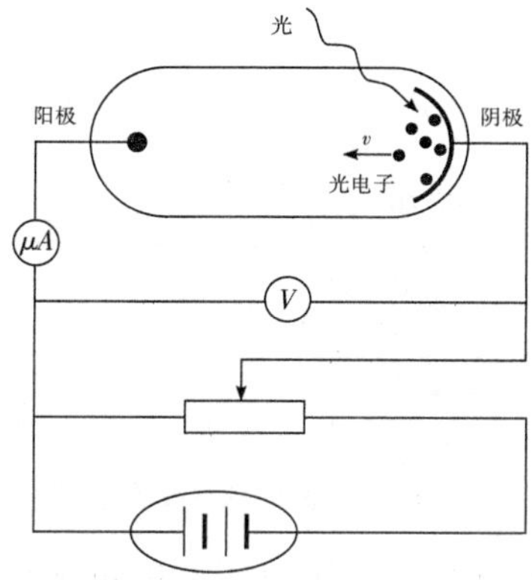

图 4　探究光电流特点

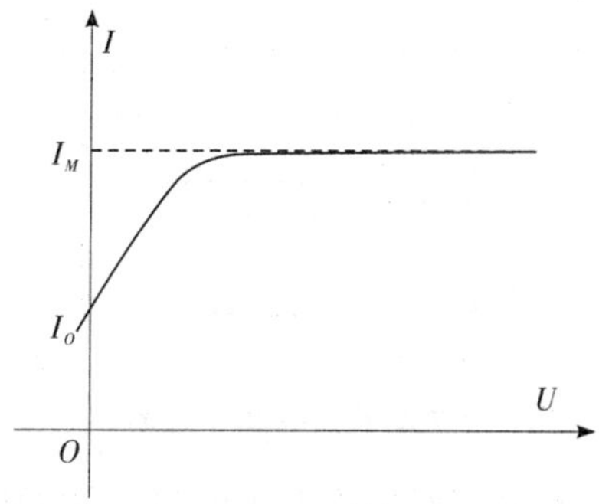

图 5　光电流随电压变化图

当光照一定，能够发生光电效应时，存在饱和光电流（I_M）。

当电压为 0 时，光电流有一个初始值（I_0），当正向电压增大时，光电流逐步增大；但电压增大到一定值时，光电流达到饱和，再增大电压，光电流都不变。

饱和光电流又与什么因素有关？通过实验，发现规律如图 6 和图 7 所示。

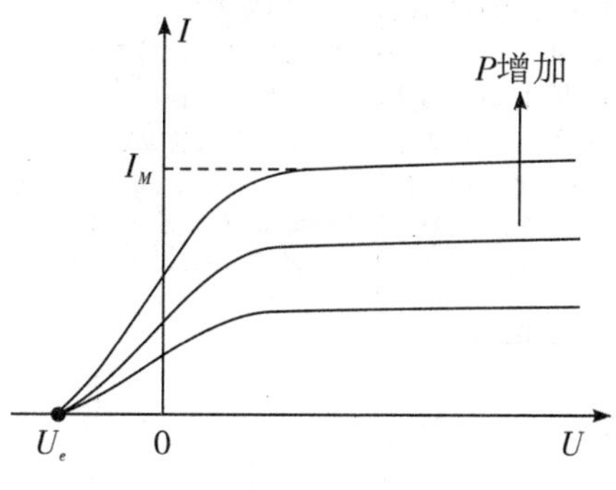

图 6　实验数据变化图 1

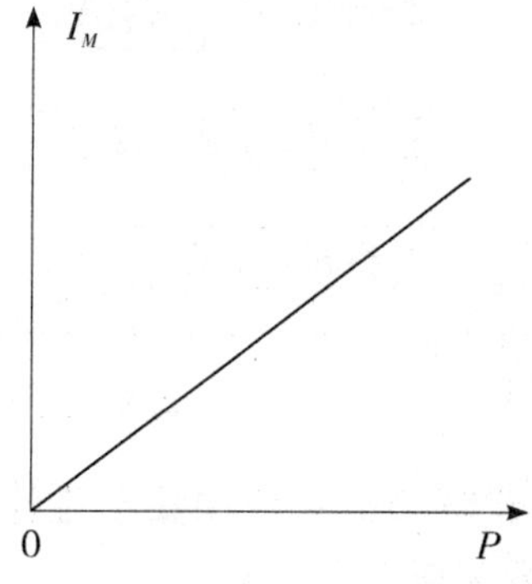

图 7　饱和光电流随光照强度增大而增大

当光照频率一定、金属材料一定时，饱和光电流 I_M 随光照强度（P）增大而增大。

（3）探究将电压反向后光电流的变化。

如图 8 所示，加上反向电压，移动滑动变阻器滑片，判断光电流如何变化。实验发现，光电流会减小。当电压增大到一定值时，光电流变为零，这个电压称为遏止电压，记作 U_e。

进一步实验还发现，同种频率不同强度的光，遏止电压是相同的，遏止电压与光照强度无关，遏止电压只随入射光频率的增大而增大，见图 9。

根据动能定理，可以分析得：$eU_e = \frac{1}{2}mv_m$。

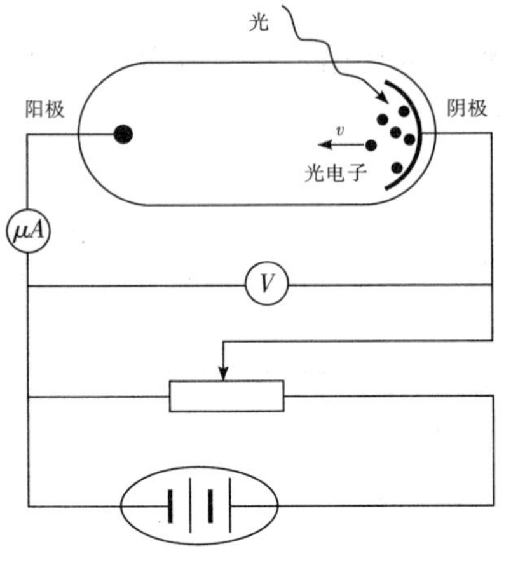

图 8　探究光电流随反向电压变化的特点

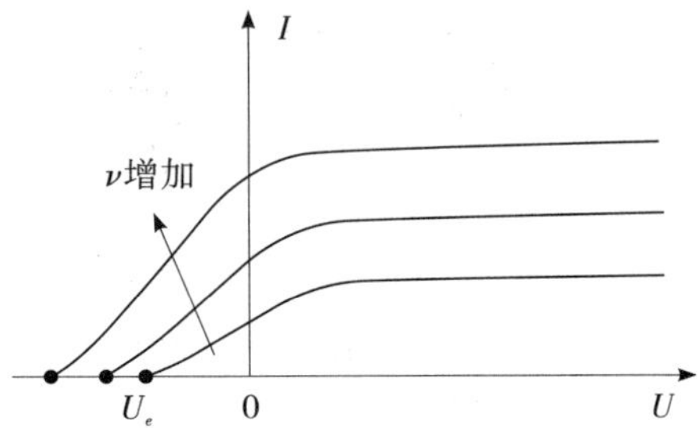

图 9　实验数据变化图 2

可见，遏止电压对应光电子的最大初动能，通过测量遏止电压，即可测出光电子的最大初动能（PPT 总结截图见图 10）。

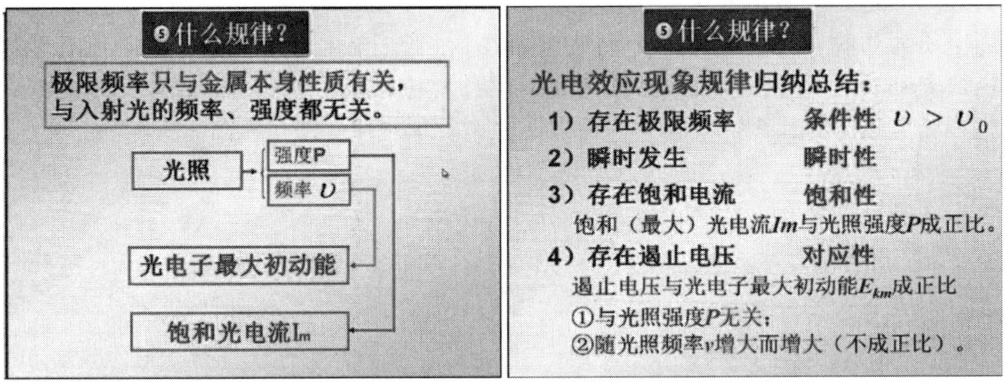

图 8　探究光电流随反向电压变化的特点

5. 教学环节五：应用量子理论解释光电效应

（1）爱因斯坦光子说。

光子的能量：$E = h\nu$。光子的能量等于普朗克常量与光子频率的乘积。

（2）逸出功概念。

电子克服金属内部原子核对电子的束缚所需要的功称为逸出功 W。

（3）建立模型解释光电效应。

光子照到金属表面，其能量被电子吸收。要使电子从金属中逸出，必须克服逸出功 W，所以光照最小能量 $h\nu_0 = W$。对应频率最小为 ν_0，这就是极限频率。当光照频率大于 ν_0 时，光子具有的能量大于使电子逸出的逸出功。这个能量被电子吸收，多出的能量

$h\nu - h\nu_0$ 成了逸出电子的最大初动能 E_{km}。光电效应方程为：$h\nu = W + \frac{1}{2}mv_m^2$。

6. 教学环节六：介绍光电效应的物理意义及应用

该教学环节内容详见课例视频。

（微信扫描二维码可观看课例，网页下载链接：
https://portal.scnu.edu.cn/article-13964-527-1.html）

三、 教学成效与反思

学生通过观看该教学视频，很好地体会了研究物理的总体思路，体会大物理观念。通过对光电效应的现象观察、实验探究，发现规律及光子说的理论解释，应用了完整科学思维，归纳总结而形成大物理观。

由于中学阶段实验探究条件的限制，深入探究光电效应实验规律的实验无法进行，只能采取介绍的方式，这也是本节课的不足之处。由于网课要求的上课时间限制，内容又特别多，所以除了突出重点外，留给启发学生思考的时间很短，影响学生的学习效果。建议使用本视频时，要适当停顿，留时间给学生思考。

作者简介

李立辉，任教于东莞市石龙中学，中学物理高级教师。1995 年毕业于北京师范大学物理系，现担任东莞市石龙中学物理科组长。2017—2018 年参加华南师范大学承办的广东省跨年度高中物理骨干教师高端培训，2013 年被评为东莞市第一批物理教学能手，2019 年被评为东莞市物理学科带头人。2015 年参与编写《高中物理实验教学方法策略与案例研究》，并于 2016 年出版。

专家点评

通过对课程标准的解读和分析教材，作者明确了五个教学目标：①学生通过演示实验，观察光电效应现象；②了解量子概念，知道光电效应是光的粒子性的实验证据；③知道光电效应的实验规律，理解遏止电压、截止频率（极限频率）、逸出功、瞬时性等概念的含义；④知道“光的粒子性”概念与光的电磁理论的矛盾，理解光子说及其对光电效应的解释；⑤知道爱因斯坦光电效应方程，知道其物理意义，能用它来说明波粒二象性。

教材重视物理学史和物理实验，以及理论解释；编写结构完整、条理清晰。作者对教材进行了二次开发，注重对学生物理学科核心素养的培养，主要体现为以下几点。

（1）注重物理观的培养。从观察光电效应的现象，构建一些新的物理概念，进一步实验探究光电效应的规律；从经典电磁理论解释的局限性到光子假说完美解释光电效应；光电效应在科技领域应用。作者在案例中的这些方面都体现了科学物理观。

（2）运用多媒体体现科学探究方法。由于中学实验室条件的限制，定量探究光电效应的实验规律存在难度，作者采用介绍“物理学史”的形式呈现，以提出问题的方式，配以多媒体的实验原理图，引导学生思考、观察实验数据图象，理解光电效应的实验规律，突出重点和突破难点。

（3）重视物理模型建构，培养科学思维。在教学过程中使学生对“光的波动性”与“光的粒子性”形成激烈的矛盾冲突，通过重点阐述爱因斯坦光子说，构建“光的粒子性”模型，并运用光子说解释光电效应现象，以及构建应用能量守恒定律的模型解决“光电效应”，深化学生的物质能量观。

（4）利用两种解释的思维碰撞体现物理的科学性和思辨性。通过应用经典电磁学理论解释光电效应遇到矛盾和爱因斯坦应用“光子假说”理论完美解释光电效应两种思维碰撞与对比，展现了科学家尊重科学事实、敢于挑战科学权威的精神，以及具备科学的思辨能力、大胆质疑、模型建构、科学推理和论证的科学品质。

作者教学过程注重物理学史和物理实验的教学，条理性、逻辑性强，教学结构完整。

——华南师范大学物理与电信工程学院　詹伟琴

高二“氢原子光谱”教学设计

广州市协和中学　方洁

一、 案例简介

“氢原子光谱”重点介绍光谱中的原子光谱。观察氢原子光谱实验现象，通过巴耳末公式总结氢原子光谱的分立特征，发现经典电磁学理论与光谱实验现象之间存在矛盾，从而建立原子新模型，为学习氢原子能级的分立性做铺垫。教学设计以生活实例和实验现象展开。通过彩虹、色散、霓虹灯图片引入，利用实验视频观察白炽灯形成的连续光谱、不同稀薄气体发光形成的原子光谱、吸收光谱，使现象直观显现。

应用直播软件，以录播加直播的授课模式便于与学生实时互动，及时为学生释疑，有针对性地突破重难点。

二、 教学设计

（一）教学内容分析

本案例是粤教版高中物理选修 3－5 第三章第三节的内容，教学时间为 28 分钟。《普通高中物理课程标准（2017 年版）》对本节课的要求是：“通过对氢原子光谱的分析，了解原子的能级结构。”教材对光谱的介绍以“实验—规律—概念—应用”为线索，首先通过氢原子光谱实验对应巴耳末系四条谱线；接着介绍氢原子光谱的其他线系，总结广义巴耳末公式，得出原子光谱；最后提出光谱分析及应用。

基于课程标准的要求和对教材的分析，笔者对教学内容做了如下处理：

1. 重构原子结构的发现过程

以原子结构的发现过程为线索，通过了解人类对原子认识不断深入、原子结构模型不断演变，引导学生思考物质结构组成的微观世界，为引入波尔原子结构模型做铺垫，也为学习量子化现象奠定基础，初步建立物质“量子观”。

2. 充分利用网络教学资源拓展知识

通过网络实验视频，观察三棱镜或光栅形成的白炽灯连续光谱，各种稀薄气体形成的光谱、吸收光谱，使教学中的物理概念和物理过程更直观清晰，对光谱的理解更形象具体。

3. 初步了解“量子观”

对氢原子光谱的分析侧重四条谱线的分立性特征，对巴耳末公式的分析侧重于观察物理量的关系和变化趋势，以简洁的数学形式总结氢原子光谱的分立特征，初步认识氢原子能量的分立性，接受“量子观”。

（二）学生情况分析

1. 学生的知识基础

学生已掌握圆周运动、麦克斯韦电磁场理论和原子核式结构等相关知识，教学过程中应结合学生已有的知识基础，引导学生思考分析原子光谱的成因。

2. 学生的心理特点

高二年级的物理选考学生，有较高的积极性、主动性，参与意识较强。但在网络教学中，学生的注意力易分散。教师应创设物理情景，从生活中的现象引入，激发学生的好奇心，吸引学生的注意力。网络实验视频，可以使物理概念直观形象，激发学生认知兴趣。

3. 学生的认知困难

学生由于存在既有的电磁场理论基础，会受到前概念的影响，较难理解原子光谱的分立性，难以接受量子化的思想。

因此，教学过程以生活中常见现象为切入点，通过直观清晰的实验现象，让学生有感性认识。从氢原子光谱实验现象到巴耳末公式的总结，再到经典电磁理论解释遇到的矛盾，逐步引导学生理解分立性的特点，理解经典电磁理论无法解释原子的稳定性和光谱的分立特征。

（三）教学目标

1. 物理观念

（1）了解光谱的概念，区分发射光谱中的连续光谱和明线光谱，认识吸收光谱。

（2）知道氢原子光谱的实验规律。

（3）知道巴耳末公式。

（4）了解经典物理学的困难在于无法解释原子的稳定性和光谱分立特征。

2. 科学思维

（1）通过本章知识线索“观察—思维—迁移”，感受科学发展与进步的历程。

（2）通过了解巴耳末公式对氢原子光谱的归纳总结，感受数学描述方式在物理中的简洁应用，感受物理规律的简洁美。

3. 科学探究

观察氢原子光谱的实验规律，对比其他的稀薄气体发光光谱，对明线光谱成因展开思考。

4. 科学态度与责任

（1）通过生活实例和实验现象的引入，培养独立思考、实事求是的科学态度。

（2）通过科学思维过程的了解，培养科学猜想、敢于质疑的科学态度。

（3）体会物理规律是在接受实践检验的过程中不断地发展和完善的。

（四）教学重点与难点

重点：通过实验现象理解原子光谱特点；分析氢原子光谱的实验规律，认识原子能级的分立性。

难点：理解经典物理学无法解释原子的稳定性和原子光谱的分立性。

（五）教学策略设计

1. 教学方法

通过“一起学”直播平台进行教授，以录播加直播的形式，结合实验法、讲授法、讨论法，以观察实验和已有知识为基础，以原子结构发现过程为线索进行教学。

2. 教学媒体

以 PPT 课件结合图片（彩虹、霓虹灯）、网络实验视频（利用分光镜观察氢原子光谱实验、利用光栅观察其他稀薄气体发光光谱），使学生直观、形象地认识光谱现象，引导学生进一步思考光谱的成因。

3. 学法指导

通过“现象观察—科学思维—实验观察—知识迁移”，培养学生科学猜想、敢于质疑的科学态度，领悟物理学研究方法。通过巴耳末公式对氢原子光谱的归纳总结，让学生感受数学描述方式在物理中的简洁应用。

（六）教学流程图

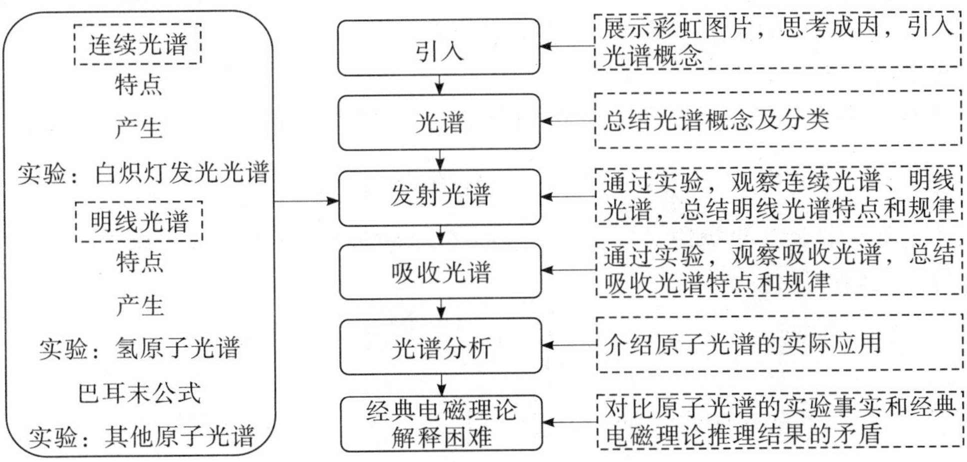

图 1　教学流程图

（七）教学过程设计

1. 教学环节一：创设情境，导入新课

回顾初中已学的光的折射定律和色散现象，分析彩虹成因，直观形象地引入主题——光谱（彩虹图片展示见课例视频）。

2. 教学环节二：观察实验，总结规律

（1）光谱的定义和分类。

牛顿的色散实验：牛顿发现了日光通过三棱镜后的色散现象并把实验中得到的彩色光带叫光谱。

光谱的定义和分类：光谱全称力光学频谱，是复色光通过色散系统（如棱镜、光栅系统）进行分光后，依照光的波长（或频率）的大小顺次排列的形成图案，分为发射光谱和吸收光谱。其中发射光谱指物体发光直接产生的光谱，分为连续光谱和明线光谱。

（2）连续光谱。

通过衍射光栅观察白炽灯形成的光谱——连续光谱。

特点：连续分布的包含有红光到紫光各种色光的光谱。炽热的固体、液体和高压气体的发射光谱是连续光谱。

（3）原子光谱。

提问：自然界中，是否所有物体发光都形成连续光谱？你能想象只有白光的世界是怎样的吗？缤纷多彩的各色灯光是如何形成的？

①实验观察氢原子光谱。

氢原子是自然界中最简单的原子，对原子光谱的观察分析从它开始。

器材：由高压起电机（2 ~ 3 kV）给氢气光谱管（充有稀薄氢气）提供稳定的高压，氢气光谱管发光，分光镜内部三棱镜进行色散，通过目镜观察氢原子光谱。

实验现象：氢原子光谱的四条不同颜色分立亮线。

实验规律：不连续，由分立亮线组成；不同色，每种颜色对应一种波长；不等距，相邻两种光的波长间距不同。

氢原子光谱对应的四条谱线波长满足什么规律？

②介绍巴耳末公式。

1885 年，瑞士的巴耳末发现这四条光谱的波长可以用一个很简单的数学公式表示，称为巴耳末公式：$\frac{1}{\lambda}=R\left(\frac{1}{2^2}-\frac{1}{n^2}\right)$，$n=3，4，5，6，\cdots$

式中的常数 R 称为里德伯常量，对于氢原子，实验测得 R 的值为 $1.097\times10^7\ \mathrm{m}^{-1}$。

氢原子光谱的其他线系：

莱曼系（在紫外区）：$\frac{1}{\lambda}=R\left(\frac{1}{1^2}-\frac{1}{n^2}\right)$，$n=2，3，4，\cdots$

帕邢系（在近红外区）：$\frac{1}{\lambda}=R\left(\frac{1}{3^2}-\frac{1}{n^2}\right)$，$n=4，5，6，\cdots$

……

巴耳末公式与氢原子光谱的分立谱线一一对应。分析巴耳末系和其他线系，观察公式规律，了解氢原子能级分立的特征。从高度简洁的数学表达式了解数学规律在物理中的应用，感受物理规律的简洁美。

③介绍明线光谱。

明线光谱中的亮线叫谱线，各条谱线对应不同波长的光。除了氢原子，其他稀薄气体发光的光谱是怎样的呢？（播放实验视频，观察汞原子光谱、氮原子光谱和氖原子光谱。）

明线光谱特点：不同的原子光谱，发光的颜色不同，即发射光子的波长（或频率）不同。明线光谱是由游离状态的原子发射的，也叫原子光谱。实验表明，原子不同，发射的明线也不同。每种原子只能发出具有本身特征的某些波长的光，因此明线光谱的谱线也叫原子的特征谱线。

（4）吸收光谱。

高温物体发出的白光（其中包含连续分布的一切波长的光）通过物质时，某些波长的光会被物质吸收，那么它产生的光谱是怎样的呢？

利用分光镜观察白炽灯发出的白光，经过低温钠蒸气之后形成的光谱。从实验中得到高温钠蒸气的发射光谱是明线光谱，而白光通过低温钠蒸气的光谱中形成一些暗线，与高温钠蒸气形成的明线相对应。

吸收光谱特点：各种原子的吸收光谱中的每一条暗线都跟该种原子的发射光谱中的一条明线相对应。低温气体原子吸收的光，恰好就是这种原子在高温时发出的光。因此吸收光谱中的暗谱线，也是原子的特征谱线。

3．教学环节三：学以致用，拓展延伸

归纳总结各种光谱（见图2）。由于每种原子都有自己的特征谱线，因此可以根据光谱来鉴别物质和确定的化学组成。同种物质吸收光谱中的暗线与它明线光谱中的明线相对应，明线光谱和吸收光谱中的谱线都是原子的特征光谱，都可以用于光谱分析。优点在于灵敏度高，样本中一种元素的含量达到 1×10^{-10} g 时就可以被检测。比如研究太阳的成分、研究天体红移现象、发现稀有元素、分析越王勾践宝剑的成分等都应用了光谱分析。

- 光谱
  - 发射光谱
    - 定义：由发光体直接产生的光谱
    - 连续光谱
      - 产生条件：炽热的固体、液体和高压气体发光形成的
      - 光谱的形式：连续分布，一切波长的光都有
    - 明线光谱（原子光谱）
      - 产生条件：稀薄气体发光形成的光谱
      - 光谱形式：一些不连续的明线组成，不同元素的明线光谱不同（又叫特征光谱）
  - 吸收光谱
    - 定义：连续光谱中某些波长的光被物质吸收后产生的光谱
    - 产生条件：炽热的白光通过温度较白光低的气体后，再色散形成的
    - 光谱形式：用分光镜观察时，见到连续光谱背景上出现一些暗线（与特征谱线相对应）

图2　归纳总结

4．教学环节四：寻根究因，猜想质疑

卢瑟福原子核式模型与经典电磁理论的矛盾如图3所示。

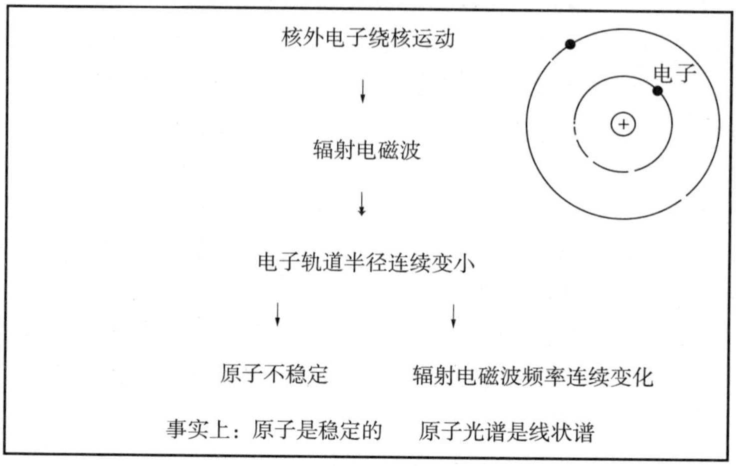

图 3　卢瑟福原子核式模型与经典电磁理论的矛盾

卢瑟福原子核式模型和原子的稳定性事实即氢原子光谱出现矛盾，否定了原子核式模型，建立新的模型才能进一步解释现象。物理学发展是在通过观察与实验获得事实，再建立科学模型，提出科学假说，在结合或否定和放弃已有的经典概念中，不断前行。

5. 教学环节五：课后思考，巩固拓展

布置课本第 59 页课后练习。思考：你还记得阿基米德检验金皇冠的故事吗？能否使用光谱分析的方法来检验金皇冠？请查阅相关资料，提出一种方案。

（微信扫描二维码可观看课例，网页下载链接：https://portal.scnu.edu.cn/article-13964-529-1.html）

三、 教学成效与反思

本节课由彩虹引入，使学生直观形象地理解光谱的概念。引用网络视频——白炽灯丝发光光谱、氢原子光谱、其他稀薄气体发光光谱、吸收光谱，展示具有美感的各色光谱，凸显几种不同光谱的特点与区别，突破本节课的难点。学生观察实验时，通过聊天区的互动表示出较浓的兴趣。由霓虹灯图片，引导学生思考缤纷多彩的各色灯光产生的原因，引出原子光谱。分析氢原子光谱实验，初步建立分立的思想，为进一步理解量子化现象做了较好的铺垫。

网络直播课增加更多互动环节。尝试“一起学”直播平台的答题器、连麦等功能，设置问题串与学生互动，设置选择题激励学生主动思考。课前复习圆周运动的知识、卢瑟福的原子核式结构模型、麦克斯韦的电磁波理论。尝试复习学案、经典电磁波理论的探究性学习、思维导图等，对课堂内容进行补充和拓展，逐步培养学生主动学习的能力。

作者简介

方洁，毕业于华南师范大学物理与电信工程学院，获理学学士与教育硕士学位。从教16年，坚持“以学生为本”的教育教学理念。注重“教学相长”，以科研提升教学质量，参与多项省、市及校本课题研究。多次参加各项教学和解题比赛获得市、区级一等奖，课例“摩擦力”获全国“华夏杯”二等奖，教学设计“牛顿第二定律”获得广州市一等奖。

专家点评

通过对课程标准的解读和分析粤教版物理选修3－5的教材，作者明确了四个教学目标：①了解光谱的概念，区分发射光谱中的连续光谱和明线光谱，认识吸收光谱；②知道氢原子光谱的实验规律；③知道巴耳末公式及其与氢原子光谱的对应；④了解经典物理学无法解释原子的稳定性和光谱分立特征。

作者对教材进行二次开发，教学过程注重培养学生学科核心素养，主要体现为以下几点：

（1）巧用多媒体和物理实验，设置物理情境。运用多媒体，结合图片（彩虹、霓虹灯等）、网络实验视频（利用分光镜观察氢原子光谱实验、利用光栅观察其他稀薄气体发光光谱），使学生直观形象地认识光谱现象，引导学生进一步思考光谱的成因。

（2）引导学生观察，培养学生质疑、探究、解决问题的能力。渗透通过观察生活中的现象，思考生活中蕴含的物理原理的思想。学生经过“现象观察—科学思维—实验观察—知识迁移”，懂得科学猜想、敢于质疑，观察氢原子光谱实验，总结规律，领悟物理学研究方法。

（3）利用数学表达，凸显物理规律的简洁美。解释现象产生原因时，发现经典电磁理论解释遇到的矛盾，需要建立新的物理模型，突出科学思维中物理建模、质疑、推断、论证、创新的重要性。数理结合、建立物理理论，通过了解巴耳末公式对氢原子光谱的归纳总结，感受数学描述方式在物理中的简洁应用。

以物理实验事实为基础、以科学思维过程为线索，培养学生具备提出猜想、敢于质疑的勇气。重视物理学史和物理实验教学，教学设计结构合理，讲解的逻辑性强。

——华南师范大学物理与电信工程学院　詹伟琴

高二“原子核结构及放射性元素的衰变”教学设计

广州市铁一中学　任诗雨

一、 案例简介

由于新冠肺炎疫情，学生只能在家通过网课进行学习。根据学校的要求以及备课组课程实施进度，刚好这节课属于笔者负责的新课内容之一。教材中原子核结构及放射性元素衰变这两节内容，既有物理学史的介绍，也有高考的重要考点，但是内容不多，相对比较简单，所以就把这两节新课的内容融合到一起，按照学校网络教学的要求，录制成一节20分钟的课例，然后发布到网上，学生选择下载或者在线观看均可，可以灵活安排自己的学习时间。课后作业通过配套的“C30学生智能学习系统”一并发送给学生，学生在系统提交作业后也能及时得到结果反馈，从而及时进行更正。这节课从物理学史的介绍开始展开，介绍了原子核结构发现的历程、原子核的组成及表示方法、放射性元素的衰变现象及种类、三种射线的特征、衰变的规律以及半衰期等知识点，让学生的物质观念更加科学完整，对学生科学探究精神的发展有促进作用。

二、 教学设计

（一）教学内容分析

本案例是粤教版高中物理选修3-5第四章第一、二节的内容，教学时间为20分钟。《普通高中物理课程标准（2017年版）》中要求教师通过原子与原子核的教学，“完善学生对物质的认识，帮助学生形成相对完整、科学的物质观念”。本节课包含了教材中第四章原子核的第一、二节两节新课内容，位于第三章“原子结构之谜”之后，是对物质结构更深入的认识，虽然包含了多个高考考点，但内容相对简单，以介绍物质概念为主，需要学生理解的难点内容不多，而原子核结构的发现跟放射性元素密切相关，因此将教材这两节内容融合在一起讲授。

（二）学生情况分析

1. 学生的知识基础

学生已经掌握的电磁场知识，可以帮助学生准确理解三种射线的本质；学生通过化学的学习，也掌握了质量数守恒和电荷数守恒等知识，可以快速理解核反应规律。

2. 学生的心理特点

学生通过上一章的学习，对原子的结构有了深入的了解，自然会产生对物质结构进行更进一步探索的欲望。

（三）教学目标

1. 物理观念

（1）知道原子核的组成，并会表示原子核，形成原子核由质子和中子组成的基本物质观念。

（2）知道三种射线的本质和特点。

（3）知道半衰期的概念及其统计意义。

2. 科学思维

理解核反应规律，会根据质量数守恒和电荷数守恒书写衰变方程或者判断衰变类型和衰变产物。

3. 科学探究

（1）了解射线的探索方法，会运用电场知识来区分三种射线。

（2）了解利用半衰期鉴别古物年代的方法。

4. 科学态度与责任

了解原子核结构发现的历史过程，体会科学探索、追求真理的艰辛。

（四）教学重点与难点

重点：原子核的组成、三种射线的本质和特点、半衰期及其统计意义。

难点：核反应规律及其应用。

（五）教学策略设计

由于学校要求采用“教师录课—平台发布—学生下载观看”的线上教学模式，与实际的课堂教学或者线上直播教学相比，少了实时互动，所以这节课以知识点为线索、以教师有效设问为先导，通过讲授，引导学生逐步分析、归纳、构建物理知识。

1. 教学方法

主要采用讲授加课后答疑的方法。讲授过程中，教师以知识点为线索进行设问，引导学生分析、总结物理概念和物理规律，学生有不理解的问题，可以在 QQ 群里向教师提问，教师及时解答。

2. 学法指导

在学法上，主要让学生以问题为线索进行思考、分析，总结物理知识。

（六）教学流程图

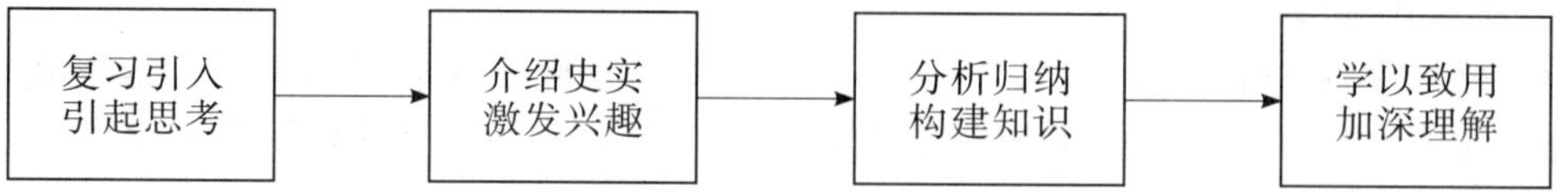

图 1　教学流程图

（七）教学过程设计

1. 教学环节一：复习引入、引起思考

复习原子结构的知识：原子由原子核和核外电子组成，原子核是非常小的。提出问题：原子核是否可以再分？

2. 教学环节二：介绍史实、激发兴趣

虽然大家已经知道原子核是由质子和中子组成，但是科学发展的过程中，原子核结构的发现却经历了艰辛的过程。

1896 年法国物理学家亨利 · 贝克勒尔发现铀和含铀的矿物都能够发出看不见的射线，这种射线可以使包在黑纸里的照相底片感光。物体放出射线的性质叫作放射性，具有放射性的元素叫放射性元素。

居里夫妇对铀和各种含铀的矿石进行了深入的研究，并发现了两种具有放射性的新元素。玛丽 · 居里为了纪念她的祖国波兰，把其中的一种元素命名为钋（Po），另一种元素命名为镭（Ra）。通常原子序数大于 83 的所有元素，都具有放射性；原子序数小于 83 的元素，有的也具有放射性。能够自发地放出射线的元素叫作天然放射性元素。

放射性的发现揭示了原子核具有复杂结构，但人们还不清楚原子核到底由什么构成。

1919 年，卢瑟福用 α 粒子轰击氮核时，发现了质子（$^{14}_{7}N + ^{4}_{2}He \rightarrow ^{17}_{8}O + ^{1}_{1}H$）。后来卢瑟福的学生查德威克以 α 粒子轰击铍发现了中子（$^{9}_{4}Be + ^{4}_{2}He \rightarrow ^{12}_{6}C + ^{1}_{0}n$）。

3. 教学环节三：分析归纳、构建知识

（1）原子核的结构及原子核的表示方法。

原子核由质子和中子组成，质子和中子统称为核子，原子核的质量数等于核子数（即质子数与中子数之和），核电荷数等于质子数（也等于核外电子数），原子核通常用 $^{A}_{Z}X$ 来表示，A 表示质量数，Z 表示核电荷数。

（2）衰变现象及射线的探测方法。

一种元素经放射过程变为另一种元素的现象称为衰变，通过云室可以显示放射线的轨迹（此处简单介绍一下云室及其作用，并提醒学生观察图 2 云室中射线的轨迹，分析射线的带电性质）。

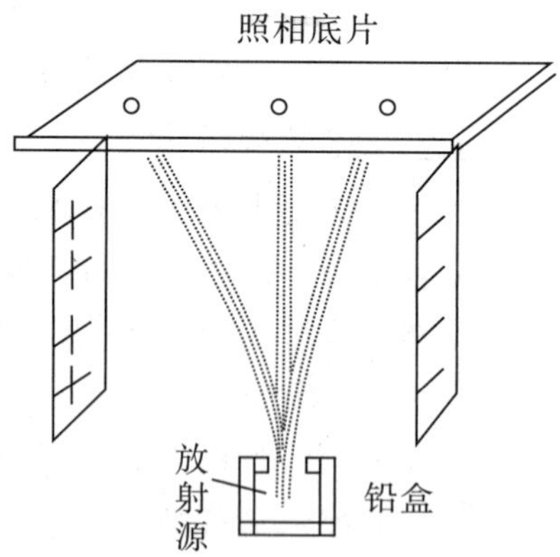

图 2　云室中的射线

（3）三种射线的本质及其特点。

α 射线由氦原子核组成，β 射线由高速电子流组成，γ 射线由高频电磁波组成。（此处列表 1 呈现，便于学生对比，加深印象。）

表1　三种射线对比

射线	组成	符号	电量	电离本领	穿透本领
α 射线	氦核	${}_{2}^{4}He$	+2e	最强	最弱
β 射线	电子	${}_{-1}^{0}e$	−e	较强	较强
γ 射线	光子	γ	不带电	最弱	最强

（4）核反应规律及其应用。

介绍核反应方程式的书写，并提醒学生分析如下核反应方程两边的质量数和电荷数的关系，提出问题：核反应中存在什么规律？

α 衰变：${}_{92}^{238}U \to {}_{90}^{234}Th + {}_{2}^{4}He$

β 衰变：${}_{90}^{234}Th \to {}_{91}^{234}Pa + {}_{-1}^{0}e + \bar{\nu}$

a 粒子轰击氮核：${}_{7}^{14}N + {}_{2}^{4}He \to {}_{8}^{17}O + {}_{1}^{1}H$

a 粒子轰击铍核：${}_{4}^{9}Be + {}_{2}^{4}He \to {}_{6}^{12}C + {}_{0}^{1}n$

总结核反应规律：质量数守恒、电荷数守恒。这里特别指出：β 衰变中释放的电子并不是原子的核外电子，而是原子核内部的中子转变为质子时释放出来的。

4. 教学环节四：学以致用、加深理解

例 1　设放射性元素${}_{Z}^{A}X$经过 n 次 α 衰变和 m 次 β 衰变后，变成稳定的新元素${}_{Z'}^{A'}Y$，求 n，m 的值。

首先提示学生把核反应方程式写出来：${}_{Z}^{A}X \to {}_{Z'}^{A'}Y + n{}_{2}^{4}He + m{}_{-1}^{0}e$，再提醒学生根据电荷数守恒和质量数守恒列方程：$A = A' + 4n$，$Z = Z' + 2n - m$。以上两式联立可解得：$n = \frac{A - A'}{4}$，$m = \frac{A - A'}{2} + Z' - Z$。

提出问题：衰变有快慢，如何来描述？

半衰期 $T_{1/2}$ 是指原子核数目因衰变减少到原来的一半所用的时间，平均寿命 τ 是指放射性元素的平均存活时间，两个都是用来反映原子核衰变快慢的物理量。

$$m = m_0 \left(\frac{1}{2}\right)^{\frac{t}{T_{1/2}}},\ T_{1/2} = 0.693\tau$$

半衰期的特点：①半衰期由原子核本身的因素决定，与原子所处的物理状态或化学状态无关；②半衰期是针对大量原子核的统计规律。

例 2　课本第 72 ~ 73 页关于半衰期应用的例题。

提示学生先阅读课本第 74 页的阅读材料“考古钟”的知识，然后再阅读课本例题。

作业布置：教师提前在“C30 学生智能学习系统”发布给学生。

【教学实施】

教师提前一周录制好课例，经过备课组教师审核后，再把新课视频和课件上传到“C30 学生智能学习系统”平台，分享给自己班级的学生，学生可自行下载后观看或者在线观看新课视频，并做好相应的新课笔记；当天的课后作业，教师通过配套的“智能作业”（教师端）发送给学生，教师在作业系统里提前录入答案，学生完成作业后，上传到系统，系统会向其公布作业答案，学生可以立即知道自己的作业情况并及时进行更正。“智能作业”（教师端）会自动统计学生作业的上交情况以及各题的对错情况，教师既可以及时提醒未完成作业的同学补交作业，又可以针对错误率较高的点，利用当天答疑时间，在学生 QQ 群里做出针对性的解答，还可以对个别学生的问题进行单独解答。

（微信扫描二维码可观看课例，网页下载链接：https://portal. scnu. edu. cn/article - 13964 - 528 - 1. html）

三、 教学成效与反思

教学效果：绝大部分学生能认真观看新课视频，也掌握了相关的知识点，当天作业中的问题很少，但是也有极个别自我要求不高的学生利用网络学习的监管漏洞，没有认真学习，作业错误率较高。

教学反思：利用网络进行的在线教学，是以学生为主体的学习活动，学生自己私下观看视频进行学习，这需要学生具备良好的学习习惯，能杜绝诱惑，管理好自己。这种模式下，学生可以自主灵活地安排学习内容和进程，只需在规定时间内完成当天的学习任务即可，对学生的自主学习能力有较好的培养；相比于网络直播教学，少了一些即时互动，但也避免了一些不确定因素。由于学生每天要进行多个科目的学习，观看多个视频，容易产生视觉疲劳，产生厌学情绪，所以课例视频容量不易过大，知识点不宜太难，碰到难点知识，最好进行模块分割，一个点一节课，各点逐个击破。教师要注意录制课例时语言的精准和简练，提高讲解效率，且不宜语速过快，加大学生的听课困难。教师可以提前录制好课例视频，让同备课组的教师共同审阅，以免出现上述问题或者一些其他错漏。为了保证教学效果，对学习情况做到更好的监管，可以要求学生将听课笔记一并拍照上传至作业系统中进行检查，还可以发动家长帮忙监督。

作者简介

任诗雨，中学一级教师，广州市中学物理教学研究会高二中心组成员。具有多届毕业班教学经验；曾获广州市青年物理教师基本功比赛一等奖、高一物理教学设计比赛一等奖等多个个人奖项；多次辅导学生参加广州市力学竞赛，多人获得优异成绩；辅导学生参加多项智能机器人比赛，多次获亚太区金奖及全国一等奖等奖项；授课不拘泥于教材。目前任教学校铁英班、重点班物理课程，同时辅导学生的物理奥赛课程。

专家点评

通过对课程标准的解读和对粤教版物理选修 3 – 5 教材的分析，作者根据核心素养的具体要求明确了本节课四方面的教学目标：①知道原子核的组成，并会表示原子核组成的基本物质观念；知道 3 种射线的本质和特点；知道半衰期的概念。②理解核反应规律，会根据质量数守恒和电荷数守恒书写衰变方程或者判断衰变类型和衰变产物。③了解射线的探索方法，会运用电场知识来区分三种射线；了解利用半衰期鉴别古物年代的方法。④了解原子核结构发现的历史过程，体会科学探索、追求真理的艰辛。

教材重视物理学史和物质概念，单节内容不多，因此作者对教材内容进行了整合，将两节内容融合在一起，注重对学生物理学科核心素养的培养，主要体现在以下几点。

（1）善用物理学史，培养学生的科学态度。在教学的过程中，作者介绍了原子核结构发现过程的物理学历史，唤起学生的学习兴趣，提升了学生对科学研究的热情，让学生体会到科学家们追求真理的艰辛和实事求是的科学态度。

（2）重视物质观念的形成。依据科学家的发现总结出原子核的结构，以及对放射性、三种射线及半衰期的介绍，让学生对物质有更深入的认识，进一步促进了学生的物质观念。

（3）注重学以致用，利用所学知识培养学生科学探究能力。云室的介绍让学生了解了射线的探测方法，感受到科学探索的奇妙，通过让学生分析不同射线在电场中的偏转情况，培养学生利用所学知识分析实验现象得出结论的科学探究能力。

（4）注重分析引导，培养科学思维。通过引导学生对具体核反应方程的分析，得出质量数守恒和电荷数守恒的核反应规律，再举例加以应用，强化了学生的科学思维。

作者将课本中相对简单却又紧密联系的两节内容融合在一起，整节课知识点衔接紧密，过渡自然，很好地落实了新课程标准对核心素养的要求，教学效率很高。

——华南师范大学物理与电信工程学院　詹伟琴

初二“家庭趣味物理小实验”教学设计

华南师范大学附属濠江实验学校　陈旭升

一、 案例简介

本节课不同于传统课堂讲述教材中的某一节课或某一个知识点，而是根据线上教学的特点，从教材内容出发，结合学生居家学习的契机精心设计七个家庭趣味小物理实验进行教学，以此引导学生在家中利用身边随处可得的物品亲自动手进行实验。本节课也不一定针对某一个年级的学生，教学对象可以是小学生，也可以是高中生，因为这节课没有过多的理论知识，没有复杂的实验原理，甚至不涉及任何的数据分析。本案例只是希望利用学生居家学习的契机，弥补传统课堂中无法让学生大量动手探究实验的不足，增强网课的趣味性、操作性、拓展性，缓解学生“宅家抗疫”产生的不良情绪，激发学生学习的兴趣，发挥物理学科立德树人的作用，以多种形式培养学生的物理学科素养。

二、 教学设计

（一）教学内容分析

本案例是人教版物理八年级上册、下册的内容，教学时间为 20 分钟，教学对象为八年级学生（也适用于小学到高中）。目前初中物理课本中涉及学生探究的实验虽然很多，但受课堂和器材的限制，多数课堂还是以教师演示实验或播放实验视频为主，学生自主动手操作实验的机会相对较少。学生缺乏与实际生活联系的实验操作体验，导致学生实践能力、创新能力严重不足，解决实际问题能力薄弱，缺乏批判性思维等。

本节课从教材内容出发，借助学生居家学习的契机设计七个小物理实验进行教学，以此引导学生在家中进行实验，分析解决生活中的实际问题，激发学生学习的兴趣。本节课能在实验的过程中帮助学生理解并巩固学科知识，形成物理观念；在科学探究的过程中培养实验技能，学会科学探究的方法；在科学推理、论证中形成科学思维和科学态度与责任。

（二）学生情况分析

1．学生的知识基础

八年级学生经过一学期的学习已经具备了一定的物理知识储备和动手实验探究能力。所以在教学中要充分利用学生已有的知识经验，使学生积极主动地参与教学过程。

2．学生的心理特点

八年级的学生具有很强的好奇心，其积极性、主动性、参与意识与接受能力较强，喜欢学习贴近生活的内容，理论联系实际，并且对探究实验有较强的学习兴趣。所以在教学中，应引导学生利用身边的物品进行实验，充分调动学生学习的积极性和自主性。

3．学生的认知困难

学生动手实验的机会较少，对实验中常用的科学探究法较为陌生，对实验现象、实验结果分析能力不足。所以教学中要从生活场景入手，围绕科学探究法引导学生逐步完成实验。

（三）教学目标

1．物理观念

（1）通过“挑战竖立鸡蛋”“挑战斜立易拉罐”实验，知道稳度、重心、二力平衡的概念。

（2）通过“挑战吸管刺穿土豆”“瓶子吞鸡蛋”实验，知道大气压强的概念。

（3）通过“冰和盐的力量”“制作快速冷冻器”实验，知道熔化的概念。

（4）通过“水面浮针”实验，知道浮力、水的表面张力的概念。

2．科学思维

（1）通过“立扫把”事例引导学生学会模型建构、质疑创新的物理思维。

（2）经历动手探究实验的过程，形成科学推理、科学论证的物理思维。

3．科学探究

（1）在动手探究实验的过程中培养学生的实验技能，学会科学探究的方法。

（2）通过实验中科学探究的问题、证据、解释等要素，潜移默化为科学探究素养。

4．科学态度与责任

（1）体会趣味物理实验的科学方法、理论性、实践性、趣味性等科学本质特征，从而感悟科学态度和科学精神。

（2）亲自动手实验，感受科学价值，激发学习物理的兴趣，增强立志运用物理知识服务社会的责任感。

（四）教学重点与难点

重点：实验动手操作能力的培养。

难点：科学思维和科学态度的培养。

（五）教学策略设计

采用线上线下相结合的科学探究法进行教学：教师引导分析（提出问题）—学生初步尝试（猜想与假设）—教师提供思路（设计实验）—学生自主探究（进行实验）—实验

原理解释（分析论证）—课后拓展探究（拓展延伸）—完成实验报告（交流合作）。

（六）教学用具

鸡蛋、易拉罐、水、瓶子、吸管、土豆、打火机、盐、冰、细绳、温度计、针等。

（七）教学流程图

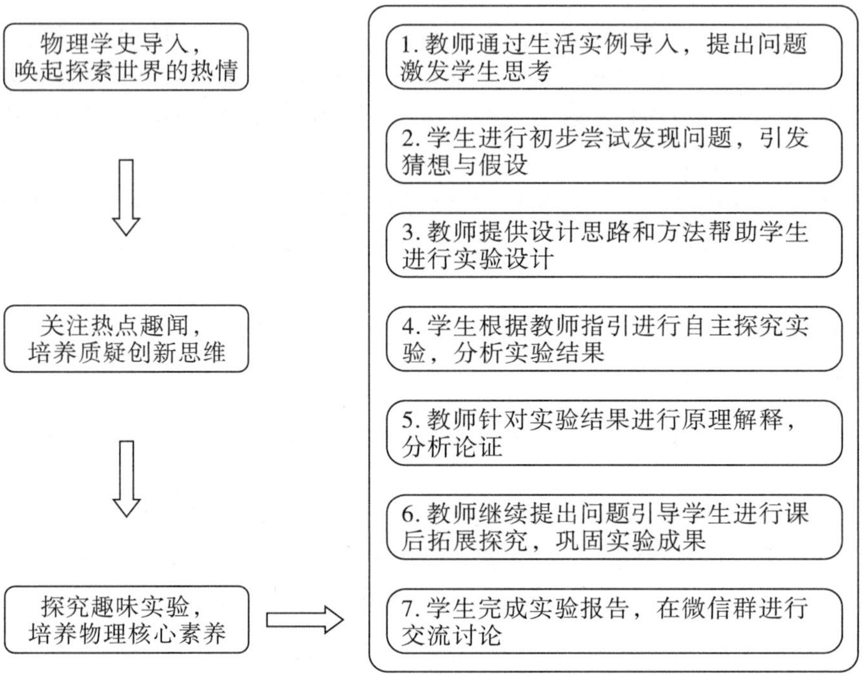

图 1　教学流程图

（八）教学过程设计

1．教学环节一：物理学史导入，唤起探索世界的热情

故事导入：通过物理学史中伦敦大瘟疫期间牛顿认真学习、积极探索科学的例子，来呼吁同学们在“停课不停学”期间，即使“宅”在家，也不要失去探索世界的热情！

2．教学环节二：关注热点趣闻，培养质疑创新思维

对朋友圈“立扫把”这个热点趣味事件进行分析，激发学生学习的兴趣，培养学生构建物理模型和质疑创新的思维，引出本节课的教学内容。

理论分析：通过稳度的两个影响因素分析立扫把的物理学原理。

3．教学环节三：探究趣味实验，培养物理核心素养

实验一　挑战竖立鸡蛋（见图 2）

实验器材：生鸡蛋。

（所有实验演示见课例视频。）

（1）学生初步尝试：每个同学找一个生鸡蛋，想办法让它竖立起来。

图 2　挑战竖立鸡蛋

（2）教师提供思路："撒盐法""蛋黄下沉法"。

（3）学生自主探究：利用教师给的方案，再次进行立鸡蛋实验。

（4）实验原理解释：影响稳度的两个因素，即支撑面大小，支持力是否过重心。

（5）课后拓展探究：借助网络搜索，尝试用不同的方法进行实验，可以在微信群讨论看看哪个方法最快。

实验二　挑战斜立易拉罐（见图3）

实验器材：易拉罐、水。

教师引导提问：比萨斜塔由于其倾斜的造型世界闻名。为什么倾斜的物体能保持站立？你能让易拉罐倾斜立在桌子上吗？

（1）学生初步尝试：找一个易拉罐，看能否让它倾斜立起来。

（2）教师提供思路：往易拉罐内加入水，再次尝试。

（3）学生自主探究：调整加入水量不断尝试，直到易拉罐能倾斜放置。记录易拉罐内装水在哪个区间。

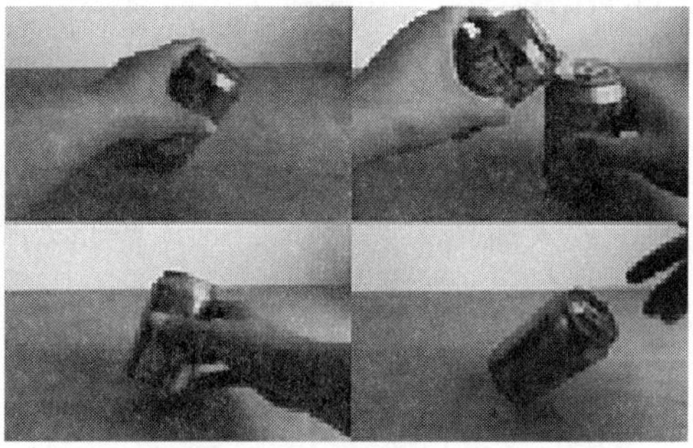

图3　挑战斜立易拉罐

（4）实验原理解释：往易拉罐里加水改变了易拉罐的重心，当罐内的水大概三分之一时，水的重心刚好与支持点在同一直线上，达到二力平衡的要求，所以易拉罐能保持平衡。

（5）课后拓展探究：探究不同形状的罐子与达到倾斜平衡时加入的水量有什么关系。探究往易拉罐里增加其他物品能否完成实验。

实验三　挑战吸管刺穿土豆（见图4）

实验器材：吸管、土豆（可以用一些水果代替）。

教师引导提问：你在用吸管喝奶茶的时候，是否经常出现吸管插弯了而插不穿奶茶包装的尴尬事情？现在让你用一根柔软的吸管去插土豆，你相信能插穿土豆吗？

（1）学生初步尝试：一手握住吸管，一手握住土豆，将吸管插向土豆，看能否插入土豆。思考：如何才能将吸管插入土豆？改变插吸管的方式，观察吸管插入土豆的深度变化。

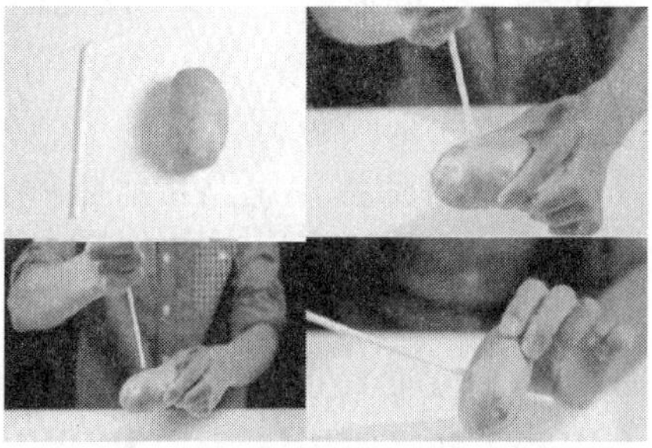

图4　挑战吸管刺穿土豆

（2）教师提供思路：尝试用大拇指堵住吸管上端，下端快速扎土豆。

（3）学生自主探究：大拇指堵吸管上端与没堵的情况分别进行实验，对比实验结果，看看哪个效果更好。

（4）实验原理解释：当拇指堵住吸管上端，下端快速扎土豆时，吸管里就密封了一段空气，其内部空气体积随着土豆不断被戳入而不断变小，空气压力增大，也增加了吸管强度（就像单车轮胎充满了气），所以不像只握住中间时的吸管容易发生弯曲。

（5）课后拓展探究：利用控制变量法，即通过改变吸管粗细、改变吸管大小、改变吸管长短进行实验，看这几个因素对实验结果的影响。

实验四　瓶子吞鸡蛋（见图 5）

实验材料：瓶子、熟鸡蛋、打火机、纸条。

教师引导提问：我们的生活离不开空气，由于空气的存在，大气压强就在我们身边。但是你感受到它的存在吗？下面我们通过一个实验来感受大气压强的神奇力量。

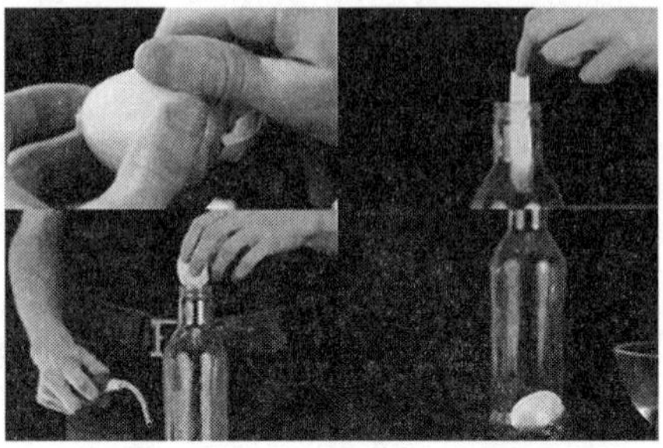

图 5　瓶子吞鸡蛋

（1）学生初步尝试：将熟鸡蛋剥壳，以各种方法尝试放入瓶内。思考：如何才能将鸡蛋放入瓶子里？借助什么力量？

（2）教师提供思路：将纸条点燃后迅速放进瓶子里，将鸡蛋放到瓶子上，看看会发生什么现象。

（3）学生自主探究：通过实验发现鸡蛋慢慢地被吸入瓶子内。

（4）实验原理解释：燃烧的纸条加热瓶内空气，空气膨胀，导致瓶内气压比瓶外气压小，瓶内外的气压差把鸡蛋挤压进了瓶中。

（5）课后拓展探究：探究如何在不破坏瓶子的情况下将鸡蛋从瓶子内完好取出，可以借助网络查找资料，并在微信群内分享。

实验五　冰和盐的力量（见图 6）

实验器材：细线、冰块、盐。

教师引导提问：冰和盐原本是两个毫不相关的物体，但你知道当它们结合在一起时有多么强大的力量吗？我们通过这个实验来感受冰和盐的力量。

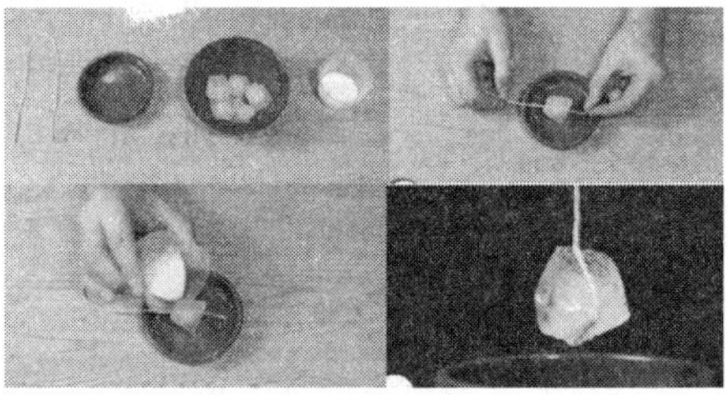

图 6　冰和盐的力量

（1）学生初步尝试：给你一根细线，你能让它把冰块吸起来吗？

（2）教师提供思路：将细线放在冰块上方，然后撒上一些盐，静静等候 10 秒钟，再次尝试。

（3）学生自主探究：发现冰块被吸在细线的一端吊起来。

（4）实验原理解释：食盐会降低冰的熔点，所以撒上食盐后的冰开始熔化，而且在熔化过程不断吸收热量，让周围的环境温度更低，熔化的水又再次凝固成冰，把绳子也冻在一起，所以绳子能把冰块拉起来。

（5）课后拓展探究：寻找身边的其他物体，比如糖、味精、酱油等，看看和冰结合时能否产生相同的力量？

实验六　制作快速冷冻器（见图 7）

实验器材：盆、冰块、饮料、盐、温度计。

教师引导提问：夏天来了，天气很闷热，来一杯冰爽的饮料是最舒服的。请问在超市里买了常温的饮料回来，你知道如何快速把它变成冷冻饮料吗？

（1）学生初步尝试：将饮料放入装满冰块的盆里，5分钟后用温度计测量饮料的温度。

（2）教师提供思路：尝试在盆里撒入盐，搅拌均匀，再次实验。

（3）学生自主探究：在盆里撒入盐，搅拌均匀，5分钟后再用温度计测量饮料的温度，对比发现温度更低。

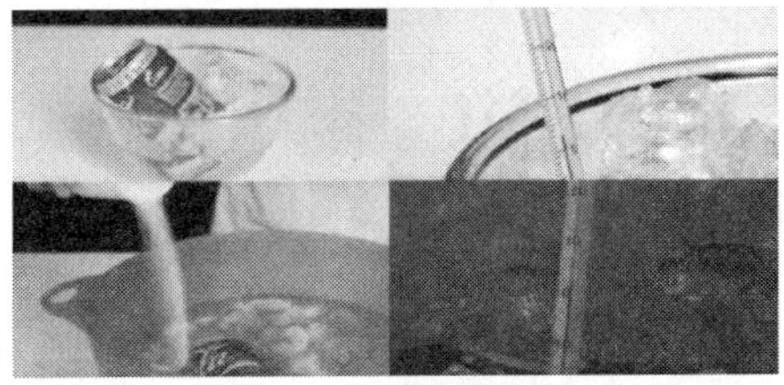

图7　制作快速冷冻器

（4）实验原理解释：食盐会降低冰的熔点，所以撒上食盐后的冰开始熔化，而且熔化过程需要吸收热量，让周围环境温度更低，进而水又凝固成冰。食盐的熔化也需要吸收周围的热量，就这样，周围的温度会迅速下降。

（5）课后拓展探究：改变加入食盐的量，探究是否食盐加入越多，降温效果越好。

课后探究实验　比赛实验水面浮针（见图8）

教师引导：我们知道木头密度小于水的密度，所以能浮在水面上；铁的密度大，所以会沉在水底。你相信针、回形针、硬币等金属制作的物品也能浮在水面上吗？

课后比赛实验：（1）自行上网搜查水面浮针的原理。

（2）查找水面浮针的方法，并进行实验。

（3）将实验结果拍照发到微信群进行比赛，看看谁的方法最好，浮的针最多。

图8　比赛水面浮针

（微信扫描二维码可观看课例，网页下载链接：
https://portal.scnu.edu.cn/article-13964-531-1.html）

三、教学成效与反思

成效表现：①在提升线上课堂有效性中发挥了一定的作用。②在培养物理核心素养中发挥一定的作用。③在“宅家抗疫”心理疏导中发挥了一定的作用。

不足之处：①由于本节课采用录播的方式进行授课，课堂缺乏互动交流，无法掌握学生的学习情况，不能及时解决学生的问题，在实验探究指导上存在一些不足。②由于受学校学生实际家庭环境和实验器材的限制，导致本节课几个实验的选择和设计上缺乏一定的梯度，在实验探究的严谨性上有待提高。

作者简介

陈旭升，中学物理一级教师，毕业于华南师范大学物理学专业，现任华南师范大学附属濠江实验学校高中物理教师，长期担任学校物理备课组组长，理科综合备课组组长，年级长，学生处负责人。多次承担校、汕头市级公开课，曾获评2018年“广东省一师一优课省级优课”。多次在汕头市高考模拟考试中承担命题工作，备考经验丰富。参与多项省级、市级重点课题研究，教育科研能力突出。

专家点评

依据《义务教育物理课程标准（2011年版）》，义务教育物理课程是一门注重实验的自然科学基础课程，强调让学生经历实验探究过程，学习科学知识和科学探究方法，提高分析问题及解决问题的能力；要求教师加强课程内容与学生生活、现代社会和科技发展的联系，关注技术应用带来的社会进步和问题，培养学生的社会责任感和正确的世界观。

作者线上教学确定了四个教学目标：①通过实验探究形成物理观念；②经历探究实验的过程，形成科学推理、科学论证的物理思维；③在探究实验的过程中培养学生的实验技能，学会科学探究的方法；④体会趣味物理实验的科学方法，理论性、实践性、趣味性等科学本质特征，领略到科学态度和科学精神。

作者选择了学生能在家庭完成的几个物理小实验作为教学内容，注重对学生物理学科核心素养的培养，整个设计充分利用线上线下相结合的方式进行教学，通过层层递进的教学引导，在实验过程中帮助学生理解并巩固学科知识，形成物理观念。作者通过自主和探究性实验的开展，让学生在科学探究的过程中培养实验技能，学会科学探究的方法，在科学推理、论证中形成科学思维和科学态度与责任。

创新之处在于充分发挥实验育人的作用，将物理知识融入生活中的小实验进行教学，既激发学生学习科学知识的兴趣，拉近物理与生活之间的距离，又能使学生将所学知识用于解释生活中的物理现象，达到培养学生的科学素养和育人的作用。瓶瓶罐罐做实验、简简单单学物理，凸显了物理就在身边，是一堂有趣、别开生面的在线课堂，值得一线教师借鉴。

——华南师范大学物理与电信工程学院　詹伟琴

初二"液体的压强"教学设计

广州市执信中学　卢炜杰

一、 案例简介

本案例通过引导学生经历探究液体压强的特点的实验过程，认识液体压强与液体密度和深度的关系；会利用液体压强的特点解释有关现象；能熟练写出液体压强公式，并能进行简单计算；能说出连通器的特点，并能举出一些常见连通器的实例。

教学组织形式是线上教学。因此，采取"课前拍摄，课中讲解"的方式，突破探究液体压强实验这一教学重点。课前的实验拍摄力求清晰、准确、突出重点。线上讲解力求逻辑清晰、节奏得当，把关键要点设计成若干小问题，将实验教学过程切割成若干个教学片断，从而提高师生的交互性和教学的节奏感。

二、 教学设计

（一）教学内容分析

本案例是人教版物理八年级下册第九章第 2 节的内容，教学时间为 30 分钟。教学内容由三部分组成，分别是"液体压强的特点""液体压强的大小"和"连通器"，其中重点是液体压强的特点和大小。首先，组织学生参与、经历探究液体压强特点的实验，加强学生对液体压强的直观认识，为更好地理解液体压强的特点打好基础。其次，引导学生在通过实验做定性研究后，进行物理建模和分析，从理论上推导液体压强的表达式，并根据表达式对实验现象——液体压强的大小与深度和密度的关系做出解释。最后，通过演示实验和多媒体素材，举例说明连通器的原理和应用。

（二）学生情况分析

1．学生的知识基础

学生在上一节已经学习了"压强"的概念，同时有着丰富的生活经验，对压强的概念和现象都有良好的感性认识。但是，要求学生把压强的概念从固体迁移到液体，则不容易实现。因此，教学中要充分利用多媒体素材和实验，演示液体压强的存在和特点，帮助学生完成现象的观察和概念的迁移。

2. 学生的心理特点

初中学生具有很强的好奇心和探索兴趣，其积极性、主动性、参与意识较强，但理论联系实际的意识、动手操作实验的能力有待发展。因此，在激发兴趣、调动积极性的同时，应在线上教学中，尤其是线上实验教学中，多设置“小而精”的教学环节和互动，使学生保持注意力和参与度的集中。

3. 学生的认知困难

学生对压强的简单概念是熟悉的，但对液体压强的认识是片面的，可能存在以下错误的前概念：

（1）液体外部有压强，但内部没有压强。

（2）液体内部压强的方向只有向下，没有其他方向。

（3）液体的流动性对其压强没有影响。

（4）液体压强的大小与液体的多少有关。

（三）教学目标

1. 物理观念

运用正确的物质观和相互作用观解释液体压强的相关现象和实际问题。

2. 科学思维

从定性半定量的方面，完成液体压强特点的探究实验，找出规律，形成结论。从定量的方面，建立物理模型，完成液体压强公式的理论推导。

3. 科学探究

具有科学探究的意识，在探究液体压强特点的实验中，设计实验方案，参与实验过程，分析实验结果。

4. 科学态度与责任

具有学习物理的好奇心和兴趣，客观地认识液体压强的存在和特点。

（四）教学重点与难点

重点：液体压强的特点和大小以及产生的原因。

难点：液体压强的特点。

（五）教学策略设计

在教学的指导思想上，始终坚持“教师为主导，学生为主体”的原则，通过教师创设问题情境和有效的设问引导，让学生亲历物理知识的构建过程。

1. 教学方法

在线上教学的背景下，综合应用实验法、讲授法、谈话法，组织教学，设计环节。尤其是在液体压强特点的探究实验中，设计“小而精”的关键问题，引导学生观察现象，思考问题。

2. 教学媒体设计

以多媒体课件为载体，充分利用实物（如探究液体压强特点的实验室器材）、图片（如“蛟龙号”）、模型（如连通器模型），让学生从生活的现象出发，给学生提供丰富的感性材料，帮助学生认识液体压强的存在和特点。

3. 学法指导

在线上教学的背景下，师生互动受到一定的影响。因此，在学法指导上，首先以关键问题和小片段教学作为学习驱动，保持学生的注意力和参与度，从而构建“师领生学”的学法指导。其次，灵活运用多媒体素材，给学生提供充足、丰富的感性材料，形成学习支持。再次，布置适当的课后作业和动手操作任务，帮助学生深化理解和认识。

（六）教学用具

弹簧测力计、液体压强演示装置、液体压强计、连通器模型等。

（七）教学流程图

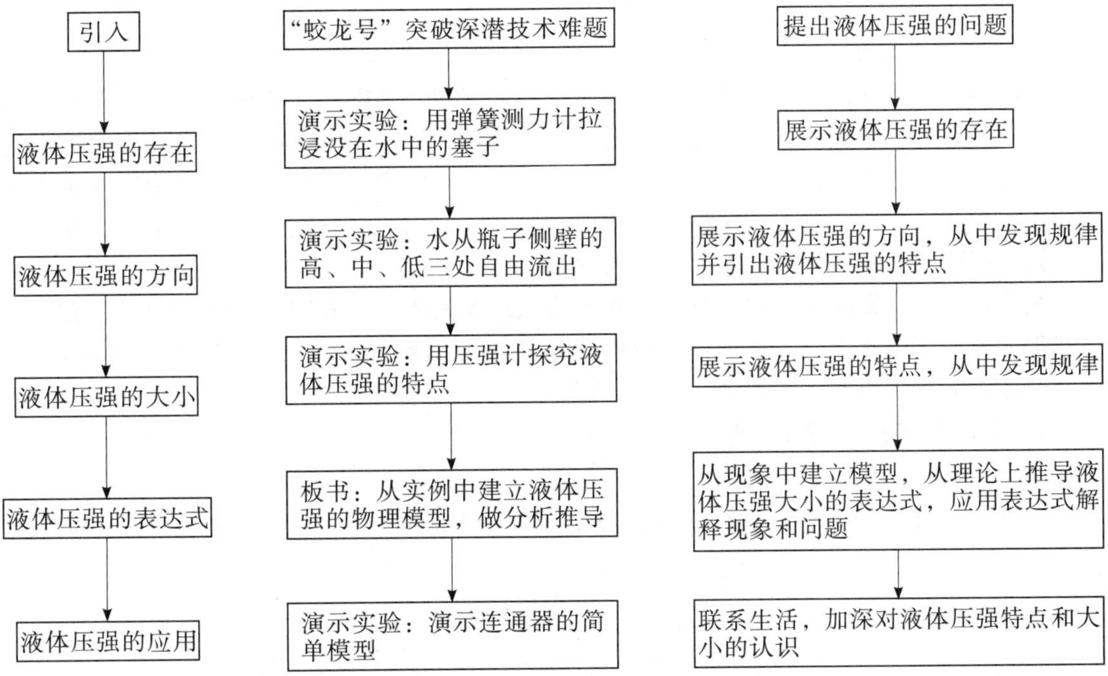

图1　教学流程图

（八）教学过程设计

1. 教学环节一：情境导入、提出问题

通过教材中本章标题页有关中国“蛟龙号”潜水器突破技术难关深潜 5 km 深海的例子，提出问题：“液体有压强吗？液体压强的特点和大小如何？”

2. 教学环节二：亲历感受、认识液压

（1）演示“想想做做”小实验——“家里洗菜池中没有水时，要提起池底出水口的橡皮塞很容易；洗菜池装满水时，要提起橡皮塞就比较费力。这说明水对池底的橡皮塞有向下的压力，水对橡皮塞有压强。”

为加强实验效果，用弹簧测力计去拉橡皮塞。为纠正学生将加水后提起橡皮塞比较费力的原因归于水的重量、重力而不是压强的错误认识，先从力的角度解释水对橡皮塞有压力，再从压强的定义角度说明此时水产生了压强。

（2）通过演示小实验（见课例视频），帮助学生认识液体对容器侧面也有压强（简单解释由于液体具有流动性，导致其对侧面有压强）。

3. 教学环节三：实验探究、掌握特点

（1）压强计。

介绍压强计的重要部件和结构：探头通过导管与 U 形管相连，U 形管中装有红色的液体，调节旋钮可使探头转动不同的方向。再介绍压强计的使用方法：使用前先把压强计竖直固定在铁架台上，观察 U 形管中的两边液柱是否在同一高度（刻度）上；用手轻压探头的薄膜，观察到 U 形管左右两侧液面产生了高度差，高度差的大小则反映了此时薄膜所受压强的大小。

（2）使用压强计探究液体压强的特点。

①液体内部存在压强：探头放入水中，U 形管有液面高度差。②同一深度，各方向的压强大小相等：探头处于同一深度时，转动旋钮使探头转向不同方向，发现 U 形管液面高度差不变。③深度越大，压强越大：把探头慢慢沉入水中，发现 U 形管液面高度差越来越大。④密度越大，压强越大：保持深度相同，把探头分别放入酒精和浓糖水中，发现两次 U 形管液面高度差不同，密度越大，压强越大。

结论：液体内部压强的大小具有这样的特点：在液体内部的同一深度，向各个方向的压强都相等。深度越深，压强越大。液体内部压强的大小还跟液体的密度有关，在深度相同时，液体的密度越大，压强越大。

4. 教学环节四：理论分析、理解液压

（1）理论推导。

过渡性提问：我们能否运用学过的知识，从理论上对刚刚的实验现象和结论做出解释？

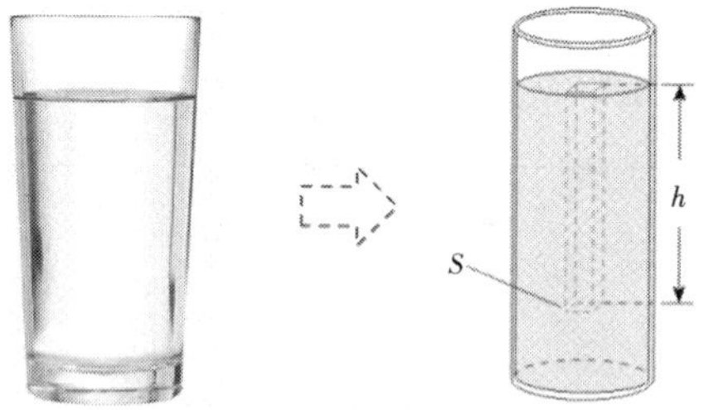

图 2　推导液体压强的表达式

如图 2 所示，强调建立物理模型的重要性，通过板书做公式推导：

$$P=\frac{F}{S},\ F=G=mg,\ m=\rho V,\ V=Sh,\ P=\rho gh$$

推导结果表达式 $P=\rho gh$ 的物理意义的讲解：

从该表达式可验证上述实验结论——“在液体内部的同一深度，向各个方向的压强都相等。深度越深，压强越大。液体内部压强的大小还跟液体的密度有关，在深度相同时，液体的密度越大，压强越大。”

（2）知识应用。

例题 有人说，“设想你在 7 km 深的“蛟龙号”潜水器中把一只脚伸到外面的水里，海水对你脚背压力的大小相当于 1 500 个人所受的重力！”海水压力真有这么大吗？请通过估算加以说明。

对例题进行板书和讲解，强调并示范解题规范。

5. 教学环节五：学以致用、认识连通器

过渡性陈述：学习完液体压强这节课，请同学们看个小实验。

演示实验：这里有个 U 形管，两边竖直的玻璃管的两端开口，底下连通，一边的玻璃管较粗，另一边较细。在两边玻璃管的这个位置做个标记，然后往里加水。请思考：当一直加水直到左边液面上升到标记处，右边的液面会上升到与标记处相平吗？还是高一点，低一点？为什么？

引导学生运用所学解释现象：设 U 形管内装有同种液体，静止时，两边液面不一样高，比如左高右低。则左边管底处液体压强大于右边管底处，U 形管管底液体将向右流动，导致左边液面下降，右边液面升高。当两边液面等高后，左右两边管底的压强大小相等，U 形管管底液体将停止流动。

过渡性陈述：如同上述实验的容器一般，在物理学中，上端开口，下端连通的容器叫作连通器。连通器在生活中有很多应用。请同学们阅读课本第 36 ~ 37 页，运用本节课所学的知识，思考生活中如何运用连通器实现不同的功能。

（微信扫描二维码可观看课例，网页下载链接：
https://portal.scnu.edu.cn/article-13964-530-1.html）

三、 教学成效与反思

该案例得到广州市越秀区物理教研室和中心组成员的肯定，学生反馈良好。教学内容充实，重难点比较突出；实验的录制效果较好，引导讲解到位；教师教态亲切，板书清晰，语言精准。

笔者授课后进行反思，总结得出其一是对学情了解不足。该案例被选为越秀区“停课不停学”空中课堂课例，向全区学生播放。笔者由于对于不同学校、不同层次学生的学情差异前期了解不足，导致在个别重难点的处理上，缺乏足够的针对性。比如，没有演示和讲解压强计在气密性欠佳时的情况。其二是课堂容量较大、节奏较快。“液体压强”内容的教参建议安排两个课时，而考虑到线上教学的特殊性和前后教学衔接的问题，本案例只安排一个课时，导致 30 分钟内的课堂容量较大，节奏较快。建议任课教师“带着”学生观看，到重难点处“停下来”，给出必要的引导和讲解，然后“再往前”。但若如此，一节课的时长必将大于 40 分钟，教学效果如何则有待进一步考量。

作者简介

卢炜杰，中学一级教师，广州市黄敏名师工作室成员，连续多年负责高三教学，曾获评“一师一优课、一课一名师”省级优课，广州市青年教师物理命题比赛一等奖，广州市青年教师物理解题比赛二等奖，广州市青年教师物理论文评比二等奖。

专家点评

《义务教育物理课程标准（2011 年版）》对本案例内容的教学要求是“通过实验探究，了解液体压强与哪些因素有关”。人教版教师参考用书确定教学目标为：“通过引导学生经历探究液体压强的特点的实验过程，认识液体压强与液体密度和深度的关系，能准确陈述液体压强的特点；会利用液体压强的特点解释有关现象；能熟练写出液体压强公式，并能进行简单计算；能说出连通器的特点，并能举出一些常见连通器的实例。”

通过解读课程标准和分析教材，作者明确了以下教学目标：

（1）从物理观念的角度说，主要涉及物质观和相互作用观。教学中应帮助学生树立客观、正确的物理观念。

（2）从科学思维的角度说，从半定量的方面，完成液体压强特点的探究实验，找出规律，形成结论。从定量的方面，建立物理模型，完成液体压强公式的理论推导。

（3）从科学探究的角度说，探究液体压强特点的实验中，培养学生科学探究的意识，设计实验方案，参与实验过程，分析实验结果。

（4）从科学态度与社会责任的角度说，培养学生学习物理的好奇心和兴趣，客观地认识液体压强的存在和特点。

在综合考量教学目标、学生学情和疫情期间线上教学的要求后，作者对教材进行了二次开发，注重对学生物理学科核心素养的培养。教学的核心是液体压强的探究实验，目标是使学生亲身经历探究实验的过程，获得感性素材，准备认识突破。但线上教学的形式决定了师生交互不能如普通教学一般。因此，采取的策略是：以关键问题设计小教学环节呈现小教学片段，以问题作为师生互动的核心，把完整的一个实验以关键问题为单元切割成若干个教学小环节即 2 ~ 3 分钟的教学小片段，从而把线上教学的过程构建成师生共享线上平台、共同学习的过程。在线上课录制现场，采取“边讲边播”而不是单纯播视频的形式，加强了师生互动，保证了学生的参与度。

——华南师范大学物理与电信工程学院　詹伟琴

化学篇

在线教学新趋势，信息时代促发展

华南师范大学　钱扬义

2020年疫情期间，为响应教育部“停课不停学”号召，华南师范大学举办“华南师大－中小学”协同发展联盟优秀在线教学案例云分享活动。其中，化学学科优秀案例主要体现三个学科发展新趋向。

（一）聚焦核心素养发展，符合课程标准理念

《普通高中化学课程标准（2017年版）》提出化学核心素养，以及情境学习、“教·学·评”一体化等新理念。所有优秀在线教学案例均围绕学生化学核心素养的发展。例如东莞市东莞中学刘汉国老师以石蜡油分解为情景，引导学生深度探究乙烯，渗透“证据推理与模型认知”等核心素养；东莞市第四高级中学李明老师以“三大合成材料”为教学主线和生活情境，落实“宏微结合”“科学探究”等核心素养；广东仲元中学曹君剑老师设计以“知识→方法→能力→素养”为教学主线，在有机教学中渗透“证据推理与模型认知”以及“教·学·评”一体化；等等。

这些案例均以情境问题出发，设计逻辑清晰且层层递进的教学思路主线，渗透课程标准的新理念，切实响应新课改要求。

（二）开发创新实验助力，应用新型技术教学

实验是线上化学教学必不可少的元素，有助于学生对化学知识的理解。例如

广州市执信中学徐志锴老师“以旧引新”选取电解水构建电解模型，让学生自主设计 84 消毒液的电解装置，充分发挥学生主观能动性，以创新实验助力学生理解。此外，新技术的运用在优秀在线案例中也体现得淋漓尽致。例如佛山市顺德第一中学廖伟梁老师利用线上平台“同屏技术”实现线上小组合作以及进行实时动态定量的学生评价，调动学生积极性；佛山市第一中学苏华虹老师提供多种满足学习需要的资源信息，为学生合理搭建脚手架；等等。

教师可以考虑应用手持技术数字化实验，帮助学生克服化学概念学习的“认知难点”，科学感知与建构抽象化学概念，发展学生的信息素养。

（三）构建有效教学模式，发挥优质资源优势

从国际背景、国家政策、教育趋势到学科发展，均提出了强化信息技术与学科融合的时代要求。许多教师尝试实现两者深度融合，构建新型而有效的教学模式。例如惠州市第一中学陈瑞婷老师采用“互联网 + 问题导学”模式进行“盐类的水解”教学，分为课堂线上实验探究、课前课后微信群讨论深化，培养学生的问题解决能力；广东广雅中学张伟健老师通过精简课堂容量，将微课（课例）、堂练、直播讲评三者整合于课堂，构建“课前微课预习—课堂即时练习—课堂直播讲解”模式，满足分层教学需求，短时有效地攻破教学重难点；等等。

优质教学资源的运用是有效教学的关键。在此推荐钱扬义教授主讲的中国大学 MOOC（慕课）《化学教学论手持技术数字化实验》（http://www.icourse163.org/course/scnu-1207045812）。该慕课可用于线上线下混合式教学，弥补“停课不停学”期间实验资源的空缺，作为日常教学中有效的教学优质资源，为化学学科与信息技术的融合探索提供可行之路。

运用化学史创设问题情景的概念课教学研究

——以高一“氧化还原反应”为例

佛山市顺德第一中学　廖伟梁

一、 案例简介

“氧化还原反应”是高中化学的核心概念，也是高中生化学学习中的认知难点。本节课以人教版高中化学必修 1 第二章第三节“氧化还原反应”为例，运用化学史创设问题情景设计概念课，为学生提供真实的感性素材和紧密的逻辑线索，帮助学生科学建构概念内涵，促进氧化还原反应概念和观念的结构化，为在化学教育实践中科学高效开展基于化学史的概念教学提供参考。

二、 教学设计

（一）教学背景

化学史是化学学科孕育、形成、发展及其演变规律的历史。化学教学中引入化学史，可以对学生进行正确的理论思想和研究方法的教育。《普通高中化学课程标准（2017 年版）》指出，在化学教学中要利用化学实验史实引导学生了解化学概念、化学原理的形成和发展。氧化还原反应是中学化学的重要理论之一，贯穿于中学化学教材的始终，是高考的热点和重点，也是高中生化学学习中的认知难点。现阶段，有关氧化还原反应强弱规律的教学研究以规律汇总及解题策略呈现为主，尚未发现运用化学史创设问题情景、围绕氧化还原反应强弱规律开展的案例教学。

（二）设计思路

本节课利用“小组合作”和“按需互助”的教学形式，营造相互启迪、合作学习、生生互助的良好氛围；运用“安全常识”和“化学史料”等多种教学素材，创设问题情景，实现概念突破；发挥“同屏技术”和“即时评价”等教学手段的优势，快速反馈学生的思维过程和答题情况，为课堂教学赢得最佳契机；运用“模型建构”和“反衬渲染”

的教学策略，让学生对概念的认识由表及里、由浅入深、以小见大，促进氧化还原反应概念和观念的结构化，发展学生化学学科核心素养。以下是本节课的设计思路图（见图 1）和教学流程图（见图 2）。

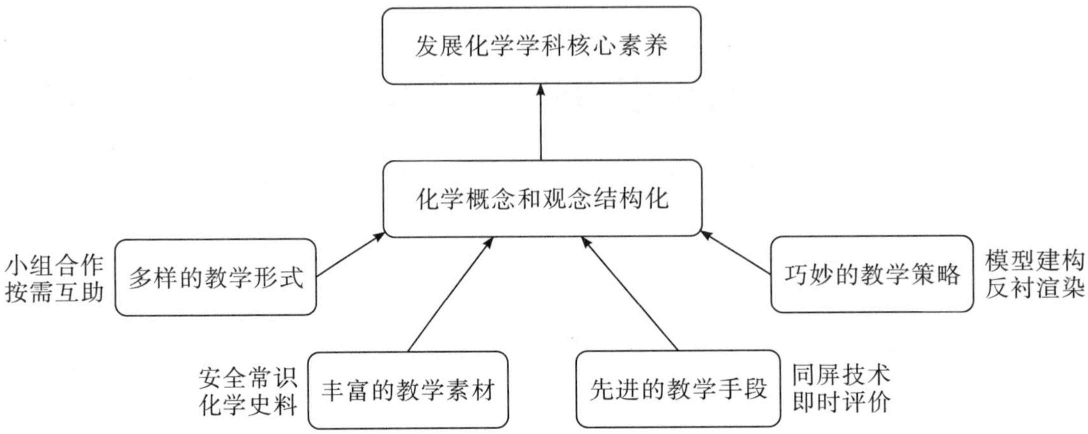

图 1　氧化还原反应设计思路图

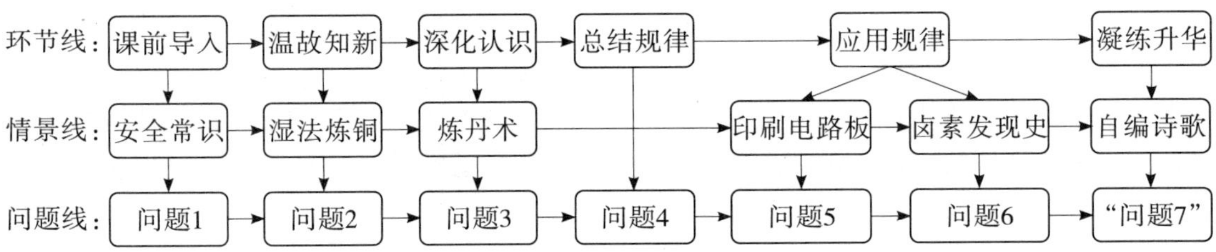

图 2　氧化还原反应教学流程图

（三）教学目标

（1）通过分析“湿法炼铜”的化学原理，初步认识氧化还原反应的强弱规律。

（2）通过构建“氧生还，还生氧，强强生弱弱”示意图，建立判断氧化性和还原性强弱顺序的认识模型，诊断并发展学生对氧化还原反应的知识关联结构化水平和认识思路结构化水平。

（3）通过印刷电路板和卤素发现史等情景的引入，提高应用强弱规律解决问题的能力。

（4）通过“以强制弱”的自然法则反衬新时代强国目标的重大战略意义，增强学生报效祖国的意识，诊断并发展学生对化学价值的认识水平。

（四）教学实施

1. 课前导入

[情景素材之安全常识] 观看常用危险化学品之氧化剂的标识（见图3）及文字解说：氧化剂是指处于高氧化

图 3　“氧化剂”的化学品标志

态，具有强氧化性、易分解并放出氧和热量的物质。

问题 1 请说出以下危险化学品标志的意义（见课例视频）。

【设计意图】

利用“常用危险化学品标志”作为课前导入素材，有利于唤起学生的注意力，让学生了解化学品安全使用标识，提高安全意识。

2. 温故知新

［情景素材之湿法炼铜］我国是世界上最早使用湿法炼铜的国家。湿法炼铜最早记载于西汉淮南王刘安的《淮南万毕术》中，书中“曾青得铁则化为铜”的句子正是描述这一过程，其法是将铁矿置于胆矾（硫酸铜）中，运用置换化学反应，将铜转换出来。

问题 2 请指出下列反应的氧化剂、还原剂、氧化产物和还原产物。

$$Fe + CuSO_4 \xlongequal{} FeSO_4 + Cu$$

学生 1 回答：氧化剂是 $CuSO_4$，还原剂是 Fe，氧化产物是 $FeSO_4$，还原产物是 Cu。

【设计意图】

通过“湿法炼铜”化学史知识的介绍，让学生在感受中国古代化学史的辉煌成就的同时，进一步巩固对氧化剂、还原剂、氧化产物和还原产物等概念的认识。

3. 深化认识

［情景素材之炼丹术］早在春秋战国时代，中国古人就通过炼丹术制备了液态金属汞（即水银），为世界各国之最早者。东晋著名炼丹家葛洪（见图 4）在《抱朴子·金丹篇》中说：“丹砂烧之成水银，积变又还成丹砂。”

图 4　东晋著名炼丹家葛洪画像

问题 3 中国古人为什么不以曾青（硫酸铜）涂汞来制备铜呢？

学生 2 回答：根据金属活动顺序表可知，Hg 无法置换 Cu，因为 Hg 排在 Cu 的后面。

教师追问：Hg 无法置换 Cu 的深层次原因是什么？

［提示］由“金属活动顺序”，推测“金属失去电子难易程度”，最后推测“还原性强弱顺序”。

学生 3 回答：由于 Hg 排在 Cu 的后面，Hg 失去电子的能力不如 Cu，即还原性不如 Cu，所以 Hg 无法置换 Cu。

学生 4 回答（受到学生 3 的启发后）：我终于明白古人为什么用 Fe 置换 Cu。Fe 排在 Cu 的前面，Fe 的还原性强于 Cu。

教师追问：在这个氧化还原反应中，Fe 是还原剂，Cu 是还原产物。你可以得出什么结论呢？

［师生总结］在一个氧化还原反应中，还原剂的还原性强于还原产物，氧化剂的氧化性强于氧化产物。这可以用“强强生弱弱”或“以强制弱”加以概括。

【设计意图】

学生以“炼丹术”为情景素材，从已有知识（金属活动顺序）出发，通过教师的步步引导、适当过渡、反复追问，从认知结构中提取已习得知识（先行组织者），构建一个联系新旧知识的桥梁。

4. 总结规律

[模型建构] 以化合价为横坐标，以反应过程为纵坐标，建立直角坐标系。学生在教师的引导下完成相关文字和箭头的标注，最终形成“还生氧，氧生还，强强生弱弱”示意图（见图5）。

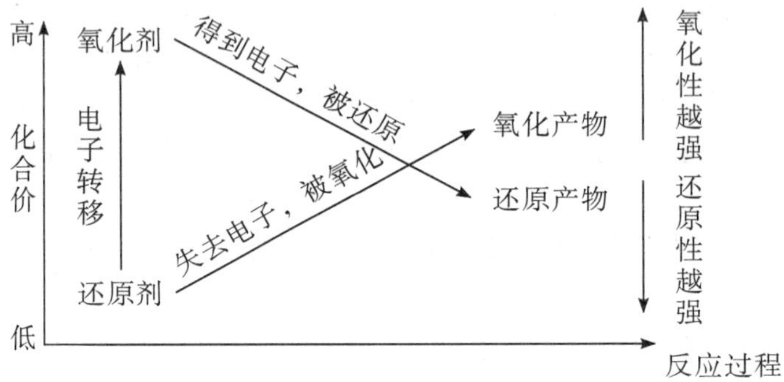

图5 “还生氧，氧生还，强强生弱弱”示意图

问题4 请根据以下反应，推导：物质 A 与物质 B 的还原性强弱、离子 B^{2+} 与离子 A^{2+} 的氧化性强弱。

$$A + B^{2+} = A^{2+} + B$$

[方法总结]（1）“标”：根据方程式，标出化合价升高和下降的元素。

（2）“指”：根据化合价的升降，指出氧化剂、还原剂、氧化产物和还原产物。

（3）“比”：根据“以强制弱”的规律比较氧化性和还原性强弱顺序。

【设计意图】

通过建立“化合价－反应过程”的坐标系，帮助学生从化合价变化、电子转移再到氧化性和还原性强弱等方面对氧化还原反应概念形成一个由浅入深的完整知识。“方法总结”让学生的感性认识上升为理性认识，从而形成完整的结构化知识，为强弱规律的应用打下坚实的基础。

5. 应用规律

（1）推测氧化性及还原性强弱顺序。

[情景素材之印刷电路板] 1936 年，奥地利人保罗·爱斯勒（见图6）首次在收音机装置内采用了印刷电路板，被冠以“PCB 之父”的头衔。PCB（Printed Circuit Board），中文名称为印制电路板，是电子元器件电气连接的载体。工业上常用 30% 的 $FeCl_3$ 溶液腐蚀敷在绝缘板上的铜箔，制造印刷电路板。

图6 “PCB 之父”保罗·爱斯勒

问题5 根据以下两个离子方程式，推测 Cu^{2+}、Fe^{3+}、Fe^{2+} 氧化性强弱。

湿法炼铜的原理：$Fe + Cu^{2+} \xlongequal{} Fe^{2+} + Cu$

印刷电路板的制造原理：$Cu + 2Fe^{3+} \xlongequal{} Cu^{2+} + 2Fe^{2+}$

[展示方式] 以小组为单位，将小组讨论的最终结果利用“同屏技术”在智慧课堂的“讨论区”呈现。

[小组合作] 学生的学习小组分工明确：有人负责主持讨论过程；有人负责记录讨论结果；有人则扮演“反派”角色，专门针对讨论结果提出质疑，以此让小组的讨论成果更加准确。

【设计意图】

利用“小组合作”和“同屏技术”的方式，让掌握程度不同的学生进行思维交流和碰撞，提升小组的整体知识掌握水平，营造学生之间相互协作、互帮互助的学习氛围。

图 7　瑞典化学家舍勒

(2) 预测反应是否发生。

[情景素材之卤素发现史] 1774 年，瑞典化学家舍勒（见图 7）用软锰矿与浓盐酸混合加热时，第一次在实验室中制备出了氯气。1825 年，法国一所药学专科学校的 22 岁青年学生巴拉尔，将氯气通入一种盐溶液，这种盐溶液变成红棕色。后来法国科学院审定，这就是单质溴。

问题 6　①已知氧化性：$Cl_2 > Br_2 > Fe^{3+}$，判断下列反应哪些可以发生（　　）

A. $Cl_2 + 2Br^- \xlongequal{} Br_2 + 2Cl^-$　　B. $Br_2 + 2Fe^{2+} \xlongequal{} 2Fe^{3+} + 2Br^-$

C. $Br_2 + 2Fe^{3+} \xlongequal{} 2Fe^{2+} + 2Br^-$　　D. $Br_2 + 2Cl^- \xlongequal{} Cl_2 + 2Br^-$

②已知还原性顺序：$Br^- < Fe^{2+} < I^-$，判断以下哪个反应不可能发生（　　）

A. $Br_2 + 2I^- \xlongequal{} 2Br^- + I_2$　　B. $2Fe^{2+} + Br_2 \xlongequal{} 2Fe^{3+} + 2Br^-$

C. $Cl_2 + 2I^- \xlongequal{} 2Cl^- + I_2$　　D. $2Fe^{2+} + I_2 \xlongequal{} 2Fe^{3+} + 2I^-$

[即时评价] 学生利用“同屏技术”将所选答案在智慧课堂的“投票区”呈现，每题的作答时间为 1 分钟。答题时间结束后，学生的平板内自动显示正确答案及全班同学的作答情况。

[按需互助] 根据系统自动统计的名单，在选正确选项的学生和选错误选项的学生中各选出一人，在教师的引导下，由答错者向答对者提问。

【设计意图】

利用系统反馈的答题情况，选择学生自由提问，最大限度地满足了学生的学习需求，改变了被动学习的局面，提高了学习效率。

6. 凝练升华

[过渡] 通过本节课的学习，学生对氧化还原反应中的强弱规律有了深刻认识。在化学学科中，“强者”可以制备“弱者”，如果把这种规律放大到自然界，那就是“强者”可以制服“弱者”。但是，从国家层面上讲，国家与国家之间“以强制弱”并不是一件好事。因此，我们中国唯有不断强大，才不会被“别人”“以强制弱”。

“问题 7”　接下来，请大家带着激昂、振奋的心情一起朗读这首诗歌：古代中国/何其辉煌/近代中国/何其孱弱/新时代的中国/正在阔步走向强大/虽以强制弱/乃天地法则/然中国之强大/只为一个更加美好的世界。

【设计意图】

通过“以强制弱”这一自然规律反衬我们强国目标的重大战略意义，有利于增强学生坚定走中国特色社会主义道路的信心和决心。

（本案例以疫情前录制的“国培计划”华南师范大学研修班讲课视频为素材。微信扫描二维码可观看该节课视频，网页下载链接：https://portal.scnu.edu.cn/article-13961-489-1.html）

三、 教学成效与反思

（一）多样的教学形式改变了被动学习的局面

本节课借助“同屏技术”的优势，让学生的学习成果以小组为单位进行呈现，并选用两个小组的讨论成果进行对比讲解，小组内成员通过思维交流与碰撞，提升了小组的整体学习水平，同时通过小组讨论成果的展示，保护了学生的自信心，又让他们充分感受到成就感。本节课采用了“按需互助”的教学形式，打破了小组之间的隔阂，充分地激发学生学习的欲望，让这种欲望在小组之间的互帮互助中得以实现。

（二）丰富的教学素材营造了流畅的问题情景

本节课将问题情景融于各种教学素材之中，通过问题的解决使知识得以内化、素养得以提升：“安全常识”与日常生活紧密联系，激起了学生的学习欲望；“湿法炼铜”从学生已有知识（铁可以置换铜）出发，完成了“氧化剂与还原剂”“氧化产物与还原产物”两对概念的复习；“炼丹术”引发了学生的深层次思考，最终通过思维的碰撞推导出了氧化还原反应的强弱规律；“印刷电路板”和“卤素发现史”为强弱规律两种不同角度的应用提供了场景，并与前面两个教学素材形成鲜明对比（中国科技史的古代辉煌与近代孱弱）；“自编诗歌”用凝练的语言阐述了强国目标的重大意义，同时赋予了学生“修身报国，不负重托”的使命。

（三）先进的教学手段带来了全新的评价方式

借助智慧课堂的“同屏技术”，班级每个小组的学习情况得以即时呈现、即时反馈，小组之间的交流也冲破了时空限制，合作与竞争的学习氛围由小组内部延伸至每个学生之间；智慧课堂“即时评价”功能的运用，摆脱了传统教学中通过经验判断学生掌握情况的方法，使教师对每一位学生的知识掌握情况都了如指掌，为教师的精准化教与学生的个性化学提供了数据支撑，学生的认知冲突和思维碰撞得以快速发生，问题解决变得更加高效，得以抓住教学契机，有效避免了亡羊补牢式的教学困境。

（四）巧妙的教学策略促进了“认识思路”的结构化

本节课建构了氧化还原反应中最重要的认知模型——“氧生还，还生氧，强强生弱弱”示意图，理清了与氧化还原反应有关的八对概念之间的关系，为学生对概念的深化认识提供了逻辑思维模板；“反衬渲染”的教学策略，“以小见大”地讽刺当今世界某些国家的霸权主义和强权政策，并引导学生通过自身的自立自强促进国家的强盛。

作者简介

廖伟梁，华南师范大学化学课程与教学论研究生毕业（师从钱扬义教授），现任顺德教育团工委副书记、顺德第一中学团委书记。曾被聘为教育部、财政部“国培计划”化学班授课专家，“华南师大－中小学”协同发展联盟专题报告专家，华南师范大学区域教育服务项目授课教师，华南师范大学教育实习远程指导工作坊副坊主，广东省学生发展指导师，佛山市高中化学教学指导中心组成员等；曾获佛山市优秀团干部、顺德区高层次教育人才、顺德区学科优秀教师、顺德区教改先进个人等荣誉；曾获全国中小学创新课堂教学实践观摩活动一等奖、全国基础教育化学新课程实施成果征集与评选活动教学案例类一等奖及研究论文类二等奖等奖励；在《化学教育》等核心期刊发表学术论文4篇，主持市级以上课题2项，参与区级以上课题5项，出版著作1部。

专家点评

（1）善用技术：合理运用了线上平台功能，实现线上小组合作以及进行实时动态定量的学生评价，调动学生积极性。

（2）精心设计：教学活动以学生为主体，情境线、问题线清晰有逻辑，对学习过程有帮助。

——华南师范大学化学学院　钱扬义

基于有效设问培养化学核心素养的教学案例

——以高一“乙烯”为例

东莞市东莞中学　刘汉国

一、 案例简介

本节课是人教版高中化学必修2第三章第二节的内容。从生活情景导入，以石蜡油分解情境为线索，从装置分析、结论分析、结构分析和现象分析四个方面进行深度探究，通过对比设问、层进式设问和问题链三种方式进行有效设问，采用实验、视频和诗歌等手段，从中构建“原子—成键—结构”和“结构—性质—现象”两种思维模型，使知识在学生头脑中自然生成，使五个层面的化学核心素养真正落地。

二、 教学设计

（一）教学目标

开展素养为本的教学，教学目标应体现化学核心素养，据此，本节课的教学目标如下：

（1）通过石蜡油分解实验的探究，学会乙烯的化学性质，并在探究过程中发展科学探究能力。

（2）通过组装乙烯的球棍模型、观看视频动画以及理论分析，构建“原子—成键—结构”和“结构—性质—现象”两种思维模型，并应用模型解释化学问题，从而培养“宏观辨识与微观探析”以及“证据推理与模型认知”化学核心素养。

（3）通过视频和诗歌，了解乙烯的重要作用以及其造成的环境污染问题，渗透辩证统一分析问题，从而培养“变化观念与平衡思想”以及“科学精神与社会责任”化学核心素养。

（二）教学流程

本节课的教学流程如图1所示。

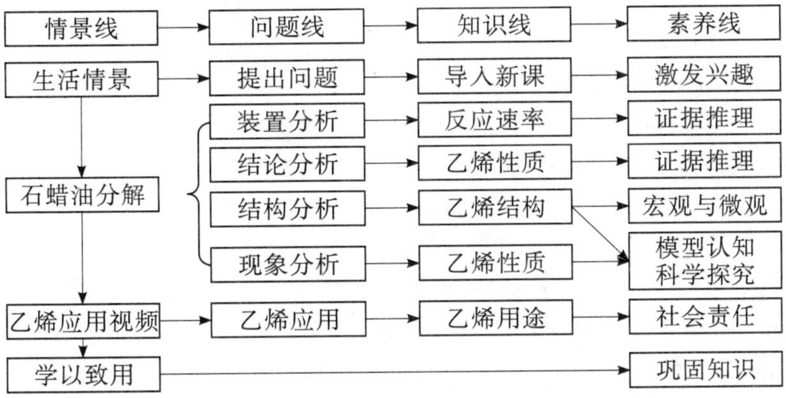

图 1　教学流程图

（三）教学过程

1. 教学环节一：创设情境、导入新课

展示三幅彩图：一张为刚刚摘取不久的香蕉，颜色偏青；一张是将青香蕉与熟苹果掺在一块放置一夜后，香蕉已全变黄；一张为浸泡 $KMnO_4$的硅藻土保鲜水果。

教师：为什么青香蕉与熟苹果放一起一夜间会变黄色？为什么浸泡 $KMnO_4$的硅藻土能够使水果保鲜？

（学生充满好奇。）

2. 教学环节二：实验探究、深入分析

教师：按照图 2 进行石蜡油分解实验探究：将石蜡油分解产生的气体通入溴水和酸性 $KMnO_4$溶液，并在 D 处点燃气体，请记录好实验现象。

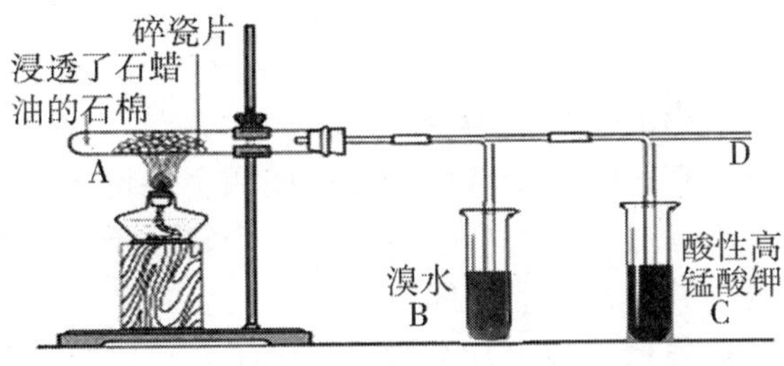

图 2　石蜡油的分解实验

（1）任务一：装置分析。

教师：石蜡油浸泡在石棉中的目的是什么？

（学生一脸茫然，无从回答。）

教师：从化学反应速率的角度，思考石蜡油浸泡在石棉中的目的是什么？

学生：增大接触面积，提高反应速率。

教师：装置 A 中瓷片的作用是什么？

学生：防止爆沸。

教师：装置 A 中若不加碎瓷片，反应很慢，则瓷片的作用是什么？

学生（恍然大悟）：是催化剂。

（2）任务二：结论分析。

教师：根据实验现象，石蜡油分解产生了什么物质？

学生（异口同声）：产生了乙烯气体。

教师：二氧化硫能使溴水和高锰酸钾褪色吗？

（学生沉默，若有所思。）

教师：石蜡油的分解实验，得到哪个实验结论？为什么？

a. 石蜡油分解生成了乙烯；b. 石蜡油分解生成与烷烃性质不同的物质。

学生：结论 b。因为能使溴水和高锰酸钾褪色的不仅仅有乙烯。

（3）任务三：结构分析。

教师：研究表明，石蜡油分解产物中，能使溴水和高锰酸钾褪色的物质是乙烯，其分子式为 C_2H_4。请根据碳原子形成四个价键、氢原子形成一个价键的原则，组装 C_2H_4 的球棍模型。

（学生展示组装的球棍模型，如图 3 所示。）

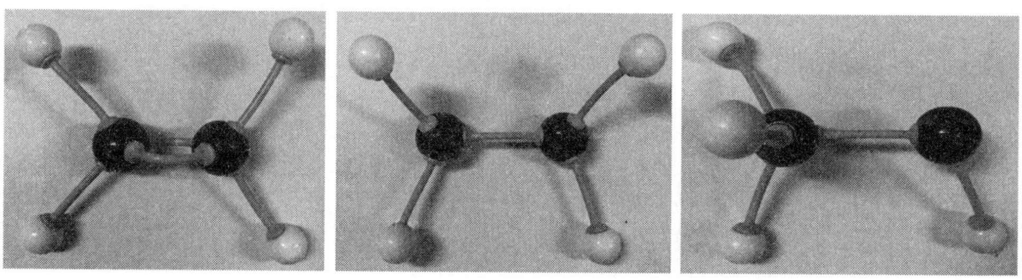

模型一　　模型二　　模型三

图 3　学生组装的乙烯球棍模型

教师：大家认为上述搭出的乙烯模型合理吗，为什么？

学生：根据前面学过的知识，每个碳原子要形成四个共价键才稳定，所以模型二和模型三的结构是不稳定的。乙烯分子中每个碳原子与两个氢原子结合形成两个共价键，所以碳原子之间还必须形成两个共价键才满足四价。

教师：根据乙烯的球棍模型，写出其结构式、电子式，并且分析其分子的空间结构。

（学生展示乙烯的结构式、电子式。根据乙烯的球棍模型可知，乙烯 6 个原子共面。）

（4）任务四：现象分析一。

教师：乙烯使溴水褪色，发生化学反应。尝试用模型搭建乙烯与溴水反应的可能产物，写出相应的化学方程式。

（学生展示组装的球棍模型，如图 4 所示。）

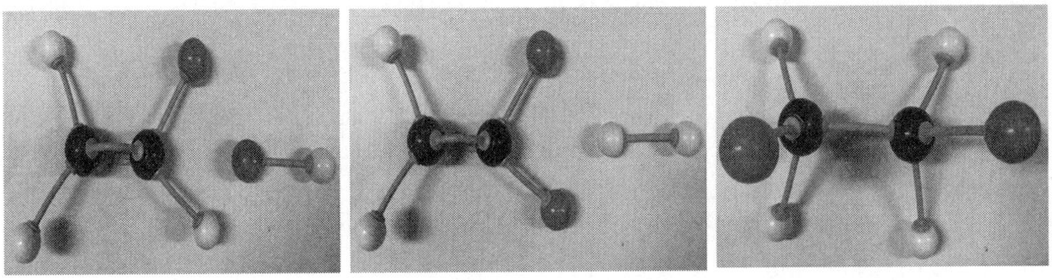

假设一　　　　假设二　　　　假设三

图 4　学生组装的乙烯与溴水反应可能产物球棍模型

教师：大家认为上述搭出的乙烯模型合理吗，为什么？

（学生认为假设一合理，产物为 $CH_2{=}CHBr$ 和 HBr，理由是该反应和甲烷的取代反应相似；认为假设二合理，产物为 $CHBr{=}CHBr$ 和 H_2，理由是每个碳原子要形成四个共价键才稳定；认为假设三合理，产物为 CH_2BrCH_2Br，但是不明白为什么。）

教师：刚才大家观察到有气体生成吗？

（学生恍然大悟，立即否定了假设二。）

教师：认为假设一合理的同学，你能用恰当的方法来证明你的结论是正确的吗？

学生：产物中有 HBr 生成，可以检测反应后溶液的 pH，也可在溶液中滴加硝酸酸化的硝酸银溶液检验溴离子。

教师：取 B 试管（见图 2）中少量反应液，向其中加入硝酸酸化的硝酸银溶液，请观察现象。

学生：无现象，说明假设一不合理。

教师：排除了假设一和假设二，那么只能是假设三合理了。那么假设三的产物是怎么产生的呢？请大家观看反应的动画，从化学反应的本质思考断裂了哪些化学键和生成了哪些化学键。

学生：乙烯打开了碳碳双键中的一个，单质溴断裂 Br—Br 键，两个溴原子分别加到双键碳的两端。

教师：有机物分子中双键（或三键）两端的碳原子与其他原子或原子团直接结合生成新的化合物的反应，叫作加成反应。从化学键的角度，分析反应前后化学键的变化。从反应物和生成物的种类角度，分析反应前后物质的种类变化。

学生：C═C 变为 C—C，物质的种类从多种变为一种。

教师：为何 C═C 中的一个键易断裂呢？已知断裂 C═C 和 C—C 需要的能量如表 1 所示。

表 1　断裂 C═C 和 C—C 需要的能量

断键类型	C═C	C—C
所需能量/$KJ \cdot mol^{-1}$	一个 263.6　一个 347.3	346

学生：C═C 中的一个键能为 263.6 KJ/mol，能量低容易断裂。

教师：乙烯不仅与溴单质发生加成反应，而且还与 H_2、HCl 和 H_2O 发生加成反应，请大家写出相关反应方程式。

（学生展示书写的反应方程式。）

教师：乙烯与盐酸反应吗？乙烯通入水中就会生成乙醇吗？

学生：不能反应。

教师：注意反应条件，很多有机反应都是在一定条件下发生的。

（5）任务五：现象分析二。

教师：乙烯使 $KMnO_4$ 褪色，发生了哪类化学反应呢？生成的产物是什么呢？

学生：发生了氧化反应，MnO_4^- 生成了 Mn^{2+}。乙烯生成了什么呢？

教师：乙烯生成一种使澄清石灰水变浑浊的气体。

学生：二氧化碳气体。

（6）任务六：现象分析三。

教师：乙烯燃烧为何有黑烟呢？甲烷和氢气燃烧有黑烟吗？

学生：甲烷和氢气燃烧无黑烟，但是不知道乙烯燃烧为什么有黑烟。

教师：乙烯与甲烷，哪一种含碳量高？

学生：乙烯的含碳量高。

教师：含碳量越高，燃烧时火焰越亮，烟越多。

3. 教学环节三：归纳整理、构建网络

教师：乙烷能发生加成反应和能使酸性 $KMnO_4$ 褪色吗？乙烷与乙烯结构上有什么不同？

学生：乙烷不能发生加成反应，因为乙烷没有 $C=C$。

教师：由此可见，$C=C$ 决定了乙烯能够发生加成反应，能够使酸性 $KMnO_4$ 褪色，所以构建了“结构—性质—现象”思维模型。请根据此模型，归纳乙烯的化学性质。

（学生归纳乙烯的化学性质。）

4. 教学环节四：关注应用、培养责任

教师：如何理解乙烯的产量能衡量国家的石油化工发展水平呢？请大家观看视频，总结乙烯的主要用途。

学生：重要的化工原料；植物的生长剂。

教师：通过学习，你知道为什么青香蕉与熟苹果放一起一夜间会变黄色？为什么浸泡 $KMnO_4$ 的硅藻土能够使水果保鲜？

学生：熟苹果中有乙烯，能催熟青香蕉；$KMnO_4$ 能吸收乙烯。

教师：让我们一起朗诵《乙烯的“一生”》，品味乙烯不平凡的一生。“轻轻地，我来了；我挥一挥衣袖把手连起来，我倾心地呵护着人类安逸的生活。当我老迈，依旧怀恋昔日的舞台，而我也感受到了人类的无奈。”

教师：朗读完，大家有什么感悟？

学生：注意环保。

5. 教学环节五：学以致用、巩固应用

（1）第一题：已知丙烯的结构简式为 $CH_3—CH=CH_2$。请依据所学知识，回答下列问题：

①丙烯的结构中最多能有多少个原子共面？

②联想甲烷和乙烯，推测丙烯可能发生哪些类型的化学反应？

③丙烯若与 HCl 发生加成反应，可能会生成哪些物质？

（2）第二题：除去乙烷中混有的少量乙烯的方法，应选择哪种？为什么？

A. 与氢气加成　B. 通入溴水　C. 通入酸性高锰酸钾溶液　D. 通入水中

（本案例以疫情前录制的讲课视频为素材。微信扫描二维码可观看课堂实录，网页下载链接：https://portal.scnu.edu.cn/article-13961-488-1.html）

三、 教学成效与反思

（一）师生访谈——诊断核心素养

教师访谈：本节课从生活情景导入，以石蜡油分解情景为线索，通过对比设问、层进式设问和问题链三种方式进行高效设问，采用实验、视频和诗歌等手段，使本节课的知识在学生头脑中自然生成，使得五个层面的化学核心素养真实落地。

本节课的设计，不仅承接了化学反应速率，而且为有机物的学习提供了重要的思维模型。

学生访谈：本节课的学习比较轻松，通过观看视频动画和组装模型的方式，直观而形象地突破了关于乙烯空间结构和加成反应的难点。通过本节课的学习，我不仅学会了从结构角度分析化学性质、从化学性质分析现象的学习方法，而且学会了辩证地看待问题，以后尽量少使用方便塑料袋。

（二）教学反思——感悟核心素养

本节课以“为什么青香蕉与熟苹果放一起一夜间会变黄色”“为什么浸泡 $KMnO_4$ 的硅藻土能够使水果保鲜”等生活中的真实情景为问题导入新课，激发学生的学习热情；以石蜡油分解实验为情景，从装置分析、结论分析、结构分析及现象分析等四个方面层层深入，分析现象、性质、结构三者的关系，提炼出“结构—性质—现象”思维模型，预测陌生物质的性质，解决相关实际问题，为发展学生的“变化观念与平衡思想”“证据推理与模型认知”和“科学探究与创新意识”等核心素养提供重要基础；以组装球棍模型和视频动画为情景，归纳提炼出“原子—成键—结构”模型，搭建了微观—宏观的桥梁，为发展学生的“宏观辨识与微观探析”核心素养提供重要基础；以朗诵《乙烯的“一生”》和调查“乙烯在工业中的重要应用”为情景，让学生深入生活，感受化学的魅力，为发展学生的“科学态度与社会责任”核心素养提供重要基础；以提供断裂 C═C 和 C—C 需要的能量为情景，为学生提供了必要的素材和知识支持，为学生完成学习任务提供重要基础，有利于发展学生的化学学科素养。

作者简介

刘汉国，华南师范大学硕士研究生，东莞市化学学科带头人，两次获得全国“园丁奖”，三次被评为广东省“优秀辅导员”，五次被评为东莞市“优秀辅导员”，发表论文12篇，获国家级、省级和市级奖励的论文15篇，获国家级奖项的优质课5例。

专家点评

本节课的课标分析、教材分析、教学流程、学习评价、教学反思等环节全面、规范，教学目标的制定、教学过程的实施都充分体现了化学核心素养的五个维度，真正做到了使化学核心素养落地生根。本节课最大的亮点是注重设问的有效性。在装置分析时，通过设问“从化学反应速率的角度，思考石蜡油浸泡在石棉中的目的是什么”，引导学生注重问题导向；在分析乙烯燃烧为何有黑烟时，通过设问“甲烷和氢气燃烧有黑烟吗”，培养学生用对比的思想分析问题。有效设问，提高问题的有效性，让问题解决水到渠成，使学生思维外显，知识自然生成，实现了学生能力进阶，促进了学生核心素养的养成。

——东莞市万江中学　黄晗晖

网络微课的构建与实施

——以高二“苯酚的性质”为例

广东广雅中学　张伟健

一、 案例简介

本案例是人教版高中化学选修 5 第三章第一节“醇酚”中的内容。本节线上课程通过重新分配课堂 40 分钟的时间，以合理的“减法”原则精简课堂容量，聚焦重难点，构建了一个同时结合传统教学和翻转课堂的教学模式，以实现分层教学。

教学过程中，以疫情期间的石炭酸（苯酚）消毒液为切入点，以高清实验素材为依托，巩固学生对“基团结构相互影响”的认识，深化“结构决定性质”的核心思想。

二、 教学设计

（一）网课的构建与教学模式分析

网课阶段，教学面临新变化：①教师难以把握学生的学习状态；②师生互动减少，学生获取知识的主体性和主动性减弱；③网络质量难以保证，全程直播教学不现实；④缺少实验素材，需要多媒体资源补足。

针对上述变化，笔者认为，需要在教学上做出适当改变：

1. 适度做减法，聚焦重难点

在线教学期间，学生学习质量不好把控，因此返校开学后必定将对知识进行回顾。针对此情况，教师可以在新授课时对教学内容进行取舍，通过精简教学内容，为在线教学腾出在线测试与师生交流的时间。

2. 结合传统教学与翻转课堂，构建网络课堂

全程直播易受网络影响，全程录播则缺少师生互动，而且教师授课时间过长，容易进入网课“满堂灌”的误区。因此需要将课堂的 40 分钟重新调整，通过录制微课（课例）讲解知识、在线测试了解学情、直播讲评师生互动，提升学生的主体性。

据此，笔者将课堂分割成为三部分：“20 分钟课例 +6 分钟在线测试 +10 分钟直播讲

评答疑”。

20分钟的课例，压缩了授课时间，为此，教师在录制课例时需注意精简内容，精练语言，做合理的“减法”。6分钟在线测试以选择题为主，通过讲练结合的方式，提升学生对知识的运用能力。同时，教师可以通过大数据迅速得知学生答题情况，继而进行有针对性的讲解。10分钟直播答疑的过程中，除了教师进行讲解，也可以邀请学生在线分析解题心得，提高学生的学习能动性。具体操作模式如表1所示。

表1 课堂安排

角色	前一天	前20分钟	中间6分钟	最后10分钟
教师	上传录制的课例	解答部分提前学习的学生的疑问	及时查看完卷学生的答题情况，可布置部分学生准备分享解题心得	引导和讲解解题思路，或根据班级学情进行内容的补充
基础较好、积极性较高的学生	提前观看课例	快速重温课例或在线与教师互动	参与在线测试	分享做题心得
其余学生		观看课例	参与在线测试	根据讲评内容进行反思和提升

新的教学模式，能较好地兼顾两类学生，做到分层教学：对于基础较好的学生，以翻转课堂模式为主，学生自主提前观看课例，课堂上与教师互动解决疑问，并与他人分享心得，提升学习的积极性；对于基础一般的学生，则类似于传统课堂模式，按部就班地学习。

（二）教学背景

1. 教材分析

本节教材除介绍苯酚的性质外，主要加深学生对“有机物官能团间性质相互影响”的认识，进而帮助学生深刻理解“结构决定性质”的化学核心思想。而对苯酚的学习，也关系到后续对苯酚酯水解与酚醛树脂制备这两大难点的理解。

2. 学情分析

学生在“有机化合物的分类”中，了解了醇酚结构上的异同；在“醇”的学习中，了解了羟基的性质；在“芳香烃”甲苯的学习中，了解了基团互相影响的知识。这些知识为苯酚的学习起到了关键的作用。通过本节课对酚羟基的学习，学生将进一步了解苯基与羟基的相互影响，从而真正理解醇和酚的异同，同时也深化对“结构决定性质”规律的认识。

（三）教学目标与重难点

1. 教学目标

（1）通过学习酚与醇的结构和性质的异同点，体会有机物基团间的相互影响，提高微观探析与证据推理能力。

（2）通过分析苯酚悬浊液先后与氢氧化钠、盐酸反应的现象，建立“从微观视角解释宏观现象”“化学反应是动态平衡过程”的思维模型。

（3）通过溴水检验苯酚的实验，建立羟基对苯环上活泼氢影响的印象，培养学生从定性分析转化为定量分析的能力。

2. 教学重难点

（1）苯酚的弱酸性及其体现（苯环影响羟基）。

（2）苯酚与溴水的反应（羟基影响苯环）。

（四）化学学科核心素养的体现

1. 宏观辨识与微观探析

（1）从结构组成角度认识醇、酚属于不同类别的有机物。

（2）从苯环和羟基视角，预测苯酚可能具有的性质。

（3）从基团相互影响的角度，认识由基团间相互影响引起的性质差异。

2. 变化观念与平衡思想

（1）从“低浓度苯酚可消毒，高浓度苯酚会腐蚀”的事实中，认识到量变与质变的关系。

（2）从电离平衡、强酸制弱酸的知识出发，了解苯酚的酸性强弱。

3. 证据推理与模型认知

（1）建立官能团相互影响的有机物性质认识模型。

（2）能从实验和反应原理中寻找证据论证苯酚的酸性，并了解生产生活中苯酚的应用。

4. 科学探究与创新意识

（1）通过实验素材，探究苯酚的性质。

（2）通过与旧知识的冲突和对比，加深对“结构决定性质”这一规律的理解。

5. 科学态度与社会责任

了解苯酚毒性、腐蚀性与消毒作用的辩证关系。

（五）20 分钟课例的教学实施

1. 情境导入

【教学活动】

（1）教师设问：生活中常见的消毒物品都有哪些？

（2）展示在新冠肺炎疫情期间，常见和接触到的消毒物品，引出另一种消毒物品——石炭酸，亦即苯酚。

【设计意图】

利用时事热点引起学生兴趣。

2. 认识苯酚的结构

【教学活动】

（1）教师设问：苯酚的结构有什么特点？与醇的差别在哪里？

（2）给出苯甲醇和苯酚的结构，提出两者是否为同系物的设问。引导学生从有机物分类的知识中，找到酚和醇的结构差异。

【设计意图】

加深学生对苯酚结构的关注，建立认知冲突。

3. 苯酚的物理性质

【教学活动】

（1）教师设问：苯酚的外观有什么特点？苯酚比起醇，溶解度有何不同？低浓度苯酚可以消毒，但高浓度苯酚对皮肤具有一定的腐蚀性，如果不慎粘到手上如何处理？

（2）展示苯酚和久置苯酚的颜色对比，并为后续化学性质中的氧化反应埋下伏笔。

（3）播放高清视频，展示苯酚常温下微溶于水，升温溶解度增大，冷却时析出苯酚形成乳浊液的现象。

（4）引导学生联系苯酚的物理性质思考，解决问题。同时引导学生建立“变化观念”的核心素养，认识到低浓度苯酚可消毒，高浓度苯酚对人体有害。

【设计意图】

通过高清多媒体素材的展示，直观地让学生认识苯酚的物理性质，同时为后续讲述化学性质时提供一定的依据。

4. 苯酚的化学性质

【教学活动】

（1）教师设问：既然醇和酚都有羟基，性质自然有一定的相似之处。苯酚有哪些性质与醇是类似的呢？苯酚的俗称是石炭酸，那意味着酚羟基有什么特殊之处？

（2）联系之前久置苯酚变色的图片，引出苯酚能发生氧化反应的性质，继而归纳出能燃烧、能使酸性高锰酸钾褪色的性质。利用知识迁移，类比出苯酚可与金属钠发生反应。

（3）从俗称引发学生思考，播放高清视频。苯酚浊液在加入 NaOH 后澄清，加酸或通入 CO_2 再次浑浊，联系之前的视频推断出析出了苯酚，继而通过强酸制弱酸的原理，推导出苯酚的弱酸性。教师结合“结构决定性质”的核心规律，与甲苯中的类似情况做类比，提出苯环影响羟基的知识。

【设计意图】

通过醇羟基与酚羟基的异同点，强调酚类物质的特殊性，引导学生利用基团结构互相影响的知识，建立苯环影响羟基的印象。在处理苯酚钠溶液通入 CO_2 这一知识时，着重强调现象与苯酚弱于碳酸这一结论，方程式书写不做过多的展开。

5. 苯酚的检验

【教学活动】

（1）教师设问：有什么化学试剂可以用于检验苯酚呢？已知三溴苯酚可溶于有机物，在利用溴水检验苯酚时应注意什么条件？苯酚与溴水的反应本质上是取代反应，这与我们之前学的取代反应有何区别？对比苯的溴代反应，除了条件上的区别，取代原子数有何差异？

（2）播放高清视频，介绍苯酚的显色反应。播放苯酚与溴水反应的视频，介绍生成白色沉淀三溴苯酚的原理。

（3）引导学生关注试剂的用量关系，为保证白色沉淀顺利产生，应使用浓溴水与稀苯酚溶液的配比。

（4）引导学生联系之前所学的苯的溴代反应，通过反应条件的对比，得出苯酚的苯环更活泼的结论，继而引出羟基对苯环的影响。

（5）介绍酚羟基的邻对位 H 的活泼性，建立学生对该反应定量角度的认识。给出双酚 A 的结构，引导学生举一反三，判断与溴水反应的比例。

【设计意图】

苯酚的检验方法中，重点讲解的是苯酚与溴水的反应。该实验强调三点——反应现象、反应条件、反应比例，并要学生能将此知识推广到酚类衍生物的分析中。

6. 课堂小结

【教学活动】

（1）教师设问：今天对苯酚的学习我们着重了解了苯环与羟基的相互影响，以及酚与醇在性质上的异同。让我们最后全面地回顾苯酚的性质。

（2）归纳出本节课程主要知识脉络的思维导图，帮助学生加深对重难点的印象（见图 1）。

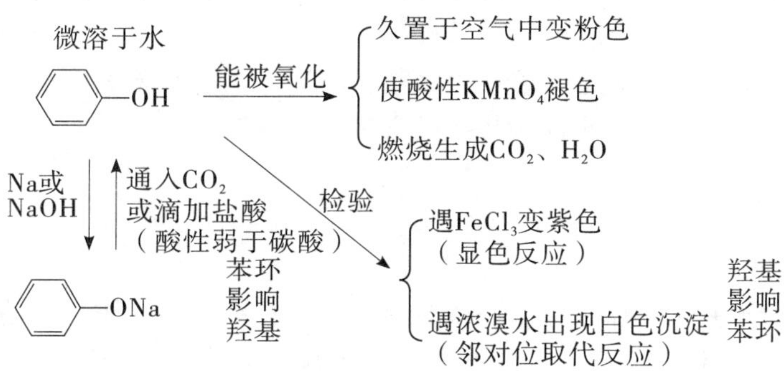

图 1　本节课思维导图

【设计意图】

在线教学网课不同于传统教学，缺少板书，学生有时候较难把握学习的重难点。因此在微课（课例）的最后，有必要通过一个简单的思维导图，将本节课的重难点进行系统的归纳，再次加深学生的印象。

（微信扫描二维码可观看课例，网页下载链接：https://portal.scnu.edu.cn/article-13961-490-1.html）

三、教学成效与反思

与传统课程相比，本在线教学案例通过将课堂重构和精简课堂容量，将微课（课例）、堂练、直播讲评等三者有机结合，能较好地满足分层教学的需求。学生在有限的课堂时间内，能把主要精力集中于重难点知识，并能较好地完成知识转化。

但是，由于实验素材的限制，课堂中学生的主体性依然有待提高。

笔者认为，网课阶段，做实验的主体可以尝试由教师改为学生，这有利于培养学生的动手和表达能力，提升学生的学习积极性，培养科学探究与创新意识的核心素养。当前很多较安全的试剂都可以直接在药房或者网上购买，且价格不贵，实验探究后还能有相应的生活用途。教师可以提前一周找志愿参与的学生进行实验探究。学生在教师的指导下购置部分试剂，进行适度的家庭科学实验，并录成短视频分享到群里。

就本节课的内容而言，学生可以购买苯酚甘油抑菌液或50%药用石炭酸消毒液、NaOH稀溶液、小苏打粉等，进行下列探究实验：

（1）倒出适量苯酚甘油液，暴露在空气中，使甘油挥发，观察析出的少量固体。

（2）利用50%药用石炭酸消毒液与小苏打进行实验，探究苯酚与碳酸的酸性强弱。

（3）加热蒸发部分50%药用石炭酸消毒液，以了解其溶解度性质，再与NaOH反应

上述实验的危险性较低，平时动手能力较好的学生在教师的指导与家长的帮助下，可以完成该实验。学生通过录制实验视频并上传，也能体会教师录制微课（课例）的艰辛，从而更珍惜平时学习的机会，提高学习积极性；其他学生也会感觉到更有新鲜感，增加学习的兴趣。

最后，笔者认为，网课表面上多了很多掣肘的地方，但实质上也给了我们很多可以创新的空间。利用好这个契机，定能为传统教学带来一股新的活力。

作者简介

张伟健，任教于广东广雅中学，一级教师，奥赛教练，省级课题“高中化学微课教学研究”课题组成员。2014年获广州市中青年化学教师素质大赛一等奖，2015年获评省级优秀竞赛教练，2016年获广州市高考突出贡献奖，连续三年任教高三年级，获广雅中学莲花勋章金奖2次、银奖1次。2018年获“广雅校园新秀”称号。

专家点评

整体来说，本节课具有以下优点：

（1）能够短时有效地落实目标：本案例通过首先让学生进行课例学习，再在线测试，最后进行习题讲解及思维导图归纳，短时有效地攻克教学重难点。

（2）本案例容易模仿，便于操作，对目前线上教学有一定的参考价值。

（3）素材来源丰富而有针对性，教学过程中能巧妙利用实验视频，辅助自身的教学，并对视频内容进行提炼和升华，引导学生从宏观层面到微观层面理解实验现象。

（4）本案例采取的是素养导向的教学，着重培养有机物“结构决定性质”的学科思想与观念，通过整体设计教学内容，突出苯、乙醇与苯酚在结构及性质上的联系与区别，注重实验活动对“宏微结合”素养的培育。

——佛山教研室　王怀文

高二“盐类的水解”在线教学设计

惠州市第一中学　陈瑞婷

一、 案例简介

“盐类的水解”这一节课是人教版高中化学选修4第三章第三节的内容，笔者采用问题导学教学模式，将知识点设计成富有层次的问题串，融合了多媒体的优势，带领学生体验自主合作探究的在线学习过程。授课过程中，教师以学生为主，引导学生以导学案为载体，从宏观、微观、符号三重表征体验思维模型的建立、理论的获得，学会类比迁移。这正体现了在线教学能提高学生自主合作探究中的实时性、共享性和智能化。

二、 教学设计

（一）教材分析

1. 本节课在教材中的地位和作用

盐类的水解是在学生已经学习了离子反应、弱电解质的电离平衡、水的电离平衡的基础上来讨论电解质在水溶液中的电离行为，在学生已知道溶液酸碱性的本质原因的基础上再来探究盐类在水溶液中的酸碱性规律，这样有助于促进学生的认知发展，有利于帮助学生形成完整的电解质溶液的平衡体系。

2. 本节课的重点、难点

重点：盐类水解的本质。

难点：盐类水解方程式的书写。

（二）教学目标

1. 知识与技能

（1）认识盐类水解的原理和规律。

（2）能够正确书写盐类水解的反应方程式。

2. 过程与方法

（1）能通过对比归纳正盐的类型与盐溶液酸碱性的规律，能从微粒观的角度形成分析盐类在水中的行为的思维模型等多角度对盐溶液呈现酸碱性这一宏观现象进行解释。

（2）能正确解释和书写盐类水解的反应方程式，并形成自我检查的能力。

3. 情感态度与价值观

通过实验与探究学习的过程，让学生在线远程体验科学研究的过程，强化科学探究的意识，使学生在问题探讨过程中学会倾听他人，相互启发，体会合作交流的快乐。

（三）教学方法

问题导学法、实验探究、学案导学、腾讯课堂、微信小组讨论。

（四）教学实施

1. 环节一

【教师活动】

①课前准备：班里共54位同学，按照学业水平能力的不同，以每6人为一个小组，每个小组在组长的带领下组建微信群，教师加入其中，便于组内进行问题探讨，同时也可以了解小组讨论的过程。教师编制“盐类的水解”导学案，提前1天发到讨论组，方便学生自主预习。上课时，采用腾讯课堂，教师可以点名学生发言，学生也可以举手发言。

②教师引导学生回顾：溶液酸碱性的本质是什么？酸性溶液一定是酸溶液，碱性溶液一定是碱溶液吗？

③PPT展示：实验探究——盐溶液的酸碱性。试判断，等浓度的 CH_3COONa、Na_2CO_3、NH_4Cl、$Al_2(SO_4)_3$、$NaCl$、KNO_3溶液分别呈什么性？如何用实验快速验证溶液酸碱性？

④强调用科学规范的语言表达pH试纸的使用，并要求学生复述记忆。播放视频，让学生掌握pH试纸的使用方法，并把溶液pH值、酸碱性记录到学案上。

【学生活动】

提出用酸碱指示剂、pH计、pH试纸检测等方法，并比较得出最佳方案：采用广泛pH试纸能最快检验出盐溶液的酸碱性。观看实验视频，记录实验结果。

2. 环节二

（1）问题导学1。

问题1 请同学们独立思考并分析，正盐的类型与溶液的酸碱性有什么关系？完成表1。

表1 正盐与溶液的酸碱性

盐溶液	pH值	溶液酸碱性	生成该正盐的酸和碱		盐的类型
			酸	碱	
CH_3COONa	8	碱性			
Na_2CO_3	10	碱性			
NH_4Cl	6	酸性			
$Al_2(SO_4)_3$	3	酸性			

续上表

盐溶液	pH 值	溶液酸碱性	生成该正盐的酸和碱		盐的类型
			酸	碱	
NaCl	7	中性			
KNO_3	7	中性			

【教师活动】

小结正盐的类别与盐溶液酸碱性的关系：

①强碱弱酸盐的水溶液——显碱性；

②强酸弱碱盐的水溶液——显酸性；

③强酸强碱盐的水溶液——显中性。

规律：谁强显谁性，同强显中性。

【学生活动】

学生独立思考，被点名的学生归纳总结正盐的类别：强碱弱酸盐的水溶液显碱性；强酸弱碱盐的水溶液显酸性；强酸强碱盐的水溶液显中性。

（2）问题导学2。

问题2　正盐溶液（以 NH_4Cl 和 CH_3COONa 为例）在水中不能电离出氢离子或氢氧根离子，却能使溶液呈酸碱性的原因是什么？

【教师活动】

①引导同学们按照以下思维程序思考：

H_2O 的电离：$H_2O \rightleftharpoons H^+ + OH^-$

氯化铵或醋酸钠加入水中：氯化铵或者醋酸钠存在哪些电离方程式？盐溶液中存在哪些粒子可能结合（生成弱电质）？对水的电离平衡有何影响？$c(H^+)$ 与 $c(OH^-)$ 大小关系如何？

请以小组为单位进行组内探讨合作，时间 10 分钟。我们将请两个小组代表进行汇报分享。

②及时点评学生的汇报，用多媒体 PPT 动画从微观角度演示氯化铵和醋酸钠的水解过程。教师结合宏观、微观与学生的分析过程，用符号——水解方程式，展示了氯化铵和醋酸钠的水解过程：

离子方程式：$NH_4^+ + H_2O \rightleftharpoons NH_3 \cdot H_2O + H^+$

化学方程式：$NH_4Cl + H_2O \rightleftharpoons NH_3 \cdot H_2O + HCl$

离子方程式：$CH_3COO^- + H_2O \rightleftharpoons CH_3COOH + OH^-$

化学方程式：$CH_3COONa + H_2O \rightleftharpoons CH_3COOH + NaOH$

③教师总结盐类水解的实质：盐溶液电离产生的弱碱阳离子、弱酸根离子分别与水电离产生的 OH^- 或 H^+ 结合生成弱电解质，从而促进了水的电离的反应。结合盐类水解是酸碱中和反应的逆反应，引导学生总结盐类水解的三大特点：可逆、吸热、微弱。

④提问：强酸和强碱所生成的盐比如氯化钠和硝酸钾为什么呈现中性？

⑤教师小结：盐类水解的规律为，有弱方水解，无弱不水解。列出常见的弱碱阳离子和弱酸根离子。

【学生活动】

①小组成员在小组长的带领下，利用微信群进行组内探讨。讨论结束，全班同学回到腾讯课堂，小组成员 A 汇报成果：加入氯化铵之后，完全电离出 NH_4^+、Cl^-，NH_4^+ 和 OH^- 能结合成弱电解质 $NH_3 \cdot H_2O$，发生新的可逆反应，促进了水的电离，使 H^+ 浓度大于 OH^- 浓度，所以氯化铵溶液呈酸性。B 学生回答：CH_3COONa 溶于水后，溶液中共有 Na^+、CH_3COO^-、H^+、OH^- 四种离子。CH_3COO^- 和 H^+ 能结合成弱电解质 CH_3COOH，促进了水的电离，使 OH^- 浓度大于 H^+ 浓度，所以 CH_3COONa 溶液呈碱性。

②学生独立分析强酸强碱盐氯化钠和硝酸钾不存在会水解的微粒，不影响水的电离，溶液呈中性。

（3）问题导学 3。

问题 3　书写下列化合物的水解方程式：KF，NH_4NO_3，$FeCl_3$，Na_2S。

【教师活动】

PPT 展示书写提示：①用可逆符号；②不标“↑”“↓”，不把生成物（如 $NH_3 \cdot H_2O$、H_2CO_3）写成其分解产物的形式；③多元弱酸盐水解分步进行，以第一步为主；④多元弱碱盐的水解视为一步完成。

要求学生按照教师给的提示，在草稿纸上独立作答，并把作业拍照上传至微信群，时间 10 分钟。

【学生活动】

全班学生自己独立完成水解方程式的书写，利用教师所给的提示进行自我检查，并将结果拍照上交到小组微信群。

3. 环节三

（1）课堂总结。

【教师活动】

①教师及时查看学生作业，收集典型案例，利用腾讯课堂展示学生的作业，点名让学生评价这些作业的正误。

②教师及时评价学生的作业以及点评是否正确，展示标准答案让学生核对，强调注意点，如 Na_2S 的水解方程式要迁移多元弱酸分步电离的知识，多元弱酸的酸根离子水解方程式要分步写，真正突破难点。

【学生活动】

本节课学生在通过实验和理论分析两个角度理解并掌握盐类水解的原理——盐溶于水后在水中电离出的弱离子（弱酸根离子或弱碱的阳离子）与水电离出的 H^+ 或 OH^- 结合生成弱电解质，从而促进了水的电离过程。盐类水解的规律：谁强显谁性，同强显中性；有弱方水解，无弱不水解。学生在此基础上掌握盐类水解方程式的书写。

（2）课堂练习。

采用 PPT 展示，并用腾讯课堂设置答题卡，及时反馈学生作答情况。

（微信扫描二维码可观看课例，网页下载链接：
https://portal.scnu.edu.cn/article-13961-493-1.html）

三、教学成效与反思

本节课在线教学实践，其优势体现在：

（1）采用"互联网+问题导学"的新颖模式，充分调动学生的兴趣。本案例借助互联网，以导学案为载体，通过设计富有梯度、层次的问题串，让学生体会利用微信讨论组自主合作探究、解决问题的过程。对比教师单方面填鸭式的在线授课，该模式使课堂氛围更加活跃；对比微课堂，该模式的思维容量较大，内容更为完整具体。

（2）将在线课堂的智能化、实时性、可视化服务于教学，提高一对多在线教学辅导的效率。利用腾讯课堂的聊天功能或者举手功能，可以实时掌握学生动态，关注学生的疑问。对比一对多线下教学中教师难以把控全班学生作答情况，腾讯课堂中的答题板通过设置限时做题，系统自动统计结果，能让教师实时掌握全班学生的学习质量，也能让学生作答结果可视化。

（3）在线课堂拥有共享性、永久性。在线课堂的回放功能，便于学困生课后重复听课，加强巩固，避免线下课程只能听一遍的弊端。同时，微信聊天群将学生探讨思维的过程可视化，让学习资源、思维方法在组内得到共享，实现师生、生生随时随地密切交流。

本节课的不足之处：

（1）学生自主学习能力不足，线上教学难以把控所有学生的学习状态。线上教学，要求学生有高度自主、自律的意识，但是有部分学生存在全程不发言、不积极参与探讨的现象。

（2）线上演示实验代替学生实验，学生缺乏亲自动手的体验。由于疫情原因，教师只能借助互联网寻找实验素材，寻找到的实验素材有限且效果不佳，学生缺乏亲自动手实践的真实体验。

（3）学生对于盐类水解方程式的书写不能熟练掌握。本节课让学生根据提示独立书写水解方程式，学生对于常见会水解的微粒不太熟悉，同时缺乏自我检查的能力。对于学生的课后作业体现的问题，还需在课后利用问卷星、小小签等工具进行统计。

作者简介

陈瑞婷，华南师范大学教育硕士，2015年任教于惠州市第一中学，目前担任高二实验班化学教学工作，主要研究方向为问题导学教学、知识表征等。多次参加教育教学活动，荣获惠州市优质课比赛一等奖、惠州市优秀论文一等奖，获评惠州一中"身边的好教师""优秀班主任"等荣誉。

专家点评

本节在线教学课的亮点在于:

(1) 以学生为主体，互动性好。本节课采用实验探究的教学模式，课堂气氛活跃，充分调动学生参与的积极性，激发其学习兴趣。

(2) 注重培养学生关键能力。教学活动中注重引导学生进行问题解决、语言表达等，充分发展学生能力。

——华南师范大学化学学院　钱扬义

高二“应用广泛的高分子材料”教学案例

东莞市第四高级中学　李明

一、 案例简介

“应用广泛的高分子材料”这节课选自人教版高中化学选修 5 第五章第二节，主要内容是在学习完高分子基本合成方法和结构特点之后，从“三大合成材料”入手认识合成高分子的概貌。笔者联系学生的实际生活，从身边的常见物质入手，使学生了解高分子材料的分类及主要用途；帮助学生了解塑料、合成纤维、合成橡胶中典型代表的有关聚合反应、聚合物的结构、性能的特点；通过活动探究高分子材料对环境所造成的污染以及治理途径，让学生关注和爱护自然，树立社会责任感，培养环境保护意识，并通过高分子材料的学习，使学生感受化学改变世界和创造美好生活的魅力，激发学生热爱学习化学的兴趣。

二、 教学设计

（一）学习者分析

学生为高二理科普通班的学生，在化学必修 2 中学习了常见有机化合物的结构、性质和用途，以及高分子单体（乙烯、丙烯等）的矿物来源、乙烯和丙烯等聚合反应和用途；在化学选修 5 前四章和第五章第一节又进一步深入地学习了常见的有机化合物与高分子基本合成方法和结构特点。这些都为本节课的学习创造了知识储备条件。面对本节课的内容，学生有极大的解决实际问题的热情，迫切地想通过课内外资料和本节课的学习明白“三大合成材料”的结构、性能及用途，体验高分子材料在工农业生产、人民生活和高新科技领域中的重要作用。

（二）学习目标

（1）从高分子材料的结构、性质、用途等角度出发，对高分子材料进行分类学习，有利于培养学生在化学中的分类思想，有效落实了“宏观辨识和微观探析”的核心素养。

（2）通过阅读课本和资料列表进行自主学习，比较高压聚乙烯和低压聚乙烯的熔点、密度，培养学生获取信息和归纳比较的能力，对所学知识进行总结提升。

（3）让学生利用身边常见的高分子材料设计实验进行科学探究，提高学生的动手动脑能力，增强学生科学探究的精神，培养学生“科学探究”和“证据推理”的核心素养。

（4）通过高分子材料所造成的白色污染和可降解高分子材料的解决途径的对照，让学生关注和爱护自然，增强环境保护意识，培养学生“社会责任”的核心素养。

（三）教学重点与难点

重点：“三大合成材料”的结构、性质和用途。

难点：高分子材料结构对性能的影响。

（四）教学过程设计

1．环节一：创设情境，导入新课

【师生活动】

（1）情境创设：教师引导学生观看高分子材料广泛应用于各个领域的微课视频。

（2）知识讲授：教师结合多媒体的展示，讲述合成材料的分类（见图1）。

合成材料 —按用途和性能分类→
- 合成高分子材料：塑料、合成纤维、合成橡胶、黏合剂、涂料等
- 功能高分子材料：高分子分离膜、液晶高分子、导电高分子、医用高分子、高吸水树脂等
- 复合材料：如玻璃钢、碳纤维等

图1　多媒体展示合成材料的分类

塑料
- 热塑性塑料（聚乙烯、聚氯乙烯、聚丙烯等）
- 热固性塑料（酚醛塑料）

图2　多媒体展示塑料的分类

【设计意图】

通过高分子材料广泛应用于各个领域的微课视频，创设情境，导入新课的内容，激发学生的求知欲，让学生能够快速进入学习状态。

2．环节二：学习新知

【师生活动】

（1）知识讲授：“一、塑料”。

教师结合多媒体的展示，从性质角度对塑料进行分类，并从微观结构上分析两种塑料的区别以及它们的用途（见图2），介绍主要成分：合成树脂及加工助剂。

（2）提出问题：为什么两种塑料的特性不同？（随后进行多媒体展示，见图3）

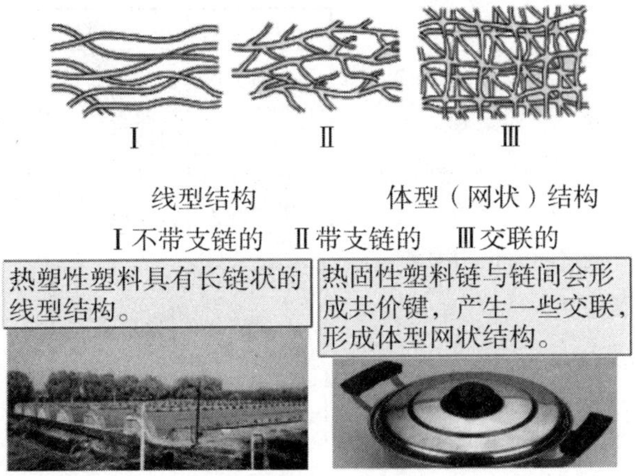

图 3　多媒体展示两种塑料的特性

【设计意图】

学习学科的分类方法，培养学生在化学中的分类思想。从宏观的性质和用途到微观的结构去学习塑料高分子材料，有效落实了“宏观辨识与微观探析”的核心素养。

3. 环节三：自主学习，思考与交流

【师生活动】

（1）自主学习：“1. 聚乙烯”。

教师引导学生阅读课本第 105 ~ 106 页的内容和多媒体展示的资料列表进行自主学习（见表 1），并思考与交流，最后教师进行点评总结。

表 1　聚乙烯知识总结表

项目	高压聚乙烯	低压聚乙烯
合成条件	高压高温引发剂	较低压力催化剂
分子结构类型	支链型	线型
有无支链	有	少有或没有
高分子链长短	相对较短	相对较长
相对分子质量	相对较小	相对较大
熔融温度	相对较低	相对较高
密度	低密度	高密度
硬度	相对较小	相对较大
分子间作用力	相对较小	相对较大

（2）思考与交流：通过课本内容和表 1 所示的资料，思考为什么高压聚乙烯比低压聚乙烯的熔点低，密度也低呢？（见图 4）

影响高分子化合物熔点、密度的因素：

（1）高分子链越___——相对分子质量越___——分子间的作用力越___——熔点、密度越___。

（2）链与链之间越___——链之间的作用力越___——熔点、密度越___。

高压PE ————→ 低密度PE

低压PE ————→ 高密度PE

图 4　多媒体展示思考与交流

项目	实验步骤	实验结果及解释
透明胶带（聚乙烯）	取一条8 cm的透明胶带用力拉伸至接近断裂为止，再量出它的长度	
塑料绳（聚丙烯）	取一小段塑料绳，试一试在哪个方向上容易撕扯开	

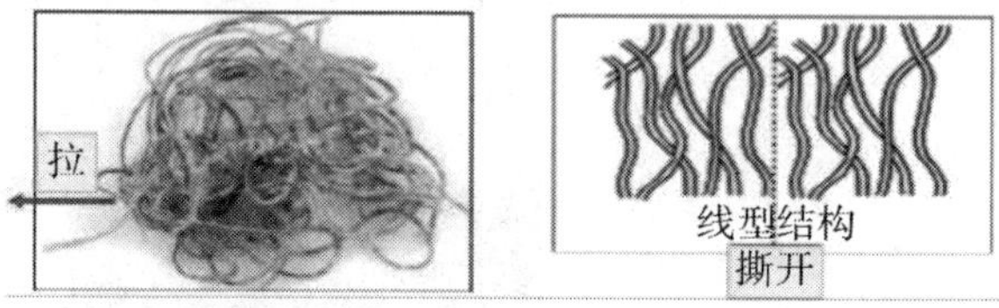

图 5　多媒体展示科学探究 1

【设计意图】

培养学生自主学习的能力、获取信息和归纳比较的能力，并对所学知识进行总结提升。

4．环节四：科学探究

【师生活动】

科学探究 1：教师引导所有学生利用身边常见的高分子材料——透明胶带和塑料绳设计实验进行科学探究（见图 5），通过视频展示活动的过程，并让学生相互交流，总结实验结果，最后教师再进行点评。

【设计意图】

提高学生的动手动脑的能力，增强学生科学探究的精神，培养学生的“科学探究”和“证据推理”的核心素养。

5．环节五：学习新知

【师生活动】

知识讲授：“2．酚醛树脂”。

实验 5 – 1　酚醛树脂的制备和性质（播放视频），实验装置见图 6。

教师引导学生观看实验视频，对比不同条件下实验产物的外观和性能的差别，并从微观的角度分析原因，最终得出结论。多媒体展示实验的分析内容见表 2。

结论：____________________。

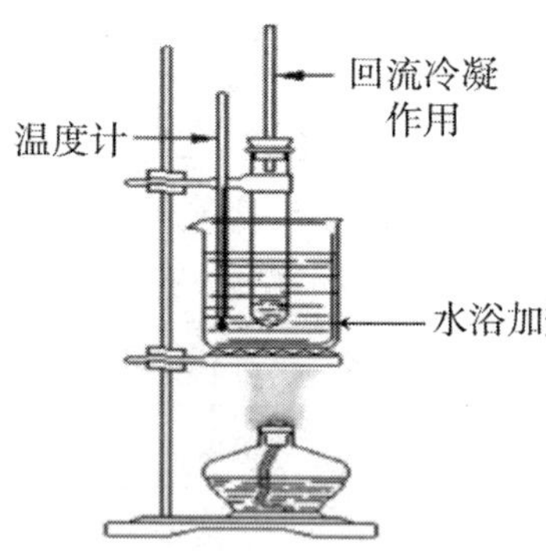

图 6　酚醛树脂制备的实验装置

表 8　多媒体展示实验 5－1 分析表

分组编号	Ⅰ 苯酚＋甲醛＋浓盐酸	Ⅱ 苯酚＋甲醛＋浓氨水
实验步骤	水浴加热	
	洗净、烘干	
产品外观		
加热试验		
酒精溶解		
结构特点		

【设计意图】

提高学生分析问题和解决问题的能力，同时培养学生的“宏观辨识与微观探析”的核心素养。

6. 环节六：学习新知

【师生活动】

教师引导学生理解酸性条件下制备酚醛树脂的反应原理和碱性条件下的不同产物。

知识讲授：①盐酸做催化剂（见图 7）。

②碱做催化剂（见图 8）。

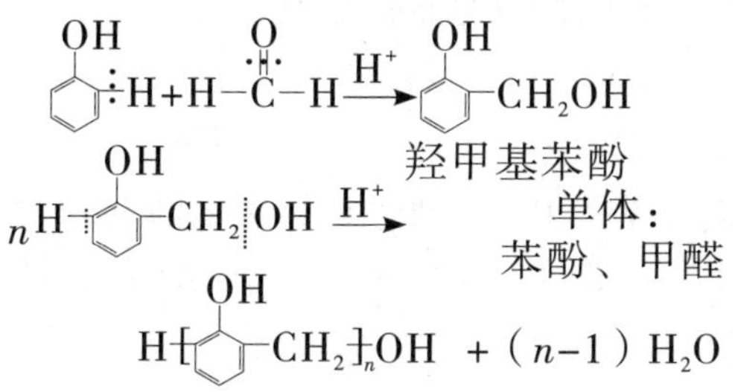

图 7　多媒体展示盐酸做催化剂

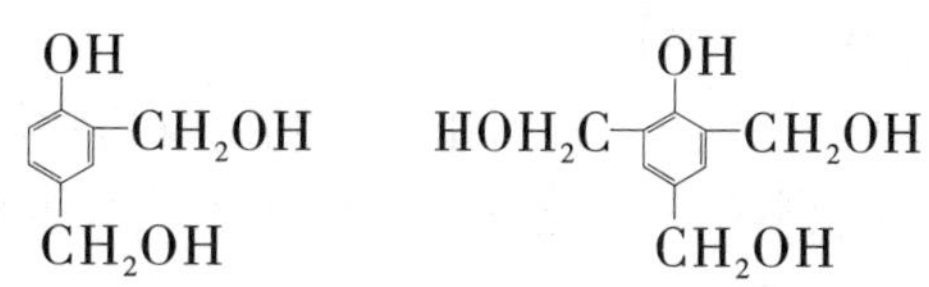

2，4-二羟甲基苯酚　2，4，6-三羟甲基苯酚

图 8　多媒体展示碱做催化剂

【设计意图】

从微观的角度分析，提高学生对有机化学反应的理解，为高考有机合成题的反应储备知识和拓展视野。

7. 环节七：思考与交流

【师生活动】

教师引导学生根据上面所学酸性条件下制备酚醛树脂的反应原理和碱性条件下不同产物的知识进行思考与交流，并联系生活，介绍酚醛树脂的应用（略）。

提问：为什么用碱性催化生成的酚醛树脂能形成网状结构？

【设计意图】

培养学生“学以致用”的能力，同时联系生活，让学生体验高分子材料在工农业生产、人民生活和高新科技领域中的重要作用。

8. 环节八：学习新知

【师生活动】

知识讲授：“二、合成纤维”。

教师结合多媒体展示，利用树状分类的方法对纤维进行分类，让学生更好地学习合成纤维（见图9）。

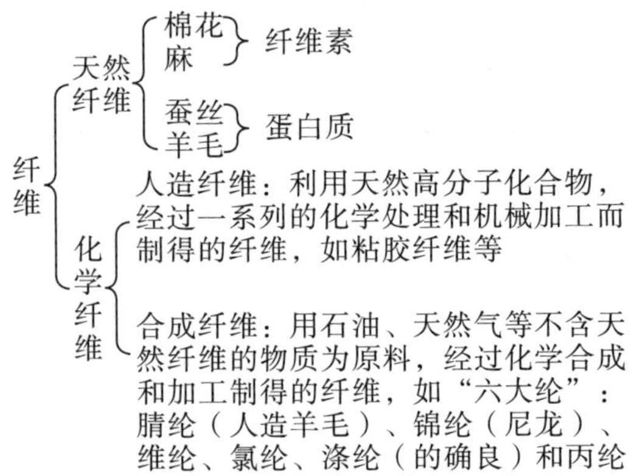

图9 多媒体展示纤维分类

项目	灼烧情况
纯棉	
羊毛（头发）	
生活应用：	

图10 多媒体展示羊毛和纯棉的鉴别实验

【设计意图】

培养学生在化学中的分类思想，并为高考中经常出现的常识题储备知识。

9. 环节九：科学探究

【师生活动】

科学探究2：教师让学生利用身边的材料做实验（见图10），通过视频展示活动的过程，并让学生相互交流，引导大家认真观察实验的现象，总结实验以及生活中的应用，最后教师再进行点评。

【设计意图】

培养学生学习化学的兴趣，提高学生的动手动脑的能力，增强学生科学探究的精神，落实学生“科学探究”和“证据推理”的核心素养。

10. 环节十：学习新知

【师生活动】

知识讲授：“三、合成橡胶”。

教师利用树状分类的方法讲解橡胶的知识和性能（见图11），并联系实际生活，介绍橡胶的用途。

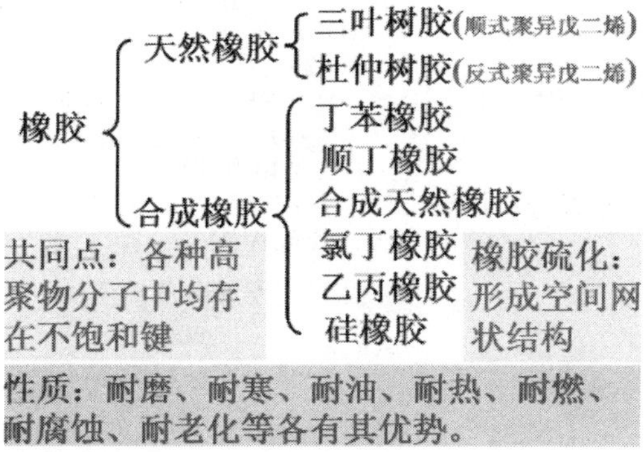

图 11　多媒体展示橡胶的知识

图 12　多媒体展示白色污染的知识

【设计意图】

培养学生在化学中的分类思想，并为高考中经常出现的常识题储备知识。

11．环节十一：学习新知

【师生活动】

教师通过高分子材料所造成的白色污染和可降解高分子材料的研究的对照（见图12），让学生关注环境保护。

【设计意图】

增强学生的环境保护意识，培养学生的"社会责任"的核心素养。

12．环节十二：课堂检测

【师生活动】

课堂练习作业见图 13。课堂练习的在线检测，学生可以通过"每日交作业"微信小程序提交，教师批改并了解学生对知识的掌握情况。

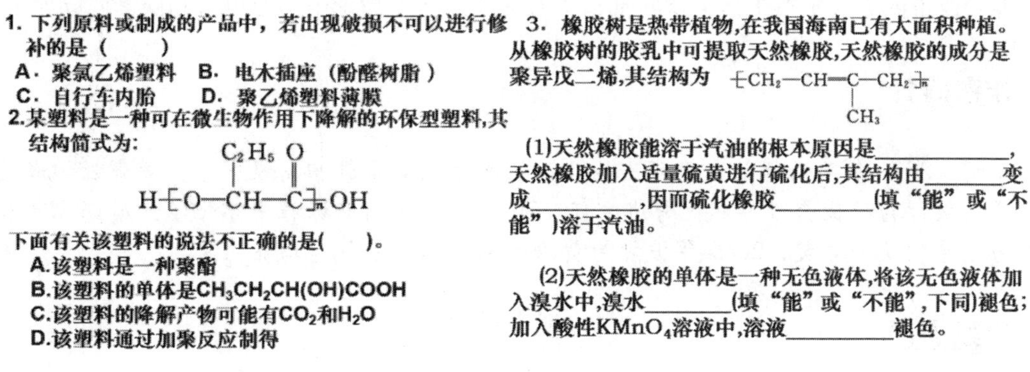

1．下列原料或制成的产品中，若出现破损不可以进行修补的是（　　）

A．聚氯乙烯塑料　B．电木插座（酚醛树脂）

C．自行车内胎　D．聚乙烯塑料薄膜

2.某塑料是一种可在微生物作用下降解的环保型塑料,其结构简式为:

$$H\!\left[O-\underset{}{\overset{C_2H_5}{\overset{|}{C}H}}-\overset{O}{\overset{\|}{C}}\right]_n OH$$

下面有关该塑料的说法不正确的是(　　)。

A.该塑料是一种聚酯

B.该塑料的单体是$CH_3CH_2CH(OH)COOH$

C.该塑料的降解产物可能有CO_2和H_2O

D.该塑料通过加聚反应制得

3．橡胶树是热带植物,在我国海南已有大面积种植。从橡胶树的胶乳中可提取天然橡胶,天然橡胶的成分是聚异戊二烯,其结构为 $\left[CH_2-CH=\underset{CH_3}{\underset{|}{C}}-CH_2\right]_n$

(1)天然橡胶能溶于汽油的根本原因是________,天然橡胶加入适量硫黄进行硫化后,其结构由______变成_______,因而硫化橡胶_______(填"能"或"不能")溶于汽油。

(2)天然橡胶的单体是一种无色液体,将该无色液体加入溴水中,溴水_______(填"能"或"不能",下同)褪色;加入酸性$KMnO_4$溶液中,溶液________褪色。

图 13　课堂练习

【设计意图】

提高学生"学以致用"的能力、分析问题和解决问题的能力，检验学生对本节课知识内容的掌握情况。

13．环节十三：课堂小结

【师生活动】

教师引导学生对本节课的内容进行小结（见图14）。

【设计意图】

对本节课进行小结，突出重难点，让学生明确学习本节课所要掌握的主要内容。

第二节 应用广泛的高分子材料
一、塑料
1. 聚乙烯
高压PE⟶低密度PE
低压PE⟶高密度PE
2. 酚醛树脂
二、合成纤维
三、合成橡胶

图14 多媒体展示课堂小结

（注：暂缺课例视频链接及二维码，如有需要可直接联系本案例作者）

三、 教学成效与反思

结合本节课的内容和学情上的特点，在教学设计中以塑料、合成纤维、合成橡胶等“三大合成材料”的结构和性能学习作为教学主线。通过高分子材料广泛应用于各个领域的微课视频，创设情境，导入新课的内容，激发学生的求知欲，让学生能够快速进入知识的学习状态。从高分子材料的结构、性质、用途等角度出发，对高分子材料进行分类学习，有利于培养学生在化学中的分类思想，这些都有效地落实了“宏观辨识与微观探析”的核心素养。通过阅读课本和资料列表进行“思考与交流”，比较高压聚乙烯和低压聚乙烯的熔点、密度，培养学生获取信息和归纳比较的能力，对所学知识进行总结提升。利用身边常见的材料设计“聚乙烯和聚丙烯材料拉扯实验”和“羊毛与纯棉的鉴别实验”进行科学探究，提高学生的动手动脑能力，增强学生科学探究的精神，培养学生的“科学探究”和“证据推理”的核心素养；通过高分子材料所造成的白色污染和可降解高分子材料的研究的对照，让学生关注和爱护自然，增强环境保护意识，培养学生的“社会责任”的核心素养。只是在线上教学中一些教学活动的实施做得不够细致，学生的参与程度难以控制，课堂评价的方式不够丰富，这些都是笔者在今后线上教学中需要思考和探索的问题。

作者简介

李明，2011年陕西师范大学硕士毕业，执教于东莞市第四高级中学，教育教学成绩突出，多次被评为校优秀教师和优秀班主任。2015年广东省新课程中学化学优质课比赛和实验能力大赛均获一等奖，2019年被评为黄晗晖名师工作室优秀培养对象。

专家点评

该教学设计符合高中新课改理念，教学目标注重发展学生的“宏微结合”和“科学探究”等维度的化学学科核心素养，教学过程加强了对学生认识有机物结构、性质、合成相结合的问题引导、分析。

——华南师范大学化学学院 肖常磊

运用“腾讯课堂”进行线上教学

——以高二“电解池原理”为例

广州市执信中学　徐志锴

一、 案例简介

本教学案例利用腾讯课堂为上课载体，以“电解何种溶液能够得到 H_2 和 O_2”为教学主线，从初中电解水装置图分析产生 H_2 和 O_2 的原因，再以电解 $CuCl_2$ 溶液落实电解池的工作原理；结合疫情，让学生利用电解原理在家设计制备消毒水实验装置。整个案例贯穿着“宏观辨识与微观探析”“证据推理与模型认知”“科学探究与创新意识”和“科学态度与社会责任”核心素养的培养。

二、 教学设计

（一）教材分析

本节内容选自人教版高中化学选修4“化学反应原理”第四章第三节，教材主要介绍电解原理以及电解原理的应用。电解属于电化学知识范畴，是中学化学理论体系不可缺少的一部分，是电解质电离、氧化还原反应、原电池等知识的综合运用。本节教材可分为两个部分：电解原理、电解原理的应用。本节内容主要解决的是电解原理的教学。

（二）学生情况分析

学生的认知发展水平和知识基础都是我们要考虑的学情。学生在初中阶段已经掌握电解水的一些基础知识，同时本学期已经掌握了电解质溶液导电、氧化还原理论、原电池的相关知识，所以学生学习电解原理在分析问题时有一定的知识储备，但是对于电解池工作原理的微观分析还存在着一定的困难。

结合新冠肺炎疫情，学生可能还存在以下心理变化：①经过一个特殊的超长假期，学生普遍得到了充分放松，如何将学生从这种放松的心态尽快“拉回”学校读书学习的紧张感是我们应该思考的一个问题。②面对新的教学方式，从熟悉的学校上课场景到一个从未涉及的线上直播场景，无论是教师还是学生，都有一定的陌生感，甚至有一定畏难情绪。

③学生进行线上学习的过程，从准备上课，听课，到完成课后作业以及上传作业，都是自己独立完成的，这就要求学生具备较高的自控能力和执行能力。④缺少教师和同学的监督，再加上课程的难度和广度不断增加，学生很难长时间保持较高的自控能力和执行能力。

（三）教学目标

从素养发展的角度看，“电化学模块”对进一步发展学生的“宏观辨识与微观探析”“证据推理与模型认知”“科学探究与创新意识”和“科学态度与社会责任”具有重要作用。从学生的学科能力发展来看，通过对不同电解装置的学习，学生面对不同情景下的电解池装置时能够自主调用电解池原理模型认知的核心知识，从宏观和微观相结合的角度解决问题。从学生的学科发展的角度来看，从家庭制备消毒液出发，学生通过电解池原理的运用形成解决实际问题的能力，这一过程重在培养学生不断改进创新的科学精神，进而实现更多新用途的发展。

（四）教学流程

表 1　教学流程图

知识主线	问题主线	核心素养主线
再认识初中所学电解水装置，从微观角度分析该装置产生 H_2 和 O_2 的原因	用石墨做电极，给水通直流电，分析溶液中微粒的移动方向，分析电解过程中产生 H_2 和 O_2 的原因	宏观辨识与微观探析
通过观察电解 $CuCl_2$ 溶液的现象，进一步思考电解原理	往纯净水中加入 $CuCl_2$ 溶液，再进行电解，观察现象，从而引入电解池的基本原理	证据推理与模型认知
电解池的几个主要类型：①放氢生碱；②放氧生酸；③电解水	往纯水中加入 NaCl 溶液、$CuSO_4$ 溶液和 Na_2SO_4 溶液，能否得到 H_2 和 O_2？	证据推理与模型认知 科学探究与创新意识 科学态度与社会责任

（五）教学过程

1. 环节一：回顾电解水装置——初步认识电解池

［引入］思考与交流：铅蓄电池存在放电与充电的过程，放电过程将化学能转化为电能，为原电池装置。那它的逆过程能量转化形式是什么？

［学生小结］电解池：将电能转变为化学能的装置。

［追问］我们很早就接触过电池装置，例如初中阶段电解水制备氢气和氧气，如图 1 所示。

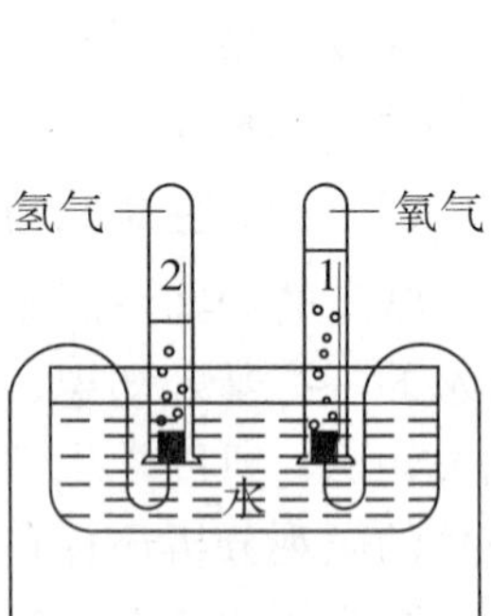

图 1　初中电解水装置

［思考］找出电解池与原电池的异同。

［学生小结］有外接电源的是电解池装置。

［追问］现用石墨做电极，给水通直流电，请分析溶液中微

粒的移动方向和两个电极发生的反应，理解电解水的过程。

［初步认识电解池］与电源负极相连，称为阴极；与电源正极相连，称为阳极。

阳离子移向阴极，阴极得到电子，发生还原反应：$2H^+ + 2e^- \xlongequal{} H_2\uparrow$。

阴离子移向阳极，阳极失去电子，发生氧化反应：$4OH^- - 4e^- \xlongequal{} 2H_2O + O_2\uparrow$。

［小结］电解池的基本构成、放电的概念等。

【设计意图】

从初中熟悉的电解水装置出发，学生眼中的“旧知识”焕发出“新力量”，学生知识过渡自然。从素养角度来看，学生从这一环节能够感受到“宏观辨识与微观探析”的重要性。

2．环节二：观看电解 $CuCl_2$ 溶液——掌握电解池的工作原理

［过渡］电解纯水，能否顺利制备 H_2 和 O_2？

［观看实验］观看预先录制好的电解纯净水，观察实验现象。

［追问］电解纯水为什么几乎看不到现象？

［学生小结］纯净水导电性很弱。

［实验］为了增强溶液的导电性，我们往纯净水中加入 $CuCl_2$ 溶液，再进行电解，观察现象。

［学生回答］（腾讯课堂有“举手”功能，能够直接连麦学生，让学生做出即时回答。）阴极：电极表面析出红色固体；阳极：有刺激性气体生成，且能让湿润的淀粉 KI 试纸变蓝。

［思考］哪些离子移向了阴极，谁先发生反应？（阳离子氧化性越强就越先反应。）

［分析］阴极：阳离子放电顺序为 $Ag^+ > Hg^{2+} > Fe^{3+} > Cu^{2+} > H^+$（酸）$> Pb^{2+} > Sn^{2+} > Fe^{2+} > Zn^{2+} > H^+$（水）$> Al^{3+} > Mg^{2+} > Na^+ > Ca^{2+} > K^+$。

阴极反应：$Cu^{2+} + 2e^- \xlongequal{} Cu$。

［再思考］哪些离子都移向了阳极，谁先发生反应？

［分析］阳极：阴离子放电顺序为 $S^{2-} > I^- > Br^- > Cl^- > OH^- >$ 其他离子（SO_4^{2-}、NO_3^-、F^-）。

阳极反应：$2Cl^- - 2e^- \xlongequal{} Cl_2\uparrow$。

总反应：$Cu^{2+} + 2Cl^- \xlongequal{\text{电解}} Cu + Cl_2\uparrow$。

［小结］电解池的分析思路。

【设计意图】

疫情期间，电解 $CuCl_2$ 溶液的实验不能让学生直接到实验室完成，但腾讯课堂中能够直接导入各类视频，所以由教师本人预先录制好实验视频，既能加强实验的亲近感，又可以提高学生的细致观察、分析和逻辑推理的能力。创设真实问题情景，以电解 $CuCl_2$ 溶液能否得到 H_2 和 O_2 为例，讲解电解池的工作原理，学生感受从证据推理到模型认知的魅力。

3．环节三：电解什么溶液得到 H_2 和 O_2——电解原理的运用

［追问］若往纯水中加入的是 NaCl 溶液，请你预测阴阳极反应现象并写出电极反应式和总反应式。

［学生活动］利用电解池的工作原理分析电解 NaCl 溶液的过程，并书写电极反应式与总反应式。

［再思考］如何检验上述电解过程中的阴阳极产物？

［分析］阳极产生的气体可用湿润的淀粉 KI 试纸检验，若试纸变蓝则证明有 Cl_2。检验阴极的产物则往阴极区中滴加酚酞溶液，若变红则证明有 H_2。

［小结］往纯水中加入 NaCl 溶液，电解的实质属于放氢生碱型。

［联系生产］工业上制备金属钠需要电解的是什么？

［观看实验］电解 NaCl 溶液，观察现象。

［学以致用］新冠肺炎疫情暴发时，各类防疫物资成为稀缺资源，其中高效消毒剂——84 消毒液更是一瓶难求。能不能通过学过的电解原理设计一种类似的简易装置呢？（腾讯课堂中能上传自定义图片，让学生设计好装置图后上传。）

［再追问］若往纯水中加入的是 $CuSO_4$溶液，请你预测阴阳极反应现象并写出电极反应式和总反应式。

［学生活动］利用电解池的工作原理分析电解 $CuSO_4$溶液的过程，并书写电极反应式与总反应式。

［小结］往纯水中加入 $CuSO_4$溶液，电解的实质属于放氧生酸型。

［实验］电解 $CuSO_4$溶液，观察现象。

［过渡］若往纯水中加入 Na_2SO_4溶液后，请你结合电解池的工作原理分析，此过程中是否改变了电解水的本质？请用电极反应式和总反应式说明。

［学生活动］利用电解池的工作原理分析电解 Na_2SO_4溶液的过程，并书写电极反应式与总反应式。

［分析］往纯水中加入 Na_2SO_4溶液，电解的实质是电解水。

［再思考］你认为还可以加入哪种物质，既能做到增强溶液导电性，又能电解水制备 H_2和 O_2？

［小结］H_2SO_4、NaOH 等。

［解析疑问］通过书写阴阳极反应式和总反应式，可得出电解硫酸过程中，实质也是电解水。

［实验］电解 Na_2SO_4溶液，观察现象。

【设计意图】

以电解池的工作原理为基础，变换不同的电解质溶液，引入不同的电解类型，要求学生运用电解池原理分析实验现象与写出电极反应式。结合疫情引入家庭制备消毒液的例子，让学生学以致用，培养学生“科学探究与创新意识”和“科学态度与社会责任”的核心素养。

（微信扫描二维码可观看课例，网页下载链接：https://portal.scnu.edu.cn/article-13961-492-1.html）

三、 教学成效与反思

一个好的设计和积极的准备，是成功的一半。为了上好这一节课，笔者之前选择了很多教学设计，经过和备课组的教师们商量，结合自己班级的情况，最终确定下来这个教学设计。笔者觉得这堂课的亮点主要有：

首先，“从旧到新”。关于电解模型的选取，笔者也做了反复的比较思考。高中教材中有两种常见的模型：必修 2 金属的冶炼中熔融氯化钠；选修 4 中电解氯化铜。必修 2 的电解模型过于简单，且实验操作性差；而选修 4 中的电解模型过于直接，不能形成知识的台阶。所以最后选择了初中的电解水的模型。该模型学生虽然在初中阶段已经接触，知道可以通过电解水的方法来制备氢气和氧气，但仅知其然而不知其所以然。课堂就抓住了学生的这点旧知识，从而引出本节课的新知识。这样既能激发学生的学习兴趣，又符合知识的螺旋上升的认知规律。

其次，主线突出。本节课围绕着电解水这一主线，从电解水的模型出发，让学生初步认识电解的过程；接着往纯水中不断加入各种电解质，结合电解过程中的放电顺序，让学生们充分认识电解的工作原理。

最后，本节课从科学出发，充分发挥实验和多媒体的作用，每个实验都自己动手演示，增加实验的准确性和科学性。同时实验和多媒体的结合又可以加深学生对知识的理解，激发学生学习的兴趣，激活了学生学习枯燥的化学原理的思维，同时采用激励评价的方式，大大调动了学生参与探究的热情，使课堂气氛活跃。

本节课后，笔者再次观看腾讯课堂的回播时，也有一些思考：第一，课堂容量较多。本节课从认识电解池，到电解的工作原理，再到电解类型，过程中还涉及了较多实验和电极反应书写环节，个别学生在学习过程中可能不能很好地掌握新知识。第二，可将教学难点适当分拆，比如说电解工作原理中阳离子放电顺序这个知识点，学生对 H^+（酸）和 H^+（水）的放电顺序不能充分感知，而是被动记忆，可以在下一课时，通过电镀锌溶液再对其进行分析比较。本节课可以根据金属活动顺序表合理推导出阳离子放电顺序：$Ag^+ > Hg^{2+} > Fe^{3+} > Cu^{2+} > H^+$（酸）$> Pb^{2+} > Sn^{2+} > Fe^{2+} > Zn^{2+} > H^+$（水）$> Al^{3+} > Mg^{2+} > Na^+ > Ca^{2+} > K^+$。第三，在学以致用部分，可以让学生自己动手设计家庭制备消毒液的装置，而不是直接给出装置让学生选择对应的关系。学生自己动手设计更能体现出其是不是已经真正掌握了电解原理。

线上教学是特殊时期的教学策略，不断听取同行和学生的意见，将会是笔者不断前进的动力。愿疫情早日过去，我们都回归正常！

作者简介

徐志锴，硕士研究生，毕业于华南师范大学，现任教于广州市执信中学，中学一级教师，广州市特约教研员（2019 年），广州市中心组成员，曾获评全国化学竞赛“优秀指导教师”、广东省“优秀评卷员”，执教课例曾多次获得国家级、市级或区级荣誉。

专家点评

本节课从已有初中电解水装置出发，再引入新知识——电解原理，给予学生足够的知识阶梯去采摘知识的果实。另外，课堂充分利用腾讯课堂的各种功能，让学生时刻关注线上学习的进度，提高了课堂的有效性。同时，作者还充分利用学校实验室资源，录制了很多关于电解池的实验视频，增加了学生对该板块实验的亲近感。最后，整个案例充分培养了学生“宏观辨识与微观探析”“证据推理与模型认知”“科学探究与创新意识”和“科学态度与社会责任”等核心素养。

——华南师范大学化学学院　邓峰

高二“有机物的检验与鉴别”教学案例

惠州市惠州中学　李美贵

一、 案例简介

本节线上教学课是有机化学实验专题的阶段性复习第1课时。有机化学实验主要包括“有机物的检验与鉴别”“有机物的分离与提纯”“有机物的制备”等3个方面。本课时安排于鲁科版高中化学选修5《有机化学基础》第一章与第二章授课结束之后，50分钟的线上教学课涵盖3个方面的内容：①有机化学实验的考查形式；②有机物检验与鉴别常见的物理与化学方法（着重梳理官能团的检验方法与表述思路）；③有机物与生活的联系。其中梳理官能团的检验方法主要从单一官能团的检验（已学的基础知识）、多官能团无干扰、多官能团有干扰（归纳总结、提升迁移）3个方面展开。这样一方面对已学知识进行复习巩固与提升迁移；另一方面，归纳的3种官能团检验模型，有助于培养学生“证据推理与模型认知”的化学核心素养。

二、 教学设计

（一）教材分析

掌握官能团的性质是学习有机化学基础的核心和关键，而有机物的检验与鉴别正是官能团在具体有机物中的应用。鲁科版的《有机化学基础》中涉及的官能团共7种（碳碳双键、碳碳三键、卤素原子、羟基、羰基、羧基、酯基），其中羟基包括醇羟基和酚羟基，醛基与酮羰基都属于羰基。上述官能团的学习主要集中在书本的前两章，譬如前两章中烃、醇、酚、醛、羧酸等不同类别有机物的学习，主要是建立在碳碳双键/三键、羟基、羰基、羧基等官能团的基础上。至此都只是单个官能团的学习，而第三章的则是多个官能团的应用。因此开授“有机化合物的推断与合成”这一部分内容之前，需要对官能团做一个专题复习。此外，通过分析书本内容、课后练习以及常规考试中出现的具体有机物可以发现：中学阶段出现的有机物不管多复杂，几乎都是在官能团的基础上考查性质。因此当学生能抓住官能团这一关键时，就是抓住了解决有机化学问题中的“主要矛盾”。

（二）学情分析

本校的《有机化学基础》自第二章开始均是以线上教学课的形式展开，教学效果的评估主要是通过线上教学课师生讨论区的情况与电子版作业的上交质量来衡量。总的来说，本节课之前有机化学的基础知识讲解已经完成，但由于线上教学效果与线下相比不够理想，因此需要在讲授综合性知识（有机合成）前做阶段性总结。

一方面，虽说学生在化学必修2已学习过简单有机物的知识，但由于中间学习了选修4《化学反应原理》，因此对有机物知识的学习还是比较生疏。另一方面，由于有机化学本身比较抽象，学生普遍反映对“官能团—化学性质”的理解有难度。故在本课时中复习官能团的检验是非常有必要的。此外，多官能团之间的相互影响是理解有机物检验与鉴别的关键（重难点），而这方面也是多个单一知识的综合应用，是培养学生高阶思维的好素材。

（三）教学目标

（1）通过分析高考试题中的有机实验题，基本了解高考中有机实验的考查形式；缓解对有机实验的担忧，能够更加重视基础实验知识。

（2）通过复习对有机物的检验，能够从物理与化学两个角度思考，理解官能团的性质与检验之间的相互关系，掌握常见官能团的检验。

（3）通过对官能团的检验类型进行分类，逐步树立起关注官能团间相互影响的意识，使思维更加有序。

（4）能将有机物的学习与生活中的应用联系起来，感受有机物的趣味性，激发与保持对有机化学的兴趣。

（四）教学流程

1. 环节一：高考中有机实验的考查情况

【教师活动】

（1）有机实验主要包括3个方面的知识点。

（2）呈现近几年全国卷Ⅰ、Ⅱ、Ⅲ上关于有机化学实验的考题（详见课例视频）。

选择题：①一个选项考查一个实验知识点（一般是和无机实验合在一起）；②全题考查一个有机化学实验（书本上的基础实验）。

非选择题：①以有机实验为背景，但主要是基础实验知识；②整题考查有机物，但大部分可以用基础实验知识解决。

【学生活动】

体会高考中有机化学实验的难度，感受有机化学实验基础知识的考查源头在书本实验。

【设计意图】

减缓学生对有机化学的恐惧与担忧，体会到即使是有机化学实验题，也有80%是考查基础实验知识，感受到基础实验的重要性。

2. 环节二：有机物检验与鉴别的常用方法——物理方法

【教师活动1】

以一道例题过渡到有机物的检验与鉴别有物理、化学方法。

【学生活动 1】

练习例题，提炼出题中有关检验与鉴别的知识点。

【设计意图】

作为过渡：听得多不如做一道。（向有机化学实验的 20% 进军！）

【教师活动 2】

（1）介绍物理方法：依据水溶性与密度鉴别（见图 1）。

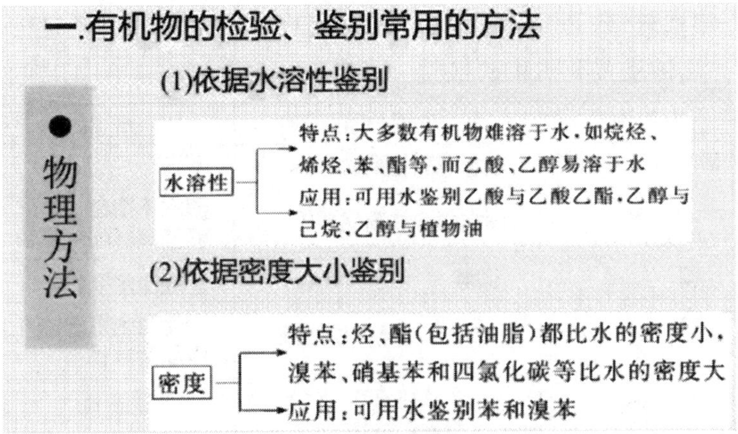

图 1　物理鉴别方法

（2）练习例题，举例适用于此类方法的常见有机物。

（3）分析：苯、乙醇、四氯化碳的鉴别常见的方法有 3 种，其中用水与溴水是物理方法，用酸性高锰酸钾是物理与化学方法的结合。实际应用中，“物理 + 化学”的方法应用得更为广泛。

【学生活动 2】

回忆复习，理解应用。

【设计意图】

梳理检验与鉴别有机物常用的物理方法，理解有机物的物理性质不需要单一记忆。

3. 环节三：有机物检验与鉴别的常用方法——化学方法

【教师活动 1】

（1）过渡：物理方法应用范围有局限，需要结合化学方法。

（2）介绍燃烧法：PPT 展示常见物质的燃烧特性（烷烃/甲烷、烯烃/乙烯、苯、蛋白质等）。

【学生活动 1】

复习个别物质燃烧的特殊的火焰颜色。

【设计意图】

再现甲烷、乙烯、苯等燃烧有特殊火焰颜色的有机物。

【教师活动 2】

（1）过渡：燃烧法主要适用于少数物质，适用范围小。

（2）导入：依据官能有机物特性，主要是利用官能团的化学性质来检验与鉴别（见图 2）。

2、依据有机物特性（官能团）

1、常用试剂 ①.溴水；②.酸性高锰酸钾溶液；③.银氨溶液；④.$FeCl_3$溶液；⑤.新制的$Cu(OH)_2$碱性悬浊液

2、几种重要有机物的检验

有机物质	使用试剂	现象
烯烃（炔烃）	溴水或酸性高锰酸钾	褪色
苯的同系物（甲苯）	溴水和酸性高锰酸钾	溴水不褪色 酸性高锰酸钾褪色
醇	铜丝　卢卡斯试剂	铜丝由黑变红
酚	浓溴水或氯化铁溶液	产生白色沉淀或溶液变紫色
醛	银氨溶液或新制$Cu(OH)_2$	光亮银镜或红色沉淀
乙酸（羧酸）	紫色石蕊试液或$NaHCO_3$	变红或产生气泡
乙酸乙酯	水；酚酞和氢氧化钠	加热一段时间红色变浅
葡萄糖	银氨溶液/新制$Cu(OH)_2$	光亮银镜或红色沉淀
蛋白质	浓硝酸	变黄
淀粉	碘水	溶液变蓝
卤代烃	$NaOH$、HNO_3、$AgNO_3$	沉淀生成

图 2　利用官能团的化学性质来鉴别的方法

①常用的试剂有哪些？

②常见有机物（官能团）使用什么试剂，会出现什么现象？复习内容包含烯烃/炔烃、苯的同系物、醇（简单拓展卢卡斯试剂内容）、酚、醛、羧基、酯基以及个别具体物质。

（3）深入探究：物质检验与鉴别的描述思路是怎样的？以卤代烃中卤素原子的检验为例，梳理出“操作步骤→现象→结论”的答题思路。

（4）分析：①单官能团，二糖或多糖水解产物的检验。

②多官能团（无干扰），溶解在氯苯中的苯酚的检验（追问能否用氯苯）。

③多官能团（有干扰），烯醛中碳碳双键的检验。

教师提问：在检验与鉴别时有什么需要注意的？其中在“二糖或多糖水解产物的检验”处再次巩固前述检验思路。

（5）拓展：菠菜、绿茶、蟑螂药、奥司他韦等产品与有机物的联系（均配有相对应的习题）。

【学生活动2】

讨论区回答使用试剂与现象（引导学生直接用序号回复、简单快捷）；回复关键字；学习重要官能团检验的实验步骤，理解“取样”操作的重要性；感受有机化学与生活的紧密联系。

【设计意图】

通过问答式回忆总结不同物质（官能团）的检验与鉴别，树立有机物的化学检验更多的是关注官能团的特殊性质的意识；以卤代烃中卤素原子的检验为例，初步了解物质检验与鉴别的思路；而糖水解产物的检验，一方面是巩固上述“思路”，另一方面是引出单官能团的检验特点；引发学生对化学的亲近感，感知学好化学的重要性。

4. 环节四：归纳总结

【教师活动】

（1）讲解物质检验或鉴别时的注意点（见课例视频）。

（2）课堂小结。

【学生活动】

理解回顾。

【设计意图】

总结本课时的主要知识，为后面的学习做铺垫。

5. 环节五：小组活动

【教师活动】

直播时间调节：讲解小组活动的参与方法。

【学生活动】

积极参与、独立思考、相互配合。

【设计意图】

调动学生学习的积极性，调节直播进度。

（微信扫描二维码可观看课例，网页下载链接：
https://portal.scnu.edu.cn/article-13961-494-1.html）

三、 教学成效与反思

本节课在专题复习之前帮助学生梳理了高考中有机化学实验的占比与难度，在一定程度上打消了学生对有机化学实验的恐惧，也提醒学生重视化学实验基础知识与书本实验。主体内容包括重要知识的归纳与难点知识的突破，教师在授课过程中引导学生有序、快速回答问题，使课堂更高效，学生的互动也更频繁活跃。学生作业上交率与质量整体向好，课后学生总体反映课堂难度适中，轻松愉快。其中菠菜、绿茶、药剂的介绍，也让学生体会到了有机化学在生活中的应用，增加了学习有机物的兴趣。

当然，本节课也在以下两个方面需要改进：一是在讲解多个“相互有干扰的官能团的检验与鉴别”这一难点知识时，举例稍显单一，主要是“羟基与醛基”“醛基与碳碳双键”这两种类型，且对于这一环节的模型总结，学生的参与是不连贯的；二是由于时间的问题，没有很好地展示最后的活动环节。

作者简介

李美贵，毕业于华南师范大学化学学院，现为惠州市惠州中学高二化学教师。曾获惠州中学解题大赛二等奖，第二届教师解题能力大赛一等奖，惠州市优秀论文评比一等奖，教学反思活动评比一等奖。

专家点评

案例较充分地体现了以学生为中心的教学理念，能较好地调动学生的积极性并给予有效指导，培养了学生的化学核心素养（如对官能团检验的认识进阶体现“宏观辨识与微观探析”以及“证据推理”素养）。

——华南师范大学化学学院　邓峰

基于"价－类二维图"发展化学核心素养的教学实践

——以"铜元素化合物"的高三二轮线上复习为例

佛山市第一中学　苏华虹

一、 案例简介

本案例为高三复习课"铜元素化合物性质"的教学，基于元素"价－类二维图"，引导学生从物质类别角度、氧化还原角度和化学平衡角度认识元素化合物间的相互转化，构建高三元素化合物复习课模型，以期在复习课中发展学生的"宏观辨识与微观探析""变化观念与平衡思想""模型认知"核心素养。本节课是网络直播课，采用"腾讯课堂"平台。教师可以点名某个学生连线回答问题，学生设计的实验方案则发布在班级微信群上，由教师共享屏幕为所有学生可见。

二、 教学设计

（一）教学内容分析

元素化合物知识是中学化学教学内容的重要组成部分，是学生学习化学概念原理及化学实验的基础，更是学生自主建构与发展化学基本观念的载体。以物质的类别（单质、氧化物、酸、碱、盐等）为横坐标，以某元素的化合价为纵坐标，在二维平面内绘制含有某元素物质的图象称为该元素的"价－类二维图"。该图是学习元素化合物性质的重要工具。根据该图，学生能判断某种元素的稳定存在形式，并能从物质类别角度（横坐标）和氧化还原角度（纵坐标）去认识化合物间的相互转化，使学生形成多角度、有序和系统的认识思路，对分析高考实验题或化工流程图题中陌生元素化合物的相互转化有一定的指导作用。

（二）学情分析

学生在一轮复习中，已经梳理了某些元素的常见物质及其性质和用途，但学生反映元素化合物知识非常零乱，内容太多，记不住。这说明学生对元素化合物知识缺乏整体性的认识，还处于“识记”的认识水平，对于一些常见或常考的元素化合物的性质仍未掌握，在实验题或者流程图题中接触到陌生元素的化合物时更是毫无头绪，不知从何下笔。

在此前一轮复习中，学生已经了解过学习元素化合性质的工具——“价－类二维图”，这为本节课的开展奠定了基础。

（三）教学目标

基于以上对教学内容和学情的分析，确定本节课的教学目标如下：

（1）通过描绘铜元素的“价－类二维图”，学生能自主建构与发展元素观和分类观。

（2）通过展示客观事实，学生能从微观层面解释铜元素在不同条件下的稳定存在形式，发展“宏观辨识与微观探析”核心素养。

（3）通过设计实验方案，学生能利用“价－类二维图”从类别角度和氧化还原角度（包括电化学角度）认识物质之间的转化，发展“变化观念”和“模型认识”核心素养。

（4）通过分析“制备氯化亚铜”的实验过程，学生能从氧化还原和化学平衡两个角度认识物质之间的转化，发展“变化观念与平衡思想”“模型认知”核心素养。

（四）以核心素养为本的教学流程

为落实教学目标，本案例设计了以核心素养为本的教学环节，如图 1 所示。

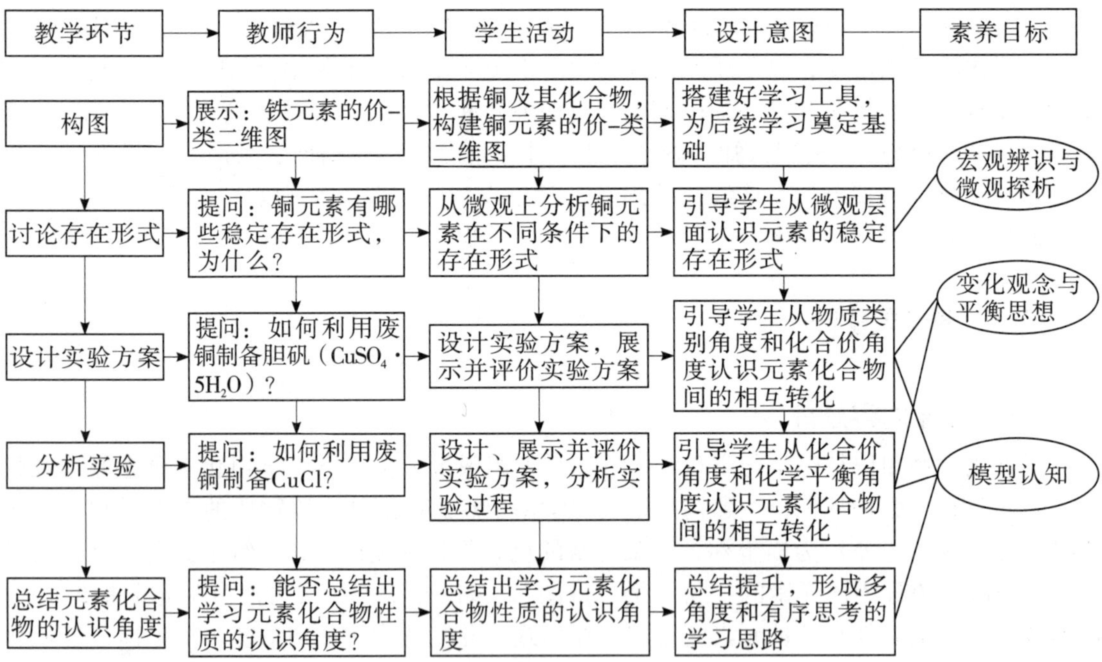

图 1　教学流程图

（五）教学实施

教学过程主要采用三种线上的师生互动模式：一是课前让学生绘制价－类二维图和设计实验方案，教师在课前挑选典型的答案，课堂上在 PPT 上展示（以下简称“互动方式 1”）；

二是学生在微信班群上发布自己绘制的实验方案，教师选择较为典型的答案，选择“屏幕共享”模式，使所有学生可见（以下简称“互动方式2”）；三是教师指定某个学生连麦回答问题，若该名学生没有麦克风，则在对话框中用文字回答（以下简称“互动方式3”）。

1．环节一：构建铜元素价－类二维图

［导入］以熟悉的铁元素为例，构图见图2。

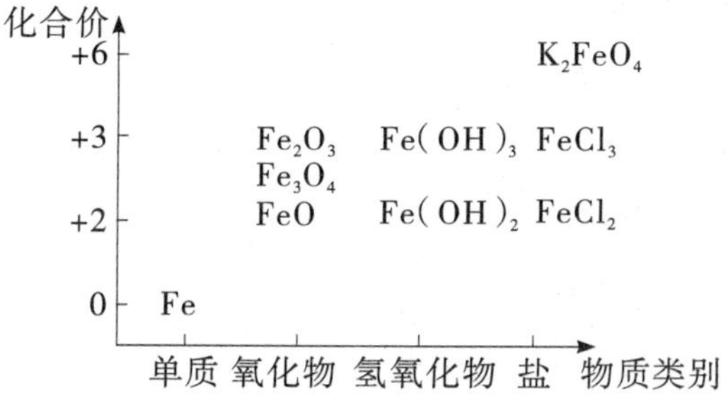

图2　铁元素的价－类二维图

［提出问题］根据所学的铜及其化合物构建出铜元素的价－类二维图。

［学生活动］绘制铜元素价－类二维图。

（采用互动方式1展示并评价，详见课例视频。）

2．环节二：探讨铜元素的存在形式

［提出问题］为什么在固态及高温条件下，Cu^+比Cu^{2+}更稳定？

（采用互动方式3，学生根据PPT中的资料解答。）

解答1：Cu^+的3d轨道上是全充满的，较稳定。

解答2：Cu的第二电离能远大于第一电离能，说明难再失去第二个电子，因此Cu^+较稳定。

［教师评价］结构决定性质，从微观层面解释宏观现象，这是化学学习的重要思想。

［提出问题］为什么在水溶液中，Cu^{2+}比Cu^+更稳定？

（采用互动方式3，学生根据PPT中的资料解答。）

解答1：Cu^{2+}的水合热远小于Cu^+的，说明Cu^{2+}更容易与水分子结合。

解答2：不仅要考虑离子水合热，还应该考虑电离能的大小。从PPT中的数据可得，虽然Cu的第二电离能更大，但离子水合热也明显增大。根据盖斯定律，$Cu^+(g) \rightarrow Cu^{2+}(aq)$这个过程是放热的；从热效应的角度，水溶液中，$Cu^+(aq)$趋向于转化为$Cu^{2+}(aq)$。因此，在水溶液中，$Cu^+(aq)$不稳定，而$Cu^{2+}(aq)$是稳定存在的。

［教师评价］理解Cu^+和Cu^{2+}在不同条件下稳定性不同，是学习铜元素化合物性质的关键。

3．环节三：设计方案，从物质类别角度和氧化还原角度认识物质间的转化

［提出问题］以废铜为原料，设计尽可能多的方案制备胆矾（$CuSO_4 \cdot 5H_2O$）。

（采用互动方式3，学生自主设计方案并展示。）

［评价实验方案］课前教师选取7种典型的实验方案进行评价（见表1）：①至③是与

不同非金属单质反应；④是与酸的反应；⑤是与金属盐溶液的反应；⑥是结合金属腐蚀原理设计的实验方案；⑦是铜与绿色氧化剂在酸性条件下的反应。教师根据原料/产物是否环保、操作是否简便、产物是否含有杂质等对实验方案进行评价。

表 1　7 种典型实验方案

序号	Cu：金属单质 $\xrightarrow{\text{加入氧化剂}}$ $CuSO_4$：盐	方案评价
①	Cu $\xrightarrow[\text{加热}]{\text{非金属单质：}O_2}$ CuO $\xrightarrow{\text{稀硫酸}}$ $CuSO_4(aq)$	为较优方案
②	Cu $\xrightarrow[\text{加热}]{\text{非金属单质：}Cl_2}$ $CuCl_2$ $\xrightarrow{\text{稀硫酸}}$ $CuSO_4(aq)$	原料有毒；杂质多
③	Cu $\xrightarrow[\text{加热}]{\text{非金属单质：S}}$ Cu_2S $\xrightarrow[H_2O_2]{\text{稀硫酸}}$ $CuSO_4(aq)$	可能产生污染性气体
④	Cu $\xrightarrow{\text{浓硫酸，加热/稀硝酸和稀硫酸混合溶液}}$ $CuSO_4(aq)$	产生污染性气体 SO_2 或 NO；杂质多
⑤	Cu $\xrightarrow{AgNO_3(aq)}$ $Cu(NO_3)_2$ $\xrightarrow{Ca(OH)_2}$ $Cu(OH)_2$ $\xrightarrow{\text{稀硫酸}}$ $CuSO_4(aq)$	流程较复杂
⑥	Cu $\xrightarrow{CO_2、O_2、H_2O}$ $Cu_2(OH)_2CO_3$ $\xrightarrow{\text{稀硫酸}}$ $CuSO_4$ (aq)	反应相对比较缓慢
⑦	Cu $\xrightarrow[O_2\text{ 或 }H_2O_2]{\text{稀硫酸}}$ $CuSO_4$ (aq)	为较优方案

［补充］有同学还设计了电化学装置制备 $CuSO_4$（见图 3）。

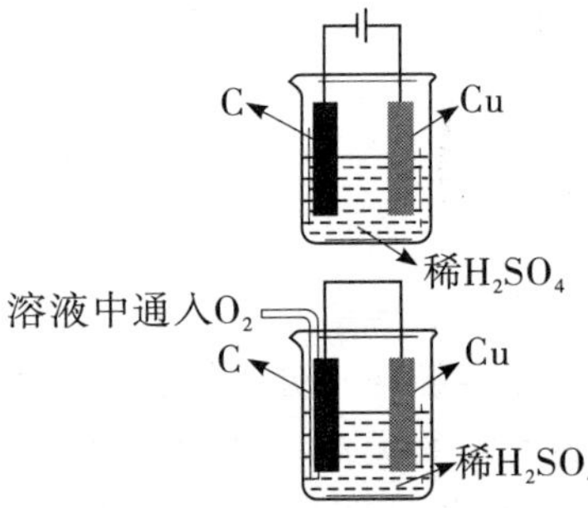

阳极：$Cu-2e^- = Cu^{2+}$

阴极：$2H^++2e^- = H_2\uparrow$

总反应式：$Cu+H_2SO_4 \xlongequal{\text{电解}} CuSO_4+H_2\uparrow$

负极：$2Cu-4e^- = 2Cu^{2+}$

正极：$O_2+4e^-+4H^+ = 2H_2O$

总反应式：$2Cu+O_2+2H_2SO_4 = 2CuSO_4+2H_2O$

图 3　用电化学装置制备 $CuSO_4$

［教师评价］元素化合物间的相互转化，可以借助价－类二维图，从物质类别的角度和氧化还原反应角度思考。有时也可以将氧化还原反应设计成电化学装置。

4. 环节四：从化合价和化学平衡角度认识物质间的转化

［知识支持］氯化亚铜（CuCl）是难溶于水的白色沉淀，在工业中有重要的用途，如可用作催化剂、杀菌剂、媒染剂、脱色剂，也可用于冶金工业，在气体分析中可用于一氧化碳和乙炔的测定。

［提出问题］CuCl 有重要的用途，如何制备？

（采用互动方式 3，学生提出实验方案。）

方案一：从物质类别的角度。

盐 + 盐══新盐，$Cu^{+} + Cl^{-}$ ══ $CuCl\downarrow$。

［教师评价］此方案不可行（Cu^{+} 在水溶液中不稳定，因此不存在可溶性的亚铜盐）。

方案二：从氧化还原反应的角度。

第一步：将 Cu 氧化，$2Cu + O_2 + 2H_2SO_4$ ══ $2CuSO_4 + 2H_2O$（或采用其他绿色氧化剂如 H_2O_2 等）。

第二步：将 Cu^{2+} 还原为 +1 价，$Cu + Cu^{2+} \rightleftharpoons 2Cu^{+}$。

［学生提问］$Cu + Cu^{2+} \rightleftharpoons 2Cu^{+}$，$K = 8.3 \times 10^{-7}$。该反应的平衡常数很小，正向进行的程度很小。如何促进该反应正向进行呢？

［教师补充］第三步：加入含 Cl^{-} 的化合物，发生反应 $Cu^{+} + Cl^{-} \rightleftharpoons CuCl\downarrow$，促进第二步的平衡正向移动。

第二、第三步反应的总反应方程式为：$Cu^{2+} + Cu + 2Cl^{-}$ ══ $2CuCl\downarrow$。

［确定实验方案］从氧化还原和平衡原理相结合的角度，设计如下物质转化路线：

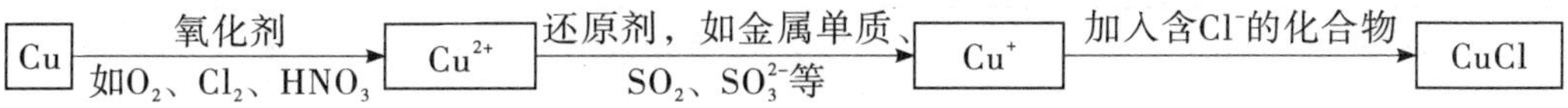

5．环节五：总结学习元素化合物的角度

（1）知价态，明稳态。

（2）物质类别角度。

（3）氧化还原角度。

（4）电化学角度。

（5）化学平衡角度。

6．环节六：学习效果评价

［实验方案设计］Cu_2O 为暗红色固体、有毒，是一种用途广泛的材料。已知：

①Cu_2O 溶于硫酸，立即发生反应 $Cu_2O + 2H^{+}$ ══ $Cu^{2+} + Cu + H_2O$。

②部分难溶物的颜色和常温下的 K_{sp}（沉淀溶解平衡常数）如表 2 所示。

表 2　实验涉及的 K_{sp}

项目	$Cu(OH)_2$	CuOH	CuCl	Cu_2O
颜色	蓝色	黄色	白色	砖红色
K_{sp}（25 ℃）	1.6×10^{-10}	1.0×10^{-14}	1.2×10^{-6}	

③当溶液 $c(Cl^{-})$ 大时，CuCl 可与 Cl^{-} 络合形成 $[CuCl_2]^{-}$。

实验：取葡萄糖溶液，加入新制的氢氧化铜，加热至沸腾，有砖红色沉淀生成。

猜测：生成的砖红色沉淀除了含有 Cu_2O，还应该含有 Cu。

［提出问题］请设计实验方案验证砖红色沉淀的成分。

教学实践 1　教学实践 2

（微信扫描二维码可观看课例，网页下载链接：
https://portal.scnu.edu.cn/article-13961-486-1.html，
https://portal.scnu.edu.cn/article-13961-487-1.html）

三、 教学成效与反思

（一）教学效果

“环节六”中学生设计实验方案验证砖红色沉淀的成分（Cu、Cu_2O 或 Cu 和 Cu_2O 的混合物），根据学生所设计的实验方案（采用互动方式 2）评价学生对元素化合物间相互转化的认识水平，分析如表 3 所示。

表 3　学生对元素化合物间相互转化的认识水平

项目	学生答案类型及相应代码			
元素化合物间相互转化的认识水平	水平 1：仅从物质类别的角度认识化合物间的转化（一维）	水平 2：从物质类别、氧化还原的角度认识化合物间的转化（二维）	水平 3：从物质类别、氧化还原、沉淀溶解平衡角度认识化合物间的转化（三维）	水平 4：从物质类别、氧化还原、沉淀溶解平衡、配位平衡角度认识化合物间的转化（四维）
具体表现	往砖红色沉淀中加入稀硫酸，以检验沉淀的成分	往砖红色沉淀中加入稀硝酸，以检验沉淀的成分	往砖红色沉淀中加入稀盐酸，以检验沉淀的成分	往砖红色沉淀中加入浓盐酸，以检验沉淀的成分

根据学生设计的实验方案，41 名学生中对元素化合物间相互转化的认识水平情况为：一维 2 人（4.9%）、二维 5 人（12.2%）、三维 24 人（58.5%）、四维 10 人（24.4%）。大部分学生能从物质类别角度、氧化还原角度和化学平衡角度等多个维度认识元素化合物间的相互转化。其中，超过一半的学生的认识水平在水平 3，这可能是因为学生没有考虑到如果砖红色沉淀既有 Cu 又有 Cu_2O，加入稀盐酸，砖红色沉淀部分转化为白色沉淀，但 Cu 不溶于稀盐酸，因此在具体实验操作过程中，剩余的 Cu 会覆盖掉白色沉淀 CuCl，从而观察不到有白色沉淀产生这一现象，影响实验结果的判断。

（二）教学反思

（1）构建和应用“价－类二维图”，形成多角度和有序的认识思路，把零散的元素化合物知识结构化。在此过程中，学生的认识是有序的，这种教学可以引导学生形成元素化合物间相互转化的认知模型，对分析高考实验题或化工流程图题中陌生元素化合物的相互转化有一定的指导作用。

(2) 与学生的互动方式较为单一。因为是线上教学，主要是师生之间的互动，而缺乏生生之间的互动。如果是线下教学，可以考虑结合同桌 PK 画二维图或小组互评实验方案等多种互动形式。

(3) 课后可以增加变式的习题。习题以陌生元素的物质转化为情景，不仅能评价本节课的教学效果，评价学生是否形成正确的认识角度和认识思路，还能检验学生能否将本节课学习的内容迁移应用到其他元素化合物的性质学习上。

作者简介

苏华虹，任教于佛山市第一中学，中学二级教师。省级课题核心成员，曾在核心期刊《化学教育》和《化学教学》发表教学论文（第一作者），在佛山市高中化学新课标培训活动中做专题讲座，在佛山市高三复习研讨会中做专题讲座。

专家点评

本节课是高三二轮复习课，主题是利用“价－类二维图”复习元素化合物，主要有以下几个亮点：

(1) 引导学生形成元素化合物间相互转化的认知模型，对分析高考实验题或化工流程图题中陌生元素化合物的相互转化有一定的指导作用。

(2) 立足情景，问题驱动。本节课以铜元素的存在形式和物质的制备为情景，提出有关铜元素化合物的三个问题，并通过三个教学环节解决问题。

(3) 利用好“价－类二维图”，引导学生多维度和有序地分析问题。以“价－类二维图”为依据，引导学生从物质类别、氧化还原（电化学）、化学平衡等多个维度解决问题。

(4) 重视“教学评”一体化。通过展示学生绘制的“价－类二维图”和“实验设计方案”，评价学生对元素化合物间相互转化关系的认识角度和认识水平。

总的来说，本节课以“价－类二维图”为理论依据，以物质的制备为情景开展元素化合物的复习，在教学过程中培养和发展学生的化学核心素养，具有一定的理论水平。教师在上课过程中，语调适中，遇到需要学生思考的地方，能给学生必要的提示和时间。总的来说，本节课体现了佛山市第一中学化学科组的高质量网课水平。

——佛山市教育局教学研究室　王怀文

高三科学取向教学论指导下的高三化学二轮复习
——提炼有效信息突破“有机合成”

广东仲元中学　曹君剑

一、 教学案例简介

疫情期间，在线教学给学生和教师带来新的挑战。如何熟练使用电子设备和在线课堂软件，如何设计课堂与学生更好地互动，如何使教学达到最优效果，是教师们迫切需要解决的问题。本节课从以下几个方面设计教学，突破线上教学的难点，使线上教学更有效。

（1）选题。聚焦高考二轮复习中易错、易失分的知识点——“有机合成”，期望突破学生的思维障碍点和畏难心理，使学生掌握解题方法，敢做并做对。

（2）教学理论明确。基于科学取向教学论设计教学程序。精选例题通过“建立解题模型—利用模型变式练习—优化思维模型—再利用思维模型”等环节步步深入、层层递进，让学生循序渐进地掌握有机合成方法。

（3）与学生良性互动。利用线下微信或者 QQ 搜集学生的作业情况，利用线上 QQ 群、腾讯课堂讨论区进行课堂互动和反馈，及时发现并解决学生的问题，达到良好的教学效果。

（4）落实核心素养。利用碳链改变、官能团改变传递微粒观、变化观等化学观念，利用模型认知落实化学核心素养。

二、 教学设计

（一）理论依据

现代心理学认为：程序性知识是个人缺乏有意识地提取线索，只能借助某种作业形式间接推论其存在的知识。程序性知识是一套办事的操作步骤，是关于“怎么办”的知识。在学习程序性知识的第一阶段，是习得程序性知识的陈述性形式，新知识进入原有的命题网络，与原有知识形成联系。在第二阶段，经过各种变式练习，使贮存于命题网络中的陈述性知识转化为以产生式系统表征和贮存的程序性知识。在第三阶段，程序性知识依据线索被提取出来，解决“怎么办”的问题。

科学取向教学论下基本技能课的一般教学结构：

（1）获得操作步骤：通过范例讲解呈现解决问题的操作步骤，或通过呈现正例让学生发现解决问题的操作步骤。

（2）运用操作步骤解决问题：初步运用操作步骤解决典型问题并列出操作步骤，在运用中体会操作步骤背后的化学原理和化学思想。

（3）巩固操作步骤：通过典型的题组式、有逻辑的变式练习在不同情境中巩固操作步骤。这时教师的指导逐渐减少，引导学生独立解决问题。

（二）设计思路

根据以上理论，本节课对高三第二轮复习课“有机合成”一节进行如下小专题复习的教学设计。

高三化学“有机合成”承载着重要的化学学科能力和思想，如微粒观、变化观等化学观念。高考中，有机合成为近几年的高考热点之一。从 2019 年 12 月广州市调研测试数据来看，总分为 4 分的“有机合成”问题，全市的平均分只有 0.7 分，“有机合成”已经成为学生掌握知识的一个重点和难点。如何使学生突破这一知识点，是高三二轮复习教师在课堂中应该重点考虑的。

（1）学习解决问题的办法建立思维模型：通过归纳总结近三年有机合成题所利用的新信息和知识点，使学生了解有机合成中要掌握的知识和能力要求，具体如下：①官能团 $\alpha-H$的活性；②碳链的增长方式，如 D－A 反应，利用 HCN、缩醛反应等方式改变碳链；③综合利用信息和知识突破有机合成，重点注意碳链的连接与官能团转变的步骤顺序，再分析题目获取解决办法。

（2）利用模型变式学习：在学会“怎么办”之后，通过各种变式练习应用思维模型，了解有机合成方法遇到不同的情境要如何“变”，怎样灵活运用所学的“程序”知识解决各种实际问题。

（3）反思、优化思维模型：使学生了解化学与 STSE 的关系，建立有机合成“绿色化”的观念。

（4）反馈练习，再次应用优化思维模型：通过本节课的学习，使学生突破有机合成这一重点难点，训练学生对有机反应官能团转变和信息利用的程序和技巧，并使学生感受到化学知识在课堂和生产生活中的重要应用。

（三）学情分析

在高中阶段，学生的思维能力得到迅速发展，具有比较强的抽象逻辑思维能力，但这种思维能力一般受到几个方面的影响：①学生固有的经验会使自己形成思维定式；②由于长期的应试教学使学生对教师产生依赖，教师怎么教，学生就怎么学，自己探究获得知识的能力比较欠缺；③阅读能力和综合利用信息分析问题的能力有待提高。

有机合成知识面比较宽、广，又有一些新的信息点出现，使学生在分析问题时显得不够熟练，经常出现一些判断和方法上的问题。笔者所任教的班级是 A 类学校的普通班，学生层次在生源中处于中等偏上的水平。如何既兼顾知识的落实又照顾到优生思维拔高的要求，是本节教学设计重点考虑的内容。

（四）教学目标

（1）掌握高考中有机合成的高频知识点和信息（如碳链改变、官能团转变等）。

（2）通过典型例题掌握有机合成的一般思路和方法。

（3）通过变式练习突破有机合成中的重难点——有机合成步骤的顺序安排。

（4）进一步总结深化基本思路和解决问题的方法与技巧。

（五）教学重点与难点

（1）通过典型例题掌握有机合成的一般思路和方法。

（2）通过变式练习突破有机合成中的重难点——有机合成步骤的顺序安排。

（六）教学设计流程

环节一：总结近三年高考试题中有机合成的知识点、新信息点、步骤数等信息，归纳梳理高考中对有机合成的要求

↓

环节二：典例分析。分析2019年新课标 I 卷中有机合成题的解题方法和思路，习得有机合成的基本方法：①官能团引入；②碳链改变；③提炼新信息落实合成步骤，建立解题思维模型

↓

环节三：变式训练。应用思维模型来解决变式训练中的问题，并优化思维模型

↓

环节四：应用再次优化后的思维模型解决问题，重点突出碳链变化的新信息在有机合成中的应用

↓

环节五：应用新信息，尤其是碳链改变的信息解决变式问题，强化和深化有机合成的方法和思路

图 1　教学设计流程图

（七）教学设计

1. 环节一：近几年高考中有机合成的知识要求、信息利用情况总结等

【师生活动】

高考题总结如表 1 所示。根据已有知识，结合题干信息或者已知信息突破有机合成关键步骤（见图 2）。有机合成主要方法：逆推、正推相结合。

表 1　高考题总结

年份	卷类	步骤数	知识点和涉及信息反应	关键知识信息	关键信息来源
2019	Ⅰ卷	3 步	1. 烃的卤代 2. 酯基、羰基 α－H 的取代 3. 酯的水解	酯基、羰基 α－H 的取代	题干流程
	Ⅲ卷	5 步	1. 烃的卤代 2. 卤代烃的消去 3. Heck 反应	Heck 反应	题干流程
2018	Ⅰ卷	4 步	1. 醇与 HX 取代 2. 利用 CN^- 引入羧基 3. 酯化	CN^- 引入羧基	已知信息
2017	Ⅰ卷	4 步	1. 烃的卤代 2. 卤代烃的消去 3. D－A 反应 4. 烯烃与 Br_2 加成	D－A 反应	题干流程
	Ⅲ卷	3 步	1. 苯环的硝化 2. 硝基的还原 3. 氨基与酰氯取代	硝基的还原 氨基与酰氯取代	题干流程
2016	Ⅰ卷	3 步	1. D－A 反应 2. 环已烯生成苯 3. 苯环 α－位的氧化	D－A 反应 环已烯生成苯	题干流程
	Ⅰ卷	3 步	1. 醇消去 2. 烯烃变炔烃	烯烃变炔烃	题干流程

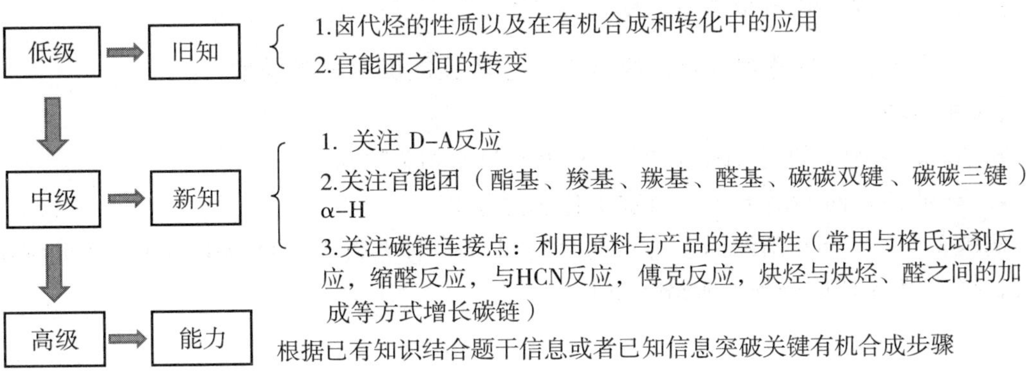

图 2　有机合成方法总结

2. 环节二：通过解题范例，建构有机合成解题模型

例题 1　（2019 年新课标 Ⅰ 卷）化合物 G 是一种有机药物合成中间体，其合成路线如下：

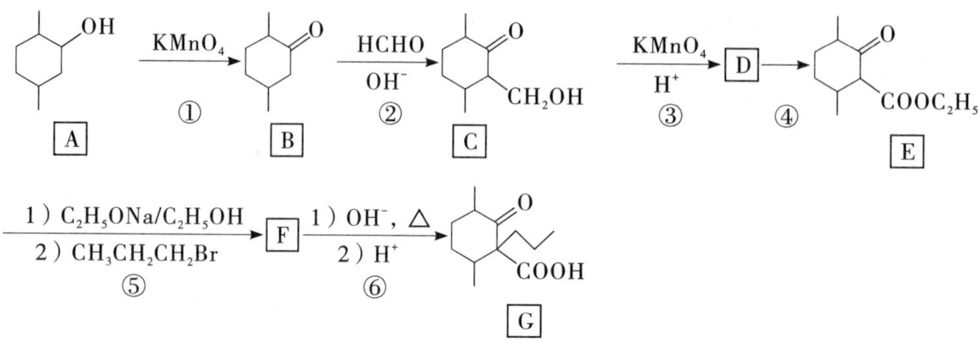

回答下列问题：

设计由甲苯和乙酰乙酸乙酯（$CH_3COCH_2COOC_2H_5$）制备 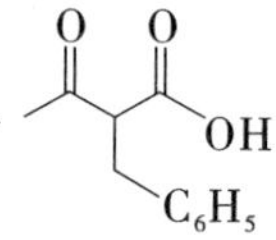 的合成路线。

【师生活动】

（1）以 4 个步骤详解例题 1（见课例视频）。

（2）有机合成解题步骤总结。

步骤一：分析官能团。假设官能团转变为熟悉的情况，按步骤转化；假设官能团转化为陌生的情况，分析题干相似步骤，获取有用信息。

步骤二：分析碳链与原料的差异。分析题干和问题中物质连接部位的相似性，如：α－H 相似性，原则上尽量使用题干流程中的信息所呈现出的顺序。

步骤三：确定合成步骤先后顺序。尽量按题干相似步骤中的顺序安排合成步骤。

步骤四：合成步骤规范书写。反应物主体$\xrightarrow[\text{反应条件}]{\text{辅助反应物}}$产物。

3. 环节三：变式练习强化思维模型，思考反馈优化思维模型

【师生活动】

精选两道例题 1 的变式练习，学生思考与讨论相关问题。

4. 环节四：面临新情境，再次优化思维模型

例题 2　（2017 年新课标 Ⅰ 卷）化合物 H 是一种有机光电材料中间体。实验室由芳香化合物 A 制备 H 的一种合成路线如下：

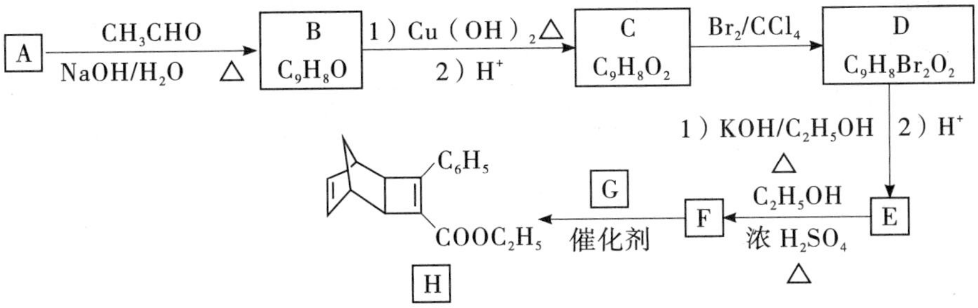

已知：①$RCHO+CH_3CHO \xrightarrow[\triangle]{NaOH/H_2O} RCH=CHCHO+H_2O$

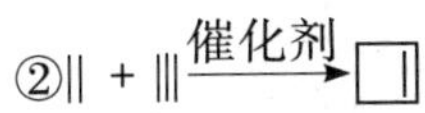

请写出用环戊烷和2－丁炔为原料制备化合物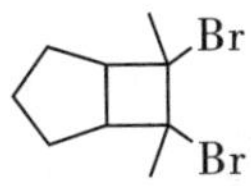的合成路线（其他试剂任选）。

【师生活动】

（1）思考与讨论：

①特征：成环反应如何实现，需要什么基团？

（两个含不饱和键的物质，两个不饱和键键头、键尾分别相连。）

②连接溴原子与成环反应的先后顺序依据什么原则？

（三键与溴的加成有完全加成和不完全加成两种产物，量不易控制。为了保证转化率，需先成环再与溴加成。）

（2）详解例题2后，给出一道变式练习，多角度分析解题思路。

5. 环节五：练习反馈，强化思维模型

例题3 （2018年新课标Ⅰ卷）化合物W可用作高分子膨胀剂，一种合成路线如下：

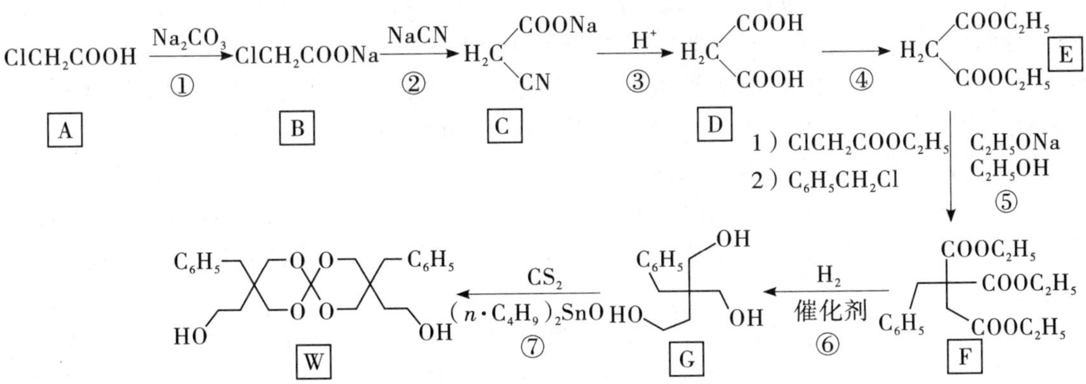

回答下列问题：

苯乙酸苄酯（）是花香型香料，设计由苯甲醇为起始原料制备苯乙酸苄酯的合成路线（无机试剂任选）。

【师生活动】

解出答案：

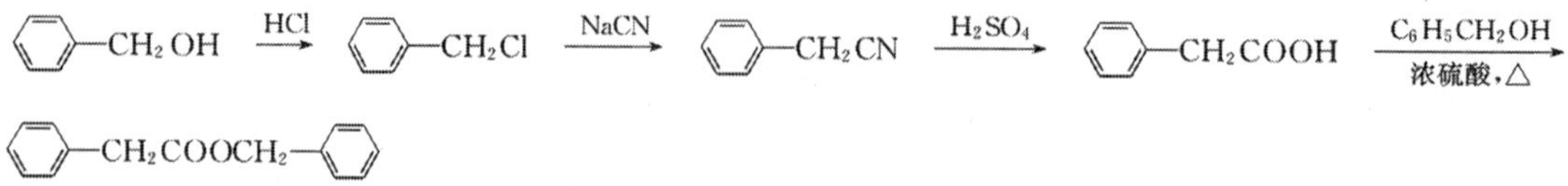

（微信扫描二维码可观看课例，网页下载链接：
https://portal. scnu. edu. cn/article－13961－491－1. html）

三、 教学成效和反思

2020 年春节，欢乐祥和的气氛被一场新冠肺炎疫情打破。特殊时期，开学时间未定，高三学生面临着前所未有的压力，网络在线课程在各个地区陆续开启。如何利用现有的网络条件开展在线课程，是对学子和教师的又一次严峻考验。本节课是响应教育部“停课不停学”的号召，采取“腾讯课堂”“QQ 群”等网络手段进行的在线直播课堂，跟学生进行了线上交流和互动，初步达到了教学目标，在学生和听课的教师中获得良好的反响，并在软件使用、课堂互动等环节给刚开始进行在线直播教学的教师提供借鉴和参考。

“有机合成”的教学是针对高考二轮复习设计的小专题，教师利用有限的课堂时间尽可能帮学生解决知识盲点和误区。

首先，让学生了解高考有机合成的出题特点，让学生熟悉高考题的信息和考查方式；其次，让学生了解有机合成知识和能力三个台阶，哪一级出问题就从哪一级着手打基础，找解决问题的办法；最后，从熟悉的高考题重点分析解决有机合成题的方法，包括建立模型、应用模型、反思优化模型、模型再利用等过程。通过这节课的学习，学生发现合成题并没有想象中那么难，只要准备充分，可以又快又好地完成。

以下是课后几个学生的调查反馈。

生 A：网络课堂的形式效果比想象中好，虽然没有在课堂上跟教师面对面地互动，但利用“腾讯课堂”的讨论区以及“QQ 学习群”直接发图片或者信息也能比较及时地互动。

生 B：网络课堂有很多限制，比如跟教师互动频率和效果都有延迟性，并且受限于网络的速度，有时一不小心会掉线，对教学设备也有一定的要求，但总的来说还是可以跟上教师上课的节奏。

生 C：网络课堂有利有弊，很难保证听课的效率，比较容易开小差，也容易造成视觉和精神疲劳，对听课的学生是一个比较大的考验。但是能上课比不能上课好，自己学习上的疑问在课堂中基本能比较好地解决。

关于教学目标的落实，科学取向教学论指导下对高三第二轮小专题的复习具有很好的理论指导意义。它的第一步是习得解决问题的方法步骤，第二步是运用习得的方法步骤解决问题，第三步是利用变式训练进一步深化该步骤和方法。在高中阶段尤其是高三复习阶段，利用科学取向教学论来指导高三复习课，一定会使学生更好地理解和内化高中化学学科素养，更有利于学生的终身学习和长远发展。

作者简介

曹君剑，2005 年暨南大学硕士毕业至今在广东仲元中学任教，是第五批广州市骨干教师，广州市番禺区高考研究组成员。从教以来，多次承担区、校级公开课，有多篇教学论文公开发表和获奖，主持一项广东省教育学会课题并结题。

专家点评

（1）精准选题，充分调研，精心选择“有机合成”这一学生的思维障碍点、高频考点、高考易错点实施教学。

（2）设计思路清晰，体现了“知识→方法→能力→素养（问题分析解决认识模型）”的逐步提升教学。教学过程中案例分析、讲解与学生练习引导、评价结合，利于学生学以致用。

（3）较好地落实了化学核心素养，利用碳链的改变落实变化观，授课过程体现了证据推理和模型认知。

——广州市番禺区教育局教育教学研究室　陈谦明

生物篇

线上教学为生物课堂带来新样态
——生物线上教学的思考

广东广雅中学　苏科庚

新冠肺炎疫情防控期间，为了保障教与学的正常进行，各地生物教师离校不离教，全体学生停课不停学，特定的时期，特殊的背景，线上教学课使所有的教师在极短的时间内接触新技术、学习新技术、运用新技术，从一开始的手忙脚乱到后来的应用自如，让我们看到了新媒体、新技术在线上教学的重要作用，对后续的课程改革和教学创新将产生积极深远的影响，也必将催生生物教学的新样态。

本次线上优秀课例的评选活动自开展以来，受到了全省各地生物教师的大力支持与踊跃参与，评审委员会共收到来自全省 15 个地级市 42 所中学 80 位生物教师提交的共计 81 节课例视频和教学设计，其中新授课 39 节、复习课 31 节、实验课 11 节，教学内容涵盖高中生物学必修教材三个模块（《分子与细胞》《遗传与进化》《稳态与环境》）和选修教材两个模块（《生物技术实践》《现代生物科技专题》）的知识内容，视频类型包括微课视频 14 节、直播教学视频 40 节，教学案例从多维度充分展现了疫情期间生物学科线上教学的各种课型及教学策略。经过评审委员会生物学科专家的认真评审，最终 9 节课例脱颖而出，被评为优秀课例，其中 3 节课例获邀在“华师联盟学校优秀课例云分享”活动中向全省生物教师进行展示交流，广受赞誉。

从课例的评选结果来看，生物线上教学优质课堂普遍具有三个特征：一是有“好的情境”。教师重视并积极创设学习情境，在情境中提出相关问题，引导学生开展深度思考，有效突破教学重难点内容，充分凸显“生物观念”“科学探究”“科学思维”和“社会责任”等核心素养。二是有“好的表达”。教师线上教学的语言简洁不啰嗦，严谨有逻辑，没有过多的废话，没有明显的错误。教师通过科学准确的表述，有效激发学生的兴趣，巧妙嫁接了教材与学生之间的知识桥梁。三是有“好的课件”。课件是教材内容的浓缩，也是教师板书的凝练。本次提交的课例中，多数教师的课件简洁明了、主线突出、注重排版、强化标注，为学生的自主学习、自主理解、自主笔记提供了良好载体。

对于中学生物教学乃至整个基础教育而言，新冠肺炎疫情的出现或许是一个分界线。以此为契机，教学将分为“前疫情时代的教学”和“后疫情时代的教学”，课堂教学将进入线上教学与线下教学混融共生的新时代，呈现出三大发展新样态：一是双线教学。既可以是多种教学工具或方法的混合，也可以是各种教学理念的混合，两种教学方式界限明确，或为先后，互为补充。二是双线共融。线上教学与线下教学“你中有我”“我中有你”，两者走向融通思维，双线之间的教学屏障松懈瓦解。三是双线共生。双线教学共存且共融，各自的发展状态取决于二者的相互关系，每一方的改变都将牵动、影响和改变另一方，带来彼此同步的生长与发展。新样态的教学范式传递出强烈的信号——教学的未来发展，就是线上教学与线下教学的融通整合。

在国家强大意志及全民齐心抗疫的努力下，新冠肺炎疫情必将结束，但新理念、新技术、新样态的教学创新也扑面而来、汹涌而至，我们是否已做好充准备，是否有足够的信心与勇气去应对新的挑战？这是每个一线生物教师需要思考并探索实践的重大议题。

高一“有氧呼吸”教学案例

广东广雅中学　王志珍

一、 案例简介

由于疫情的原因，线上教学成为在家教学的常态，线上教学在给一线教师的教学带来巨大挑战的同时，也创造了很多创新和尝试的机会。为了增加师生之间的互动感，本节课借助的教学软件为“腾讯会议”。

本节课的内容是“有氧呼吸”，内容多，难度大，对学生的要求高。而线上教学的方式更是加大了本节课的难度，教师无法和学生进行直接的眼神交流，互动感会降低，如果按照传统的概念教学方式生成有氧呼吸的概念，处于云端的学生可能会觉得枯燥，很难激发学生的听课兴趣。为了落实重难点和增加学生的积极性，本节课主要通过教师设置有效的问题串，推动学生进行思考和对知识的细化掌握，培养学生的科学思维和科学探究能力。

二、 教学设计

（一）教材分析

《普通高中生物学课程标准（2017 年版）》提出了“核心素养为宗旨”的课程理念，素养教育需要引领学生主动参与探究性学习活动，加深对生物学概念的理解，提升应用知识的能力。“有氧呼吸”是人教版高中生物必修 1 第 5 章第 3 节“ATP 的主要来源——细胞呼吸”的一部分。本部分内容涉及的知识是必修 1 的重点和难点，是高考必考考点。而本节课的授课对象是高一学生，有一定前知识，如已经学习了什么是 ATP，对酵母菌的呼吸方式进行了探究。传统的教学方式是教师引领学生分析有氧呼吸的每个过程，概括总结有氧呼吸的过程，从而形成有氧呼吸的概念。这样的方式会让学生被动地接受知识，特别是云课堂中教师的纯讲授会显得尤为枯燥。所以本节课改变传统的教学方式，通过有效追问和科学探究，激发学生的学习兴趣，落实生物学重要概念。

（二）教学目标

（1）从结构和功能的角度，阐明有氧呼吸过程的物质基础和结构基础，形成有氧呼吸中物质和能量相互转化与守恒的观念。

（2）基于科学探究过程，归纳概括有氧呼吸过程中的物质变化和能量变化。

（3）基于科学探究过程，让学生进行科学实验设计，增强学生的求知欲，让学生掌握科学探究的基本思路和方法。

（4）结合新冠肺炎抗疫工作，培养学生关爱生命、崇尚健康文明的生活方式的社会责任。

（三）教学策略

本节课采取的教学策略为：开头创设疑问，框架式提问，让学生对整节课有一个整体目标认识；中间结合科学探究，多角度追问，让学生对知识细化的同时，培养学生的科学探究思维能力；然后通过反刍引领，总结式提问，从而让学生自主生成“有氧呼吸”的概念；最后结合热点，升华思想，让学生明白我们与祖国共命运，在抗击新冠肺炎疫情的过程中，每个人都应该贡献自己的力量。

（四）教学实施

1. 创设疑问，框架式提问

【互动方式】

教师和学生打开麦克风，打开摄像头，进行有效互动。

【背景分析】

上节课对酵母菌的呼吸方式进行了探究。本节课需要解决的重难点是有氧呼吸过程中的物质变化和能量变化，完成有氧呼吸方程式的推导，最终构建有氧呼吸的概念。课本中已经给出有氧呼吸的方程式和过程图，如果直接让学生阅读教材，无法点燃学生的兴奋点，因此需要教师提出引发他们思维碰撞的问题，并创造条件让教师和学生之间可以进行有效的沟通与互动。

问题1 如果以反应式的形式来表示有氧呼吸，反应物是什么？生成物是什么？反应的条件是什么？

学生会根据实验现象和实验结果分析出来反应物有 $C_6H_{12}O_6$ 和 O_2，生成物有 CO_2；根据物质守恒定律，猜测产物中可能会有 H_2O 产生；根据前知识知道呼吸作用提供能量，同时知道需要酶的催化。

问题2 是否还有其他物质参与反应？如果有，是什么？（预习过的学生会说有 H_2O 参与。）继续追问，反应物和产物中的 H_2O 是否可以约掉？

通过以上一系列的追问，让学生明确本节课就是要围绕有氧呼吸过程方程式的推导展开。学生的兴奋点在于，是否有 H_2O 参与？若有 H_2O 产生，反应物和产物中的 H_2O 是否可以约掉？通过这样的疑问创设，可以让学生产生好奇，产生解决问题、探究问题的兴趣和冲动。

2. 科学探究，多角度追问

【互动方式】

把学生进行分组，小组之间建立微信群，在微信群中讨论课上的问题，小组选出代表在腾讯会议中发言。

【背景分析】

对于是否有 H_2O 的参与，需要进一步探究有氧呼吸的过程才能知道。若有 H_2O 产生，反应物和产物中的 H_2O 是否可以约掉这个问题，学生根据化学知识可能会认为可以消掉，但是生物学科中是否可以，需要根据各生成物的来源来判断。因此需要带领学生对有氧呼吸的过程和场所进行分析，来解决上述问题。可以结合科学实验探究结果，通过多角度的不断设问和追问，培养学生的思维能力，进而总结有氧呼吸的过程和场所。

教师展示资料一：将酵母菌研磨得到酵母菌匀浆，然后进行离心，得到上清液（细胞质基质）和沉淀（含线粒体）（见表 1）。

表 1　资料一

实验序号	1 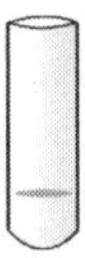	2 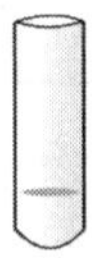	3 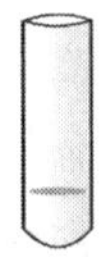	4 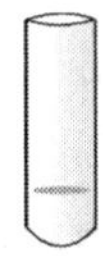	5 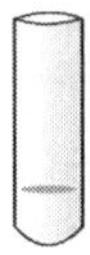
第 1 步取样品	取匀浆	取沉淀	取上清液	取沉淀	取上清液
第 2 步检测样品成分	$C_6H_{12}O_6$	$C_6H_{12}O_6$	$C_6H_{12}O_6$	$C_3H_4O_3$	$C_6H_{12}O_6$
第 3 步通入气体	通入 O_2	通入 O_2	通入 O_2	通入 O_2	—
第 4 步检测产物	CO_2	$C_6H_{12}O_6$	$C_3H_4O_3$	CO_2	$C_3H_4O_3$

问题 3　有氧呼吸是不是一步完成的？

展示资料一中第 1、2、3 组实验结果，提问：三组实验结果能得出什么结论？学生通过分析可以总结出葡萄糖分解形成 CO_2 会经过一个中间产物丙酮酸（$C_3H_4O_3$），同时展示第 4 组实验来验证自己的结论。

问题 4　1、2、3、4 组实验结果说明有氧呼吸在哪里进行？

通过第 1、2、3、4 组实验的对比，学生清楚地知道有氧呼吸的场所是细胞质基质和线粒体，不只是在线粒体中进行。

问题 5　O_2 是否参与丙酮酸的形成？

教师展示第 5 组实验后，学生通过对比第 3 组和第 5 组的实验结果，可以知道不通 O_2 的情况下仍然可以产生丙酮酸。

问题 6　O_2 去哪里了呢？如何对 O_2 的去路进行追踪？

在此之前，学生在学习“分泌蛋白的合成和运输”时，已经初步了解了同位素标记法的原理，一些知识掌握扎实、迁移能力较强的学生在教师的引导下能够想到这样的方法。在这个时候教师需要再次对同位素标记法进行介绍，唤起其他同学的记忆，并和学生一起讨论应该如何设置实验。

教师展示资料二：将酵母菌研磨得到酵母菌匀浆，然后进行离心得到沉淀（含线粒体），用同位素标记法分别将 O_2、H_2O 和 $C_3H_4O_3$ 中的 O 元素进行标记，最后检测产物中含有 ^{18}O 的物质（见表 2）。由此得出结论：O_2 参与 H_2O 的形成。

表2　资料二

实验序号	1 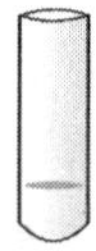	2 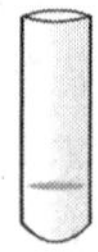	3 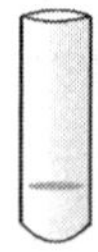	4 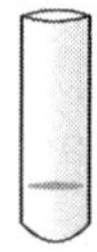
第 1 步取样品	取沉淀	取沉淀	取沉淀	取沉淀
第 2 步对部分样品中的 O 元素标记	$C_3H_4O_3+H_2O$	$C_3H_4O_3+H_2O$	$C_3H_4{}^{18}O_3+H_2O$	$C_3H_4O_3+H_2{}^{18}O$
第 3 步对部分通入气体的 O 元素标记	通入 O_2	通入 $^{18}O_2$	通入 O_2	通入 O_2
第 4 步检测产物	CO_2、H_2O	CO_2、有 $H_2{}^{18}O$	$C^{18}O_2$、H_2O	$C^{18}O_2$、有 $H_2{}^{18}O$

问题 7　CO_2中的 O 元素来自哪里？如何确定？

在前面实验分析的基础上，让学生以小组为单位设计实验方案，并进行方案汇报，不同小组之间进行互评。结合学生的设计，教师展示资料二中第 3、4 组实验，从而确定CO_2中的氧元素来自丙酮酸（葡萄糖）和水；然后对有氧呼吸的过程进行总结，用表格的形式对有氧呼吸的阶段、场所、物质变化、能量变化进行对比分析。

通过上述的分析，学生对有氧呼吸的过程和场所有了准确的了解。科学的实验探究和对实验结果的分析，培养了学生的科学思维，让他们在知其然的同时知其所以然；有效的追问，推动学生不断地进行思考。

3. 反刍引领，总结式提问

【互动方式】

让学生在线书写有氧呼吸方程式，并请学生归纳概括“有氧呼吸”的概念，其他学生进行补充。

【背景分析】

通过刚刚的学习，学生知道了有氧呼吸的过程，知道了有氧呼吸的反应物和生成物，知道了有氧呼吸的场所。对课前的疑问“是否有 H_2O 产生”“是否有 H_2O 参与”，他们也就可以自己分析出来了。

问题 8　是否有 H_2O 产生？是否有 H_2O 参与？前后的 H_2O 是否可以约掉呢？如何配平方程式呢？

课堂的最后回归课前的疑问，解决了学生们开始时的困惑。学生对于有氧呼吸的方程式中涉及的反应物和生成物的理解会更透彻。

问题 9　“有氧呼吸”的概念是什么？

一节课围绕有氧呼吸进行学习与探究，提出最后的总结性的问题：什么是有氧呼吸？有了一节课的铺垫，学生可以较容易地归纳出有氧呼吸的概念。

4. 结合热点，思想升华

教师结合当前抗疫形势，进行总结点评。通过这节课的学习，我们知道有氧呼吸对于我们人类来说必不可少，而戴口罩长时间外出活动，会影响我们的有氧呼吸，严重的会造成呼吸困难甚至窒息。那么多逆行者为了大家的平安付出那么多、牺牲那么多，作为学生，我们在保证自己生命安全的同时，也希望可以通过自己的实际行动，少出门，减轻国家的防控压力，为抗疫做出自己应有的贡献！

（微信扫描二维码可观看课例，网页下载链接：
https://portal.scnu.edu.cn/article-13962-555-1.html）

三、 教学成效与反思

本节课改变了传统的讲授型上课方式，以直播课的形式，以有效的问题串贯穿始终，推动学生不断思考，并通过实验探究，培养了学生的科学思维和科学探究能力。通过本节课的尝试发现，教师适时、有效的追问，能促进学生深入思考，对培养他们思维的深刻性和敏捷性具有重要意义，能加深他们对知识的理解，强化所学知识的联系，能大大提高课堂的教学效率。但在授课形式和互动方式方面，由于无法直接面对学生，对于学生分组和回答问题过程的把控比较难，需要多次尝试，寻求最优的方案。在内容上，下次可以尝试在每个板块只设置 3 个核心问题，引导学生自己生成问题，并由学生自己解决，这样效果会更好。

作者简介

王志珍，华东师范大学硕士。曾获“广东省概念教学”“广东生物年会论文”一等奖，“华南师范大学优秀在线教学案例”一等奖和三等奖，“广东广雅集团青年教师片段教学”特等奖；指导学生参加“青少年科技创新大赛”“中学生生物竞赛”获得二等奖；参与发表 SCI 论文一篇，参与多项省、市级课题。

专家点评

本节教学内容是生物必修 1《分子与细胞》“细胞呼吸”中“有氧呼吸”环节的教学，课型为新授课，对象是高一学生，教师旨在引导学生学习理解“有氧呼吸”的概念。教学的亮点在于问题的有效创设。王老师结合教材内容的呈现顺序和学生的认知水平，精心设计了 9 个具有思维深度并且层层递进的问题，引导学生积极展开研讨，主动构建相关概念。同时，教师以实验素材为背景，提供了两个与有氧呼吸相关的酵母菌实验，引导学生进行分析讨论并得出相应结论，有效地帮助学生理解掌握有氧呼吸的相关过程与变化，很好地贯彻并体现了“科学探究”与“科学思维”的学科核心素养。此外，教师积极利用网络平台组织学生进行了积极有效的互动交流，很好地实现了教学目标。

纵观整节课，教师语言简练，课件制作精美，教学策略得当，课堂氛围活跃，教学效果突出，是一节成功的在线教学课例。

——广东广雅中学　苏科庚

高一“孟德尔的豌豆杂交实验（二）”教学案例

佛山市顺德区均安中学　杨忠泽

一、案例简介

结合国家大力提倡培养学生的核心素养以及时下因疫情而采用在线教学的情况，笔者设计了本节案例。本节课是人教版高中生物必修 2 第 1 章第 2 节的内容。目前，高中生物教师在本节的教学中普遍注重对孟德尔第二定律的计算运用，学生知其然不知其所以然，这样不利于培养学生的理性思维和科学探究素养。

为此，本节课要解决两方面的问题：一是在重温孟德尔的探究历程中培养学生的高中生物核心素养；二是利用问题驱动、必要的软件支撑和板书使得在线教学更加有效。在教学过程中，以孟德尔假说 - 演绎法的实验过程为主要线索，结合教师必要的引导语，串联起整个杂交实验过程，体现出实验设计的思维性和逻辑性；采用 Pointofix 进行在线教学的板书、学生画图拍照上传到 QQ 群、问题驱动等教学手段方法，提高在线教学效率。

二、教学设计

（一）教学目标

理性思维素养：培养学生对 F_2 出现的分离比进行观察、分析、归纳和概括的演绎与推理思维。

科学探究素养：培养学生学会独立设计测交实验验证孟德尔假说的科学素养。

（二）教学重点与难点

重点：对自由组合现象的解释和验证。

难点：对自由组合现象的解释。

（三）教学说明

因为疫情，无法与学生在教室上课，所以借助腾讯课堂的平台，对学生进行在线教学。在教学过程中，为了更好地展示板书内容，借助软件 Pointofix 进行画图分析。同时充分发挥在线教学的网络优势，展示图片、动画、板书等丰富教学资源，让学生更加直观地了解 9∶3∶3∶1 的由来。

在教学内容上，以假说 – 演绎法的实验步骤作为主要线索，引导学生重温孟德尔的探究历程，结合问题驱动法，尝试培养学生的理性思维和科学探究素养。

（四）教学实施

1. 情景引入

【教师活动】

有两种水稻：易倒伏、抗病和抗倒伏、不抗病的。如何培养出符合生产需求的既抗倒伏又抗病的水稻呢？

【设计意图】

引出两种性状的植株间进行杂交的交配方式，为下文的孟德尔杂交实验二做铺垫。

2. 新课讲授

（1）提出问题。

【教师活动 1】

阅读书本，思考：孟德尔选用哪两种豌豆作为亲本进行杂交实验？

【设计意图】

首先掌握孟德尔实验的材料。

【教师活动 2】

针对教材第 9 页的图片（见图 1），思考以下几个问题：

①根据 F_1 性状表现判断哪两个性状是显性性状。

②F_1 自交，F_2 有没有出现新的性状表现？分别是什么？

③F_2 中不同性状的数量比是多少？

④如果就 F_2 中某一对相对性状单独分析，即黄∶绿和圆∶皱分别是多少？说明什么问题？

【设计意图】

针对实验现象，先提出具体的现象性问题，再逐步深入到本质的核心问题：为什么是 9∶3∶3∶1 呢？

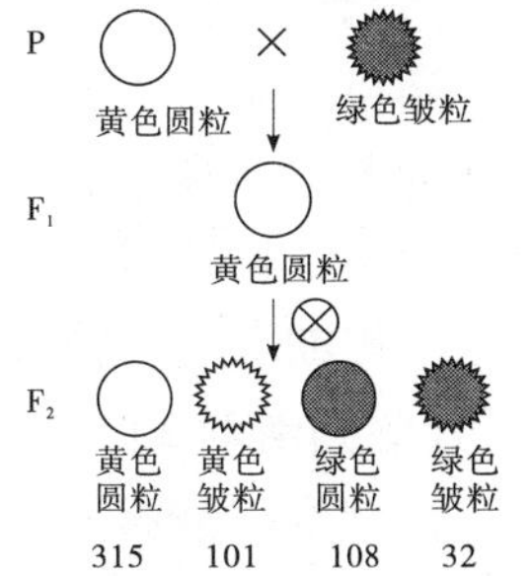

图 1　黄色圆粒豌豆和绿色皱粒豌豆的杂交实验

【教师活动 3】

在解决上述问题的基础上，引导出核心问题：为什么 F_2 中 4 种性状的比例为 9∶3∶3∶1 呢？

【设计意图】

假说 – 演绎法的第一步：提出问题。紧紧围绕孟德尔的假说 – 演绎法的过程进行教学，尝试培养学生的理性思维。

（2）做出假设。

【教师活动】

①阐释孟德尔当时对此做出的解释（即对自由组合现象的解释）。

②尝试先让学生根据孟德尔的解释，写出 F_1 所产生的 4 种配子。学生写出答案，展示在腾讯课堂的对话框中，教师再点评。

③因线上教学无法使用黑板板书，可借助软件 Pointofix 进行板书，直接在屏幕上面书写 F_1 产生 4 种配子的过程，并通过腾讯课堂共享屏幕给学生看。

【设计意图】

假说 - 演绎法的第二步：做出假设。帮助学生理解：孟德尔假说是在什么时候适用？F_1 究竟是怎么根据孟德尔假说来产生配子的？

（3）演绎推理。

【教师活动 1】

①在学生掌握 F_1 的配子种类基础上，跟学生明确雌雄配子之间是随机结合的。

②再进一步结合书本第 10 页图片（见图 2）的杂交实验分析图解，思考以下几个小问题：

a. F_2 中雌雄配子的结合方式有多少种？

b. F_2 中遗传因子的组成有多少种？

c. F_2 性状表现有多少种？

d. 根据图解，尝试写出 F_2 中黄圆、黄皱、绿圆和绿皱的各种基因型及其比例。

小结：杂交子二代的各表现型、基因型及其比例。

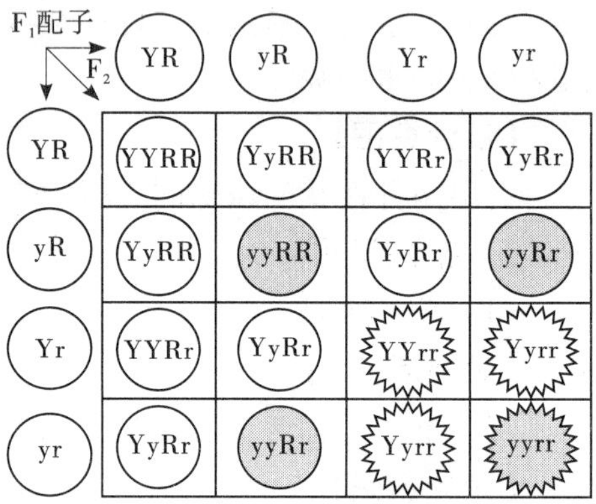

图 2　黄色圆粒豌豆与绿色皱粒豌豆的杂交实验分析图解

【设计意图】

假说 - 演绎法的第三步：演绎推理。孟德尔对 F_2 中 9∶3∶3∶1 现象的解释，是这一节课的重点和难点所在。解决的方法：①借助问题驱动，设置 4 个问题，由浅入深。②充分利用在线教学网络的优势，直观展示 F_2 基因型的图片，每个问题都呈现在图片的下方，让学生更加直观地领悟到 9∶3∶3∶1 的由来。

【教师活动 2】

让学生领悟：孟德尔通过演绎推理得到的表现型比例与观察到的表现型比例是一致的，这说明提出的假说可能是成立的。但是还不够严谨，因为孟德尔先观察到的 9∶3∶3∶1 这一比例是人为数出来的比例，然后再去解释这一比例。这样带有太强的主观性，说服力不强，需要一个更加强有力的证据来证明孟德尔的假说。为此，孟德尔设计了什么实验？又是如何验证他的假说呢？

【设计意图】

对孟德尔假说的验证也是本节课的重点之一。这里需要教师进行恰当的引导，同时培养学生的科学探究素养：设计实验要避免主观因素的影响，需要更加客观。

【教师活动 3】

①先让学生画出测交实验的遗传图解过程（取 F_1 与绿皱豌豆进行测交），预计出后代的性状比例为 1∶1∶1∶1，重温孟德尔的推测过程；再呈现孟德尔当时真正去做了这一测

交实验，得到的结果也是1∶1∶1∶1。

②引导学生：根据孟德尔的假说，推算预测出来的后代比例与后面做的实验结果比例一致吻合，这能说明孟德尔的假说成立吗？

【设计意图】

假说－演绎法的第四步：实验验证。同时注意，在线教学也需要培养学生的动手能力，并要求学生将答案拍照发到QQ群中进行展示。

假说－演绎法的第五步：得出结论。

【教师活动4】

小结：自然科学的理论能够同时对实验现象进行解释和预测。而根据孟德尔的假说，既能够解释F_2中的表现型比例9∶3∶3∶1，又能预测测交后代的表现型比例1∶1∶1∶1，因而孟德尔的假说是一种正确的自然科学理论。后人把孟德尔做两对相对性状杂交实验所发现的这一理论，称为孟德尔第二定律，也叫自由组合定律（教师展示教材第11页内容）。

【设计意图】

阐述清楚自然科学理论的定义，串联整个实验过程，让学生在进行演绎推理和得到充分的依据后，真正明白孟德尔的假说是成立的，是一种正确的理论。这培养了学生的理性思维。

3．课堂总结

【教师活动】

归纳总结，如图3所示。

孟德尔的豌豆杂交实验（二）
- 一、两对相对性状的杂交实验过程和结果
- 二、理论解释
- 三、测交验证实验
- 四、自由组合定律

图3　归纳总结图

【设计意图】

依次对本节课重要的知识点进行简单的归纳总结。

4．当堂巩固

【教师活动】

呈现4小题：

（1）孟德尔在研究两对相对性状的杂交实验时，对发现的问题提出的假设是（　　）

A．F_1表现显性性状，F_1自交产生四种表现型不同的后代，比例为9∶3∶3∶1

B．F_1形成配子时，每对遗传因子彼此分离，不同对的遗传因子自由组合

C．F_1产生数目、种类相等的雌雄配子，且雌雄配子结合机会相等

D．F_1测交将产生四种表现型不同的后代，比例为1∶1∶1∶1

（2）基因型AABB和aabb两种豌豆杂交，F_1自交得F_2，则F_2代中基因型和表现型的种类数依次是（　　）

A．6、4　　B．4、6　　C．9、4　　D．4、9

（3）两对遗传因子均杂合的黄色圆粒豌豆与绿色皱粒豌豆进行杂交，得到的后代是（　　）

A. 黄圆：黄皱：绿圆：绿皱 =1：1：1：1

B. 黄圆：黄皱：绿圆：绿皱 =3：1：3：1

C. 黄圆：黄皱：绿圆：绿皱 =9：3：3：1

D. 黄圆：绿皱 =3：1

（4）具有两对相对性状的纯合子杂交，在 F_2 中能稳定遗传的个体数占总数的（　　）

A. 1/16　　B. 1/8　　C. 1/2　　D. 1/4

【设计意图】

及时巩固知识。

（微信扫描二维码可观看课例，网页下载链接：https://portal.scnu.edu.cn/article-13962-500-1.html）

三、 教学成效与反思

（一）效果

在课堂上学生总体比较积极，主动思考，情况比较理想；参与回答巩固习题的学生基本都回答正确。教师利用软件 Pointofix 进行板书，解决了在线教学板书的难题，效果显著。但是有些学生没有在对话框中回答问题，也不参与讨论，教师无法及时掌握他们的学习动态。

（二）反思

（1）亮点：以假说-演绎法为主线，引导学生重温孟德尔探究的科学历程，培养学生的科学探究和理性思维素养；同时结合问题驱动教学方法，注重由浅入深，引导学生思考。

（2）不足：在教材的处理上，笔者是先讲减数分裂，再讲孟德尔遗传定律。如果时间足够，能适当渗透进关于自由组合定律实质的内容，相信同学们对于自由组合定律的理解一定更加深刻。

期待腾讯课堂的直播平台能进一步完善，方便老师实时掌握在线教学中学生的学情动态，监督学生是否在认真听课、有没有掌握知识等。

作者简介

杨忠泽，本硕均毕业于华南师范大学。曾获广东省基础教育教学成果奖一等奖，顺德区高中生物说课比赛一等奖和教学设计评比一等奖等奖项，并连续多次获得均安中学教学优秀教师和教研优秀教师等荣誉。

专家点评

杨老师在本节教学中，以假说－演绎法的实验步骤作为线索，带领学生重温孟德尔的探究历程，通过问题驱动和演绎推理，利用数学分析法引导学生理解掌握“自由组合定律”的相关知识内容，尝试培养学生的科学思维和科学探究素养。

本节教学的另一个突出亮点，是教师充分发挥在线教学的网络优势，通过 Pointofix 软件展示图片、动画、板书等丰富的教学资源，加强直观教学，帮助学生有效突破学习难点，另外，教师熟练运用网络技术和操作平台，引导学生画图拍照上传并进行展示交流，实现师生、生生的多维互动，大大提高了在线教学的效率和效果，是一节值得推广参考的优秀在线教学案例。

——广东广雅中学　苏科庚

高一“基因对性状的控制”教学案例

东莞市第四高级中学　冯玉香

一、 案例简介

学科教学是落实核心素养教育目标的有效途径，生物又是一门与学生日常生活联系紧密的自然学科。开展高中生物生活化教学可以更好地培养和发展学生的生物学科核心素养，从而更好地促进学生的健康成长。本节课的网络教学是人教版高中生物必修 2 第 4 章第 2 节的内容，根据“基因对性状的控制”的教学目标和内容，充分利用互联网平台的便捷性，搜集和拍摄图片、视频素材等开展教学，从学生原有的知识背景和生活经验出发，找到生物课程和生活的契合点，创设生活化教学情境，在激发学生学习兴趣的同时，培养和发展学生的生物学科核心素养。

二、 教学设计

（一）教学目标与核心素养

生命观念：理解中心法则的过程，举例说明基因与性状的关系，形成遗传与变异观。

科学思维：从生物的具体外在性状分析入手，学生以原有知识结构为基础动脑分析事物现象背后的一般规律。

科学探究：理解从基因到性状的控制过程及其所对应的具体实例。

社会责任：认知科学研究是不断深入的，是一个从宏观到微观、从现象到本质而后又从微观到宏观、从本质到现象的认知过程，要树立科学的认知观和发展观。

（二）教学重点与难点

重点：中心法则及其发展；基因、蛋白质与性状的关系。

难点：基因、蛋白质与性状的关系。

（三）教学过程

1. 第一课时

（1）中心法则的提出。

【教师活动】

提问：（情境创设，PPT 展示亲子照片）在亲子代之间遗传信息通过什么方式传递？

（展示基因指导蛋白质合成过程，详见课例视频。）

提问：遗传信息的表达包括哪两个过程？

请学生回顾遗传信息传递和表达的相关知识，画出一张流程图，简要地表示出其中遗传信息的传递方向（见图 1）。总结并简要介绍 1957 年克里克提出的中心法则。

图 1　遗传信息的传递方向

【学生活动】

观看视频，回忆、思考、分析并画出流程图。

【设计意图】

通过视频回顾所学内容，一方面激发学生的兴趣，另一方面引出本节内容：中心法则。培养学生以流程图的方式展现遗传信息的流动。

（2）中心法则的发展。

【教师活动 1】

提问：回顾所学知识，你认为该理论是否存在不足之处？

（展示、讲解相关资料，完善中心法则。）

资料 1：RNA 肿瘤病毒中，RNA 复制酶能够对 RNA 进行复制。

结论：遗传信息可以从 RNA 流向 RNA。

资料 2：致癌 RNA 病毒中的逆转录酶能以 RNA 为模板合成 DNA。

结论：遗传信息可以从 RNA 流向 DNA。

资料 3：疯牛病病毒中结构异常的蛋白质可能会使具有相同氨基酸序列的蛋白质发生折叠错误。

结论：遗传信息可能从蛋白质流向蛋白质。总结如图 2 所示。

图 2　资料分析总结

【学生活动 1】

阅读课本第 69 页资料分析，思考、得出结论。

【设计意图】

自主分析，敢于大胆提出质疑，完善已有知识。

【教师活动2】

［总结归纳］我们总结了中心法则及其发展，指出了遗传信息的传递方向。请问，不同生物的遗传信息传递方向是否相同呢？我们一起尝试归纳看看：

①以 DNA 为遗传物质的生物的遗传信息传递：如真核生物、原核生物、DNA 病毒等（见图 3）。

图 3　以 DNA 为遗传物质的生物的遗传信息传递

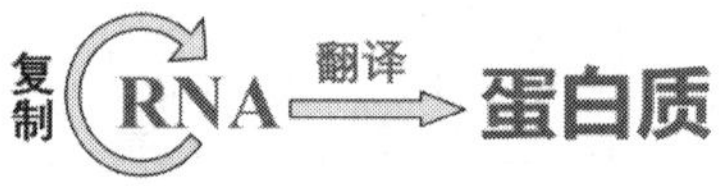

图 4　甲型 H1N1 流感病毒的遗传信息传递

②以 RNA 为遗传物质的生物的遗传信息传递：

实例 1：甲型 H1N1 流感病毒（RNA 复制酶）（见图 4）。

实例 2：艾滋病病毒（逆转录酶）（见图 5）。

图 5　艾滋病病毒的遗传信息传递

【学生活动2】

聆听、分析、比较、归纳。

【设计意图】

激发学生的学习兴趣，鼓励学生积极主动地参与到课外学习中去。

（3）课堂小结。

整理并小结以上的主要内容。

（4）课堂练习。

【教师活动】

教师布置课堂练习，见课例视频。

【学生活动】

学生思考、回答并反思比较。

【设计意图】

加深对新课内容的理解和所学知识的运用。解答典型例题，比较分析真核细胞和原核细胞转录和翻译过程的异同，HIV 与噬菌体侵染过程的异同，同时训练批判性思维方式。

2. 第二课时

（1）基因、蛋白质与性状的关系。

【教师活动1】

①提问：（情境创设，PPT 展示拍摄的视频：两株番茄果实大小不一样）两株番茄性状表现（表现型）不同，是什么原因引起的呢？

（PPT 展示蛋白质功能的相关图片。）

②提问：什么是一切生物性状的体现者、生命活动的承担者？各种蛋白质的功能是什么？

（PPT 展示中心法则图解，请学生回顾上一节知识。）

③提问：基因与蛋白质之间有什么关系？

总结：基因通过控制合成不同的蛋白质，从而控制生物体的性状。

【学生活动 1】

学生观看 PPT，思考回答。

【设计意图】

承上启下，结合已有的知识，过渡到基因、蛋白质与性状三者关系的学习中。

【教师活动 2】

介绍 4 种相关实例，提问引发学生思考。

［总结归纳 1］①提问：实例 1 和实例 2（见图 9）说明基因如何控制性状？

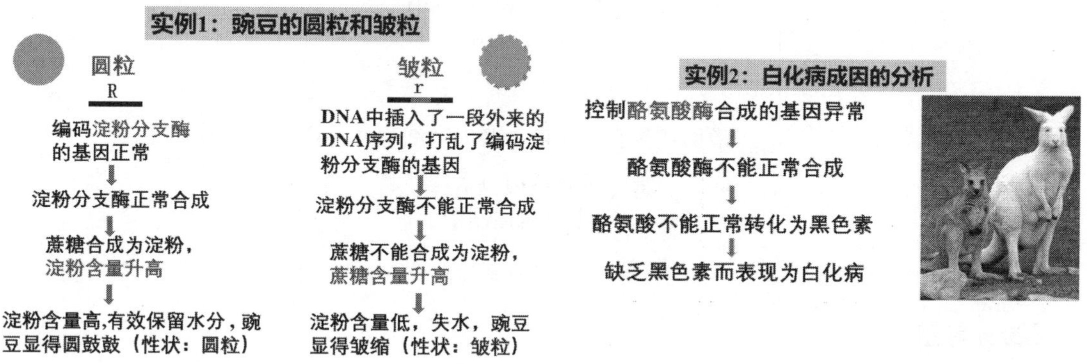

图 6　实例 1 和实例 2

结论：基因通过控制酶或激素的合成来控制代谢过程，进而控制生物体的性状。（间接控制）

②提问：与实例 1 和实例 2 不同，实例 3 和实例 4（见图 7）又说明基因如何控制性状？

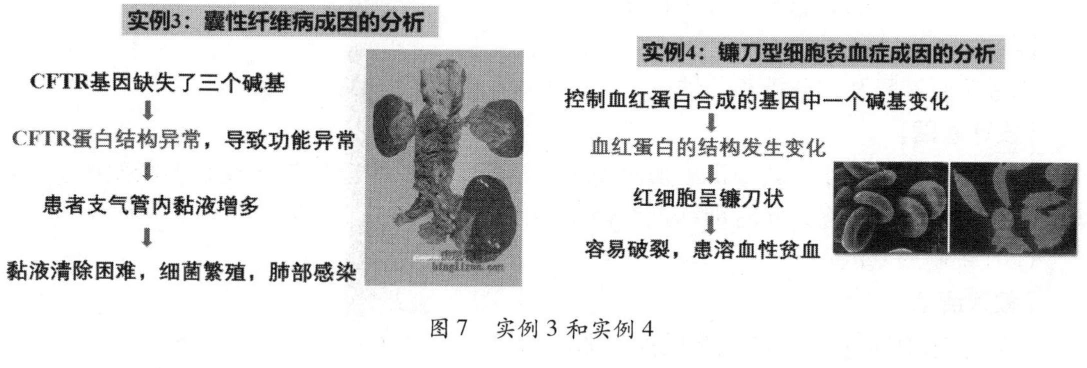

图 7　实例 3 和实例 4

结论：基因通过控制蛋白质的结构直接控制生物体的性状。（直接控制）

【学生活动2】

学生聆听、思考并总结以上实例，分析问题并归纳。

【设计意图】

结合实例，应用所学方法分析解决。采用从现象到本质的分析方法，为第5章“基因突变和其他变异”埋下伏笔。通过类比，分析两者的差异并总结，训练学生横向比较的思维方法。

【教师活动3】

提问：通过以上几种病例或现象的分析，你能否构建基因、蛋白质、性状三者关系的概念图？

【学生活动3】

［总结归纳2］学生分析、总结，绘图（示例见图8）。

基因
- 举例：豌豆的圆粒和皱粒、白化病→酶的合成→代谢过程→生物性状【间接控制】
- 举例：囊性纤维病、镰刀型细胞贫血症→蛋白质的结构→生物性状【直接控制】

图8　总结概念图

【设计意图】

训练总结知识的方法——概念图。

【教师活动4】

教师展示苯丙酮尿症的资料，请学生阅读并完成练习（详见课例视频）。

［总结归纳3］上述实例都是单个基因对生物性状的控制，而基因与性状的关系不都是简单的线性关系。如人的身高可能是由多个基因决定，同时又受后天的影响。基因与基因、基因与基因产物、基因与环境之间存在着复杂的相互作用，这种相互作用形成了一个错综复杂的网络，精细地调控着生物体的性状。

【学生活动4】

思考后回答问题，分析并归纳。

【设计意图】

层层补充深入，使问题分析更加严谨、科学、完善，体会科学研究是不断发展、不断进步的循序渐进的过程，同时训练批判性思维方式。

（2）细胞质基因。

【教师活动】

（PPT展示细胞核遗传和细胞质遗传图示。）

定义：线粒体和叶绿体 DNA 中的基因都称为细胞质基因。

提问：细胞质遗传有什么特点？为什么？

【学生活动】

回忆，形成笔记。

【设计意图】

加深对新旧知识的理解和所学知识的运用。

（3）课堂小结。

整理并小结以上的主要内容。

（4）课堂练习。

例题见课例视频。

再次提问：①分析生活情境问题，为什么番茄的果实大小不一样？

②请对残翅果蝇的出现提出假说，并进行解释。（给予适当提示）

【学生活动】

学生思考、分析回答，并在课后研究。

【设计意图】

与课首呼应，创设情境引导学生应用所学知识解答生活中的问题，培养学生从提出假说到得出结论的科学探究能力。

（微信扫描二维码可观看课例，网页下载链接：
https://portal.scnu.edu.cn/article-13962-495-1.html，
https://portal.scnu.edu.cn/article-13962-496-1.html）

第一课时　第二课时

三、 教学成效与反思

（一）成效

“基因对性状的控制”一节中，创设了生活化教学情境，一方面使教学生动形象，另一方面也达到了培养学生核心素养的目的。具体表现在：（1）课程资源的开发方面，充分利用互联网平台的便捷性，搜集和拍摄图片、视频素材等开展教学，创设贴近生活的教学情境和问题，激发学生的学习热情，引导学生关注社会、关注生活，培养学生的社会责任感。（2）教学策略方面，一方面充分调动学生的知识经验，提供知识铺垫的情境，在此基础上建立新知识，形成生命观念。另一方面充分发挥学生的主体作用，提供资料和提出问题，引导学生进行比较、分析和归纳总结，以典型例题进行课堂练习，组织学生层层深入地思考问题，提升科学思维能力；布置涵盖科学探究一般流程的课后作业，培养科学探究能力。

（二）反思

受高中生物知识过于抽象，网络教学课时短（20 分钟）、学生人数过多，以及师生、生生无法面对面进行语言交流的限制，如何把机会让给学生，把精彩留给学生，让学生享受美好的网络学习，对教学有更高的期待？这是教师急需解决的难题。为此，教师应紧紧围绕学科核心素养的培养来创新教学设计，根据具体的教学目标和内容，从学生原有的知识背景和生活经验出发，找到生物课程和生活的契合点，创设生活化教学情境，将抽象的生物概念进行通俗易懂的解读，以帮助学生更好地认识和理解生物学概念；通过问题引领学生在周围环境和日常生活中积极地建构生物知识体系，在激发学习兴趣的同时，培养和发展生物学科核心素养。

作者简介

冯玉香，爱教育、有追求、善学习。立足于生本教育，活跃在生物教学领域，辅导学生参加省、市生物竞赛多次获奖，被评为东莞市生物竞赛优秀辅导员，多篇教学论文获省、市二等奖、三等奖，优课、微课、教学案例等获市一、二等奖。

专家点评

“基因对性状的控制”一节涉及“中心法则”相关内容的学习，知识内容微观抽象，不易理解。为了帮助学生突破学习难点，教师在教学中采取了三个有效策略：

一是重视问题创设。教师通过“亲子代之间遗传信息通过什么方式传递”“克里克提出的中心法则如何进行完善”“性状不同是什么原因引起的”“基因、蛋白质、性状之间是什么关系”等问题，引导学生层层深入学习分析基因对性状的控制原理，有效促进了学生的科学思维。二是重视素材分析。教师在教学过程中充分结合教材中的案例引导学生进行分析并总结归纳相关的结论，在此基础上不断完善“中心法则”的模式和理解基因与性状之间的关系。三是重视直观教学。教师善于结合相关的照片（如自己与孩子的合照）、示意图和视频（如基因指导蛋白质合成过程、自家阳台番茄生长情况）展开教学，一方面能有效激发学生学习的兴趣，另一方面对抽象的生理过程进行直观化教学，降低了理解的难度，帮助学生很好地掌握相关学习内容。

教师语言简练、表述严谨、语速适中，课件简洁明了、重点突出，例题典型，反馈及时，教学目标有效达成，是一节凸显科学思维训练的课堂教学案例。

——广东广雅中学　苏科庚

高一“种群基因频率的改变与生物进化”教学案例

云浮市云浮中学　杨秋红

一、 案例简介

人教版高中生物必修2第7章第2节“现代生物进化理论的主要内容”分三部分，本节是第一部分的内容——“种群基因频率的改变与生物进化”。本节采用线上教学的方式，利用钉钉平台，以PPT展示为主。课件先展示本节学习的主要内容，然后通过动画复习达尔文的自然选择学说，从而引入新课。当中安排了3个探究活动，用于引出相应的学习内容，有助于对内容的理解。课件中插入了3个动画小视频，目的是提高教学的直观性和趣味性。最后是本节内容的小结，进行了知识梳理和归纳，并运用所学知识进行事例分析。

二、 教学设计

（一）教学目标

（1）解释种群、种群基因库、基因频率等概念。

（2）运用数学方法讨论种群基因频率的变化。

（3）阐述突变和基因重组在生物进化过程中的作用。

（4）说明自然选择如何决定生物进化的方向。

（二）教学重点与难点

重点：种群、种群基因库、基因频率的概念。突变和基因重组在生物进化过程中的作用。

难点：基因频率的概念和计算。自然选择对种群基因频率的影响。

（三）教学策略

（1）复习达尔文的自然选择学说，带出新课。

（2）插入动画视频，提高课堂的直观性。

（3）通过例题，让学生理解基因频率的计算。

（4）通过对桦尺蠖在工业发展前后的对比，理解自然选择的作用。

（5）进行事例分析，采用动画和填空的方式，运用本节课所学的知识分别对某兔子种群和某狼群的发展和变化进行分析，起到巩固知识和提高综合运用能力的作用。

（四）教学过程

1. 教学环节一：引入

（1）引入新课，明确本节课的主要内容。

（2）通过动画复习自然选择学说的基本内容。

【设计意图】

复习、引入新课。

2. 教学环节二：种群是生物进化的单位

（1）探究活动1：情境创设。

情境：在灰色翅（基因型为aa）昆虫的群体中偶然出现一只绿色翅（Aa）的变异个体，且绿色比灰色更不容易被敌害发现。

讨论：①根据达尔文“适者生存、不适者淘汰”的观点，该绿色个体能被选择下来吗？②如果该绿色个体能很好地生活下来，它体内的A基因怎样才能传递给后代？

【设计意图】

通过探究活动的情境分析，引出“种群是生物进化的单位”。

（2）介绍概念。

①种群：种群是生活在同一区域的同种生物的全部个体，是生物繁殖的基本单位。

②基因库：一个种群中全部个体所含有的全部基因叫作这个种群的基因库。

③基因频率：在一个种群基因库中，某个基因占全部等位基因数的比率。

【设计意图】

使学生明确概念。

（3）种群基因频率的计算。

例题及讲解过程见课例视频。

【设计意图】

通过例题，学习种群基因频率的计算方法。

（4）探究活动2：用数学方法讨论基因频率的改变。

假设的昆虫群体满足以下五个条件（遗传平衡状态）：

①昆虫群体数量足够大；②全部的雌雄个体间都能自由交配并能产生后代；③没有迁入与迁出；④AA、Aa、aa三种基因型昆虫的生存能力完全相同（也就是说自然选择对A、a控制的翅型性状没作用）；⑤没有基因突变和染色体变异。

得出亲代配子频率、子代基因频率和基因型频率计算方法（见表1）。

表 1　计算方法

<table>
<tr><td>亲代基因型频率</td><td colspan="2">AA 30%</td><td colspan="2">Aa 60%</td><td colspan="2">aa 10%</td></tr>
<tr><td>配子的比率</td><td colspan="3">A = 30% + 30% = 60%</td><td colspan="3">a = 10% + 30% = 40%</td></tr>
<tr><td>F_1 基因型频率</td><td colspan="2">AA = A^2 = 36%</td><td colspan="2">Aa = 2Aa = 48%</td><td colspan="2">aa = a^2 = 16%</td></tr>
<tr><td>F_1 基因频率</td><td colspan="3">A = 36% + 24% = 60%</td><td colspan="3">a = 16% + 24% = 40%</td></tr>
<tr><td>F_2 基因型频率</td><td colspan="2">AA = A^2 = 36%</td><td colspan="2">Aa = 2Aa = 48%</td><td colspan="2">aa = a^2 = 16%</td></tr>
<tr><td>F_2 基因频率</td><td colspan="3">A = 36% + 24% = 60%</td><td colspan="3">a = 16% + 24% = 40%</td></tr>
</table>

发现规律——若：A% = p，a% = q，

则：AA% = p^2，Aa% = 2pq，aa% = q^2。

（5）介绍哈迪 - 温伯格定律。（略）

【设计意图】

通过对某昆虫群体相关基因频率、基因型频率的计算，发现规律，引出哈迪 - 温伯格定律，并通过数据理解当中的“稳定”关系。

3．教学环节三：突变和基因重组产生进化的原材料

（1）过渡。

在自然界，由于突变、基因重组和自然选择等因素，种群的基因频率和基因型频率总是在不断变化的。（教师播放动画视频）

【设计意图】

引出“变异”的内容。

（2）可遗传的变异。

归纳可遗传的变异，如图 1 所示。

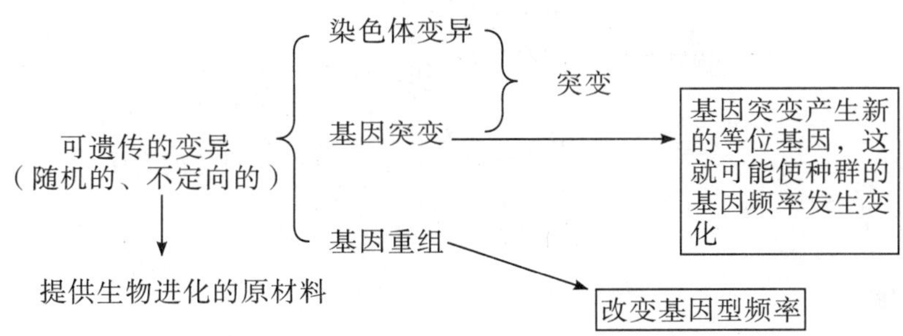

图 1　可遗传的变异

【设计意图】

明确可遗传的变异有哪些类型，以及各类型的影响和作用。

4. 教学环节四：自然选择决定生物进化的方向

（1）探究活动3：桦尺蠖种群。

探究自然选择对种群基因频率变化的影响（英国曼彻斯特的桦尺蠖），分析工业发展前后，桦尺蠖种群中体色的变化。

【设计意图】

通过对桦尺蠖体色变化的分析，揭示自然选择在生物进化中的作用。

（2）分析归纳。

结论：自然选择决定生物进化的方向（生物进化的过程实质上就是种群基因频率发生变化的过程，见图2）。

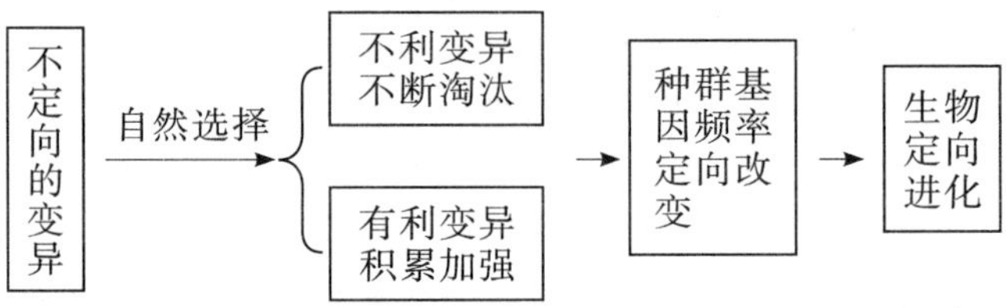

图2　自然选择归纳

【设计意图】

分析归纳变异和自然选择在生物进化过程中的作用。

5. 教学环节五：小结

（1）归纳小结本节内容（见图3）。

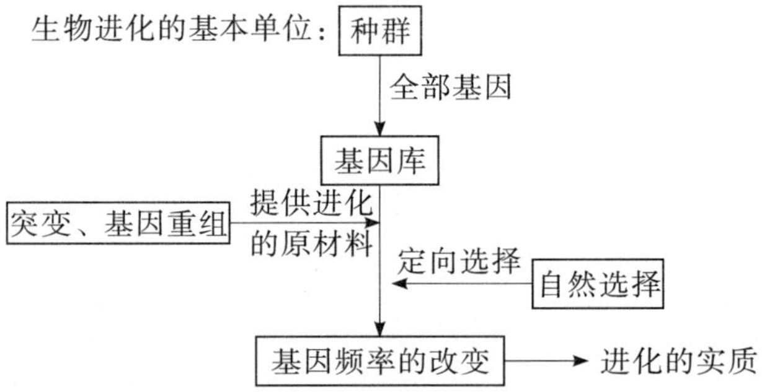

图3　归纳小结

【设计意图】

归纳本节的学习内容，整理知识之间的联系。

（2）事例分析。

①运用本节学习的内容，解释兔子种群的体色变化情况。

②用现代生物进化理论分析解释狼的进化过程（题目略）。

【设计意图】

事例分析有助于提高学生运用知识的能力，巩固所学内容。

(微信扫描二维码可观看课例，网页下载链接：
https://portal.scnu.edu.cn/article-13962-502-1.html)

三、 教学成效与反思

（一）优点

（1）流程清晰、学习目标明确。

（2）探究活动可以带动学生进行思考，有利于教学内容的开展。

（3）动画小视频使课堂更加丰富，提高课堂的直观性和趣味性。

（4）归纳内容简洁明了。

（5）最后的事例分析能够起到巩固知识的作用，提高学生运用知识的能力。

（二）不足

（1）线上课堂缺乏面对面的交流，互动效果会比传统课堂差。

（2）受时间的限制，基因频率的计算作为难点，不能在课堂上安排更多的练习，比较理想的是能有学生的计算并进行点评分析。

（三）思考改进

（1）课后布置相应的习题作为课堂的补充。

（2）时间允许的话，抽取几份学生作业在下节课进行展示和点评。

作者简介

杨秋红，云浮中学高中生物教师，从事生物学科教学工作13年，曾多次获得广东省生物教学质量奖，曾在中学生物教师实验能力展示交流活动中荣获云浮市高中组一等奖，在云城区青年教师优质课比赛中荣获一等奖。课例在“一师一优课、一课一名师”活动中荣获市级优课、省级优课的荣誉。

专家点评

杨老师在本节课的教学过程中，通过创设一系列的探究活动，引导学生结合哈迪－温伯格定律，构建种群基因频率变化的数学模型，分析种群基因频率的变化与生物进化的关系，进而得出“生物进化的实质是种群基因频率的改变”的结论，充分体现了“科学思维”在教学中的应用。

同时，教师积极利用动画视频等素材创设情境，在有效激发学生学习兴趣的同时，帮助学生很好地理解突破学习难点。教师教学语言简练，表达流畅，课件制作精良，视频动画直观生动，探究活动聚焦教学重难点内容，教学取得了良好的效果。

——广东广雅中学　苏科庚

高二“平板划线法纯化大肠杆菌”模拟实验案例

东莞市第一中学　欧品质

一、 案例简介

平板划线法是微生物培养的基础，是微生物培养与应用的重要技术，也是教师教学的重点和学生学习的难点。用地砖模拟培养基、用手模拟接种环和用小麦模拟大肠杆菌进行模拟实验（见图1），将微观抽象的实验对象和实验现象宏观化、直观化和快速可视化，有利于学生深刻掌握平板划线法的原理和操作方法，为学生后续微生物培养应用的学习和实践，乃至将来的专业化发展打下坚实基础。通过对模拟实验的学习，发现科学劳动价值，发展学生科学探究的核心素养。

图1　地砖、手和小麦分别模拟培养基、接种环和大肠杆菌

二、 教学设计

（一）教材分析

平板划线法分离纯化大肠杆菌是人教版高中生物选修1《生物技术实践》专题2课题

1“微生物的实验室培养”的内容。《普通高中生物学课程标准（2017 年版）》要求学生能形成概述平板划线法是实验室中进行微生物分离和纯化的常用方法的概念。接种方法是微生物培养的基础，是专题 2 微生物培养与应用的关键技术，也是教学的重点和难点。深刻掌握平板划线法的原理和熟练其操作步骤对学习好该专题起到举足轻重的作用，同时激发学生对生物学科的学习热情。

（二）学情分析

微生物极其微小，肉眼看不见学生。高中虽然使用过显微镜，但未专门观察过细菌，对细菌如何接种到培养基上，细菌在培养基上如何分裂形成菌落更是毫无概念。线上教学也没办法进行微生物实验室培养，使学生形成直观认识。通过模拟实验将细菌、分离细菌过程和细菌增殖过程宏观化和可视化，有利于学生形成平板划线法是分离和纯化微生物的常用方法的概念，同时发展学生科学探究的核心素养。

（三）教学目标

（1）形成平板划线法是实验室中进行微生物分离和纯化的常用方法的概念。

（2）通过模拟实验发展科学探究核心素养。

（四）教学重点与难点

重点：平板划线分离大肠杆菌的原理。

难点：平板划线分离纯化大肠杆菌的原理；一个大肠杆菌分裂成菌落的过程。

（五）教学过程

1. 教学环节一：导入

【教师活动】

提问：同学们，假设你很想检测你家水源是否受到粪便污染，你们知道检测指标是什么吗？（大肠杆菌。）那如何检测是否有大肠杆菌呢？

我们先来学习平板划线法纯化大肠杆菌的模拟实验，看看能给同学们什么启示。

【学生活动】

思考并回答教师问题。

【设计意图】

在现实情境中设疑生趣，导入课堂，让学生意识到科学劳动的价值，进行劳动教育，立德树人。

2. 教学环节二：分离大肠杆菌

【教师活动】

课前准备：用地砖模拟培养基，用小麦模拟大肠杆菌，用手模拟接种环，录制用接种环分离大肠杆菌模拟实验视频。

课堂上，教师播放录制好的模拟实验视频。

【学生活动】

学生观看视频，体验大肠杆菌分离的过程。

【设计意图】

以最近发展区理论为指导，将微观的大肠杆菌宏观化和快速可视化，降低学习难度，发展学生科学探究核心素养。

3. 教学环节三：菌落形成

【教师活动】

课前准备：录制好一颗小麦变成很多小麦围成一团——大肠杆菌分裂形成菌落的模拟实验视频。

课堂上，教师播放录制好的大肠杆菌菌落形成的模拟实验视频。

【学生活动】

学生观看视频，思考大肠杆菌分离形成菌落过程。

【设计意图】

将微观的大肠杆菌分裂成菌落的过程宏观化和快速可视化，降低学习难度。

4. 教学环节四：总结

【教师活动】

提问：什么是平板划线法呢?

学生回答后，教师再评价学生答案，然后指导学生在自学课本内容后找到答案。

【学生活动】

学生先回答问题，然后阅读课本，找出平板划线法的概念。

【设计意图】

总结课堂，评价概念生成情况，同时培养学生的自学能力。

5. 教学环节五：评价

【教师活动】

提问：如何检测泉水是否受到大肠杆菌污染?

要求：学生利用身边材料自己做平板划线法纯化大肠杆菌模拟实验（教师实验示意图见图2、图3)，并上传视频到班级群相互交流。

图2 模拟划线结果

图3 模拟培养结果

【学生活动】

学生回答问题。做平板划线法纯化大肠杆菌模拟实验，并拍视频发布在班级群相互交流。

【设计意图】

评价学生，同时进行劳动价值教育。以费曼学习理论为指导，提高学习效果。培养学生学习表达交流实验的能力，发展科学探究核心素养。

（微信扫描二维码可观看课例，网页下载链接：https://portal.scnu.edu.cn/article-13962-499-1.html）

三、 教学成效与反思

（一）教学成效

本课以建构主义学习理论、最近发展区理论和费曼学习理论为指导进行教学，取得良好的教学效果。从课堂上学生的反应来看，学生很容易掌握平板划线法的原理和操作步骤。从与其他生物教师的交流来看，他们觉得别出心裁，很直观、很形象，非常有助于学生学习，能很好地突破教学难点——平板划线法分离纯化大肠杆菌原理，值得推广。

（二）教学反思

（1）在教学方法和教学平台上，依托建构主义理论，生成平板划线法是实验室中进行微生物分离和纯化的常用方法的概念。本课适合慕课、直播教学和课后辅导教学等线上教学，也适合平时在校课堂教学，适合推广且易于推广。

（2）在教学过程上，由学生感兴趣的话题设疑导入课堂，通过模拟实验将细菌和细菌增殖形成菌落过程宏观化和快速可视化，提高效率，同时有利于学生形成平板划线法是分离和纯化微生物的常用方法的概念。在网络教学很难互动的情况下，通过思考问题、回答问题和拍视频等表达交流方式，尽可能发挥学生的主体性作用。

（3）从教学评价上看，通过课堂提问和课后拍摄视频表达交流，实现课堂内外、师生之间和生生之间的相互评价，努力实现评价方式的多元化和评价内容的深层化。

（4）本课以如何检测泉水是否受到粪便污染导入，以学生找到检测办法来结束课堂。即通过设置现实情境，学习相关知识；通过运用所学知识和科学劳动，解决生活中的现实问题；通过劳动教育，立德树人。

总之，本课以发展科学探究的核心素养为宗旨，内容上聚焦大概念下的重难点，打通教学关键节点；教学过程上重视教师和学生的实践；教学评价上既评价理论掌握情况，又评价实践操作情况，使学生能举一反三；同时进行劳动教育，促进学生的发展。

作者简介

欧品质，东莞市高中生物教学能手，东莞市高中生物竞赛优秀指导教师，东莞青年教师教学能力大赛第2名，广东省论文一等奖获得者，参与市级课题两项。从教11年，十余次获年度考核优秀、校优秀教师、校优秀班主任、校优秀共产党员等荣誉。

专家点评

本节内容是人教版高中生物选修1“专题2　微生物的培养与应用”中的难点内容。平板划线法是微生物分离和纯化的基本方法之一，也是高中生物学习中培养学生科学探究的重要实验。但由于该实验的操作原理、实验步骤不易理解，加上学生缺少实验动手操作的实践机会，导致实验成功率普遍不高。为了帮助学生突破学习难点，欧老师在短短五分钟的微课教学中，利用地砖模拟培养基，用小麦模拟大肠杆菌，用手模拟接种环，直观巧妙地模拟平板划线法的基本操作步骤，为学生了解实验原理和清晰操作流程提供了很好的参考示范，是直观化教学在分析抽象性内容上的积极探索和典型案例。

由于模拟实验与实际操作仍存在较大不同（特别是工具的规范使用和相关操作的注意事项），在引导学生理解原理和清晰流程的基础上，建议教师进一步指导学生开展实地操作，真正掌握平板划线法的具体操作，形成良好的实验技能与探究方法。另外，从易于取材和分离效果来讲，用芝麻效果会更佳。

——广东广雅中学　苏科庚

高二“基因工程的基本操作程序”第一课时教学案例

广州市第六中学　魏敏

一、案例简介

受疫情影响，广州市教育局响应教育部“停课不停学”，搭建了“广州电视课堂”这个平台进行电视录播课授课，课程通过电视、网络等移动端播放。本节课为其中一堂电视录播课，授课对象是广州市高二年级学生。

本课主要采用创设情境、问题导入及理性分析的方式。首先通过精心创设情境——培育转基因抗虫棉和设计一些具有启发性的问题，引导学生逐步分析基因工程每一步操作的必要性以及操作的对象、方法和原理，调动学生思维的积极性，让学生利用已有知识来进行判断、推理。如根据 DNA 复制的相关知识，理解并推导 PCR 反应需要的条件等；再如根据基因表达的过程理解 cDNA 文库的构建，促进学生理性思维能力的发展，避免“死记硬背”的学习方式，有利于预定教学目标的达成。接着通过对转基因抗虫棉的培育的学习，引导学生认同我国在基因工程领域取得的瞩目成就，培养他们的民族自豪感和自信心。

二、教学设计

（一）教材分析

本课内容为旧人教版高中生物选修 3《现代生物科技专题》中专题 1“基因工程”第二节的内容，也是新人教版高中生物选择性必修 3《生物技术与工程》第 3 章第 2 节的内容。无论哪版教材，本节均是基因工程的核心内容，是在必修模块相关知识和经验基础上的提升，是高中学生学习的一个难点，也是考查的重点。本节涵盖大量抽象内容、流程分析和专业概念，且由于基因工程操作属于微观的分子水平，无法用肉眼观察，这给学生的学习和理解也带来了一定的难度。鉴于此，笔者对该节安排两个课时：第一课时讲解步骤一和步骤二，第二课时讲解步骤三和步骤四。本案例为第一课时。

（二）教学目标

理性思维：根据基因工程的基本工具及基因表达的过程，能推出基因文库的构建过程；通过对细胞内 DNA 复制过程、参与 DNA 复制的各种组分和反应条件的分析，能理解 PCR 的原理及 PCR 反应所需的条件；能概括基因工程基本操作程序的步骤一、步骤二。

科学探究：针对人类生产或生活中的某一需求，能选取适当的基因工程技术和方法。

社会责任：面对日常生活或社会热点话题中与基因工程有关的话题时，能基于基因工程的基本原理和操作流程，表达自己的观点；认同基因工程给我们的生产、生活带来的正面影响，认同我国在基因工程领域取得的瞩目成就。

（三）教学实施

1. 引入新课

教师创设转基因抗虫棉的产生背景和推广应用情况的情境，并利用这一情境，提出问题："你知道培育转基因抗虫棉一般需要哪些步骤吗？"引出基因工程的四个步骤。

设计目的：转基因抗虫棉是我国科学家自主取得的重大科技成果，了解相关知识背景能增强学生的民族自豪感和自信心。

2. 讲解基因工程的基本操作程序——目的基因的获取

教师介绍目的基因的概念、培育转基因抗虫棉所需的目的基因，并通过提出如何获取目的基因，引出三种获取目的基因的方法。

（1）从基因文库中获取目的基因。

基因文库就是储存有某种生物许多基因片段的受体菌群，每个受体菌分别储存了该生物的不同基因，保存了该受体菌群也就保存了该生物的基因，以备将来需要时取用。基因文库的大小分为基因组文库和部分基因文库。通过图片动画流程图（见图 1），理解构建基因组文库的过程；通过回忆真核细胞基因结构示意图（见图 2）及基因表达过程，理解 cDNA 文库的构建过程（以某生物细胞的 mRNA 为模板，在反转录酶的作用下，经反转录形成 cDNA，将该 cDNA 与载体结合后导入各受体菌，每个受体菌分别储存一段 cDNA，则某细胞的全部 mRNA 的信息就储存在了受体菌群中，这样就构建成了 cDNA 文库）；再通过表格比较基因组文库和 cDNA 文库的异同。这部分内容的难点是 cDNA 文库的构建过程，需要拓展真核细胞 DNA 的表达过程，补充外显子和内含子的概念。

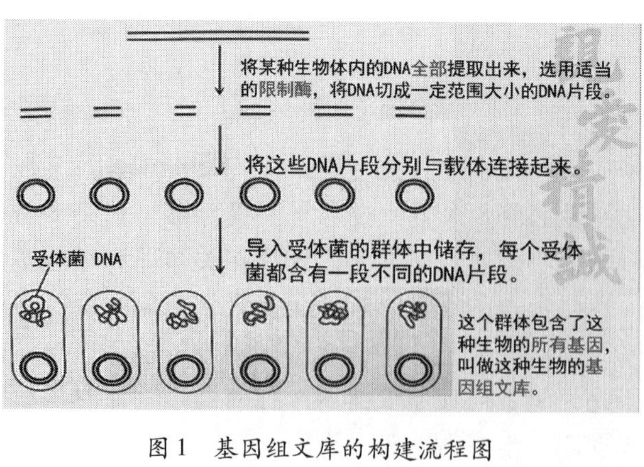

图 1　基因组文库的构建流程图

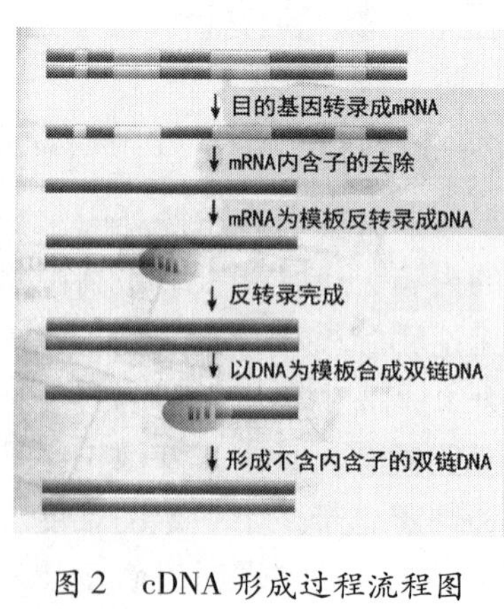

图 2　cDNA 形成过程流程图

(2) 利用 PCR 技术扩增目的基因。

教师介绍 PCR 技术含义：这是一项在生物体外复制特定 DNA 片段的核酸合成技术。其原理是 DNA 半保留复制；前提条件是有一段已知目的基因的核苷酸序列，以便合成引物。将此种技术与 DNA 体内复制进行比较，引导学生思考 PCR 反应需要的条件——模板、原料（原料即 4 种游离的脱氧核苷酸、Taq 酶、引物），并解释引物的含义及用途；再通过播放 PCR 扩增 DNA 的动画流程（见图 3），讲解其过程要点。主要包括：变性（90～95 ℃时 DNA 双链解旋为两条单链）→复性（55～60 ℃时两种引物通过碱基互补配对与两条单链 DNA 结合）→延伸［70～75 ℃时以溶液中的 4 种脱氧核苷酸为原料，在热稳定 DNA 聚合酶（Taq 酶）的作用下，根据碱基互补配对原则从引物的 3′端延伸，合成与模板互补的 DNA 链］，经过若干循环后得到 2^n 个扩增后的子代 DNA。

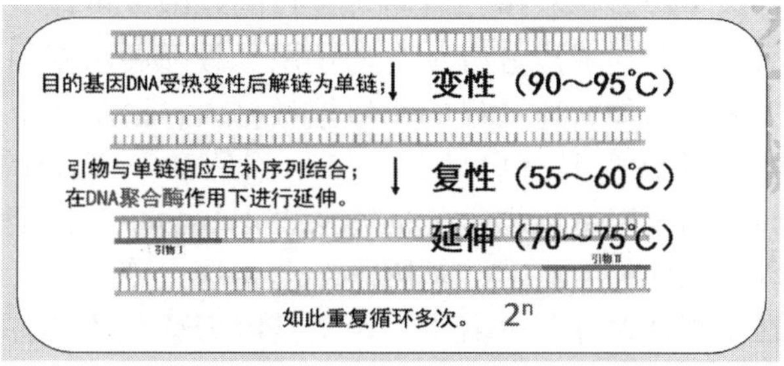

图 3　PCR 过程简介

(3) 化学方法人工合成目的基因。

简单介绍如果基因比较小，核苷酸序列又已知，也可以通过 DNA 合成仪用化学方法直接人工合成。

设计目的：以培育转基因抗虫棉的情境贯穿基因工程操作程序的教学，这样有助于引导学生在今后的学习中联系真实的情境主动地去发现、去探究、去创造。PCR 技术的原理和操作是本课教学的难点，教师将多种教学方式相结合：第一是演绎推理，化难为易。引导学生比较、推出 PCR 反应的条件，有助于学生理解；通过推理演绎，培养他们的理性思维。第二是图文结合，深刻阐述。借助图片和动画，分析讲解 PCR 的原理，将抽象文字转变为具体图像，在一定程度上降低了学习的难度。

3. 讲解基因工程的基本操作程序——基因表达载体的构建

教师提出，获取了足够量的 Bt 基因后，下一步就是要让基因在受体细胞中稳定存在，并且遗传给下一代，同时使 Bt 基因能够表达和发挥作用，这就需要构建基因表达载体，这一步是培育转基因抗虫棉的核心工作，通过强调基因表达载体的构建目的为后面讲解基因表达载体的必要调控元件打基础。接着，教师通过动画展示重组 DNA 分子的构建过程，让学生直观感受重组 DNA 分子的形成（见图 4），并提出切割目的基因和载体时并非只能用一种酶，但无论用哪种酶，都需获得相同的黏性末端。

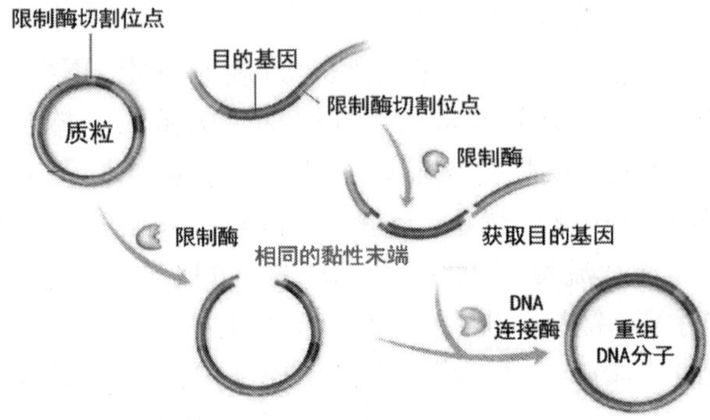

图 4　重组 DNA 分子的形成

教师提问：作为基因工程表达载体，只需含有目的基因就可以完成任务吗？基因表达载体的组成应该是什么呢？各组成成分分别有何作用？教师展示基因表达载体模式图，结合质粒的条件以及基因表达载体构建的目的，根据教材内容说明各个元件的作用：想让目的基因表达，目的基因之前就需要有启动子。启动子是 RNA 聚合酶识别和结合的部位，有了它才能驱动基因转录出 mRNA；终止子是转录终止的信号；标记基因是为了鉴别受体细胞是否含有目的基因，从而将含有目的基因的细胞筛选出来。

设计目的：通过让学生从构建目的着手，理解基因表达载体的各个元件的作用，对所学知识进行有效的理解和整合。

4. 小结

简单小结基因工程基本操作程序的步骤一、步骤二。

本案例第一课时　另附第二课时

（微信扫描二维码可观看课例，网页下载链接：
https://portal.scnu.edu.cn/article-13962-497-1.html，
https://portal.scnu.edu.cn/article-13962-498-1.html）

三、 教学成效与反思

在撰写本案例时本课在“花城+”APP 上一共有 76 726 次播放，未统计其他 APP 及电视播放次数。通过对“基因工程的基本操作程序”一节的教学，可以看到：找到能体现生物学核心素养的教学内容，电视或者网络教学同样也能有着力点；明确培养生物学核心素养的教学目标，教学就有了方向；创设情境、设计启迪学生思维的问题能使发展学生的生物学核心素养得到落实。生物学核心素养的形成不同于知识和技能的习得，难以“立竿见影”，教师应该将它渗透在整个教学的过程中。

在备课期间笔者遇到大部分在线课堂均会面临的问题，笔者是这样来解决的：

（一）在有限时间内达成既定的教学目标

在 20 分钟的有限时间里，需要完成平时课堂 40 分钟的教学内容。本节授课的内容是基因工程的基本操作程序的步骤一、步骤二，因此要求控制时间，抓住核心知识，构建完整的知识框架；讲解上语言简洁、逻辑严谨；在课件的制作上主次分明、清晰简练、重点突出。

（二）创设情境，拆分问题，直观感受，理性分析

在传统教学中，师生交流是整个过程中占绝对地位的互动方式。而录播课是教师单方面输出，没有与学生的互动。教师需创设情境，将大问题分解成若干小问题，层层递进，并尽可能使用直观的动画、视频、表格、流程图、概念图等，通过多样化的教学媒体解决问题，理性分析，攻克知识重难点，使学生易于把握。

（三）预设疑点及误区，充分准备

本节授课的内容要面向全市学生，学生群体大，层次差异大。由于定位是托底课，因此首要任务是按照课程标准和学生的特点讲好基础知识，再进行适当的拓展，以满足不同层次学生的需求。需精准备课，预设学生的疑点和误区，精选代表性例题，帮助学生形成正确的概念。

（四）严谨科学，精炼准确

电视课堂的观众广泛，除了学生，还有家长甚至专业人士，对于授课内容的科学性、严谨性都提出了更高的要求。教师需要更加注重口头语言和肢体语言，要求更科学、准确、精炼。网络视频和图片涉及版权及科学性问题，需尽可能使用教材图片及配套视频。

作者简介

魏敏，任教于广州市第六中学，北京师范大学理学硕士研究生，中学一级教师。曾担任广州市生物教研中心组成员、广州市高考备考研究组成员。多次承担市、校公开课，获一致好评；获校教学能力大赛一等奖、优秀论文一等奖、市高考突出贡献奖；被评为校十佳青年教师。主编校内生物探究类校本课教材《光合作用》；相关项目入选广州市教育教学成果培育入库项目。2020 年圆满完成由广州市教育局组织、广州广播电视台录播的“广州电视课堂”多节教学任务。

专家点评

魏老师的这节课是参加“广州电视课堂”录制的一节课例，该课例有三个与其他课例不同的地方：一是经过学科专家的严格审查，确保意识形态及教学内容的正确性与科学性；二是视频的制作由广州市电视台团队负责，视频质量整体良好；三是电视化授课，教师语言准确、语速恰当、语态自然，教师形象良好，画面切换恰当，声音清晰流畅。

本节课涉及的概念多、流程多且比较微观抽象，学生不易理解。因此，教师基于问题导向，结合相关示意图、动画、视频引导学生分步进行分析理解，再结合生活中的具体案例进行迁移应用，有效促进了学生对基因工程工具及步骤的理解。

——广东广雅中学　苏科庚

高二“植物组织培养”教学案例

肇庆市第一中学　梁滢

一、 案例简介

本次课例是疫情期间用于学生在家学习的课例，内容选自人教版高中生物选修 3 专题 2 第 1 节“植物细胞工程”。课本将本节分成了“植物细胞工程的基本技术”和“植物细胞工程的实际应用”两个小节。笔者将这两小节的内容进行了分解和重组，本案例着重对植物组织培养的技术过程和实际应用进行讲授，而将植物体细胞杂交放到下一课时，以一个个技术为主线，让学生逐个击破。课例中配以恰当的图片和视频，丰富学生视听，知识点讲授上依然尽量使用问题串的形式引导学生思考。本课例还有配套的学案，让学生听、练结合。由于植物组织培养这一内容在必修 1 学习“细胞的分化”一节时已有涉及，培养基的配制上应用到必修 3“植物激素”的知识，也为后面选修 1“菊花的组织培养”和“月季的花药培养”做了铺垫，于是在题目设置上也有穿插内容的体现。

二、 教学设计

（一）教学目标

简述植物组织培养的过程，列举植物组织培养的实际应用，体验植物组织培养技术，激发学生对新科学技术的兴趣。

（二）教学重点与难点

重点：植物组织培养的过程和原理；植物组织培养的实际应用。

难点：植物组织培养的实验。

（三）教学方法

讲授为主，结合讨论和视频，以问题串引导思考，课例配套学案作为学习资料，最后在 QQ 群进行提问、学生反馈、答疑，QQ 群应用进行作业检查。

（四）教学流程

1．课前导入

（1）熟悉概念：圈出细胞工程概念的关键点。

（2）对比提问：基因工程的研究水平是什么？

（3）创设情境：先有一株名贵菊花品种，但无法获得种子，该如何对其进行推广种植呢？

（4）视频引入：观看植物组织培养的介绍视频。

【设计意图】

让学生了解细胞工程原理方法、研究水平和研究目的，激发学生兴趣。

2．植物组织培养的过程和原理

（1）由视频引出植物组织培养的理论基础是植物细胞的全能性，完成例题 1 巩固。

例题 1　有关全能性的表述中，不正确的是（　　）

A．受精卵在自然条件下能使后代细胞形成完整个体，因此全能性最高

B．生物体内细胞由于分化，全能性不能表达

C．卵细胞和受精卵一样，细胞未分化全能性很高

D．植物细胞在离体条件下可以表现出全能性

（2）展示植物组织培养的技术过程，并结合图文解释“愈伤组织”“胚状体”，完成例题 2 巩固。

例题 2　1958 年，美国科学工作者把胡萝卜韧皮部的细胞分离出来，将单个细胞放入人工配制的培养基中，结果竟获得了许多完整的植株。此繁育过程中肯定不会出现（　　）

A．基因重组　　B．基因突变　　C．染色体复制　　D．染色体变异

（3）胡萝卜的组织培养，按照课本的步骤来呈现，穿插思考题：

①在组织培养实验中，为什么要强调所用器械的灭菌和试验人员的无菌操作？

②为什么要取形成层？其他部位是否也能培养成小植株？

③培养基中需要添加什么成分？

④除此以外，植物组织培养使用的培养基还应添加什么？

⑤天然植物激素和人工合成的植物生长调节剂，添加哪种比较好？

⑥可添加哪几类植物生长调节剂，它们分别起什么作用？

（4）以填空形式给出植物组织培养的概念：

在________和________条件下，将________的植物器官、组织、细胞，培养在人工配制的培养基上，给予适宜的培养条件，诱导其产生________、________，最终形成完整的植株。

思考归纳植物组织培养的条件，完成例题 3 巩固。

例题 3　下列关于植物组织培养的叙述，错误的是（　　）

A．外植体可以来自于植物的任何细胞

B．培养应在无菌条件下进行

C. 以花粉作为外植体可得到单倍体植株

D. 不同阶段的培养基中细胞分裂素和生长素的比例不同

【设计意图】

通过讲解让学生回顾全能性的定义，比较 3 种细胞全能性大小，让学生了解大致的技术过程，并通过听讲验证自己思考的答案。其中问题③至⑥是围绕植物组织培养使用的培养基的配制所设的问题串，有助于学生通过独立思考得到答案。经过讲解，学生基本可以填空，从而理解植物组织培养的概念，并按要求由概念归纳出植物组织培养的 4 个条件，写在学案上。

3. 植物组织培养的实际应用

（1）微型繁殖。

（2）作物脱毒。（播放视频案例：土豆脱毒。）

（3）神奇的人工种子。

思考：①人工种子具有哪些优点？

②人工种皮中应该具有的有效成分是什么？为了促进胚状体生长发育，还可以向人工种皮中加入哪些物质？（完成例题 4、5）

例题 4 用甘薯的茎尖分生组织离体培养，可快速繁殖脱毒的种苗。下列说法不正确的是（　　）

A. 该过程依据的主要原理是植物细胞的全能性

B. 形成脱毒的种苗只经过细胞分裂，没有细胞分化的发生

C. 显微镜下观察处于细胞周期中的细胞，在多数细胞中看不到染色体

D. 甘薯的茎尖细胞中含有甘薯的全套遗传物质

例题 5 图 1 表示植物组织培养过程：

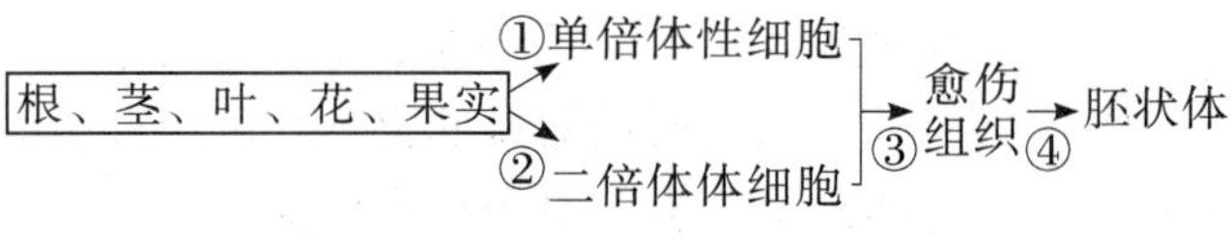

图 1　植物组织培养过程

（1）图中①过程获得的细胞是正常植物体经________形成的，在这一过程中染色体的变化是________________________________。

（2）要顺利完成③过程，除了需要各种无机营养物质外，还需要在培养基中加入____________、______________（两类不同功能的物质）。该过程形成的细胞与正常体细胞相比，具有__________________________________的特点。

（3）从过程④的结果看，它的实质是____。

【设计意图】

了解植物组织培养应用于植物繁殖的 3 个新途径，人工胚乳的主要成分应与植物组织培养的培养基成分类似。教师提示后让学生写在学案上。

（微信扫描二维码可观看课例，网页下载链接：
https://portal.scnu.edu.cn/article-13962-503-1.html）

三、 教学成效与反思

（一）课程内容

本课例的两个重点内容——植物组织培养的过程和原理以及植物组织培养的实际应用体现得非常突出，从学生做题情况看出知识点掌握良好，也得到了同备课组教师的好评。

在难点突破上，课程设计并没有被在线教学这一形式限制住，将课堂设置成灌输式课堂，而是更加积极地通过问题带出知识，同时也注意到学生新接触该知识点时需要思维缓冲时间，所以在问题和题目呈现后都给予了一定的思考时间。为了避免所有问题由教师自问自答，在本次课例中，部分思考题并没有给出答案，而是让学生独立思考，或者通过翻阅课本找到答案，然后让学生在学案中完成，学生提交作业后教师可以通过批改和评讲来确认学生对知识点的掌握情况。对于某些知识点更是设计了问题串引导学生步步思考，自行得出答案。

为了丰富视听，课例中使用了大量的精美图片，让学生对“愈伤组织”“外植体”“人工种子”等概念有了直观的认知。另外，本课例还插入了 3 个视频，每个视频的长度不超过 3 分钟，均用于补充讲解。第一个视频是引入植物组织培养的概念，承上启下提出全能性这一知识点；第二个视频是关于无菌操作，让学生能清晰地看到实验室里的环境和实验员的严谨操作；第三个视频是植物组织培养的应用“土豆脱毒”，非常生动有趣，一下子拉近了学生与技术之间的距离。

（二）教学实施

按照年级规定的课表，生物课在周一、三、五的下午 4：10—4：50，按班级分好的学习小组，课前先让小组长点名，确保学生在线。在班群发送课例和学案，学生下载观看，在 QQ 群文件一栏可以看到下载人数，从而跟进学生参与情况。课例和学案配套使用，课例中的部分练习和思考题并没有给出答案，学生需要在学案完成，并拍照上传到教师布置的“作业”群应用上。上课时段教师全程在线，学生如果有操作问题或知识点问题可以随时提问。教师查看学生作业后，挑选几份进行现场评讲，剩余的课后批改，保证整个课堂流畅而统一，让课例的作用发挥到最大。

作者简介

梁滢，肇庆市第一中学生物教师，毕业于华南师范大学。任教 6 年以来深受学生喜爱，多次承担市级公开课和高三复习展示课，曾获省实验教学说课活动二等奖和市青年教师教学能力比赛一等奖。

专家点评

本节教学将“植物细胞工程的基本技术”和“植物细胞工程的实际应用”两节内容进行了分解和重组，以技术操作为主线，通过情境创设和问题设计（名贵菊花品种无法获得种子，该如何进行推广种植?)，引导学生逐个理解、各个击破。

教师基于线上教学的特点，积极利用视频动画（如植物组织培养、土豆脱毒）辅助教学，既能有效激发学生学习兴趣，又能有效帮助学生突破难点。同时，教师重视以问题串的形式引导学生展开学习，问题有层次有梯度，能启发学生进行深度思考和展开积极探讨，进而实现教学目标的有效达成。

——广东广雅中学　苏科庚

广州市高三年级阶段训练讲评

广州市协和中学　赵丽丽

一、 案例简介

本案例记录的是在新冠肺炎疫情的特殊时期下，教师依据学生在高三全市阶段训练反映出来的“教材基础知识掌握不牢固，以及实验与探究能力薄弱”的问题，结合高三总复习的要求，以学科知识为核心，兼顾学生的心理状况和线上教学的学习环境，借用“学习金字塔”理念和“自我效能”理论的指引，设计并组织实施的一节线上讲评课。

本节课基于一套试卷，教学重点放在聚焦生物学科“大概念”来巩固基础知识；建构“实验设计三部曲”模型，进行科学思维训练，发展学科核心素养。技术手段上，应用“腾讯会议”平台，实现PPT展示、微课播放、即时呈现答案等。教学亮点在于课前鼓励学生录制讲评微课，提升学生自我效能；课中师生实时析疑，在聊天区发表意见，在微信群反馈答案；课后及时了解学生学习效果。最大限度地激发师生的创造性潜能，最大程度上解决了线上教学普遍存在的“交互不足，学生主体性难体现”的缺点，践行了网络教学“互动、平等、共享，打破时空的限制”等理念。

二、 教学设计

（一）教学思路

表1　教学思路一览表

项目	存在的实际问题	借鉴的理论或理念	应对的措施
心理状况	①学生学习压力大、信心不足； ②教师想了解学生对知识的理解程度	①学习金字塔理论：“teach others”的知识留存率最大； ②自我效能理论	①学生自主学习，回归教材； ②学生录制讲评微课，不仅能更好地掌握知识，还能通过组织语言，训练逻辑思维与表达能力； ③学生交流展示，提高自我效能

续上表

项目	存在的实际问题	借鉴的理论或理念	应对的措施
学科知识	从试卷分析看： ①基础知识掌握不牢，遗忘率高； ②实验与探究能力薄弱	新课程理念： ①重视概念教学； ②重视培养学科核心素养	①强调学生学习不能脱离教材，教材能帮助学生形成生命过程、生命现象的概念； ②通过构建“实验设计三部曲”模型，进行科学思维训练
学习环境	线上教与学： 师生交互不足，难进行实时的、有针对性的指导	网络教学理念： 核心是互动、平等、共享、打破时空的限制，最大限度地激发人们的创造性潜能	①课前：学生录制微课，设备不限制，手机、DV或电脑软件都可以； ②课堂：应用“腾讯会议”平台，操作容易，功能较全，结合班级微信（QQ）群； ③课后：个别问卷调查

（二）教学重点与难点

（1）知识上，生物学科概念的掌握与巩固。

（2）素养上，通过建构“实验设计三部曲”模型来解决实验与探究的难点。

（3）技术上，各种软件及设备配合，自然流畅地使用。

（三）教学过程

1. 课前准备

（1）阶段训练成绩分析。

教师完成三部分内容：一是考查知识点统计；二是考查能力板块统计；三是学生得分率的分析。

通过分析，反映了学生存在的两大问题，分别是“基础知识掌握不牢固”和“实验与探究能力薄弱”。由此“重概念，回归教材”是非常必要的（在实际的教学中，为了让学生更容易理解，还是用了“重基础”这种说法）。另外，生物学是一门以实验为基础的学科，实验与探究能力是生物学中的关键能力，应重视培养学生的实验与探究能力。

（2）讲评微课的录制。

高三的学生已经具备一定的视频录制能力和经验，故而组织学生课前录制题目讲评视频，提前做好在本节课不能讲评的题目的解析，在班级微信群分享探讨。

2. 课堂教学实录

（1）课堂引入，教师呈现课前的成绩分析。

师：今天我们进行广州市高三年级阶段训练讲评。首先看考查知识点统计，本试卷必修三本书所占分值均衡。再看考查能力模块和学生成绩统计，发现同学们教材基础知识掌握不牢固，实验与探究能力薄弱。我们要重基础——回归教材，重能力——实验与探究。

（2）通过屏幕共享方式对第2题进行讲评。

题2 物质A是一种安全低残留的抑菌剂，是防治水稻纹枯病的主要药物之一。但因

长期使用，其防治纹枯病的效果有所下降。以下解释不合理的是（　　）

A. 突变导致纹枯病菌基因库发生改变

B. 物质 A 使纹枯病菌发生抗药性基因突变

C. 物质 A 对纹枯病菌的抗药性具有选择作用

D. 水稻与纹枯病菌之间存在共同进化

生 1：一个种群中全部个体所含的全部基因叫作这个种群的基因库，基因突变会产生新的基因，所以基因库发生改变，A 正确。长期使用物质 A，防治效果有所下降，物质 A 对病菌的抗药性具有选择作用，C 正确。不同的物种之间、生物与无机物环境之间在相互影响中不断进化和发展，就是共同进化，水稻和病菌很明显是两个物种，它们之间存在着相互的影响，所以存在共同进化，D 正确。基因突变本来就存在，并非是 A 作用于病菌才有的，B 错误。

（3）重基础——回归教材，师生进行现场互动连线析疑。

教师把其他题中涉及教材基础知识的部分集中处理，中间提问脱落酸的作用，以及信息传递在生态系统中的作用。（教学过程详见课例视频）

生 2：脱落酸的作用不太清楚，这个空答错了。

师：考试后要及时看书，解决问题。

生 3：信息传递在生态系统中的另外两个作用不知道，只会本次考的这个作用。

师：恭喜你，你很幸运。当考到这个作用的时候，你就应该想想另外两个是什么，要举一反三。

生 4 准确地答出另外两个作用。

师：本套试卷中选择题的 18 分、非选择题的 24 分直接考查教材知识点，而我们高考要求的理解能力和综合运用能力的基础都是教材，可见确实要“重基础——回归教材”。

（4）播放生 5 第 6 题讲评的微课。

题 6　分析表 2 所示实验，相关叙述错误的是（　　）

表 2　题 6 实验

试管编号	3% H_2O_2	H_2O	3.5% $FeCl_3$	新鲜肝脏研磨液	5% HCl
1	2 mL	2 滴	2 滴	—	—
2	2 mL	4 滴	—	—	—
3	2 mL	2 滴	—	2 滴	—
4	2 mL	—	—	2 滴	2 滴

A. 试管 1 和 3 比较可说明酶的催化效率较高

B. 试管 3 和 4 比较说明酸性环境对酶的影响

C. 各试管试剂添加顺序应从左往右依次添加

D. 各组实验应该保持相同且适宜的温度条件

生 5：本题主要考查探究各因素对酶的影响这个实验。遵循单一变量与对照原则，在 1、3 试管中，不同的变量是催化剂，试管 1 加入的氯化铁溶液，与试管 3 加入的新鲜肝脏研磨液进行对照，A 项排除。在 3、4 试管中，不同的变量是否加盐酸，以试管 3 为对照组，可以探究酸性环境对酶的影响，B 项排除。在探究一个变量时，应保证其他变量一致且适宜，遵循单一变量原则，D 项排除。以 3、4 试管为例，探究的是酸性环境对酶的影响，借鉴生物选修 1，果胶酶在果汁生产中的应用中提到了，在探究最适 pH 的时候，先将各试管的反应混合物调节到不同 pH，再加入酶反应一段时间，C 项错误。

（5）重能力——实验与探究，师生现场互动连线析疑。

师：我们可以看出在实验中有几个关键词：自变量、因变量和无关变量。本次考试发现很多同学实验与探究能力薄弱，因此我们要重视对实验与探究能力的培养。接下来分析下第 30 题的三个变量。

题 30　胰岛素是人体内调节血糖的重要激素，回答下列问题。

①要进行胰岛素生理作用的验证，根据以下提供的实验材料与用具，完善实验思路，预测实验结果。（材料与用具：生理条件相同的健康小鼠若干只，胰岛素溶液，葡萄糖溶液，生理盐水，注射器等。）

实验思路：详见课例视频。

②当机体血糖水平升高时，胰岛中内分泌细胞的分泌情况是________。此时，机体细胞一方面抑制肝糖原的分解和非糖物质的转化，另一方面________。

生 6：自变量是胰岛素的有无，因变量是小鼠的血糖浓度，无关变量体现在“等量、随机分等”。

生 7 准确地给两位同学写的答案评分，并说明了原因，指出实验结果与实验结论的不同。

师生：共同建构“实验设计三部曲”模型。

题 37　生物选修 1：生物技术实践。

若要验证沙棘提取物的浓度与降解亚硝酸盐的效果有关，请写出简要实验思路。

生 8：自变量，设置沙棘提取物浓度梯度；因变量，亚硝酸盐的浓度；无关变量，在相同且适宜的条件下。

教师展示三位学生的手写实验思路，请其他同学打分。

生 9 给三位同学写的典型答案评分，并在聊天区发表意见。

（6）变式训练，实验设计成果上传到微信群，生成新的教学资源。

变式训练　有研究表明：玉米的某矮化突变体新品种，矮化原因是突变后植株合成赤霉素不足。请以该种矮化突变体玉米幼苗为材料，设计实验来验证这一结论。要求写出简要实验思路。

生 10 和生 11：屏幕共享实验设计成果，分享设计思路。

师：生 10 对无关变量的控制不全面，可重复原则未体现。生 11 因变量的检测指标不明确。

生 10 和生 11 现场马上改进完善设计方案。

（7）归纳与小结。

师：今天我们讲的备考策略有两个方面：重基础——回归教材；重能力——实验与探究。其他策略未完待续……

3. 课后跟踪

（1）跟踪训练。

通过课后跟踪训练进行知识与技能的巩固，进一步巩固“实验设计三部曲”，在学生微信群继续发挥师生交互的作用。

课后题 有研究表明：干旱条件下植物气孔开度减小是由脱落酸引起的。请以干旱处理过的脱落酸缺失突变体（不能合成脱落酸）植株为材料，设计实验来验证这一结论。需要简要写出实验思路和预期结果。

（2）学生反馈。

通过与学生课后进行交流，可以更好地了解教师的教学效果。通过反馈，可以了解学生对本节课重点内容的掌握情况，清楚学生在学习中遇到的困惑，并帮助学生解决问题。

（四）板书设计：建构“实验设计三部曲”模型

本节课的板书设计如图所示。

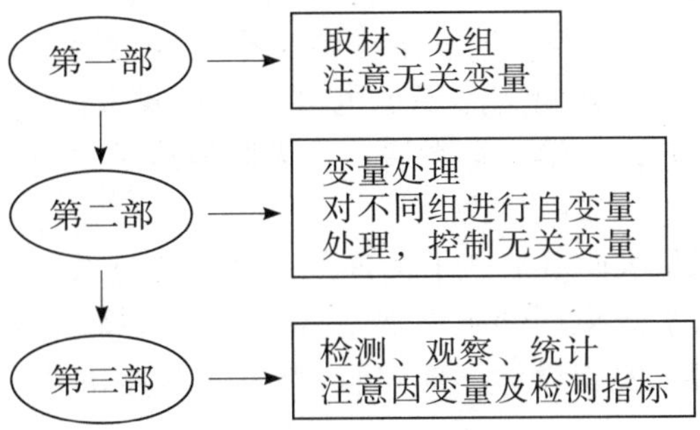

图 2　板书设计

（微信扫描二维码可观看课例，网页下载链接：
https://portal.scnu.edu.cn/article-13962-501-1.html）

三、 教学成效与反思

（一）教学成效

1. 教师点评要点

这节课很好地体现了在网络教学中各种设备及软件的综合使用，特别是学生怎样参与到课堂，让学生进行讲评，教师及时点评以及师生的互动，是这节课的一大亮点。这节课根据本校的学生特点和测试情况，注重学生学习方法的培养，进行拓展训练，追求教学的有效性和实效性，实属难得。

课例的主要优点：一是教学设计上针对学生问题来安排教学；二是教学实施上利用在线优势，优化组织教学；三是教学效果上学生积极主动，学习确有所获。共连线了 11 个学生发言，与学生互动流畅自如，好像线下上课一样。

2. 学生反馈摘录

生1："我和老师的讲评都引用了大量的课本知识，感触很深的就是，很多知识点书上都有原文解释，让我感受到了回归课本的重要性。"

生5："这次阶段考讲评课，我了解了高考高频考点，深刻认识到回归课本的重要性，认知到实验探究能力对于高考应考的重要性。在课堂上，老师对试题分析到位，让人醍醐灌顶。"

生6："通过这节课，我对于设计实验思路类型的大题相较于以前更有思路，不会像以前一样看到这类题型就想着跳过。其实好像也没那么难。"

（二）教学反思

线上教学普遍存在"交互不足，学生主体性难体现"的缺点，而微课是线上教学的一大优势，课前鼓励学生录制题目讲评视频（录制过程使学生对知识的理解更加深入，能更好地掌握知识），还通过组织语言，训练了逻辑思维与表达能力，实现"teach others"的知识留存率最大化。同时，学生间交流展示也提高了自我效能，有利于日后学习的开展。学生的微课制作得非常优秀，也给了笔者启示：大胆地给学生一个机会，你会发现，他远比你想象的优秀！

这样组织教学，特别是大胆开展线上的连线互动，通过教师点评和学生反馈，可以看出本节课达到了很好的教学效果。学生更加重视生物学科概念的掌握与巩固，重视基础，回归教材。通过师生共建"实验设计三部曲"，培养了学生的实验与探究能力，发展了学科核心素养。

或许，现在采用线上教学是无奈之举，但是办法总比困难多，只要用心，综合利用好各种资源，线上教学同样可以丰富多彩，展示出它独有的魅力和优势。

作者简介

赵丽丽，广州市协和中学生物教师，广州市教育系统首批创新学术团队成员。连续五年受聘为广州市教研室生物中心组成员，参与"学习与评价"审题和市高三模拟考命题工作，两次承担市级公开课，参与多个省市级课题研究。

专家点评

赵老师这节课是一节直播教学示范课，主题为高三训练讲评，教学最大的亮点是重视师生互动。教师熟悉相关操作，充分结合在线学习的优势，及时组织学生开展师生、生生互动，课堂氛围和谐有序，学生参与度高，教学效果良好。

从课堂教学的实施情况来看，本节课中，教师和学生均在课前做了充分的准备，教师精选题目，既能充分暴露学生复习中存在的突出共性问题，又能结合题目引导学生展开富有成效的分析归纳；学生积极参与，发言分析精练简洁，准确到位。整节课目标明确、讲练结合、练评及时、互动有效，是一节基于问题导向、重视分析归纳、有效迁移应用的线上教学优质示范课例。

——广东广雅中学　苏科庚

"新冠"疫情下高三病毒专题的题型分析

肇庆市第一中学　朱燕敏

一、案例简介

新冠肺炎疫情下，我们需要更深入地了解病毒，才能减少灾难的重现。

首先，本案例通过从病毒的类型、病毒的结构、病毒的增殖、病毒与人体免疫，以及病毒的预防、检测和治疗这几方面复习病毒相关知识，引导学生用生命观念认识病毒、解释病毒的生命现象。

其次，本案例通过一道综合应用题来让学生形成科学思维的习惯，培养学生的科学探究能力和综合应用能力。

最后，本案例通过升华保护生物多样性、保护环境的主题，树立学生的保护环境的社会责任感，通过赞扬疫情下所有工作者，使学生产生感恩"生于华夏"的爱国主义情感。

二、教学设计

（一）教学目标

1. 知识与能力

（1）阐述病毒的分类、病毒的结构、病毒的增殖，以及病毒入侵后机体的免疫过程。

（2）了解病毒的预防、检测和治疗方法。

2. 过程与方法

提高学生对图表的解读能力，探索使用图表描述生理活动的方法。

3. 情感态度与价值观

（1）树立学生的生命观，培养学生的理性思维和科学思维。

（2）培养学生的社会责任感和爱国主义情感。

（二）学生特征分析

高三的学生已经在人教版高中生物必修 1《分子与细胞》中的第一章"走进细胞"中了解到生命活动离不开细胞，即使是病毒也不例外；通过在必修 2 第四章的第二节"基因对性状的控制”中，了解到病毒的增殖过程；在必修3 的第二章第四节“免疫调节”了解到病毒入侵人体后机体的免疫过程；但是学生对病毒的相关知识的了解是非常零碎的，没有形成系统的知识结构。本节课通过运用专题式的方式把病毒的分类、病毒的结构、病毒的增殖，以及病毒入侵后机体的免疫过程呈现给学生，使学生在了解新冠病毒的同时，对病毒有更全面的认识。

（三）教学活动

1．活动 1：导入本节新课

【教师活动】

创设情境，导入图片和背景材料。

【学生活动】

思考新冠肺炎疫情的源头。

【设计意图】

结合新冠肺炎疫情，激发学生兴趣，引入复习课。

2．活动 2（自主学习）：病毒的分类

【教师活动】

（1）展示常见病毒的图片（见图 1）。

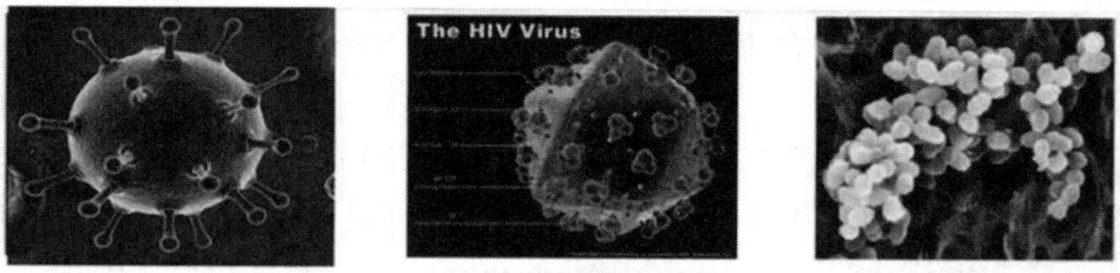

乙肝病毒（DNA病毒）　　艾滋病病毒（RNA病毒）　　蛋白质病毒

图 1　常见的病毒

（2）从遗传物质、结构两个方面对病毒进行分类，复习常见病毒的类型：

DNA 病毒：噬菌体、天花病毒、乙肝病毒。

RNA 病毒：烟草花叶病毒、HIV、SARS、禽流感病毒。

介绍新冠病毒为“单股 + RNA”病毒，引导学生重现病毒的结构，把握常见病毒的类型。

【学生活动】

回忆并记录病毒的分类。

【设计意图】

引导学生重现病毒的结构，把握常见病毒的类型。

3．活动 3（例题突破）：考向预测

【教师活动】

（1）带领学生分析例题。

高考改编题 1 下列关于病毒的叙述，错误的是（　　）

A. 从烟草花叶病毒中可以提取到 RNA（2018 · 全国Ⅱ，T5A 改编）

B. T2 噬菌体可感染肺炎双球菌导致其裂解（2018 · 全国Ⅱ，T5B）

C. HIV 可引起人的获得性免疫缺陷综合征（2018 · 全国Ⅱ，T5C）

D. T2 噬菌体可将 DNA 注入宿主细胞

（2）边讲解边引导学生从不同方向把握关于病毒分类的考向。

【学生活动】

读题，思考并选出答案，突破病毒的分类的相关知识点。

【设计意图】

引导学生从不同方向把握关于病毒分类的考向。

4. 活动 4（自主学习）：病毒的结构

【教师活动】

（1）展示艾滋病病毒、噬菌体和冠状病毒的图片（见图 2）。

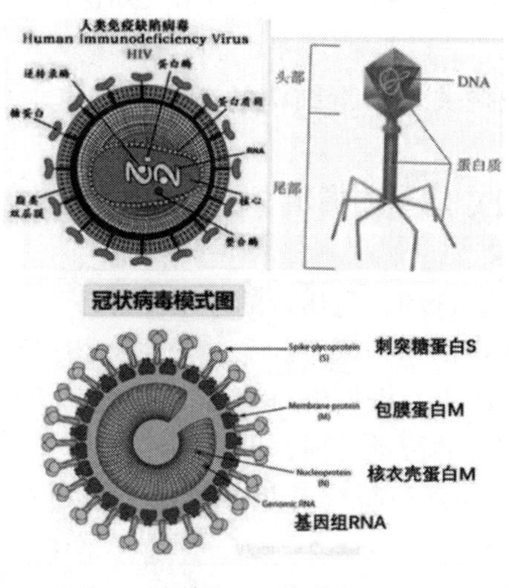

图 2　艾滋病病毒、噬菌体和冠状病毒

（2）通过介绍病毒的结构一般只包含核酸和蛋白质，引出病毒作为生物的唯一表现出生命迹象的方式就是寄生。

（3）强调冠状病毒有包膜结构，侵染细胞时病毒包膜与细胞膜融合，渗透“结构与功能相适应”“病毒只有依赖活细胞才能生活”“生命活动离不开细胞”的生命观。

【学生活动】

回忆并思考病毒的结构特点。

【设计意图】

通过对病毒结构的分析，渗透“结构与功能相适应”“病毒只有依赖活细胞才能生活”“生命活动离不开细胞”的生命观。

5．活动 5（例题突破）：考向预测

【教师活动】

（1）带领学生分析例题。

高考改编题 2 下列有关病毒的叙述，错误的是（　　）

A．用 32P 的培养基直接标记 T2 噬菌体的 DNA

B．T2 噬菌体的核酸由脱氧核糖核苷酸组成（2015 · 全国卷Ⅰ，T1C）

C．Rous 肉瘤病毒属于致癌因子，与人的细胞癌变有关（2015 · 全国卷Ⅱ，T5C 改编）

D．人感染 HIV 后的症状与体内该病毒浓度和 T 细胞数量有关，但 HIV 不属于生命系统的结构层次（2015 · 全国卷Ⅱ，T5D 改编）

（2）边讲解边引导学生从不同方向把握关于病毒结构的考向，培养学生的理性思维和获取信息的能力。

【学生活动】

读题，思考并选出答案，突破病毒的结构的相关知识点。

【设计意图】

引导学生从不同方向把握关于病毒结构的考向，培养学生的理性思维和获取信息的能力。

6．活动 6（自主学习）：病毒的增殖

【教师活动】

（1）展示噬菌体、HIV 病毒和新冠病毒的增殖图片。

（2）将病毒的结构与病毒的增殖联系起来，分别介绍三种极具代表的病毒（噬菌体、HIV 病毒和新冠病毒）的生活史，概括出 DNA 病毒、两种 RNA 病毒（逆转录病毒和 RNA 自我复制的病毒）的遗传信息的流动方向，即中心法则。

（3）强调噬菌体与 HIV 病毒和新冠病毒从宿主细胞释放的方式不同。

【学生活动】

学生学会读懂病毒增殖的图片，掌握用图表描述生理活动的方法。

【设计意图】

通过分析病毒的增殖过程，渗透“结构与功能相适应”的生命观。通过引导学生读懂病毒增殖的图片，提高学生对图表的解读能力，探索使用图表描述生理活动的方法。

7．活动 7（例题突破）：考向预测

【教师活动】

（1）带领学生分析 3 道例题（以下只展示例 2）。

例 2 （2016 · 海南卷，T13）某种 RNA 病毒在增殖过程中，其遗传物质需要经过某种转变后整合到真核宿主的基因组中。物质 Y 与脱氧核苷酸结构相似，可抑制该病毒的增殖，但不抑制宿主细胞的增殖，那么 Y 抑制该病毒增殖的机制是（　　）

A．抑制该病毒 RNA 的转录过程　　B．抑制该病毒蛋白质的翻译过程

C．抑制该 RNA 病毒的反转录过程　　D．抑制该病毒 RNA 的自我复制过程

（2）引导学生从不同方向把握关于病毒增殖的考向，培养学生的理性思维和获取信息的能力。

【学生活动】

思考并选出正确答案，更深入地理解病毒增殖过程的特点。学生在微信上交流关于例 2 的疑问。

【设计意图】

引导学生从不同方向把握关于病毒增殖的考向，培养学生的理性思维和获取信息的能力。

8．活动 8（自主学习）：病毒与人体免疫

【教师活动】

（1）展示体液免疫和细胞免疫图解（见图 3）。

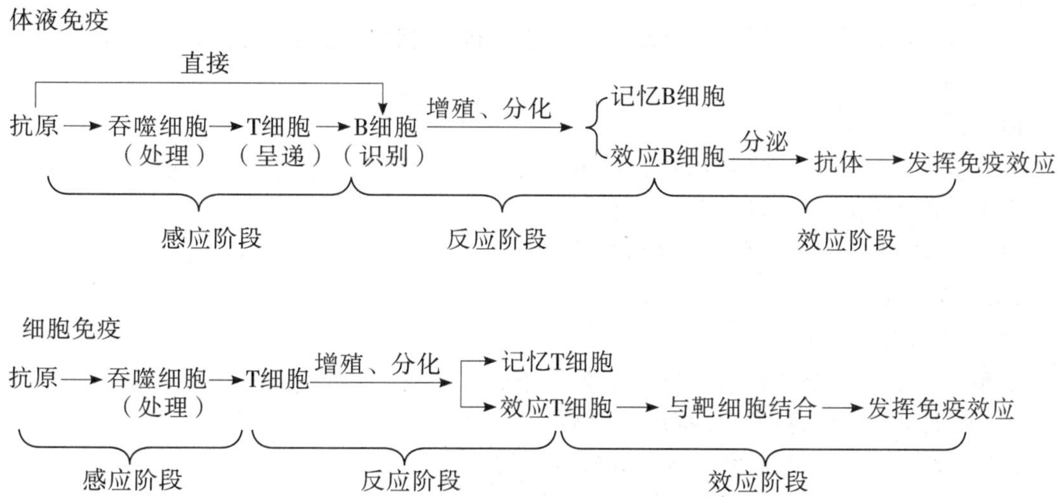

图 3　体液免疫和细胞免疫图解

（2）通过介绍病毒突破了人体的前两道防线之后，机体对病毒的特异性免疫，复习了体液免疫和细胞免疫过程。

（3）提醒：虽然机体能对病毒进行防卫，但是依然产生炎症，说明机体的免疫功能也是有限的，树立学生的稳态和平衡观。

【学生活动】

回忆人体免疫系统的三道防线，了解病毒入侵后人体的防御机制。

【设计意图】

通过复习机体免疫过程，了解病毒依然可以引起人体的稳态失衡，树立学生的稳态和平衡观。

9．活动 9（例题突破）：考向预测

【教师活动】

（1）展示 1 道高考题（2016·全国 I 卷，T31）和 2 道“新冠”新情境的非选择题。

（2）通过创设“新冠”新情境，考查病毒入侵后引起机体的反应，以及对发生的反

应做出相应的解析，培养学生用客观性的思维去分析生活中的现象，并让学生习得思维的习惯和方法。

【学生活动】

思考病毒入侵后引起机体反应的原因，以及对发生的反应做出相应的解析。

【设计意图】

培养学生用客观性的思维去分析生活中的现象，并让学生习得思维的习惯和方法。

10. 活动 10（自主学习）：病毒的预防、检测和治疗

【教师活动】

通过举例说明病毒的预防、检测和治疗方法，联系“非典”疫情，介绍新冠肺炎疫情的预防、检测和治疗方法。

【学生活动】

了解病毒的预防、检测和治疗方法。通过了解新冠肺炎的治疗方法，见证了我们国家的“以人为本”。

【设计意图】

介绍病毒的预防、检测和治疗，培养学生的科学思维。通过介绍新冠肺炎的治疗方法，学生见证了我们国家的“以人为本”。

11. 活动 11（例题突破）：考向预测

【教师活动】

（1）带领学生分析例题。

例题 （2018 · 全国Ⅱ卷，T5）下列关于病毒的叙述，错误的是（　　）

A. 从烟草花叶病毒中可以提取到 RNA

B. T2 噬菌体可感染肺炎双球菌导致其裂解

C. HIV 可引起人的获得性免疫缺陷综合征

D. 阻断病毒的传播可降低其所致疾病的发病率

（2）引导学生把握关于病毒预防、检测和治疗的考向。

【学生活动】

思考并选出正确答案，把握关于病毒预防、检测和治疗的考向。

【设计意图】

把握关于病毒预防、检测和治疗的考向。

12. 活动 12（自主学习），病毒的综合应用题

【教师活动】

带领学生分析例题（2017 · 全国Ⅰ卷，T29），在复习了关于病毒的相关知识点后，引导学生尝试解决生产生活中的生物学问题，培养学生的创新思维能力和科学精神。

【学生活动】

回忆病毒的相关知识点，尝试设计实验判断病毒种类。

【设计意图】

在复习了关于病毒的相关知识点后，引导学生尝试解决生产生活中的生物学问题，培

养学生的创新思维能力和科学精神。

13．活动13：考点归纳

【教师活动】

归纳关于病毒的主要知识点。

【学生活动】

总结关于病毒的主要知识点，把握教材的主线。

【设计意图】

回归教材，把握教材的主线。

14．活动14：总结提升

【教师活动】

（1）导入背景材料——人类破坏生态平衡，大自然都会记得。揭示人类要保护生物多样性，维护生态平衡。

（2）感恩防疫人员的付出，感恩我们“生于华夏”，升华本节课主题，引导学生勇于承担社会责任，培养学生的爱国情感。

【学生活动】

树立保护生物多样性、维护生态平衡的意识，感恩防疫人员的付出，感恩我们“生于华夏”。

【设计意图】

升华本节课主题，引导学生勇于承担社会责任，培养学生的爱国情感。

（注：因本课例录制于2020年初，当时大众对新冠肺炎的认识不全面，为免误解，在此删除了课例视频。）

三、 教学成效与反思

本节课总共设计了10道题，在学生看完录课视频后，笔者对学生的掌握情况做了小调查，请每位学生对每道题题目理解清楚的点一个赞。此外，学生都积极对本节课的内容做好相关笔记和反馈。

本节课是在新冠肺炎疫情的背景下，对病毒的相关知识点进行分析。学生一方面对新冠病毒有了一定的了解，对生命有了一定的感知和体悟，对生命产生了敬畏和尊重之情；另一方面，通过开展病毒专题，学生重现了关于病毒的知识点，并且将零碎的知识点联系起来，在复习已学知识的基础上，培养了理性思维和科学思维。笔者认为教学的效果不错。但是，本节课还有些地方需要继续完善，例如关于新冠病毒感染肺部的细节，临床上治疗的具体方法，这些方面在本节课上都没有一一道出。另外，笔者还深刻体会到教学相长的涵义，因为需要“教”会学生了解病毒，所以需要不断地“学”习病毒的相关课题。可以说，教无止境，学无止境。

作者简介

朱燕敏，毕业于华南师范大学。任教期间，论文《生物高考第一轮复习的教学模式初探》获广东生物教学一等奖，教学设计“物质跨膜运输方式”获广东生物教学一等奖。曾获肇庆“高考突出贡献奖”，肇庆市第一中学“十佳教师奖”。

专家点评

本节专题复习教学以新冠病毒为素材背景和复习切入点，引导学生对病毒的类型、病毒的结构、病毒的增殖、病毒与人体免疫以及病毒的预防、检测和治疗进行了全面的梳理与归纳总结。教学背景容易引起学生共鸣，适度渗透“社会责任”教育，教学过程条理清晰、主线明确，围绕高频考点和学生易错点展开分析，精选精编例题，精讲精练并善于“借题发挥”，通过一题一考点，一题一归纳，不断激活学生已有知识形成专题网络，帮助学生将多个章节、多个模块的知识内容进行纵横联系和贯通理解，有效提升了复习教学的效果。

建议教师在本节复习教学的最后，将每个环节的归纳内容形成一个以“病毒”为核心的知识网络（或思维导图），帮助学生形成完整、系统的专题知识体系。同时，教学过程中的训练题以选择题为主，建议适度增加非选择题（尤其是实验设计题）的训练讲评，通过完善题型和强化训练，帮助学生更好地理解、掌握与病毒相关的知识内容。

——广东广雅中学　苏科庚

信息技术篇

信息技术学科赋能，助力“停课不停学”

华南师范大学　胡小勇

在新冠肺炎疫情防控期间，为加强“华南师大－中小学”协同发展联盟成员学校的教学交流，促进联盟学校的协同发展，华南师范大学主办了面向全省180多所联盟学校的“停课不停学”优秀在线教学案例推选和云分享活动。教育信息技术学院承担了信息技术学科优秀在线教学案例的评选任务。此次评选共收到投稿案例105件，专家组认真评选出一等奖作品11件、二等奖作品15件、三等奖作品25件。现将部分优秀在线教学案例结集出版，希望能对广大一线信息技术教师开展在线教学有所帮助和启示。

面对特殊时期开展在线教学的现实需要和实践挑战，全国各地中小学信息技术教师主动作为、勇于担当，充分发挥专业特长，做好技术引领示范，全力以赴保障在线教学的顺利开展。其承担的工作主要体现在以下五个方面：第一，积极主动参与在线教学统筹组织工作，协助学校制定科学可行的技术解决方案；第二，帮助各学科教师提升信息技术应用能力，为在线教学活动提供高效有力的技术支持；第三，融合思政教育、生命教育、生活实践，创新性开展丰富的跨学科教学活动；第四，借助信息技术拓展学生视野，提升学生信息素养和信息社会责任，落实信息技术学科核心素养；第五，勇于探索实践，创新在线教学模式。由此可见，信息技术学科教师在学校疫情防控和在线教学工作中发挥了中流砥柱的作用，真正实现“信息技术赋能，助力‘停课不停学’”。

本次信息技术学科优秀在线教学案例推选和云分享活动的举办，既是对各中小学校信息技术学科教师在抗疫期间服务学校在线教学和教师培训工作的肯定，也为全省中小学信息技术学科教师搭建了成果输出交流的学术平台，以促进教育技术研究者和信息技术学科教师共同探索信息技术教育的未来与发展。

高一课例从“数据与信息”的角度看新冠肺炎疫情

汕头市澄海中学　张婵清

一、 案例简介

本案例选自高中信息技术必修1《数据与计算》（广东教育出版社2019年版）第一章中第一、三节的内容。“数据与信息”分为2个课时教学，本案例为第1课时。本案例主要涵盖数据、数据的形式、数据的特征、信息及其特征等内容，利用“录播视频+班级圈打卡+‘石墨文档’+微信在线答疑”等方式，做到“停课不停学”。在各种数字化工具的支持下，实现在线自主、协助、探究等学习方式。本节课的设计是在将知识建构、技能培养与思维发展融合运用数字化工具解决问题和完成任务的过程中，促进学生信息技术学科素养的养成，完成学习目标。

二、 教学设计

（一）教学目标

（1）知道数据与信息的关系，能够描述数据与信息的特征。（信息意识）

（2）掌握数字化学习的方法，能够根据需要选用合适的数字化工具开展学习。（数字化学习与创新）

（3）从数据与信息的角度描述新冠肺炎。（信息社会责任、计算思维）

（二）学习者特征分析

高一学生已经在第一学期借助网络开展了项目式学习，已经掌握了项目式学习的基本流程，也已经注册并掌握“石墨文档”平台的使用方法，能很好地使用Office、概念图、问卷设计等工具，这为本次特殊时期开展在线学习奠定了很好的基础。

（三）教学重点与难点

重点：知道数据、信息的含义；了解数据的形式多样化；能根据具体的案例分析数据与信息的特征。

难点：理解数据的定义。

（四）教学方法

（1）以录播学习（19 分钟）、自主学习为主。启用微信班级圈打卡管理，督促学生进行在线自主学习。

（2）利用“石墨文档”平台，实现在线协作学习。

（3）利用微信或微信群实现在线答疑。

（五）教学过程设计

1. 教学环节一：情境导入

大家一起来做实验：

（1）戴上半透明的塑料眼罩。

（2）套上纸板做的袖套。

（3）安静地躺在一张床上，室内非常安静，什么事情也不用做，还有报酬呢！

同学们愿不愿意来尝试呢？这个实验告诉我们什么呢？

结论：一个人处在零刺激的状态下，是非常容易产生不安、焦虑等情绪的。（引出数据与信息的重要性）

2. 教学环节二：数据

［数据］数据是现实世界客观事物的符号记录，是信息的载体，是计算机加工的对象（教师展示实例，见课例视频）。

［计算机科学中的数据］数据是对所有输入计算机并被计算机识别、存储和处理的符号总称，是联系现实世界和计算机世界的途径。形式多样化：图形、图像、视频、音频、文本。

［数据的基本特征］①二进制；②语义性；③分散性；④多样性和感知性。

3. 教学环节三：信息及其定义

［探究活动］信息与数据的区别与联系。

［结论］（1）数据是符号记录，是原始事实记录。

（2）数据具有多种多样的形式，可加以转化。数据中所包含的信息内容是不会随着数据的形式改变而改变的。

（3）信息与数据不可分离，数据中所包含的意义就是信息，信息是对数据的解释，是数据处理的结果。

（4）数据是信息的载体，也是人们提取信息、做出决策的重要依据。

［信息的定义］定义 1：信息是经过加工处理的、具有意义的数据。

定义 2：信息是客观世界中各种事物的运动状态和变化的反映，是客观事物之间相互联系和互相作用的表征。

案例分析 小张一家人原本计划 2020 年春节外出旅游，可就在 2020 年 1 月 20 日晚，看到以下新闻：钟南山院士接受了央视《新闻 1 + 1》的采访，第一次提出新冠病毒出现人传人的现象，并且已经有医护人员感染了新冠病毒。那么，结合案例分析，你认为小张一家人是该外出旅游还是取消计划呢？

4．教学环节四：信息的基本特征

（1）普遍性。

信息普遍存在于自然界和人类社会发展的始终，可以被人们感知、获取、传递和利用。

（2）传递性。

（3）共享性。

案例分析 为了有效解决在新冠肺炎疫情期间无法正常到校上课问题，请同学们通过网络，利用计算机、平板电脑等工具在家开展学习，做到“停课不停学”，市、区教育局精选和录制了一系列网络课程，供同学们观看学习。从2020年2月17日开始，每节课都可以回放，建议同学们分段点播学习，错峰点播收看，每次学习时间不超过20分钟。

（4）依附性和可处理性。

案例分析 医护人员为了减缓小朋友的紧张情绪，把可爱的卡通人物绘制在防护服上（见图1）。某些病人由于插管不易开口说话，或由于方言等原因，在沟通上出现问题，医护人员将沟通内容制作成图标，方便双方的交流（见图2）。以上两案例反映了信息的依附性。

图1 萌版防护服

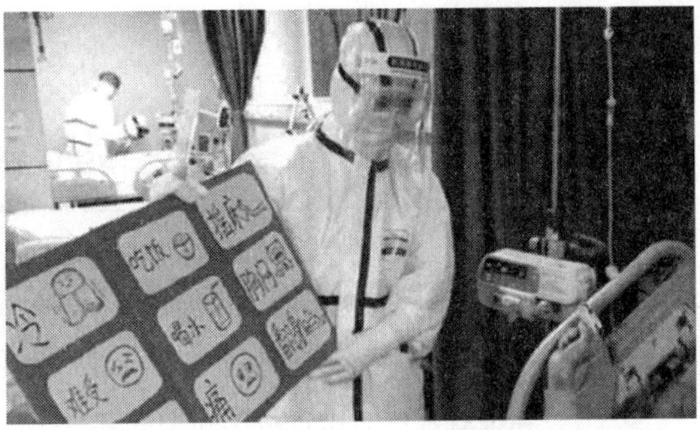

图2 与“重症”病人的沟通

（5）价值相对性。

（6）时效性。

信息不是一成不变的，信息如果不能反映事物的最新变换状态，它的效用就会降低。

（7）真伪性。

［鉴别方法］来源、时效性、价值取向。

案例分析 2020年2月27日3时，刘某致电广州白云机场客服热线，称女友为新冠肺炎确诊患者，26日到广州后暂住海珠区，近日准备搭航班飞往外地。公安机关接报后，迅速找到该女子，并对她以及酒店内相关人员采取了隔离观察与新冠病毒取样全套检测措施。然而，经严格检测与细致筛查，该女子及酒店内相关人员新冠病毒检测结果均为阴性，也无人员存在疑似症状。综上情况，警方怀疑举报男子涉嫌谎报警情。3月10日上午，刘某一审被判处有期徒刑7个月。

5．教学环节五：课堂小结

本案例的课堂小结见图3。

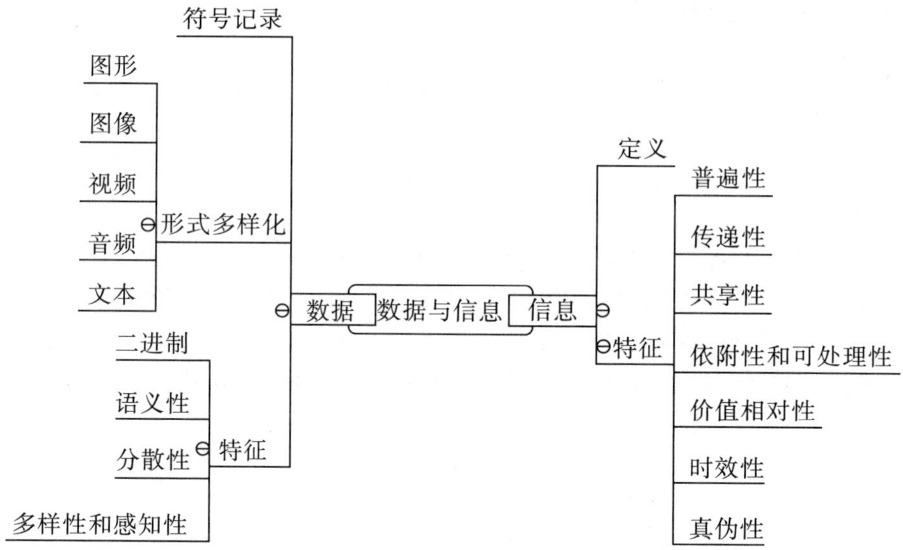

图3　小结

（六）学生任务学习单

本案例的具体学习要求，详见表1。

表1　学生任务学习单

<table>
<tr><td>学习目标</td><td>1. 了解数据、信息的概念。
2. 能够描述数据与信息的基本特征。
3. 学会鉴别信息</td></tr>
<tr><td>学习任务</td><td>在理解数据与信息相关知识的基础上，对采集到的数据信息进行鉴别、加工与处理，形成有意义的信息</td></tr>
<tr><td colspan="2">任务要求</td></tr>
<tr><td colspan="2">1. 请你用数据描述一下新冠肺炎早期的症状。
2. 请根据新冠肺炎的特点编写一句广告语，描述如何在公共场所做好个人的防护措施</td></tr>
<tr><td>任务提示</td><td>1. 数据是符号记录，信息是数据的处理结果。
2. 数据可以转换成不同的形式，但其包含的信息不会因形式不同而改变。
3. 数据与信息不可分离，信息是对数据的解释</td></tr>
<tr><td>任务提交</td><td>1. 数据如下：
2. 广告语：</td></tr>
</table>

续上表

总结与反思		
学习反思	这节课我学会了：	
	我还不大懂：	
	我的方法与心得：	
拓展资源：数据与信息——百度百科 https://baike.baidu.com/item/%E6%95%B0%E6%8D%AE%E4%B8%8E%E4%BF%A1%E6%81%AF/16439942?fr=aladdin		

（微信扫描二维码可观看课例，网页下载链接：
https://portal.scnu.edu.cn/article-13965-545-1.html）

三、 教学成效与反思

（一）教学成效

录播的教学内容基本上是按照教学设计的思路录制的，而如何更好地保证学生利用好录播内容进行在线学习，这才是教学实施中最重要的环节。为了保证教学质量，帮助学生养成良好的在线学习习惯，笔者采取以下的教学实施并对其效果进行分析。

（1）“功课表安排+打卡”，能很好地督促学生进行在线自主学习。按照学校统一管理，每节课按照功课表安排的时间进行学习，并在开课前半个小时之内在微信班级圈进行打卡，确保每个学生能按时学习本节知识。从考勤来看，绝大部分学生能按时完成课时的学习打卡。

（2）利用“石墨文档+学习任务单”，实现小组在线协作学习。结合信息技术课程的特点，本次教学开展项目式学习，采用以“在线自主学习+协作学习”为主的学习方式，继续沿用“石墨文档”做好在线协助学习。为了弥补小组协作时间上的不同步，在本次教学中，对任务的设计显得更加精简，提示小组成员之间可以相互观摩任务学习单，但是不能抄袭，最后要求每个学生都要独立完成任务。从作业完成情况来看，绝大部分学生能按时在“石墨文档”上完成任务单，但存在混淆“数据”与“信息”概念的问题。在“用数据描述一下新冠肺炎早期的症状”一题中，部分小组采用了“信息”的形式来描述该题，显然是不符合题意的。而“根据新冠肺炎的特点编写一句广告语，描述如何在公共场所做好个人的防护措施”一题，绝大部分同学能很好地结合新冠肺炎的特点，对做好个人防护措施提出有效的方法，广告语编写得很好（见图4）。

广告语 1：出门戴好口罩，人与人之间保持安全距离！
广告语 2：戴口罩，测体温，少聚集，勤洗手，勤消毒，勤通风。
广告语 3：新型冠状病毒不要慌，戴口罩勤洗手保安全。

图 4　学生编写的广告语

（二）教学反思

（1）在线答疑必不可少。从本次的教学实施来看，笔者认为答疑环节必不可少。在线学习中，可能由于学习环境、学习者注意力不集中等因素，部分学习者对知识重难点的理解出现偏差现象，因此在线答疑环节必不可少。笔者在教学中采用了微信答疑。答疑一方面是针对学生提出的问题进行必要的讲解，另一方面是对学生的课堂作业完成情况做必要的反馈。在线答疑也可以弥补录播教学中存在的不足，对疑难点进行必要的解释和重复讲解。

（2）重要的知识点重复“三遍”。尤其是在录播的教学中，课程设计是执教者设计的，没能像面对面教学一样关注生成问题，因此，对于教学中的重难点，可能会造成一个“说者有心，听者无意”的尴尬局面。那么，如何更好地让学习者注意重难点呢？笔者认为最好的方法就是“重要的知识点重复三遍”。在“数据与信息”的录播教学中，数据理解是一个难点。尽管在做教学设计时，已经将“数据”的理解作为一个重点来讲解，但是从早期提交上来的学习任务单来看，对“数据”的理解并不是很好。因此“数据”的理解也成了后期在线答疑的一个重点。由此，笔者认为在录播教学中，重要的知识点有必要重复“三遍”甚至更多次，一方面是为了引起学生的注意，另一方面也能帮助学生深入理解该知识点。当然，最好的重复不是机械地重复，而是借助类似的案例、类似的情境等加以重复讲解，以达到教学目标。

（3）学习视频要加强互动环节的设计，提高学习者的参与性。结合本次对疫情期间网络上中小学学习视频的研究，笔者认为较好的学习视频均有录制互动过程。有互动设计的学习视频一般会激发学习者的自发学习行为，比如跟读、提出问题、做笔记、思考等。可以设计在视频中增加一个学生的声音，该学生负责回答教师提出的问题，然后教师再根据学生提出的问题做出必要的反馈。这个环节中教师的提问以及学生的回答均是精心设计的，目的在于强化知识的重难点。让不同的声音加入到学习视频中来，目的也在于唤起屏幕前的在线学习者的注意，让学习的过程变得更有参与性，营造一种“身临其境”的学习氛围。

作者简介

张婵清，高中信息技术一级教师。教学能力突出，多次参加市、区教学基本功比赛并获得一、二等奖。教学科研经验丰富，多次参加省、市的课题研究，已结题累计有 3 项。论文多次获得区级以上的奖励，2019 年被评为澄海区教研先进个人。

专家点评

本教学案例最大的亮点就是基于数字化工具支持下所开展的在线项目式学习，具体表现在以下方面：①从课前准备来看，师生在有效应用“石墨文档”平台开展教与学方面做了相当多的教学准备，这为疫情期间开展有序、顺畅和高效的在线学习奠定了良好的基础。②从教学目标来看，目标的设置符合信息技术学科新课标（2019 年）的要求，分别从信息意识、计算思维、数字化学习与创新和信息社会责任四个维度进行设计。③从教学流程来看，本教学案例经过“课前打卡—在线自主学习（教师录制学习视频）—在线小组协作学习（石墨数字化平台 + 任务学习单）—在线答疑（微信）”四个环节，在数字化工具的支持下学习建构“数据与信息”的相关知识，教学流程完整。④从教学效果来看，本教学案例能很好地完成学习目标。学生任务学习单的完成情况良好。

关于开展在线教学，值得一线教师借鉴的教学方法有：①对于重难点的知识，教师在录制学习视频时，要进行必要的重复。②学习视频制作时，要加强互动环节的真实设计，如通过增加学生回答、思考的声音，来增强视频的互动性，吸引学生的注意力。③在线的学习活动中，答疑环节非常必要。在线开展的协作学习，还有一个难度比较大的环节就是如何保证学生能很好地进行在线协作。如果作者能再用多一点的篇幅来介绍就会更好。

——华南师范大学教育信息技术学院　胡小勇

高一课例“初识人工智能 2：模式识别那些事儿”

东莞市厚街中学　饶敏

一、 案例简介

战“疫”时期，东莞市厚街中学信息技术科组针对如下现实情况开展在线教学：

（1）“停课不停学”，信息技术学科发挥学科优势开展在线教学。为坚决落实立德树人的根本任务，培养中学生信息技术学科核心素养，学校在线课程安排隔周为高一、高二单周信息技术课程。

（2）符合学生发展规律，科学健康地开展学科教学。由于青少年处于生长发育的关键时期，长时间对着电子设备开展学习容易影响视力和身体健康，因此学校将每节在线课程的时间设置为 20 分钟，课间休息 10 分钟。

（3）信息技术学科新旧教材更替之际，对学生的信息技术学科核心素养有了新的要求。因此，在线教学期间，学校信息技术科组积极研讨，结合新旧教材的教学重难点及本校学生在家学习的实际情况，设计出具有特色的在线教学课程，以期通过钉钉平台直播教学的形式，以讲授法、问题导学法提升高中生的信息素养和数字化生存能力。

二、 教学设计

（一）教材分析

本节内容参考普通高中课程标准实验教材《信息技术基础》（广东教育出版社 2004 年版）第四章第二节“用智能工具处理信息”，以及高中信息技术必修 1《数据与计算》（广东教育出版社 2019 年版）第六章“人工智能及其应用”的内容，通过人工智能典型案例的剖析，让学生了解人工智能技术，了解智能信息处理的巨大进步和应用潜力，认识人工智能在信息社会中的重要作用。

（二）学情分析

在学习本节内容之前，高一、高二学生曾在上学期信息技术开学第一课中了解过什么是人工智能，少部分学生曾经体验过人工智能在生活当中的应用，并能够举出部分的应用实例；

但对于人工智能所涉及的研究领域、工作原理认知比较模糊，对人工智能的认识不够深入。

（三）教学目标

1．课程标准要求

了解人工智能之模式识别技术。

2．学科核心素养

（1）通过学习和了解人脸识别和指纹识别两种模式识别的过程，抽象模式识别的步骤特征，分析模式识别的工作流程。（计算思维）

（2）适应数字化学习环境，通过直播平台开展学科学习。（数字化学习与创新）

3．知识与技能目标

（1）复习人工智能的定义。

（2）了解人工智能研究的领域。

（3）了解模式识别的工作原理。

4．过程与方法目标

（1）思考人类识别和模式识别的共同点和差异。

（2）通过分析、对比得出两种模式识别的工作步骤。

5．情感态度价值观目标

（1）理解人工智能在各个领域的巨大进步和应用潜力。

（2）培养探索高新科技的兴趣，种下为祖国的人工智能发展奉献力量的愿望。

（四）教学重点与难点

重点：了解人工智能技术中的模式识别技术。

难点：理解模式识别技术的工作原理和步骤。

（五）教学流程图

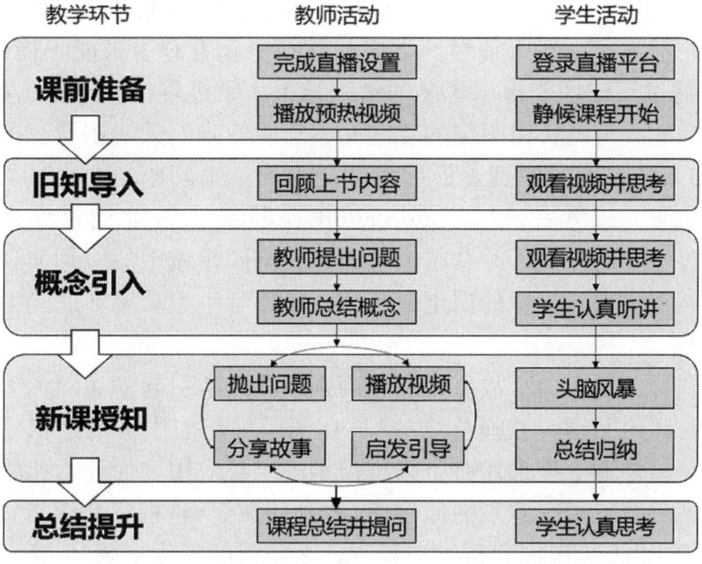

图 1　教学流程图

（六）教学过程设计

1. 课前准备（10 分钟）

在正式开始直播课之前，以学生喜闻乐见的多媒体表现形式等吸引学生进入课堂。教师展示课程时间、课程要求等信息，同时播放入席趣味视频、舒缓音乐等，等待学生进入直播平台。学生登录钉钉账号，进入课程直播间，明确课程信息，做好上课准备。

2. 旧知导入（1 分钟）

为让学生更顺利地进入本节课程，直播课程在一开始先衔接之前学习过的知识内容，以导入本节课程内容。教师介绍本节课程主题——“初识人工智能 2：模式识别那些事儿”，播放 30 秒的视频，带领学生回顾人工智能的概念，同时引出人工智能的研究领域，包括自然语言处理、模式识别、智能搜索、知识表现、机器学习等。学生认真听讲并回忆旧知。

3. 概念引入（2 分钟）

首先教师引入名词“模式识别”，同时举出模式识别在生活中常见的应用，如人脸识别、指纹识别，通过列举学生常见的模式识别应用引起学生共鸣。接着教师提出问题：请大家回忆一下，你们是怎么认出别人的？教师播放 30 秒视频（详见课例视频），并请同学们一边观看，一边总结人类识别他人的过程。采用类比的方式对比人类识别他人的过程和模式识别的过程，从每个人共有的生活经历入手，帮助学生理解模式识别的概念。学生借助直播平台的评论功能回答教师提出的问题，参与到课堂活动当中来。最后，教师总结模式识别的概念，学生在思考的过程中深化对模式识别的认识。

4. 新知讲授（15 分钟）

教师从五个方面逐一介绍模式识别的应用。

（1）人脸识别。

教师提出问题：“网上有一个视频，双胞胎测试手机是否能认出两个人的差别。大家看得出两个人的差别吗？一起猜猜看。下面，我们一起看看手机能不能做到。”教师播放 20 秒视频，学生通过评论功能提出自己的猜测结果。紧接着，教师抛出第二个问题：“为什么手机无法很好地分辨出长得很像的双胞胎，却能使我们无法用自己的脸打开别人的手机呢？”由此引出人脸识别的原理。最后教师抛出第三个问题：“了解了人脸识别的原理后，请大家打开脑洞，试想一下人脸识别可以用在哪呢？”学生通过评论功能开展头脑风暴，教师选读部分学生的答案，并总结人脸识别在不同领域中的应用实例。此处通过抛出三个连续的系列问题，增强学生的课堂参与度，培养学生主动思考的能力。

（2）指纹识别。

教师分享两则有关指纹的小故事，通过两则趣味故事引起学生对内容的学习兴趣，学生认真听讲并参与评论互动。教师总结：“早在两千多年前中国的老祖宗们就认识到了指纹的唯一性，但是却是近十年来才有了指纹识别的广泛应用。为什么指纹识别技术如此难实现？我们一起了解一下指纹识别的原理。”教师播放 30 秒视频介绍指纹识别原理。

教师提出问题：“人脸识别和指纹识别有什么相似的工作步骤？”学生思考并回答，锻炼学生的总结归纳能力，引导学生学会将具象的事件变成抽象的过程。最后，教师总结归纳模式识别的工作步骤。

（3）文字识别。

教师将手机投屏到电脑上，并演示操作手机软件识别文字的过程，学生认真观察。实时演示可增强学生的课堂体验感。教师播放30秒视频，介绍文字识别的原理。

（4）语音识别。

教师介绍语音识别在日常生活中的常见应用例子，并且播放30秒视频，介绍语音识别的工作原理。从生活实例入手，学生更容易理解技术原理。

（5）医学诊断。

结合时事开展教学，教师介绍AI人工智能在本次抗击新冠肺炎疫情中所做出的重大贡献，并播放30秒视频介绍人工智能在医学诊断上的应用。

5. 总结提升（2分钟）

教师总结本节课所学内容，结合学生们关注的择校、择业问题，向学生展示《教育部关于公布2018年度普通高等学校本科专业备案和审批结果的通知》，提出问题引发学生思考："人工智能已深入到生活中的方方面面，面对未来的择校、择业，你怎么看?"

（微信扫描二维码可观看课例，网页下载链接：https://portal.scnu.edu.cn/article-13965-542-1.html）

三、 教学成效与反思

本课程开设时间为2020年3月19日上午8：30，课程参与人数超过1 000人。在整个教学实施过程中，学生参与积极性高，教师与学生们能够及时互动，形成了良好的教学氛围。本课程主要采用讲授法开展授课，由于师生处于异地同步教学的情况，教师在课程设计和实施上注重问题引导，通过系列问题、案例问题来启发学生思考，同时借助直播平台的评论功能，增加师生、生生互动的机会，降低学生的学习孤独感。短短20分钟的课上，学生和教师共同完成了一次头脑风暴、一次流程梳理，并且从中学习了多种模式识别的工作原理和引用场景。师生虽然相隔千里，但是通过信息技术工具依然能够让教学无缝开展。

但是在教学过程中仍然存在不足：①在直播时切换不同的工具（如使用手机投屏工具演示操作手机软件识别文字的过程）比较费时，对于20分钟一节课的时间设置来说，显得比较冗余。可采用提前将演示环节制作成视频或图片的方式，这样可避免浪费时间。②多群联播开展直播教学，为增强学生发言的动力，可将评论互动面板投放出来，让所有学生都看到大家的评论，不再是只看到自己班同学的评论。

作者简介

饶敏，教育技术学硕士，高中信息技术教师。具有丰富的课题主持和研究经验，多次以第一作者发表论文，曾作为国家社科青年课题的参与成员；获首届东莞市慕课应用大赛一等奖第一名，2020 年广东省中小学信息技术优秀论文、教学设计一等奖；曾参与市级信息技术通识在线课程设计与开发。

专家点评

本案例聚焦信息技术学科核心素养，发挥信息技术学科优势开展在线教学，设计出具有特色的人工智能在线教学课程。

（1）以技术应用场景为切入点展开教学内容，贴近学生的认知水平和发展规律。课程在初步介绍人工智能模式识别的基础上，为学生介绍了人脸识别、指纹识别、文字识别、语音识别、医学诊断等多种模式识别在生活中常见的应用。

（2）兼顾知识掌握与情感培养，关注当前热点和最新技术。课程内容新颖、紧贴技术热点，充分展现了信息技术的前沿技术。同时，在讲授知识点内容时，教师注重启发学生对技术应用的理解，让学生感受到技术的温度。

（3）多样的互动形式，提高学生在线学习的参与度和学习积极性。直播教学与面对面教学最大的区别是互动。为弥补直播教学师生、生生无法面对面交互的不足，教师借助紧凑的教学活动来帮助学生保持高度的学习热情，如抛问题、举例子、播视频、讲故事、引思考、齐讨论、做演示，在短短的 20 分钟内做到了课程“小而美、小而精”。

（4）锻炼学生归纳、总结能力，有效提升高中生的信息素养及数字化生存能力。模式识别原理对于高中生来讲较为晦涩，教师通过类比的方式帮助学生理解原理；教师以系列问题的形式逐步引导学生自行总结、归纳原理，深化学生对于抽象概念的认知，培养学生凝练抽象概念的能力。

——华南师范大学教育信息技术学院　胡小勇

新冠肺炎疫情时期的学习与生活
——高一“信息安全与社会责任”教学案例

广州市天河中学　汤向东/广州中学　张音

一、 案例简介

由于新冠肺炎疫情的出现，教育部决定2020年春季学期延期开学，并倡议疫情防控期间各地中小学利用网络教学“停课不停学”。

疫情期间应该如何度过？学生在家上网课时，需要独自面对网络和在线学习，如何合理使用网络，学生有必要形成一个正确的认识。笔者针对这一情况设计了本案例。案例采用MiniQuest模式，让学生自订计划，协作完成给定的学习任务，希望学生通过对具体内容的分析和研讨，形成正确的信息系统应用观，掌握基本的信息安全规范，养成良好的信息社会行为习惯。

二、 教学设计

（一）引言

由于新冠肺炎疫情的出现，春季开学推迟了，我们暂时不能回到学校读书。这段时间，学生从各种渠道获取大量疫情的信息，我们如何判断信息的真伪？现在学生已经开始在家上网课，这段时间我们应该怎样健康地生活与高效地学习？

（二）任务

本主题学习围绕新冠肺炎疫情期间的学习和生活展开：

（1）你从哪些渠道获取疫情的相关信息？

（2）接收到的疫情信息纷繁复杂，如何判断其真伪？

（3）收到疫情信息时，如何做到不信谣，不传谣？

（4）我们应该承担哪些信息社会责任？

（5）我们如何健康地生活？广州市卫健委的新冠肺炎防控提示中指出，我们应该

“做好自身防护，戴口罩，勤洗手，多运动，少外出，不串门”。如果我们需要购买生活用品，如何解决？

（6）我们应该如何高效地学习？可以通过哪些渠道进行网上学习？

（7）疫情期间，网络成为生活必需品，信息安全问题不容忽视，日常学习和生活中有哪些信息安全隐患？可以采取哪些安全策略来维护信息安全？

（三）资源

在主题学习中，可从以下 5 个方面收集有用的网络资源：

①“新冠肺炎疫情”篇；②健康篇；③生活篇；④学习篇；⑤信息安全篇。

（四）过程

1. 实施建议

本案例实施时间为 4 周，学习建议如表 1 所示。

表 1　案例实施建议

时间	内　容	技术手段
第一周	组建学习小组（4 ~ 6 人为一组），确定组长，制订小组计划，明确小组各成员的任务；小组计划建议采用概念图形式呈现； 建立小组 QQ 群便于组内交流和资料收集	概念图软件 XMind 等； QQ 群
第二周	各小组按照计划开展研究工作，及时收集和汇总资料；组长负责协调； 使用在线工具进行收集和分析	在线工具（如腾讯文档、金山文档、QQ 问卷星等）
第三周	组长进行资料汇总，设计汇报 PPT 的框架；进行小组分工，小组成员共同完成	PPT 等
第四周	完成汇报文档的制作并提交给教师	PPT 等

注：案例中提供的资源只是“抛砖引玉”，希望学生发挥聪明才智，找到更多有用的资源。

2. 研究内容及模板

以下为学生需要完成的研究内容，可使用提供的模板或自行设计。

（1）通过哪些渠道可获取疫情的相关信息？

（2）如何判断收到的疫情信息是否准确？

（3）对于疫情信息，如何做到不信谣，不传谣？

（4）疫情期间，我们如何保持健康的生活？

（5）疫情期间，我们如何保证高效的学习？

（6）为了保证健康的生活，请制订每天的作息时间表。（每人一份）

（7）为了保证高效的学习，请制订每天的学习计划。（每人一份）

（8）选择一种技术手段，以图文并茂的方式呈现你一天的生活。（可用平面设计、动画、微电影或一个程序展示）

（9）常见的信息安全隐患及其危害。

（10）根据所学知识，制定适合自己的信息安全防范策略。

注：你制定的策略应该包括信息安全意识、信息安全习惯和信息安全技术三部分内容。

（五）评价

1．针对学习过程的评价表

表2　学习过程评价表

<table>
<tr><th>项目</th><th>评价内容</th><th>自我评价</th><th>小组评价</th><th>教师评价</th></tr>
<tr><td rowspan="5">提出研究问题</td><td>研究主题新颖、有创造性（2分）
（特别新颖的主题，教师决定是否再加2分）</td><td></td><td></td><td></td></tr>
<tr><td>为提出主题查阅了资料，有比较多的资料（2分）
（搜集到很多资料，并提供给同学加2分）</td><td></td><td></td><td></td></tr>
<tr><td>找到了合适的协作者（2分）
（不同班加1分，不同年级加2分）</td><td></td><td></td><td></td></tr>
<tr><td>确立主题前与协作者充分协商（2分）</td><td></td><td></td><td></td></tr>
<tr><td>设计了初步研究计划（2分）
（有详细的计划时，由教师决定是否再加2分）</td><td></td><td></td><td></td></tr>
<tr><td rowspan="7">完成研究主题</td><td>收集相关资料，使用手段的多样性（2分）
（使用了网络、图书、电视等三种以上手段再加2分）</td><td></td><td></td><td></td></tr>
<tr><td>是否较多地、有效地了解了相关资料（2分）</td><td></td><td></td><td></td></tr>
<tr><td>是否针对主题进行反复研讨（2分）
（留有研讨记录再加2分）</td><td></td><td></td><td></td></tr>
<tr><td>根据研讨内容对研究的方向进行过合理的修改（2分）</td><td></td><td></td><td></td></tr>
<tr><td>形成了研究成果或新的观点（2分）</td><td></td><td></td><td></td></tr>
<tr><td>与协作者分工合理，承担了主要任务，合作愉快（2分）
（如果有完成任务的记录再加2分）</td><td></td><td></td><td></td></tr>
<tr><td>是否根据实际情况合理地修订研究任务（2分）</td><td></td><td></td><td></td></tr>
<tr><td rowspan="3">成果交流</td><td>完成了主题研究成果的汇总（2分）</td><td></td><td></td><td></td></tr>
<tr><td>在板报、校报发表与展示（2分）
（利用网络或者在校外发表再加2分）</td><td></td><td></td><td></td></tr>
<tr><td>有后续的研究计划（2分）</td><td></td><td></td><td></td></tr>
<tr><td colspan="2">总　计</td><td></td><td></td><td></td></tr>
</table>

说明：完全符合为2分，部分符合为1分，每一栏中不符合为0分。

2. 针对态度、思维和能力的评价表

表3 态度、思维和能力评价表

项目	评价等级和分值				得分		
评价指标	优秀（4分）	良好（3分）	中等（2分）	合格（1分）	自我评价	小组评价	教师评价
态度	全程认真参与，积极承担并完成任务，乐于合作，勇于克服困难	认真参与，积极承担任务，乐于合作，能够克服困难	认真参与，能够承担任务，能与人合作，需要他人帮助克服困难	热情不高，不想与他人合作，遇到困难就想放弃			
态度对照							
思维	思维活跃，积极进行分析、比较、抽象、联系、总结、概括、尝试、改进	思维比较活跃，分析、比较、抽象、联系、总结、概括、尝试、改进中能做到大部分	思维不太活跃，分析、比较、抽象、联系、总结、概括、尝试、改进中能做到一半	思维不活跃，分析、比较、抽象、联系、总结、概括、尝试、改进中大部分没做			
思维对照							
能力	能自主探究项目所需知识技能，灵活运用已有知识解决问题，团结小组成员完成所有项目任务	能探究项目所需知识技能和运用已有知识解决问题，能协作完成项目任务	需要引导进行知识技能的学习，能运用所学解决部分问题，能与人合作完成部分任务	不能自主学习，不参与解决问题，大部分项目任务无法完成			
能力对照							

（六）总结

疫情就是命令，防控就是责任。医疗卫生战线处在抗击疫情的最前沿，医务工作者是抗击疫情的主力军，他们第一时间响应党中央号召，挺身而出，不顾个人安危，以“最美逆行”的姿态奔赴疫区，以无畏精神与病魔较量，日夜奋战，守护群众平安健康。

作为高中生，我们应该认真思考如何度过这一段值得记忆的时光。相信经过上面内容的学习，同学们已经找到了答案。

（注：暂缺课例视频链接及二维码，如有需要可直接联系本案例作者）

三、 教学成效与反思

（一）关于本案例

本案例写于2020年2月底。由于新冠肺炎疫情，学生有了一段在家上网课的时光。怎样合理安排好学习，健康开展每天的生活，是笔者思考最多的问题，而问题的焦点集中在信息安全方面。

随着年龄的增长，学生肯定要形成自己的网络使用规范。在新冠肺炎疫情时期，为什么不引发他们进行多一些思考？另外，由于在家里学习，同学间都是线上交流，也希望通过这一案例让学生开展合作学习，加强合作意识。

（二）课标要求

《普通高中信息技术课程标准（2017年版）》对必修2《信息系统与社会》信息安全与信息社会责任内容的描述是：在日常生活与学习中，合理使用信息系统，负责任地发布、使用和传播信息，自觉遵守信息社会中的道德准则和法律法规；认识到信息系统应用过程中存在的风险，熟悉信息系统安全防范的常用技术方法，养成规范的信息系统操作习惯，树立信息安全意识。①

（三）设计思路及反思

案例采用MiniQuest模式，分为引言、任务、资源、过程、评价几部分，希望学生：①认识信息系统对生活、工作、学习的重要性。②在信息系统应用的过程中，利用已有经验判断可能存在的信息安全风险，树立安全意识。③学会合理地使用网络，养成规范的操作信息系统的习惯。④通过小组分工合作的方式进行学习和研究，最终形成小组学习报告。

一个合格的信息社会成员，必须知道应遵守的法律法规，遵从伦理道德等内容，并且能够身体力行。约束自己、防范他人，是每一个学生必须掌握的基本知识和技能。

本案例也希望学生通过对具体内容的分析和研讨，形成正确的信息系统的应用观，掌握基本的信息安全防范技能，养成良好的信息社会行为习惯，自觉根据社会伦理道德和法律法规来约束自己的行为。

作者简介

汤向东，广州市天河中学信息技术教师，中学高级教师。广州市基础教育系统新一轮“百千万人才培养工程”第二批“中学名教师”培养对象，天河区第二批基础教育名教

① 任友群，黄荣怀. 普通高中信息技术课程标准（2017年版）解读［M］. 北京：高等教育出版社，2017.

师。从教20多年来，主持或参与省、市、区多项课题研究，有多篇论文公开发表。

张音，广州中学高中信息技术教师。广东教育学会中小学信息技术教育专业委员会理事，广州市信息技术教研会理事，粤教版高中信息技术教材编写人员。在高中教学一线工作二十余年，好学习，乐实践，曾参与省、市多项课题研究。

专家点评

本案例关注学生在疫情期间的学习与生活。案例存在以下特点：

（1）小组合作：鼓励学生组建学习小组，采用小组合作的方式进行学习和研讨。小组合作学习将学生的个体差异作为一种积极的教育资源，尊重学生个别差异，促进学生之间的交流与合作，使每个学生获得成功的体验。同时，也希望实现“一棵树摇动另一棵树，一朵云推动另一朵云，一个灵魂唤醒另一个灵魂”。

（2）案例采用MiniQuest模式，包含引言、任务、资源、过程、评价几部分，为学习提供了部分资源，也鼓励学生在学习过程中找到更多的资源，让学生不仅成为资源的使用者，也能成为资源的建设者。

（3）在评价方式上采用多种评价方式相结合，不但有教师评，也有自评、小组评价；在评价内容设置上，既关注学习过程，有学习过程评价表，也关注学生思维和能力的发展，有态度、思维和能力评价表。

（4）信息社会责任是学科大概念之一，可见其重要性。高中的学生逐步走向成年，被赋予更多的责任和担当。由于处在疫情这一特殊历史时期，希望学生通过学习和研讨，对社会责任有更多的思考，能认识到在享用信息技术带来的便利的同时，也要承担起对应的社会责任，形成正确的信息系统的应用观，掌握基本的信息安全防范技能，养成良好的信息社会行为习惯，自觉根据社会伦理道德和法律法规来约束自己的行为。

——华南师范大学教育信息技术学院　胡小勇

疫情防控时期“信息技术在线同步直播课堂教学模式”的应用研究

——以初一“认识计算机网络”一课为例

广州市第一一三中学　侯立芸

一、案例简介

为防控新冠肺炎疫情，教育部倡议延迟开学。广州市第一一三中学响应上级部门“停课不停学”的号召开展在线同步直播教学。“在线同步直播教学”不同于面授课。笔者对比各种平台，发现用“腾讯课堂＋QQ群＋问卷星”等软件搭建的直播课堂，能完成“课前预习、授课互动、堂测、即时反馈和作业提交批改”等教学功能。笔者以“互联网＋教育”的在线教育理论为依据，以在线教学方式的特征为依托，结合本校幸福课堂的教学模式，提出“信息技术在线同步直播课堂教学模式”。

“认识计算机网络”是教学实践的案例之一。本课坚持以学生为主体，教师为主导，自主学习为主线，线上资源为载体，把“微课”的教学理念融入教学当中，引导学生利用学案导学、教材自学和微课助学。

二、教学设计

（一）教学内容分析

本课选自广州市信息技术教科书《信息技术》初中第一册第二章“网络基础及应用”第一节“认识计算机网络”。结合“在线同步直播”教学方式的特点，直播精讲“计算机网络的概念”和“分类”；“局域网的三种拓扑结构”和“资源共享的设置办法”提供微视频，让学生自主学习和操作实践。

疫情下的授课内容必须关注学生的身心健康与行为习惯的养成，引导学生合理有效地开展居家学习。课前十分钟和课后的作业设计引用“全民抗疫、遍地英雄”的主题。

（二）教学对象分析

初一学生掌握了网络技术的一些使用方法，知道网络会带来不少的便利。这段时间开展线上学习，使他们对网络更不陌生。通过前几节课的学习，大多数学生已经掌握了网上交流和收集信息的方法。但对于什么是计算机网络、计算机网络是如何组成的等问题，都是一知半解。

（三）教学目标

1. 知识与技能

（1）了解计算机网络的概念。

（2）掌握计算机网络的分类方法。

（3）知道局域网中常见的三种拓扑结构。

2. 过程与方法

（1）引导学生总结归纳已有的知识经验，概括出计算机网络的概念。

（2）引导学生自主探究局域网资源共享的设置方法。

3. 情感态度价值观

（1）体验利用微课进行自主探究的学习方式。

（2）搜索了解计算机网络的发展趋势，增强深入学习网络知识的兴趣。

（3）培养学生勇于担当的品格和爱国爱民的家国情怀。

（四）教学重点与难点

重点：概括计算机网络的概念；掌握计算机网络的分类方法。

难点：对计算机网络概念的理解；对计算机网络进行分类。

（五）教学策略

本课是基于“腾讯课堂”的在线同步直播课。坚持以学生为主体，教师为主导，自主学习为主线，线上资源为载体，把“微课”的教学理念融入教学当中，引导学生利用学案导学、教材自学和微课助学，尽快掌握本节课的重点内容和突破难点，鼓励学生在“讨论区”分享自己的观点。

（六）教学流程图

“认识计算机网络”一课的课堂直播教学过程由 6 个环节组成。笔者采用如图 1 所示的形式呈现了整个教学过程。

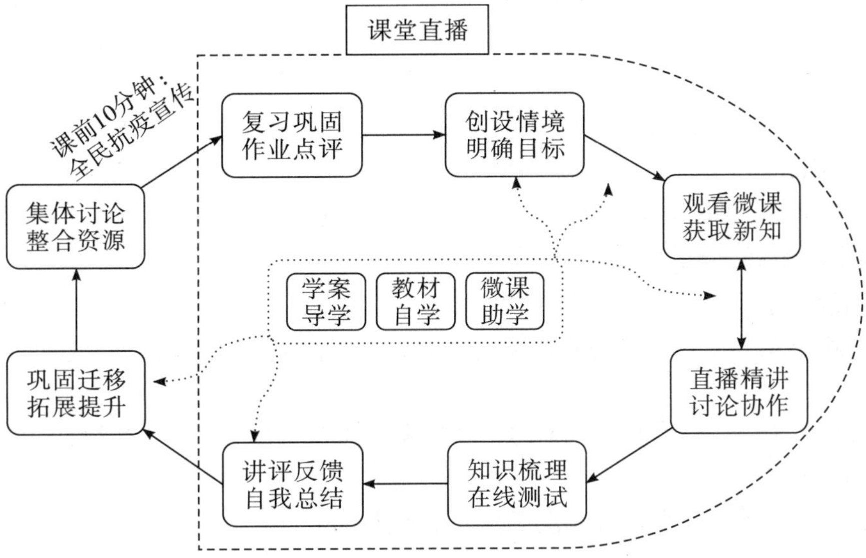

图 1　信息技术在线同步直播课堂教学模式

（七）教学过程设计

1．教学环节一：课前 10 分钟——全民抗疫、遍地英雄

【教师活动】

（1）展示海报《全民抗疫、遍地英雄》，播放音乐《加油武汉》，播放视频《英雄回归》。

（2）展示海报《武汉解封倒计时》，请学生分享感想。

【学生活动】

看海报，听音乐，观看视频，讨论并分享看法。

【设计意图】

培养学生关心时政、勇于担当的品格和爱国情怀。

2．教学环节二：复习巩固、作业点评

【教师活动】

（1）展示"网上交流信息"思维导图（见课例视频），教师通过电子邮箱接收学生作业。表扬优秀作业，分析存在问题，建议学生重温微课或请教教师和同学。

（2）展示 QQ 问卷星上的网络安全调查问卷，对典型问题进行分析。

【学生活动】

观看，聆听。

【设计意图】

温故知新，关注学生网络安全。

3．教学环节三：创设情境、明确目标

【教师活动】

讲解：这段时间我们足不出户就能学习和生活，同学们应该深有体会。请看视频《计算机网络走向融合》（视频内容展示5G、融合、物联网等），今天，我们一起揭开计算机网络的神秘面纱。

【学生活动】

看一看，找一找新名词。

【设计意图】

激发学习兴趣，明确学习目标。

4. 教学环节四：观看微课、获取新知

【教师活动1】

使用微课导入“（一）计算机网络的概念”。引导学生抓取关键词，通过结构图来理解和记忆。

教师讲解：①“计算机网络”概念；②计算机技术和通信技术的产物。

【学生活动1】

学生通过结构图来加强理解和记忆，分享看法。

【设计意图】

引导学生用结构图、关键字去理解概念。

【教师活动2】

讲解“（二）计算机网络的分类”，展示计算机网络分类表格（见表1），播放微课，关注“腾讯课堂”在线教学平台的学生“讨论区”，引导学生在“答题卡”上填表校对，进行答疑。

表1 计算机网络分类

网络分类	缩写	分布距离	计算机分布范围	具体例子
局域网	LAN	10 m左右	房间	电脑室
		100 m左右	楼宇	教学楼
		1 000 m左右	校园	校园网
城域网	MAN	10～100 km	一个城市	广州市
广域网	WAN	100 km以上	多个城市、国家或大洲	中国

【学生活动2】

看一看，填一填，校对答案。

【设计意图】

让学生带着问题去观看微课，主动学习。

5. 教学环节五：直播精讲、讨论协作

【教师活动1】

巩固练习：请学生根据刚才网络分类的方法，分析课件展示的计算机网络属于哪种类型。教师根据“答题卡”反馈，分析讲解，调整授课节奏；关注“讨论区”，适时答疑讲解。

【学生活动1】

答题、自检、提问。

【设计意图】

及时掌握学生学习情况，把握授课节奏。

【教师活动2】

小结梳理网络分类的根据是覆盖范围和连接距离，展示网络的分类图、局域网常见的三种拓扑结构图，分析三种拓扑结构的优缺点。

【学生活动2】

聆听梳理，理解记忆。

【设计意图】

拓展问题，使学生发散思维。

【教师活动3】

讲解“（三）局域网的资源共享”，提出“计算机网络共享的资源有哪些”的问题，请同学们观看微课。教师关注学生的“讨论区”，即时答疑讲解，随后小结梳理。

【学生活动3】

分享看法，理解记忆。

【设计意图】

使学生主动带着问题去观看微课，鼓励学生分享看法。

【教师活动4】

提问：共享一部打印机究竟如何设置？学生自行下载微课，通过微课小视频来了解。

【学生活动4】

初步了解操作方法，下载微课学习。

【设计意图】

导学案和微课视频为实践提供帮助。

6. 教学环节六：知识梳理、在线测试

【教师活动】

（1）展示本节课的思维导图，对本节知识进行梳理：①计算机网络的概念；②计算机网络的分类。

（2）在QQ问卷星上布置在线测试作业。

【学生活动】

聆听教师小结，理解知识，登录网站复习答题。

【设计意图】

通过在线测试，引导学生反思。

7. 教学环节七：讲评反馈、自我总结

【教师活动】

讲解在线测试的分析报告，表扬进步的和学习认真的学生，查漏补缺。

【学生活动】

查漏补缺。

【设计意图】

即时反馈学生情况。

8. 教学环节八：巩固迁移、拓展提升

【教师活动】

播放小视频，提炼关键词：5G、物联网、大数据。在班级 QQ 群布置作业：

（1）必做：绘制思维导图。

（2）选做：上网查阅三种拓扑结构的优缺点。

（3）选做：收集“家居技能养成记”多媒体作品。

【学生活动】

观看视频，看一看，找一找。

【设计意图】

学生分层作业。

（八）教学评价设计

（1）课堂评价：采用在线多元评价、过程性评价（课堂参与度）和结果性评价（在线测试）。

①知识水平：在线测试（75 分）；

②能力水平：学生自主学习和自我管理能力（15 分）；

③素质品格：考勤（10 分）。

注：60 分以上为“合格”，75 分以上为“良好”，90 分以上为“优秀”。

（2）课后作业评价。

（微信扫描二维码可观看课例，网页下载链接：https://portal.scnu.edu.cn/article-13965-543-1.html）

三、 教学成效与反思

在一个多月的教学实践中，笔者通过收集线上的教学日志、师生交流、学生调查问卷进行反思和评价。

（一）教学反思

1．教师反思

信息技术科组的5位教师一致认为：基于“腾讯课堂”的“信息技术在线同步直播课堂教学模式”应用于疫情期间的在线教学，能解决初期存在的一些问题，教学效果比较显著。“答题卡”“讨论区”等功能可以互动讨论答疑。学生利用各种资源进行自主探究学习。“在线测试”的即时反馈使教师第一时间了解教学效果。

2．学生调查情况

本班学生学习态度端正。从成绩来看，教学效果明显。学生能积极参与在线学习，或借助导学案、课例等资源，或通过与师生协作讨论来掌握本节的知识点，主动参与知识体系的建构。大多数学生认同此次教学的模式，认为自己的学习效率和自主学习能力有不同程度的提高。

（二）教学成效

1．提升了教师的教育教学理念、专业技术水平和科研水平

教师通过一次次的理论学习和课题研讨，对在线同步直播教学的本质有更深的理解，对“互联网+教育”有更明确的认识。科组教师们能熟练掌握腾讯课堂等平台和软件工具，在查阅大量资料和文献的过程中，学会更先进的专业技术，了解更新的研究成果，提升个人的专业技术水平。在参与课题研究和教学实践中，教师需要不断改进教学模式和教学方法，提升了个人的反思和科研能力。

2．培养学生的自主学习能力，提高学生的信息素养

模式改变了学生的学习方式。学生懂得借助各种资源进行自主探究学习。基于互联网的在线课堂可以关联和延伸知识点，帮助学生构建更丰富的知识地图。这也是学生参与信息收集、整理、应用与分享的过程，无形中提升了自身的信息素养。

虽然“信息技术在线同步直播课堂教学模式”应用于教学实践尚处于探索阶段，还有些问题亟待解决；但相信随着研究的进一步深入，此模式将得到更为广泛、有效的应用。

作者简介

侯立芸，教育硕士，广州市第一一三中学教师、信息技术学科组长，天河区第三批骨干教师，区中心组成员。2015 年被授予“天河区优秀教师”称号。近三年辅导学生参加竞赛获省级奖项 2 项、市级奖项 13 项、区级奖项 40 项，本人多次获得“优秀辅导教师”的光荣称号。2015 年撰写论文《微课在辅导信息技术特长生中的应用研究》获广州市一等奖，2016 年撰写论文《例谈 WIKI 在信息技术校本课程资源开发中的应用》获广州市中小学信息技术优秀竞赛辅导成果二等奖。申报的广东教育学会“十二五”教育科研规划子课题“运用微课辅导高中信息技术特长生的研究”于 2017 年 6 月顺利结题。

专家点评

本案例采用“腾讯课堂＋QQ 群＋问卷星”等软件搭建的直播课堂，以教师为主导，学生为主体，自主学习为主线，线上资源为载体，完成了课前预习、授课互动、堂测、即时反馈和作业提交批改等环节，取得了很好的课堂效果。其教学设计规范、图文并茂、条理清晰、版面精美，构建了科学可行的“信息技术在线同步直播课堂教学模式”，对中小学教师开展在线教学具有较好的示范作用。

基于“腾讯课堂”的“信息技术在线同步直播课堂教学模式”应用于疫情期间的在线教学，能解决初期存在的一些问题，教学效果比较显著。“答题卡”“讨论区”等功能可以为师生提供互动讨论答疑。“在线测试”的即时反馈功能使任课教师第一时间了解教学效果，学生也能及时进行查漏补缺。授课过程中，注意引导学生利用各种资源进行自主探究学习，形成用学案导学、用教材自学和用微课助学的好习惯。

教师通过调查问卷、访谈等形式，得知大多数学生认同此模式，认为自己的学习效率和自主学习能力有不同程度的提高。此教学模式改变了学生的学习方式，学生懂得借助各种资源进行自主探究学习。基于互联网的在线课堂可以关联和延伸知识点，帮助学生构建更丰富的知识地图。这也是学生参与信息收集、整理、应用与分享的过程，无形中提升了自身的信息素养。教师通过一次次的理论学习和课题研讨，对在线同步直播教学的本质有更深的理解，对“互联网+教育”有更明确的认识。

——华南师范大学教育信息技术学院　胡小勇

疫情下的初一信息综合实践课程内容设计与实施

广州市第一一三中学　韩庆凯

一、 案例简介

2020 年春季，疫情的暴发，突如其来的网络授课，多年的德育、信息教学经验，让笔者想抓住这一次围绕疫情展开的教育。特殊的日子，特殊的课程设计，希望学生学会用双眼看窗外，审视内心，将家国放在心上，运用所学信息技能做力所能及的事情。笔者设计的信息综合实践课程围绕“一问三主题”展开。一问：在这样的特殊日子里，我们能做什么？三主题：立足自身、窗外的世界、未来生活。里面包含了德育中的家国情怀，信息素养的获取和培养，还有学生们线上教学缺失的“生生互动交流—小组合作”等要素，通过网络直播的形式和学生上课，教学设置如图 1 所示。

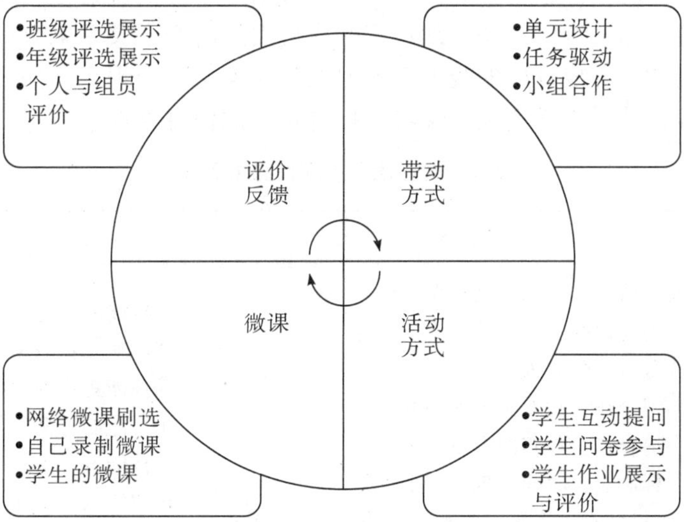

图 1　在线教学设置图

二、 教学设计

本案例根据疫情教育与教学过程遇到的相关问题、线上教学与技术需求整合而成。设计教学时间为一节课 20 分钟/周。教学对象为初一年级学生。

（一）教学内容分析

1. 课程整体内容

（1）学生在家抗疫的日子：亲子活动、目标设定、自我提升。

从心理学上考虑，为安定学生在疫情期间在家学习，最好的做法，是一开始就让学生自定目标，有规律的作息时间。从这方面考虑，设计了这一次任务的目标与方法。另外，为了减少家庭中父母和孩子冲突，设定了亲子活动这一个项目，让学生和家长有共同的话题，共同的时间来活动，创设任务给家庭一起完成。

（2）学生关心家国大事。

笔者希望学生关注窗外的事情，做到家事、国事、天下事事事关心；从事情看问题，从问题汲取经验，学会思考，学会终身学习的基本方法；不要忘了抬起头来看看窗外的世界，不要忘记思考；做一个有责任、履行义务的公民。

（3）对未来的思考与探究。

对未来的思考，是想让学生通过这一个活动，对自己今后的职业有所规划。同时也希望他们关注身边抗疫的最可爱的人士，以他们为榜样，报效祖国，为祖国之崛起努力读书。

2. 涉及的德育要点、信息素养

本课程的德育主题信息素养如表 1 所示。一方面，希望通过这些主题，让学生在困难面前依然热爱生活；通过这些活动，加强家庭成员之间的亲子关系融合；希望学生有了目标后，更加自律自觉，养成良好的线上学习习惯与居家学习习惯。另一方面，希望通过这些信息素养的培养，使学生学会线上学习，提升自己的信息素养。

表 1　课程德育主题信息素养表

项目	德育要点	信息素养
具体内容	①家国情怀，爱国主义教育 ②发现身边的美——普通人的坚守 ③致敬最可爱的人 ④小组合作：我看到了你的好 ⑤小组合作：包容的力量 ⑥目标制定，时间管理，计划先行 ⑦未来思考：兴趣、专长、工作三者关系，为未来而努力 ⑧亲子关系：沟通的亲子关系	①技能一：思维导图 ②技能二：数据收集与分析 ③技能三：视频制作 ④技能四：多媒体加工与处理 ⑤技能五：文献查阅与检索 ⑥技能六：协作学习 ⑦技能七：线上资源辨析 ⑧技能八：网络安全探讨

（二）学生情况分析

1. 学生的知识基础

广州市第一一三中学初一学生这个学期学习两门信息技术课程，一门是信息技术，一门是笔者开设的信息综合实践。初一的学生已经学习了广东教育出版社《信息技术》第一册中的第一、二章节的内容，学生的信息技术能力有了一定的基础。这一次的疫情线上教学，也促使学生不得不解决学习上遇到的技术问题。

2. 学生的心理特点

初一年级学生具有很强的探索新知识的欲望，充满好奇，有积极向上的学习态度，有很强的参与意识，想要了解目前最新的技能，也想知道抗击疫情背后的那些信息技术。另外，初一的学生大部分喜爱展示自己。因此，教师在教学中应尽可能让学生展现他们的能力，以学生为主体，充分调动学生的学习积极性。由于线上教学的限制，缺乏生生之间的有效直接交流，而青春期的学生需要同伴之间的交流，所以笔者在课程设置中运用了小组线上合作这种方式。

（三）教学目标

1. 从德育角度来分析，希望学生能达到的目标

（1）希望学生做好自己的每一件事。

（2）关心家国大事，将家国放在心上，运用所学信息技能做力所能及的事情。

（3）有对未来的设想，有目标有理想。

2. 从信息素养来分析，希望学生能达成的学科核心素养

本课程的学习要求学生能够通过自主探究、在线小组合作等方式对所需要的信息进行辨析和收集，并借助网络工具收集相关数据，学会选择合理的方式和工具进行网上在线合作；能够通过团队合作，分享信息，以及对相关信息与数据进行合理的取舍和组织，选择适合的信息技术工具，将小组或个人的观点，最终以思维导图、视频等方式呈现。整个项目的核心素养包含信息意识、计算思维、数字化学习与创新、信息社会责任。

（1）信息意识：在线上学习期间，根据实际解决问题的需要，恰当选择数字化工具，自觉、主动寻求恰当的信息，具备信息安全意识；根据不同的受众的特征，能选择恰当的方式进行有效交流。

（2）计算思维：在日常生活中，认识数字化表示信息的优势；了解对信息进行加工处理的价值、过程和工具，并能够根据需求选择适当的工具。按照问题解决的方案，选用恰当的数字化工具或方法获取、组织、分析数据，并能迁移到其他相关问题的解决过程中。

（3）数字化学习与创新：在利用信息技术支持学习的过程中，认识到网络与相关资源的教育优势；依据学习任务进行学习资源的需求分析，利用网络获取学习资源；能利用简单的数字化工具，完成作品的设计与创作。

（4）信息社会责任：在信息活动中，具有信息安全意识，尊重和保护个人与他人隐私；认识人类信息活动需要信息法律法规的管理与调节，能自觉遵守信息法律法规、信息伦理道德规范。认识信息技术发展对社会进步和人们生活带来的影响。在信息技术应用过

程中，认识信息技术可能引发的一些潜在问题。①

（四）教学重点与难点

重点：心怀家国情怀，线上小组合作，选择合适的信息技术工具。

难点：自觉自律学习的习惯，小组在线分工合作，选用合适的信息技术工具。

（五）教学策略设计

在课堂上运用了微课、问卷平台、互动活动、评价等方式，尽可能在教学中充分体现“教师主导、学生主体”的教学原则，积极调动学生学习兴趣，参与到在线学习中来。通过设置单元教学，层层组织内容，让学生置身于疫情大环境的问题与情境之中，组织学生进行自主探究、在线合作交流、作品展示和评价等活动，完成教学目标。

本案例采用以范例法、在线小组合作法、讨论交流的方法为主，以教师讲授法、微课讲解等方法为辅的教学方法，整合后形成以单元划分，以解决问题为主线的教学过程。例如，在第一单元设置问题：在线上教学的这段时间如何制定有效的时间规划、学习目标？同时根据疫情期间的素材与学生在课堂上出现的问题，让学生结合自身思考自己该如何做。例如，第一节思想动员课抛出的问题是：面对这样的非常时期，作为中学生的我们能做什么？在德育思想教育上，触动学生心灵的，才能激发学生的自主性和能动性。

（六）教学过程设计与实施

在实施教学过程中，课程的内容也在不断进行微改变（课程内容计划如表 2 所示），但是大致内容和方向没有改变，即围绕三个主要内容，分成三个阶段三个单元来实施。

首先是教师对学生做了一次抗疫期间在家学习的总动员，要让学生从思想上重视起来，就要先做思想动员。第一节课围绕疫情开展了一堂家国情怀的德育课程，也是基于疫情这个大环境下的情景导入，引导孩子们在疫情期间在家自觉自律地学习。

（1）第一阶段：定目标和学习方法，学习思维导图工具，审视自身目标先行。

采用三轮形式：第一轮学习思维导图的制作，学生自己定目标和方法或者是计划；第二轮小组对某一主题进行深入学习；第三轮学习全年级优秀作业。

（2）第二阶段：解决各班分组问题。这是考虑到线上教学缺乏学生之间的交流，学生合作是相互学习的一个很好的机会。解决分组问题，需要同学们掌握网络协助方法，引入网络协助工具，同时也是为了后面作品制作做好准备。

（3）第三阶段：将自己在第一阶段所经历的事情以及所思所想制作成视频并小组分享，让学生发现身边的美，比如身边坚守岗位的普通人、身边值得尊敬的人，通过发现的眼睛看世界。

① 杨晓哲，任友群.《普通高中课程标准（2017 年版）》教师指导：信息技术［M］. 上海：上海教育出版社，2019.

表 2　课程内容计划

<table>
<tr><th colspan="2">项目类型</th><th>具体内容</th><th>呈现的成果</th><th>涉及技术</th><th>完成要求</th></tr>
<tr><td rowspan="4">记录型：我的经历</td><td>亲子活动（在具体内容中选择 1 项完成，并在开学之前完成）</td><td>希望在这段时间或这个学期共建和谐家庭氛围，主要围绕亲子阅读和家庭劳动、亲子家庭活动等展开。例如家庭亲子共读一本书，和老人一起回忆家庭故事，整理家庭照片，做一个抗疫的记录者——家庭共写抗疫日记，看几部高质量的亲子电影，开展家庭故事会、赛诗会、才艺展示会，“每天一菜”厨艺展示，学习家务，“今天我当家”安排家人一日活动等各种形式的活动</td><td>这些活动的素材（日记等文字、活动场景的照片等）</td><td>文本、图片的编辑与电子文档的整理</td><td>必做</td></tr>
<tr><td rowspan="3">自己的事情</td><td rowspan="2">这段时间自己如何安排学习与休息的时间，对自己的学习和生活进行梳理</td><td rowspan="2">思维导图</td><td>表格制作</td><td rowspan="2">必做</td></tr>
<tr><td>思维导图</td></tr>
<tr><td>掌握的新技能：运动、艺术、语言、厨艺……</td><td>展示（图片、视频素材收集）</td><td>视频制作</td><td>必做</td></tr>
<tr><td rowspan="8">探究型：窗外的世界</td><td rowspan="3">关注窗外，做力所能及的事情</td><td rowspan="3">关注各领域人员的工作情况，全面了解社会的政治、经济、文化、教育状况，身边事物的变化等，例如社区的变化、城市的变化、国家的变化、世界的变化或人的行为的改变</td><td>数据收集，统计、分析并形成研究报告</td><td>数据收集网站、小程序等的使用</td><td rowspan="8">四人小组合作，每人选做其中一项</td></tr>
<tr><td rowspan="2">在研究报告基础上形成小论文</td><td>表格的数据处理和加工</td></tr>
<tr><td>网络查询，信息辨别</td></tr>
<tr><td rowspan="5">我能做的事情</td><td>在目前的情况下，你所能做的事情，一定程度的家庭、学校、社会参与</td><td>创作宣传视频</td><td>视频制作</td></tr>
<tr><td>我的呼吁/倡议、宣传视频、普及知识宣传图片设计</td><td>宣传画（交电子作品）</td><td>电脑画图软件的使用</td></tr>
<tr><td>敬畏生命，敬畏自然</td><td>PPT 宣传作品（刊物类）</td><td>PPT 等集成软件的使用</td></tr>
<tr><td>命运共同体，守护美好的星球</td><td></td><td></td></tr>
<tr><td>保护野生动物</td><td></td><td></td></tr>
</table>

续上表

<table>
<tr><th colspan="2">项目类型</th><th>具体内容</th><th>呈现的成果</th><th>涉及技术</th><th>完成要求</th></tr>
<tr><td rowspan="6">探究型：窗外的世界</td><td rowspan="5">我想象的未来生活</td><td>假如（我的职业）</td><td>职业规划</td><td>思维导图</td><td rowspan="6">四人小组合作，每人选做其中一项</td></tr>
<tr><td>假如（没有国家的支持和一系列措施）</td><td>假设与论证</td><td>文本、图片的编辑</td></tr>
<tr><td>假如没有自律</td><td>小论文</td><td>电子文档整理</td></tr>
<tr><td>假如没有法律</td><td>想象作文</td><td>文献检索与下载</td></tr>
<tr><td>如果世界已经进入了智能世界，机器人护理、智能医院……</td><td></td><td>职业体验与认同</td></tr>
<tr><td>科技作品</td><td>小发明以及小创意</td><td>形成小成品或文字材料</td><td>信息、物理、生物等学科融合</td></tr>
</table>

（注：暂缺课例视频链接及二维码，如有需要可直接联系本案例作者）

三、 教学成效与反思

第一，增强国家认同感，培养爱国情感，为中华民族伟大复兴的中国梦而努力。本课程设置涉及德育，面对这样的特大疫情，学生需要有家国情怀和世界共同体的世界观。在中国人的文化精髓里面，始终有着“家事国事天下事，事事关心”“先天下之忧而忧，后天下之乐而乐”“天下兴亡，匹夫有责”的家国情怀。这一次疫情的突然而来，正是要让孩子们理解使命感和生命的意义。

在课堂上，学生回答问题，常常会提及“目前阶段要好好努力学习，只有学习好了，才有机会报效祖国”。在视频制作的时候，学生的眼睛也会放在国家需要上，放在身边的普通平凡的、坚守岗位的人身上。学生会在视频里、在故事大纲中对逆行者致敬。

第二，在特定环境下促进学生的信息素养培养。首先解决的是学生使用思维导图的问题。思维导图的运用方便了学生学习，学生可用思维导图表达作文的结构，记忆单词，还有复习知识点等，甚至有的教师专门请学生帮忙制作思维导图。学生通过在课堂上对思维导图和视频等软件的下载和使用，学会了如何下载软件，同时也知道了网络安全的注意事项，学会了网络协作的办法和工具，解决了制作小视频、用网络收集同学们的信息、在网络实现多人合作编辑等问题。

第三，课程中运用各种方法，调动学生参与的积极性。笔者感触最深的是学生的改变。他们在作业中不断去修改自己的作品，在上课前早早进入课堂等待，在“物联网＋”的学习过程中认识到自己的不足并做出改变。有一个学生，一开始老是去挑别人的错误。通过引导，例如在评价的时候，笔者特意说要发现别人的长处和优点，也在私下开导他与同学相处的方法，之后上课时就不再见他和别人争吵，分组的时候他也分到了一个很友好的小组中。他时不时还会来问笔者：“老师，我的作品入围年级了么?”学生的点点滴滴进步，其实就是对教师最好的回报。

作者简介

韩庆凯，信息技术高级教师，广州市第四批骨干教师，广州市高中信息技术中心组成员。1999 年毕业至今，先后担任过初、高中信息技术教师、综合实践教师。带着对教育的敬畏，兢兢业业、勤勤恳恳为教育教学贡献微薄之力。

专家点评

本案例在疫情期间通过网络直播的形式，采用在线协作文档、思维导图工具和问卷调查 APP 等软件工具开展在线教学，设计了包含多个主题的信息综合实践课程。课程框架图的设计富有新意，教学内容紧密结合疫情案例进行设计，具有一定的代表性。

本案例最大的亮点是德育思想教育与信息技术的结合，课程内容紧紧围绕疫情案例展开，在这一场疫情面前，关注学生的思想教育与心理，关注线上教育与传统教育相比较的缺失点。作者根据学生实际情况进行引导与疏导，同时注重对学生思想上的引导，例如家国情怀、责任感、自觉自律习惯、自信心的培养等。

作者紧紧抓住这一次线上教学的特点，培养学生的数字化学习能力。如通过网络直播、微视频授课，采用在线协作文档编辑、思维导图工具、信息收集工具、视频制作工具等培养学生解决问题的能力。又如让学生能在线上学习环境中熟练掌握和懂得选择各种工具，快速适应线上学习。教师线下所花的精力与时间也是很多的，学生会出现很多合作交流上的问题，正面引导他们和同学相处也是一个关键点。作者引导学生参与在线小组交流、分工、合作，同时引导他们发现对方的优点、包容等优良品质。

作者在教学实施方面分三个阶段进行，通过不同主题的学习循序渐进地培养学生的自主学习、协作学习、数字化学习能力等，帮助学生形成“家国”世界观，并有效提升自身信息素养。

——华南师范大学教育信息技术学院　胡小勇

初一“探秘机器人系统”教学案例

深圳市盐田区云海学校　龙西仔

一、 案例简介

随着新冠肺炎疫情的蔓延，全国有超过 2 亿师生参与了由教育部号召的“停课不停学”活动，开展“全民网课”。信息技术学科作为一门“信息素养提升课程”，在深圳市盐田区云海学校通过“腾讯课堂”教学直播平台开展录播教学。本案例教学视频由“导入视频 + 新课讲授 + 实操搭建”三大部分组成，其中新课讲授包括两个知识点：一是机器人的基本构成；二是机器人的智慧来源。同时，本节课例还提供了配套的教学资料，包括 RC15. 0. 0 编程软件安装包、自动感应风扇的参考程序及自查练习题等资料包。

二、 教学设计

（一）教学内容分析

本案例选自广东省初级中学课本《信息技术》第一册（下）第一章第二节“探秘机器人系统”，教学对象是初一年级的学生，授课时长为 15 分钟左右。主要内容是智能机器人的系统组成，展开分析智能机器人的组成并且调试一个“自动感应风扇”来加深学生对机器人的体感系统、主控系统、机械本体的了解，使学生初步了解在仿真环境下设计程序、调试程序，并掌握把程序下载到智能机器人的方法。

（二）学生情况分析

初一年级学生好奇心强，并具有一定的判断推理能力和计算机的操作能力，大部分学生都会充满自信地去尝试完成编程任务，小部分学生的个别问题由各组小组长和教师帮助解决，从而让全体学生体会到自主探究、编程带来的快乐。

（三）教学目标

1. 知识与技能目标

了解智能机器人的组成和智慧来源，在仿真环境下完成对诺宝“自动感应风扇”机器人的测试。

2. 过程与方法目标

以讨论、探究的方式完成对“自动感应风扇”的测试，加深对智能机器人组成的了解。

3. 情感态度和价值观目标

在网络在线交流活动中，用自己的编程思路积极与其他同学碰撞思想，并善于思考和分析，归纳总结，体验成功，激发学习机器人的兴趣。

（四）教学重点与难点

重点：了解智能机器人的组成和智慧来源。

难点：在仿真环境下完成诺宝“自动感应风扇”机器人的测试，并知道如何把调试好的程序下载到机器人中。

（五）教学流程

1. 情景导入，激发学习兴趣

（1）展示扫地机器人、军用机器人、餐厅机器人和跳舞的机器人运作的视频，抓住学生的眼球，烘托学习智能机器人相关知识的氛围。

（2）教师提出疑问：机器人由哪些基本的部分组成呢？引发学生的思考，以及带着这个问题进入新课学习。

2. 体验探究，感悟新知

（1）知识点 1：机器人的基本组成。

机器人由控制系统和机械本体组成，其中控制系统包括感知系统和微电脑，机械本体包括运动机械与非运动机械，用分类图的方式清晰展示机器人各部分组成之间的关系（见课例视频），并将各部分与人的组成进行类比，便于学生理解各部分的功能。

①传感器可以模拟人的感觉器官。

提问：机器人如何感知外界信息？（感知系统）

机器人体内有许多传感器为机器人提供信息输入，即让机器人能够感知外界信息。机器人的光敏传感器、声敏传感器、气敏传感器、味觉传感器等分别相当于人的眼睛、耳朵、鼻子、舌头等，可以感受到光、声音、气味、味道。

②机器人的大脑——微电脑。

机器人中的微电脑就是机器人的大脑，负责接收机器人各种“感知器官”——传感器传送回来的信息，经过一定的处理后发出控制指令，指挥机器人的机械部分执行动作，是机器人思考、判断和决策中枢。

③机器人的身体——机械本体。

机器人的机械本体是机器人赖以行动的基础，机器人对微电脑指令的执行主要通过机械本体来完成。输出设备包括喇叭、风扇、蜂鸣器、电机、音乐播放器、LED 灯、USB 下载线等，支撑机械包括支架、大板、转接板、导向轮、大轮等。

（2）知识点 2：机器人的智慧来源。

①提问 1：机器人是怎样“弄懂”人的意图和执行任务的呢？

（人们按照自己的意图编写出特定的计算机程序，然后把程序传给机器人的大脑，机器人才能拥有自己的智慧。）

②提问 2：什么是计算机程序？

（为了解决实际问题，用计算机能够识别的程序设计语言，按照一定的规范编写出来的一系列要求计算机执行的命令。）

③流程图典型题。

事件：学校离家不远也不近，走路需要 20 分钟。上学时，如果看到路况不好，就走路上学；如果路况好，就坐公交车上学。

（编制流程图：选择模式见图 1。）

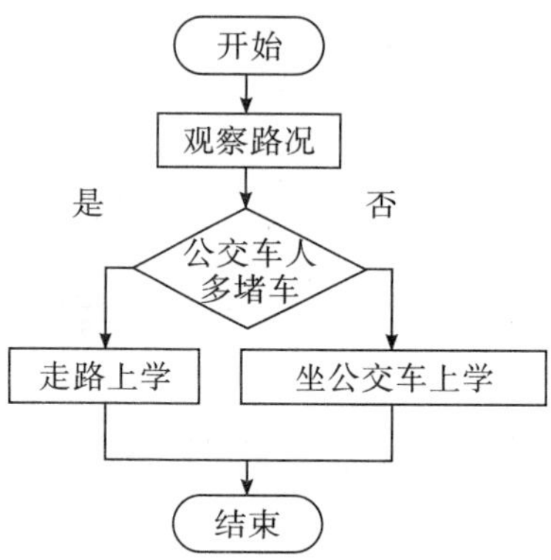

图 1　流程图典型题

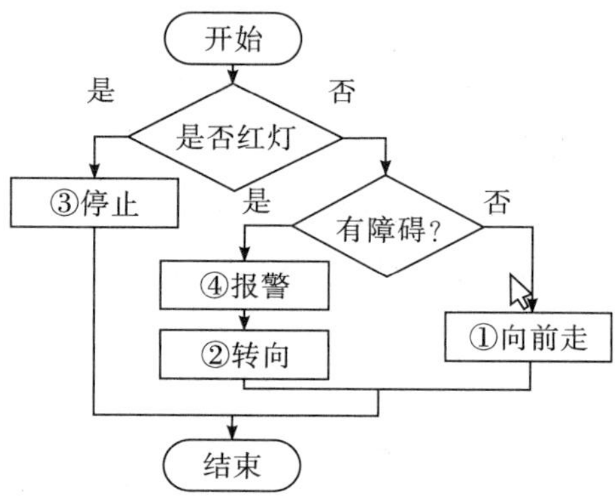

图 2　流程图练习题

④练习题：一展身手。

出示问题，留出暂停时间，让学生思考选择，考查学生有没有掌握流程图的选择模式，为后续编程理解选择结构的语句做好铺垫（见图 2）。

3. 分组探究，编写程序

（1）布置任务：在诺宝 RC15.0.0 中编写“自动感应风扇”的程序，实现的功能为：人靠近风扇，则风扇开启；人离开风扇，则风扇停止。

（2）分组探究：课前已按照 5 人一组分好组了，小组长组织组员开始探究，并在虚拟仿真界面中运行程序。

（3）展示实践搭建“自动感应风扇”的操作视频。

4. 课堂小结

简单小结本节课所学的知识：

（1）智能机器人的基本构成。

（2）机器人的智慧来源。

（3）编写“自动感应风扇”的程序。

（4）运行搭建“自动感应风扇”。

5. 本节检测题

（1）问题实战。

①试用流程图展示乘坐公共汽车、过马路的过程。

②机器人的构成通常包括哪些部分？各有什么功能？各个部分是如何协作的？

③什么是机器人的大脑？它的作用是什么？如何指挥机器人的大脑工作？

（2）观点争鸣。

自从有了机器人以来，人们不仅一直为机器人最终是否会毁灭人类社会而忧心忡忡，也为人类在未来社会的生存状态会怎样而深感困惑。影片《终结者》将未来人类与机器人作战的种种可能性表现得淋漓尽致。《机器人瓦力》中的人类肆意破坏地球后又抛弃了地球，在太空船里终日无所事事、臃肿肥胖，一切都离不开机器人的照顾。而《黑客帝国》中的人类则被智能母体用营养管喂食，生活在虚幻之中。在未来世界中，人类将会以什么样的方式生存？机器人会不会统治人类？上述电影中所展示的情景将来会不会在现实生活中出现？请就这些问题展开讨论，谈谈自己的看法。

（微信扫描二维码可观看课例，网页下载链接：
https://portal.scnu.edu.cn/article-13965-547-1.html）

三、 教学成效与反思

学生上完课后，教师在初一年级发布了问卷调查。从反馈回来的结果看，本课例基本能够达到预设的教学目标。教学知识点与实际生活联系在一起，形象生动地展示了智能机器人的组成和智慧来源，营造一种既“高大上”又落地有效的智能学习氛围，并在仿真环境下，以讨论、探究的方式完成诺宝“自动感应风扇”机器人的测试，增强学生的动手操作能力，加深对智能机器人组成的了解。疫情期间，学生网络交流能力的快速发展，也为线上交流、合作学习提供了“快车道”，学生的编程思路与其他同学积极碰撞，体验和分享成功的喜悦，激发了学习机器人的兴趣。这次课程能够较好地引发学生的学习兴趣和热情，练习结果反馈也几乎都能及格，不足之处是有些学生家里没有电脑无法实操，只能小组内完成一个作品并进行测试。

信息技术学科核心素养包括信息意识、计算思维、数字化学习与创新和信息社会责任的培养，在疫情大暴发和人工智能、大数据和5G大发展的复杂时代背景下，要求教学要更重视学生基本经验的积累和思想方法的渗透，提升学生的信息核心素养。因此，教师在教学中既要夯实学生的学习基础，又要把教学变得生动有趣，让学生信息技术学科的学习充满智慧、趣味和灵性。

作者简介

龙西仔，华南师范大学硕士研究生，现任教于深圳市盐田区云海学校。曾多次在全国、省、市级教育教学信息化比赛中获奖，主持和参与多个省、市级课题，在国家级刊物中多次以第一作者身份发表论文。

专家点评

本案例通过知识讲解与探究实践为学生全面介绍了智能机器人的奥秘，设计富有新意，且有利于中学生的信息素养、计算思维的培养。

（1）疫情期间，通过录播课的方式开展信息技术大班额教学的方式可取，课程时间控制在20分钟内也比较合理，课程呈现形式活泼，以熟悉的卡通人物分析机器人系统，搭配轻松欢快的背景音乐，符合学生的年龄特征。

（2）在知识讲解环节，教师善用问题进行导学，将知识与实际生活相联系，能够合理组织教学内容，并配合练习帮助学生巩固知识。以小故事的形式，解析较为抽象的程序，将问题解决过程通过流程化、程序化的方式表达出来，建构学生的程序化、数字化思维体系，培养学生的逻辑思维能力，化难为易，突破重难点。

（3）在探究实践环节，教师布置了分组编写程序任务，提供了丰富的学习资料，包括安装包、操作视频和任务分解说明等，支撑学生自主、独立完成编程任务。学生在虚拟仿真软件中调试并完成程序，教师则在微信群中为学生答疑解惑，各小组还有各自的微信群用于交流讨论问题，分享新想法新发现，有利于培养学生的数字学习能力。

（4）课程结构清晰。在检验学生学习效果、布置练习题时，教师注重与学习者的互动，代入思考，很有新意。在适当的时机放大、标注操作步骤，技术的支持也让课程学习重点突出。

——华南师范大学教育信息技术学院　胡小勇

初一“传递爱心，齐心战疫”多媒体作品创作项目的学习

华南师范大学附属中学　张怡文、黄秉刚、黄然、霍颖怡

一、 案例简介

在“互联网＋”时代，学生能够利用网络进行有效的学习甚至进行小组协作，是信息技术学科在“停课不停学，停课不停教”中的着力点。本案例基于疫情的时代背景，学生通过制作多媒体作品，能够借助“互联网＋”时代的主流传播工具来进行情感的抒发。

学生通过项目学习，从理解什么是多媒体以及多媒体作品，到确定多媒体作品的主题，再对主题进行分析策划，进而收集图片、视频、音频等素材，加工整合创作出多媒体作品，对多媒体作品测试、发布、分享等系列完整的流程，与信息技术的学科大概念“数据、计算、信息系统与信息社会”深度融合，密不可分。多媒体作品制作完成后的同伴互评、分享交流环节，为努力认真的学生提供了展示的舞台，使学生从中收获成功的喜悦，提升自信心和交流能力。

小组在线协作项目学习综合“小组在线协作”“在线项目学习”等主导思想，在实施的过程中涵盖五条主线，分别是项目学习环节、教师指导、学生活动、学习内容、师生在线互动。

二、 教学设计

（一）教学内容分析

1．教材分析

本案例主题依托的是广州市信息技术教科书《信息技术》初中第一册第三章“制作多媒体作品”。本案例设置5课时，采用小组在线协作的项目学习方式，将多媒体作品制作这个总任务发布给学生，让学生自主探究适用于自身的多媒体作品制作工具的使用方法。

2. 教学内容处理

本次的项目学习活动历经五周，包括以下五个课时的内容：

（1）确定多媒体作品主题与方案。教学内容主要是认识多媒体和多媒体作品，以教学视频讲解、活动探究、案例展示等形式来帮助学生认识多媒体作品，了解多媒体以及多媒体作品的定义。介绍如何用思维导图来进行头脑风暴，以更有效地确定作品主题。在多媒体作品的一般制作流程上，详细介绍了用层状图来进行作品的分析与策划。最后，为学生搭建脚手架，提供了多媒体的制作方案的框架。结合疫情的大背景，倡导学生为疫区人民送温暖，培养学生的家国情怀和信息社会责任。

（2）创作多媒体作品。教学内容主要是为学生提供多媒体作品制作的多种工具，帮助学生打开思路，进一步明晰可以使用何种工具完成多媒体作品的制作，培养学生的计算思维。同时，为了提高学生的学习效率，指导学生利用在线沟通、在线协作工具进行小组交流互动，培养学生的信息意识和数字化学习与创新能力。培养学生的信息社会责任，学会在素材引用的过程中对素材进行引用声明。

（3）同伴互评多媒体作品。教学内容主要是如何评价多媒体作品，学生在学习了如何评价多媒体作品后，在班级内与其他小组进行两两互评。组间的两两互评互动，能够增进学生之间的交流，有益于缓解因受疫情影响长期在家而出现的缺少人际交流的问题。培养学生的信息社会责任，能够合理公正地评价他人作品。

（4）分享交流多媒体作品。教学内容主要是展示优秀的多媒体作品，分享优秀的多媒体作品的设计和制作过程，优秀多媒体作品小组成员代表互相点评等，培养学生的计算思维，能够思路清晰地进行过程分享。

（5）修改、完善多媒体作品。教学内容主要是教师有针对性地点评各类多媒体作品的优缺点以及改进建议，学生继续修改作品，直至满意为止，培养学生精益求精的精神追求。

（二）学生情况分析

（1）起点能力：学习者为初一年级学生，在小学阶段有过多媒体作品的制作经验；学习者已经过大半个月的在线学习体验，能够较好地适应在线学习的模式。

（2）学习动机：本次小组在线项目学习活动的主题是多媒体作品制作，需要学生动手完成，符合初一学生的学习特点，学生学习动机强。

（3）学习态度：本次小组在线项目学习活动需要学生在线交流讨论，小组之间涉及分工环节，自发相互监督学习，因此学习态度较好。

（三）学习目标

（1）能够判断什么是多媒体作品，能够利用网络查询与多媒体以及多媒体作品相关的内容，能够对查询的内容进行筛选和整合。（信息意识）

（2）能够在网络上找到多种在线协作工具和在线沟通工具，能够有选择地利用在线协作工具和在线沟通工具进行小组交流讨论与协作。（信息意识、数字化学习与创新）

（3）能够运用多样的工具进行多媒体作品的制作（计算思维），会在作品中备注清楚素材出处。（信息社会责任）

（4）能够富有逻辑地进行分享、交流、点评。（计算思维）

（四）教学重点与难点

重点：认识多媒体，利用在线沟通工具和在线协作工具进行高效的沟通和协作，运用多样化的工具进行多媒体作品的制作，富有逻辑地进行作品的分享交流以及点评。

难点：运用多样化的工具进行多媒体作品的制作，富有逻辑地进行作品的分享交流以及点评。

（五）教学策略设计

在线项目学习采用项目教学法，采用以教师为指导、学生为主体的教学模式开展在线项目学习，既发挥教师的指导作用，也激发学生的自主学习、自主探究能力。

（1）教法：教师的指导作用体现在利用互联网在线平台为学生提供充足的学习资源、在线及时给予学生学习反馈，比如提供方向方法帮助学生解惑，为学生提供交流分享、展现自我和自我作品的机会，及时鼓励学生，等等。

（2）学法：学生的主体表现为，自主获取教师提供的学习资源以及自主探索网络上丰富的学习资源，有目的地进行活动探究，积极地思考和总结，勤于动手，提升实践能力，及时向朋友、教师询问解决困惑的办法。

（六）教学资源

（1）教师录制指导学生的课程视频资源 6 个，分别是《多媒体作品制作》先导课、《创作多媒体作品》、《在线协作指引》、《同伴互评多媒体作品》、《分享交流多媒体作品》、《修改完善多媒体作品》。

（2）学生自主学习、自主探究的视频资源选取教材的配套资源，包括 Flash、Premiere 等。

（3）学习指引 5 份，每次课均会为学生提供学习指引，辅助学生明晰学习流程。多媒体作品设计方案的框架，帮助学生明晰项目学习的实施过程。

（4）多媒体作品评价表。

（七）教学过程

在线项目学习的教学过程以下面五条主线横向展开。

（1）项目学习环节：选定项目、规划设计、探究活动、项目实施、成果交流、活动评价等。每周课时涉及以上部分环节，五周课时总体涵盖以上所有环节。周课时和月总课时表现为嵌套关系。

（2）教师指导：教师的在线指导，包括指导用的视频资源、文稿资源、学习过程指引等。

（3）学生活动：学生的学习活动，包括简单的认知学习过程，以及自主探究、自主协作过程。这一部分是项目学习的主体部分，是最能够评定项目学习效果的环节。其在线的表现形式为利用网络数字化工具开展。

（4）学习内容：教师指导的内容与学生自主探索的内容。

（5）师生在线互动：师生之间的在线交流，包括答疑解惑、提供方向方法、情感鼓励等。

（八）项目学习过程设计

表 1　项目学习过程设计

项目学习环节	教师指导	学生活动	学习内容	师生在线互动
选定项目	利用在线教学平台发放学习材料	下载材料	本周学习指引	教师在任教班级的实时通信群中用文字简述学习指引
	结合疫情的时代背景，创设真实项目情境，呼吁学生向奋战在抗疫一线的人员传递爱心和正能量	思考可以做什么类型的作品	教师在线教学录播视频	
	展示项目范例：选取适宜的多媒体作品展示	找出案例中可以学习的地方		
	提供选题	小组在线协作讨论，从教师提供的选题中或者自己感兴趣的点来确定选题	学习材料中的选题	教师在任教班级的实时通信群中指导部分有选题困难的学生，提供更丰富的选题方向
规划设计	展示项目范例：多媒体作品的一般制作流程	思考如何与小组所确定的选题进行结合	教师在线教学录播视频	
	提供多媒体创作的一般流程的框架图	小组在线协作讨论，参照范例中一般的多媒体作品制作流程，完成组内选题的多媒体作品制作方案	学习材料中的方案框架	教师在任教班级的实时通信群中指导部分对多媒体作品制作方案无从下手的学生

续上表

项目学习环节	教师指导	学生活动	学习内容	师生在线互动
探究活动	以故事的方式引发同学们思考，提示具体的多人实时协作的云端 Office、云视频会议工具，指引学生去发现和探索更多的相关工具	在线自主探究活动 1：如何提高小组在线协作效率	教师在线教学录播视频	教师及时以邮件的形式反馈学生提交的解决办法，对学生进行表扬和鼓励
		在线自主探究活动 2：可以用什么工具制作多媒体作品		在线分享各种软件的资源包和学习材料给有需要的学生
项目实施	分享多媒体作品制作的多种工具以及多媒体作品的多种表现形式	小组协作，依据多媒体作品设计方案进行多媒体作品制作	教师在线教学录播视频	在线指导个别学生在制作作品的过程中出现的问题
成果交流	分享专业的多媒体作品评价表的评价体系和评价细项	学习多媒体作品制作的评价方法	教师在线教学录播视频	
		组间两两互评	多媒体作品评价表	帮助部分找不到互评小组的组别进行师生点评
	和优秀的作品小组进行云视频会议	优秀作品小组间相互分享作品和交流作品制作过程的心得，并互相点评	优秀小组作品（直播）	与部分学生云视频互动
活动评价	选取优秀作品中的典型代表进行分享	欣赏优秀作品，总结优秀作品的特点	优秀小组作品（剪辑后）	指导个别学生对优秀作品进行分类总结
	针对所有学生作品中的典型问题，提出具体的修改建议	根据教师的修改建议，对作品进行优化	如何优化自己的作品	指导个别小组进行作品的优化

（注：暂缺课例视频链接及二维码，如有需要可直接联系本案例作者）

三、 教学成效与反思

“传递爱心，齐心战疫”多媒体作品创作项目学习在线教学是横向跨学科、纵向跨学段的创新型信息技术课程。学生不仅需要掌握信息技术，还需要有好的文字功底，才能完成作品的脚本。同时，基于本案例的在线教学模式适用于多个年级，且均有重要的学习意义。

本案例以初一为例实施项目学习在线教学，教学效果较佳，学生积极主动地参与到了课程中，提高了在线学习和在线协作的能力，能熟练地应用网络通信工具等开展在线协作学习，能在在线动画制作网站上制作生动的视频，还有同学利用手机上的热门软件进行了视频编辑，最终做出分享自己防疫期间生活的视频，生动活泼。

本案例的不足之处在于没能够大规模地与同学们进行分享交流，采取的方法是小规模地选取部分优秀作品的代表进行交流互动。本次项目学习在线教学的结束不是一个终点，而是一个起点，未来要继续研究，和广大的教师进行交流探讨，以获得更好的方式方法。

作者简介

张怡文，华南师范大学附属中学信息技术教师。黄秉刚，信息技术高级教师，华南师范大学附属中学信息与通用技术科组长，高中信息技术教材《网络技术应用》《信息系统与社会》主编。黄然，信息技术高级教师，初中信息技术备课组组长。霍颖怡，华南师范大学附属中学信息技术教师，初中信息技术备课组组长，人工智能校本课程负责人之一。

专家点评

“传递爱心，齐心战疫”多媒体作品创作以项目学习的形式开展在线教学，包括选定项目、规划设计、探究活动、项目实施、成果交流、活动评价等六大环节，引导学生在在线项目学习的过程中掌握在线协作、在线交流的基本技能，同时培养和激发学生的自主学习能力，引导学生利用在线多媒体工具制作作品，再通过在线交流平台分享和交流作品，充分利用网络进行教与学。同时，案例创造性地提出了项目学习在线教学的五条主线：项目学习环节、教师指导、学生活动、学习内容、师生在线互动。

信息技术学科的核心素养是信息意识、计算思维、数字化学习与创新、信息社会责任，在本案例中具体体现为教师指导学生以小组形式通过在线协作平台、在线写作工具、在线交流软件等多种在线方式共同制作多媒体作品。

学生居家在线学习，缺少了同伴之间的交流。本案例让学生通过小组协作对多媒体作品进行规划设计的过程中，利用在线讨论工具进行交流，利用在线协作工具共同制定设计方案，利用在线思维导图工具进行头脑风暴等，增进了学生在在线学习过程中的情感交流和数字化学习能力。

——华南师范大学教育信息技术学院　胡小勇

初二"'云生活'保持安全社交距离"多媒体作品创作项目的学习

华南师范大学附属中学　霍颖怡、张怡文、黄秉刚、黄然、陈妤

一、案例简介

（一）项目学习的背景与目标

2020年是不平凡的一年。因新冠病毒肺炎疫情来势汹汹，教育部提出"停课不停学""停课不停教"等口号，各地中小学纷纷响应，在线教学如火如荼地展开了。在紧张而有秩序的学习过程中，学生缺失的不是学习的资源，而是人与人之间的交往。在此背景下，华南师范大学附属中学初中二年级信息技术课堂决定开展一次基于社交网络的项目学习——"'云生活'保持安全社交距离"（以下简称"云生活"）。

疫情期间，学校在初二复习课教学过程中鼓励学生通过自主探究社交网络应用，运用数字化学习与创新工具高效制作一份能够体现自己的"云生活"的宣传作品，旨在让学生在制作交流的过程中，提升技术应用能力，增进和同学的交流沟通，分享自己的生活，响应和宣传疫情期间居家隔离人人有责，并温故而知新，在学习中获得成就感，感悟信息社会责任。

（二）基于学科核心素养的项目学习

1．学科核心素养

学生在多样化的制作工具中，运用计算思维，学会对数字化、自动化的工具进行评估并选择能够高效制作作品的工具；利用社交网络，交流分享"云生活"作品，落实宣传政府提出的居家隔离倡议，履行信息时代合格公民的信息社会责任。

2．学科大概念

学生通过"云生活"的项目式学习，提出宣传"保持安全社交距离"的必要性，这与信息技术的学科大概念（数据、计算、信息系统与信息社会）深度融合，密不可分。其中，搜集素材是大数据的体现，规划设计和加工作品是计算的过程，利用多样化的工具创作作品是信息的系统联系，在社交网络上发布作品时需遵守互联网管理条例是信息社会的基本准则。

二、 教学设计

（一）教学内容分析

本次的项目依托广州市信息技术教科书《信息技术》初中第一册第三章“制作多媒体作品”的内容，学习环节历经两周，分为“云生活”宣传作品设计与制作、“云生活”宣传作品交流分享与评价两个部分。以下简述两个部分的内容。

1. “云生活”宣传作品设计与制作

本部分以一段疫情防控宣传片引入，创设项目学习的背景以及提出“云社交”的需求，把学生带到项目情境中。教师进而介绍项目式学习的环节，并提供多媒体作品的评价标准，引导学生分组并根据标准填写“项目设计方案”，利用社交网络选择合适的工具创作多媒体宣传作品。

2. “云生活”宣传作品交流分享与评价

本部分以学生提交的三个优秀作品展示引入，引导学生客观、精准评价多媒体作品，并让学生按要求填写“评价表”分数和优化意见，最后收集优化后的作品在社交网络中进行展示。

（二）学生情况分析

（1）起点能力：学习者为初二年级学生，在初一阶段有过多媒体作品的制作经验以及面授课堂的项目学习经验；学习者已经过大半个月的在线学习体验，能够较好地适应在线学习的模式。

（2）学习动机：本课基于社交网络高效创作多媒体作品——“云生活”，需要学生利用旧识通过数字化创作工具完成，符合初中学生的学习特点，学生学习动机强。

（3）学习态度：本课是小组合作的项目学习在线课程，需要组内成员互相交流、分工，相互监督，因此可以由态度较积极的学生带动态度较消极的学生，使学习态度不两极分化。

（三）教学目标

（1）能够利用社交网络，实现多人实时协作高效交流，在网上探索多样化的多媒体作品的制作工具。（计算思维、信息意识）

（2）能够运用数字化、自动化多媒体作品制作工具高效完成创作。（计算思维、数字化学习与创新）

（3）能够利用社交网络交流、分享作品，落实宣传政府提出的居家隔离倡议。（信息社会责任）

（四）教学重点与难点

重点：了解项目学习的模式；掌握“项目设计方案”和“评价表”的设计方法；利用在线协作工具沟通创作；利用社交网络交流、分享作品。

难点：运用数字化、自动化多媒体创作工具实现高效协作创作；运用多媒体评价标准客观、精准地评价作品。

（五）教学策略设计

1. 教学方法

教法：情境法、合作学习指导法、问题发现与探究指导法。

学法：自主、合作、探究，查阅资料法。

2. 教学媒体设计

（1）教师录制指导学生的课程视频资源 2 个。

（2）自主探究的视频资源选取教材的配套光盘资源 1 份。

（3）学习指引 2 份，课前均会为学生提供学习指引，辅助学生了解当天学习流程。

（4）“项目设计方案” 1 份。

（5）“评价表” 1 份。

（六）项目学习过程设计

表 1　项目学习过程设计

项目学习环节	教师指导	学生活动	学习内容	师生在线互动
选定项目	教师以一段疫情防控宣传片引入，创设项目学习的背景以及提出“云社交”的需求，把学生带到项目情境中	项目情境：学生根据视频中提及的疫情防控背景，在社交网络支持下，提出保持安全距离的“云生活”的需求，填写“项目设计方案”中的“需求分析”和“问题提出”两栏	“项目设计方案”中的“需求分析”和“问题提出”两栏的填写方法	教师在学生群上在线答疑。 学生提出下载资料包时遇到的困难和填写时的疑惑
	教师介绍项目式学习的环节，并提供多媒体作品的评价标准，引导学生分组并根据标准填写“项目设计方案”，利用社交网络选择合适的工具创作多媒体宣传作品	项目选题：学生分组后，通过在线协作工具以及网络会议系统确定项目作品主题，填写“项目设计方案”中的“主题选取”一栏	项目学习的一般过程，“项目设计方案”中的“主题选取”一栏的填写方法	教师在学生群上在线答疑，并协助学生分组。 学生提出填写时的疑惑，没有成功分组的学生提出调配申请

续上表

项目学习环节	教师指导	学生活动	学习内容	师生在线互动
规划设计	教师在在线资源平台上提供多样化的在线协作工具下载链接，并提醒学生注意“项目设计方案”中的括号内填写说明	学生以小组为单位，利用在线协作工具以及网络会议系统讨论得出初步设计方案，填写“项目设计方案”中的“项目规划”一栏	探究在线协作工具“项目设计方案”中的“项目规划”一栏的填写方法	教师在学生群上在线答疑，并协助学生解决使用在线协作工具的难题。 学生提出填写时的疑惑和在线协作时遇到的困难
探究活动	教师提供“过程性记录表”范例，引导小组成员合理分工	学生利用在线协作工具以及网络会议系统进行作品设计方案的探究，填写“项目设计方案”中“过程性记录表”各成员的初定分工内容和预计截止时间	探究在线协作工具，“项目设计方案”中的“过程性记录表”各成员的初定分工内容和预计截止时间的填写方法	教师在学生群上在线答疑，并协助学生学会比较解决难题的最优方案。 学生提出填写时的疑惑和选择方案时的抉择困难
项目实施	教师引导学生选择数字化、自动化的多媒体创作工具进行创作	学生根据组内分工表显示的各自负责的内容，选择合适的信息技术手段高效完成并在预计截止时间前交给组长整合，修改填写“项目设计方案”中“过程性记录表”各成员实际分工内容和实际截止时间	探究数字化、自动化的多媒体创作工具，修改填写“项目设计方案”中的“过程性记录表”	教师在学生群上在线答疑，并协助学生选择最合适的多媒体创作工具。 学生提出填写时的疑惑和选择工具时的抉择困难

续上表

项目学习环节	教师指导	学生活动	学习内容	师生在线互动
成果交流	教师展示学生提交的三个优秀作品，引导学生客观、精准评价多媒体作品，并让学生按要求填写“评价表”优化意见	分享交流： Ⅰ. 组内：完成初步成果，组内分享交流，提出修改意见，填写“项目设计方案”中“分享交流”的“修改意见”。 Ⅱ. 组间：选择任一其他小组进行分享交流，请对方小组提出修改意见，并填写小组“评价表”中“优化意见”一行	“项目设计方案”中“分享交流”的“修改意见”，以及“评价表”中“优化意见”一行的填写方法，学会用多媒体评价表客观评价作品	教师在学生群上在线答疑。 学生提出填写时的疑惑
		修改完善：根据上述组内、组间修改意见对作品进行完善、优化	运用数据反哺优化作品	教师在学生群上在线答疑，协助学生完善作品。 学生提出修改作品的想法
活动评价	教师收集优化后的作品在社交网络进行展示，并让学生按要求填写“评价表”分数	Ⅰ. 组内互评：小组内各成员给相互的参与度和学习态度评分，填写“评价表”中“组内互评”一列的分数。 Ⅱ. 组间互评：小组间给对方作品的“主题以及思想性”“科学以及技术表现”“艺术性”和“特色加分”四个评价维度评分，填写“评价表”中“组间互评”一列的分数。		

续上表

项目学习环节	教师指导	学生活动	学习内容	师生在线互动
活动评价		Ⅲ. 教师评价：学生提交项目作品后，要求教师对作品的“主题以及思想性”“科学以及技术表现”“艺术性”和“特色加分”四个评价维度评分，填写“评价表”中“教师评分”一列的分数	运用多媒体作品评价表客观准确地评价作品	教师在学生群上在线答疑；单独解答学生之间可能会出现的对评价分数有异议的情况。 学生将完善后的作品发到社交网络平台，将评论等信息反馈给教师

（微信扫描二维码可观看课例，网页下载链接：
https://portal.scnu.edu.cn/article-13965-561-1.html）

三、 教学成效与反思

（一）教学效果

学生在本课程中利用合适的信息技术手段，高效创作多媒体宣传作品。教师引导学生通过填写“项目设计方案”和“评价表”，一步步完善优化作品。因为符合学情，学生学习动机较强，高质高效地完成了小组宣传作品，提交率为100%，优秀作品占比很大，达到本次项目学习在线教学的预期教学效果。不仅如此，学生根据教师建议，把作品分享到视频客户端或者朋友圈，得到了很好的反馈，增加了他们运用信息技术创作的信心和动力，反哺课堂。

本次项目学习虽然历时两周，但开展项目学习的各环节都没落下。从前期策划到后期制作修改，同学们表现都很积极，碰到问题能积极向教师或同伴寻找解决方法，学会多种网络学习和交流方式。而教师也从中得到启发和反思，复学后如何在面授课开展像项目学习这种“以学定教”的高效课堂，这是最为宝贵的收获。

（二）教学反思

本次项目学习虽然大部分学生都积极参与，但是部分学生家里没有在线学习的条件。

此外，没有分组成功的学生也没办法参与到本次学习中来。针对这一情况，应当有以下对策：①加强教师的主导作用，主动联系未参与分组的学生并帮助他们成组开展项目。②针对家里没有在线学习条件的这部分学生，在复学之后应该给予补做机会。③教师需要对整个项目学习的过程进行调控，应该让每组的组长定时报告进度，以及提出需要解答的疑惑。

作者简介

霍颖怡，华南师范大学附属中学信息技术教师，初中信息技术备课组组长，人工智能校本课程负责人之一。张怡文，华南师范大学附属中学信息技术教师。黄秉刚，信息技术高级教师，华南师范大学附属中学信息与通用技术科组长，高中信息技术教材《网络技术应用》《信息系统与社会》主编。黄然，信息技术高级教师，初中信息技术备课组组长。陈妤，信息技术高级教师，华南师范大学附属中学学生处主任，粤教版高中信息技术必修《数据与计算》编者。

专家点评

（1）具有借鉴意义。这是一篇具有借鉴意义的在线教学案例。此案例的教学对象是初二年级学生，而多媒体作品制作的难度可根据学生的年龄层做调整。教学设计取材来自于生活，应用于生活。教学模式运用了“微课 + 项目”学习，能大大提高学生学习的主动性。

（2）符合社会需求。在线学习是疫情期间的防控要求，也是疫情后大势所趋，成了可持续发展的学习模式。这种学习模式不仅可以满足防控需求，还能解决教师在远程教学中无法监管学生学习的问题。此案例运用教师引导的项目学习，学生作为项目的主角，通过填写“项目设计方案”和“评价表”，一步步完善、优化作品，提高学生的主动性和积极性。同时，学生制作的宣传作品，也能给居家隔离的人们或者一线的医护工作者带来鼓励。

（3）落实学科素养。基于信息技术的学科素养，在线项目学习的教学过程以项目学习环节、教师指导、学生活动、学习内容、师生在线互动五条主线横向展开，项目学习环节以选定项目、规划设计、探究活动、项目实施、成果交流、活动评价六个环节纵向深入。此案例将两者整合再细化，教学环节与教学目标环环相扣。

——华南师范大学教育信息技术学院　胡小勇

初二“递进”式复习课在线学习案例

华南师范大学附属中学　黄然、霍颖怡、张怡文、陈好、黄秉刚

一、 案例简介

受新冠肺炎疫情影响，全国各地中小学延期开学。在疫情受到控制后，为保障广大人民群众的生命健康，教育部提出“停课不停学”的号召，发挥互联网的优势开展教学活动，在线教学进入了大众的视野。在线教学是基于互联网平台发展而新生的教学方法，它可以拉近师生之间时间和空间的距离，需要学习者具有较强的学习自主性，能够在没有监督的情况下自觉进行学习。

教育行政管理部门要求义务教育阶段不开新课，把复习课程的内容安排好，使学生有充分的时间去适应在线学习这种新方式。为促进学生健康成长、全面而有个性地发展，切实提高初中教育教学质量，广州市要求学校做好信息技术初中学业水平考试组织实施工作。

在“停课不停学”期间，华南师范大学附属中学坚持每周安排一次信息技术课程，确保了学习时间。初中二年级备课组经过集体讨论，确定利用这段时间对第一学期的学习内容进行两轮“递进”式专项复习闭环训练。一方面，复习课的内容学生已经有学习基础，能够尽快地适应在线学习，降低内容对学习活动的影响；另一方面，学生通过复习课温故而知新，巩固知识和技能，为2020年12月初的广州市初中信息技术结业考试（初三会考）做准备。

本次专项复习内容是广州市信息技术教科书《信息技术》初中第二册，先分专题复习后进行总复习和汇总测试。每节课课前，教师都会提前给出学习指引，指导学生如何通过教师录制的微课进行系统复习，利用智学网平台的课堂检测功能来检测复习效果，学生有疑问，教师可通过“班级微信群”进行答疑。

二、 教学设计

（一）教学内容分析

本次案例教学内容是复习教材的数据的分析与处理、程序设计初步、App Inventor 手机积木式编程三章，共设计了4课时内容，每节课40分钟。前两章在初三会考中主要以操作题形式考查，共有36分左右（操作题30分，选择判断题6分左右），因此是复习的重点。

（二）学生情况分析

华南师范大学附属中学的学生相对来说比较自觉，学习态度也很积极。上本课前学生已经过近半个月的在线学习体验，能够较好地适应在线学习的模式。

学生上学期已经学习完了第二册课本，对教材内容相对熟悉，有一定的基础。但从期末考查情况来看，很多学生对某些知识点掌握得不够理想，比如 Excel 中的 Rank 函数、分类汇总操作，程序设计初步章节中循环结构的执行过程等。因此在复习过程中要特别提醒学生注意对这些知识点的再次理解。

（三）教学目标

（1）熟练掌握快速完成大量数据的计算、统计与分析的方法。

（2）掌握三种基本程序结构，能读懂简单程序。

（3）掌握 App Inventor 手机积木式编程中“摇一摇，听单词”程序设计。

（四）教学重点与难点

重点：熟练掌握快速完成大量数据的计算、统计与分析的方法；掌握三种基本程序结构，能读懂简单程序。

难点：利用 Rank 函数、分类汇总等手段分析数据的方法；For – Next 语句的执行过程。

（五）教学策略设计

总体上以“教师主导、学生主体”的教学原则为指导，以先分后总的方式进行复习，即先分章节进行专项基础知识复习，然后再把知识和技能综合起来安排。考虑到本次复习完全是线上教学，因此在微课中教师尽可能通过创设情境或有效的设问引导，让学生置身于情境或问题之中，组织学生在思考、探究中完成知识的巩固。另外，第二轮复习中注意引导学生围绕考纲对各章节知识点进行系统的梳理，绘制各章思维导图，利于学生再次巩固、强化知识点。

（六）教学实施

第一轮　知识回顾，温故知新（共 3 课时）

本轮学习共 3 课时，分章节进行专项基础知识复习。学生在“华附云”平台观看知识点复习课，基于教师设计的学习资源包完成指定的线上练习测评。这个阶段是学生熟悉在线学习的阶段，知道如何获取学习资源，安排时间自主听课，教师通过在线平台掌握学生的学习情况和测评结果。

1. 第一课时“数据的分析与处理”

（1）学习目标：教师通过引入 2018 年初三会考的双向细目表引导学生重视教师所讲授的学习内容，通过讲解本章节的常考点引导学生将已学知识进行分类，布置精选题目让学生从训练中暴露短板，学会通过信息手段获得帮助，注重培养学生学会运用信息技术解决实际问题的能力和信息素养。

（2）教学内容：本课时对应教材第二册第一章，教学重点是 Excel 表格中的文本格式、快速填充、数据筛选与排序、绘制图表、函数的运用。初三会考中以选择题（1 分）、判断题（2 分）和操作题（15 分）的形式出现。因此，在复习的过程中，教师在帮助学生巩固基础知识之余，更要引导他们通过实例学会阅读、分析题目，再运用有关知识和操作技巧进行解答。

（3）教学过程：①学生在“华附云”课堂观看微课进行知识点的复习（见图 1）；②学生在“智学网”平台进行“数据的分析与处理”自测练习；③学生在微信群中提出问题，教师在线答疑。

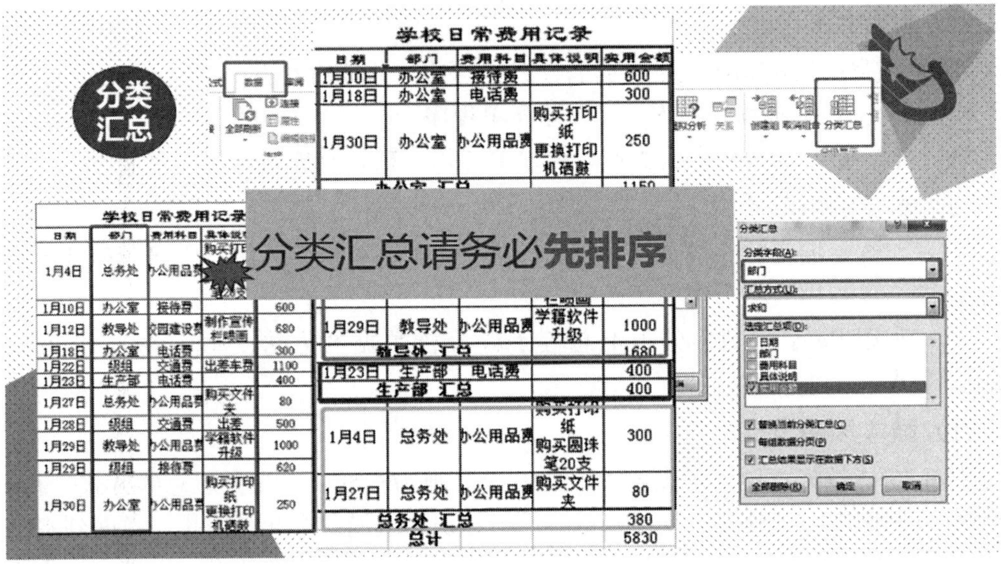

图 1　微课截图

（4）教学资源：①微课（微课从宏观上分析本案例所用教材在会考中的分值分布，将本章学习内容涵盖在内，帮助学生归类知识点，引导他们学会一两道典型例题，并通过数据分析解决一类问题，帮助学生更加牢固地掌握旧知）；②练习（结合近四年的会考试题，选取和本章节相关的题目汇总在一起后发布在“智学网”平台，学生在课堂时间内即可完成）；③学习指引。

2. 第二课时“程序设计初步”

（1）教学目标：了解 VB 程序设计的基本要素和简单语句格式及其功能，能读懂简单程序。掌握三种基本程序结构，了解程序设计的基本思想和方法，学会把实际问题设计转换为程序，并把程序应用于解决实际问题。

（2）教学内容：本课时对应教材第二册第二章，教学重点是程序中的对象、基本要素和三种基本结构。初三会考中以选择题（1 ~ 2 分）、判断题（1 分）和操作题（15 分）的形式出现。因此，在复习过程中，应当在帮助学生巩固基础知识的同时，引导他们学会阅读、分析程序。

（3）教学过程：①学生在“华附云”课堂观看微课进行知识点的复习；②学生在“智学网”平台进行自测练习（见图 2）；③学生在微信群中提出问题，教师在线答疑。

一、选择题（每题3分，共21分）

1. 在 Visual Basic 中，语句 form1.Caption = "欢迎使用本系统!" 中的"Caption"是（ ）。

A. 属性值 B. 属性名 C. 对象名 D. 类名

2.语句Dim x As Integer作用是吧x定义为（　　）变量。

A. 单精度型　B. 整型　C. 布尔型　D. 字符型

3. VB表达式：3+4*5^2的值是等于（　　）。

A. 403　B. 300　C. 529　D. 103

图2　智学网测试截图

（4）教学资源：①微课（微课将本章学习内容涵盖在内，通过典型问题分析帮助学生更加牢固地掌握旧知）；②练习（结合近四年的会考试题，选取和本章节相关的题目筛选后发布在“智学网”平台，学生在课堂时间内即可完成）；③学习指引。

3. 第三课时“App Inventor 手机积木式编程”

（1）教学目标：①熟悉 App Inventor 的组成板块以及对应板块中常用的元件类型和作用；②能制作简单小程序。

（2）教学策略：本课时对应教材第二册第三章，主要内容包括认识 App Inventor 的操作界面和制作简单的手机应用，在初三会考中多以选择题的形式出现，考核中对操作没有要求。因此，在复习的过程中，主要帮助学生巩固基础的知识，比如界面的认识、元件的名称以及作用等。

（3）教学过程：①学生在“华附云”课堂观看微课进行知识点的复习；②学生在“智学网”平台进行自测练习；③学生在微信群中提出问题，教师在线答疑。

（4）教学资源：①微课（本次课通过动画式的微课将学习内容涵盖在内，通过生动的画面吸引学生的注意力，并通过故事性的案例唤醒学生的记忆，帮助学生更加牢固地掌握旧知）；②练习（结合近四年的会考试题，选取和本章节相关的题目汇总在一起后发布在“智学网”平台，学生在课堂时间内即可完成）；③学习指引。

第二轮　自主归纳，递进强化

4. 第四课时“归纳巩固”

本轮学习为1课时。教师通过微课引导学生归纳得出各章知识思维导图，帮助学生查漏补缺，巩固和完善知识网络，同时对重点知识进行拓展提升。这个阶段的学习，教师把知识和技能综合起来安排，有利于学生再次巩固、强化知识点。

（1）教学目标：①重温三章知识的学习目标；②根据学生的实际情况对重点、难点进行释疑。

（2）教学内容。按章节进行复习，每一章节都包含三部分内容：

第一部分：明确目标，以目标激励学生的学习。

第二部分：重点、难点例题分析；在录制微课前将学生前面三次课的练习结果精选出典型高频错题，结合知识点进行分析和讲解，并呼应学习目标。

第三部分：引导学生归纳本章知识并形成思维导图（见图3），帮助学生重构知识网络。

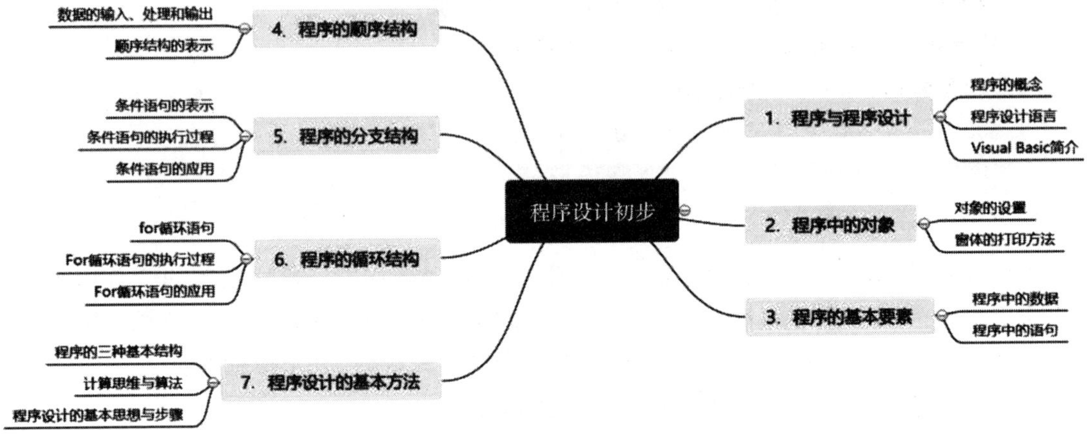

图3　思维导图

（3）教学过程：①学生在“华附云”课堂观看微课进行教材全册重点、难点知识的复习；②学生在“智学网”平台进行综合练习；③学生在微信群中提出问题，教师在线答疑。

（4）教学资源：①微课（微课将本书三章学习内容涵盖在内，通过典型问题分析帮助学生理解知识、掌握技能）；②练习（结合近四年的会考试题，按第一、二章为重点，第三章略选，选取各种难度系数的题目，筛选后发布在“智学网”平台，学生在课堂时间内即可完成）；③学习指引。

（注：暂缺课例视频链接及二维码，如有需要可直接联系本案例作者）

三、 教学成效与反思

经过四周的两轮“递进”式复习，绝大多数学生已经基本掌握各知识点，对知识点的掌握情况也越来越好，测试优秀人数增加了近一半，不合格的人数明显减少了，说明这种“递进”式复习模式在网上实施效果还是不错的。

本次两轮“递进”式复习全过程都是在线上进行，对比传统的面授复习课，其优势显而易见：首先是学生可以根据自身情况自由选择复习模式，基础好的可以直接跳过微课进行检测，学习一般的可以根据教师的节奏来复习，基础不好的可以反复观看微课，甚至暂停微课进行思考或做笔记，有疑问可以随堂问教师。其次是学生更明白哪些是常考点或易错点，方便学生重构相关知识网络。

本次线上复习的不足之处就是对于少部分学生的学习积极性没有很好地调动起来，在以后的设计中应增加更多的互动和激励环节。针对这一问题，备课组也商讨了以下几个策略：

（1）控制在线课程时长在20分钟以内，以确保学生能集中注意力学习。

（2）在班级答疑群即时表扬认真思考、成绩优秀、进步较大的学生，树立学习榜样，以提高学生学习的积极性。

（3）教师多使用动画的方式生动形象地呈现知识点，增强学习印象。

（4）针对普遍存在的典型问题可以即时录制简短的小视频在班级答疑群进行答疑。

（5）在试题分析中加上详细解析，解决大部分学生有疑问而又不主动提出的问题，学生可以通过看解析获得解答。

作者简介

黄然，华南师范大学信息与通用技术科高级教师，从事信息技术教学工作18年，辅导学生多次在省级、市级比赛中获奖，发表论文3篇。曾获海珠区优秀科研人员称号（2013年），海珠区“十二五”课题研究先进个人称号（2016年），多次获海珠区人民政府嘉奖。曾任海珠区信息技术学科教研会理事、中心组组长、中心组成员，多次在海珠区学科教研中发言。霍颖怡，华南师范大学附属中学信息技术教师，初中信息技术备课组组长，人工智能校本课程负责人之一。张怡文，华南师范大学附属中学信息技术教师。陈妤，信息技术高级教师，华南师范大学附属中学学生处主任，粤教版高中信息技术必修《数据与计算》编者。黄秉刚，信息技术高级教师，华南师范大学附属中学信息与通用技术科组长，高中信息技术教材《网络技术应用》《信息系统与社会》主编。

专家点评

在“停课不停学”期间，本案例利用在线教学平台及资源，针对第一学期的学习内容开展了四周两轮的“递进”式专项复习课程。第一轮课程分章节进行专项基础知识复习，第二轮课程进行知识点巩固强化，教学环节设计清晰，教学成效较为显著。

在教学内容方面，本案例选取了数据的分析与处理、程序设计初步、App Inventor 手机积木式编程作为三节课的教学内容，知识点层层递进、难度适中，适合开展在线教学，有利于学生形成系统的知识网络，培养社会实践能力。

在技术支撑方面，本案例以“华附云”为主要在线学习平台，配合“智学网”平台完成练习，通过微信群交流答疑，借助 App Inventor 学习编程，形成了较为便捷、高效的教学实施流程，有利于学生根据个人需要进行自主学习，教师根据学习情况开展针对性教学。

——华南师范大学教育信息技术学院　胡小勇

小学三年级“初识编程猫”教学设计

深圳市信德学校　刘侃清

一、 案例简介

因疫情期间大部分学生没有电脑，不能在有电脑的环境下开展信息技术的学习，所以本案例使用手机作为学习终端，利用 CCTalk 平台进行网上直播授课。本案例于 2020 年 2 月 19 日完成授课。根据平台显示数据，当时有 3.85 万人次参与直播，截至本案例撰写前有约 5.49 万人次的播放量，居区内各年级信息技术课学习人数前列。本案例按内容划分，属于少儿编程类的入门课程。在教学设计上，结合学生的身心特点，利用网络环境，创设趣味情境，让学生在玩中学，在玩中练，在玩中变。在教学方法方面，运用线上二维码互动体验及任务驱动的方式，让学生实现从零到一的跨越，学会利用编程猫软件进行脚本的搭建，完成简单的源码程序，锻炼学生的程序思维，为进一步的编程学习打好基础。

二、 教学设计

（一）教学内容分析

本案例是教材以外的小学信息技术拓展自编内容。疫情期间，在不能讲授新内容的大环境下，依据信息技术学科核心素养（信息意识、计算思维、数字化学习与创新和信息社会责任），选取当下热门的“编程猫”软件作为拓展的教育教学内容进行讲授学习，从而培养学生的计算思维。在教学内容的选择上，主要为学习编程猫软件下载及安装的方法，学习“事件模块当开始被点击命令”“声音模块说命令”和“动作模块移动命令”的使用。

（二）学生情况分析

1. 学生的知识基础

学生接触信息技术课程已经有一个学期的时间，对信息技术的学习方式有一定的了解。大部分学生从一年级就开始用手机进行在线学习，运用手机终端进行新内容的学习对学生并不陌生。

2．学生的心理特点

小学三年级学生对信息技术的学习热情高，兴趣浓厚，有很强的参与意识，但专注时间较短。因此，教师在教学中应尽可能创设有趣的故事情境，将内容贯穿在情境当中，以学生为本，充分调动学生学习的积极性，让学生参与其中。与此同时，疫情期间家长有时间支持线上教学活动，这样更有利于开展学习活动。

3．学生的认知困难

小学三年级的学生处在形象思维期，对抽象内容的理解还未形成。在此之前，大部分学生没有接触过此软件，也无相应的教材用于对照学习，故内容的设计上要求教师采用由浅入深的渐进式教学，让学生能在短时间内爱上编程。

（三）教学目标

1．知识与技能目标

（1）掌握移动端下载、安装编程猫的方法。

（2）认识编程猫软件移动端的界面。

（3）会在编程猫软件移动端中添加背景和角色。

（4）会使用“事件模块当开始被点击命令”“声音模块说命令”“动作模块移动命令”。

（5）能运用源码制作出一个简单的作品。

2．过程与方法目标

通过演示与探索结合的方法，建构自主的学习过程。

3．情感态度与价值观目标

让学生在自主解决问题的过程中感受成功的快乐。

（四）教学重点与难点

重点：能够利用源码编辑器进行简单的角色控制操作。

难点：能够根据要求熟练利用源码编辑器进行角色控制操作。

（五）教学策略设计

新课标指出教师是学习的组织者、引导者与合作者，而信息技术教学大纲明确指出：知识及技能的传授应以完成典型“任务”为主。因此，本节课设计的主要教学方法有“创设情境法”“任务驱动法”“参与式体验法”“双师课堂”等。

（六）教学流程图

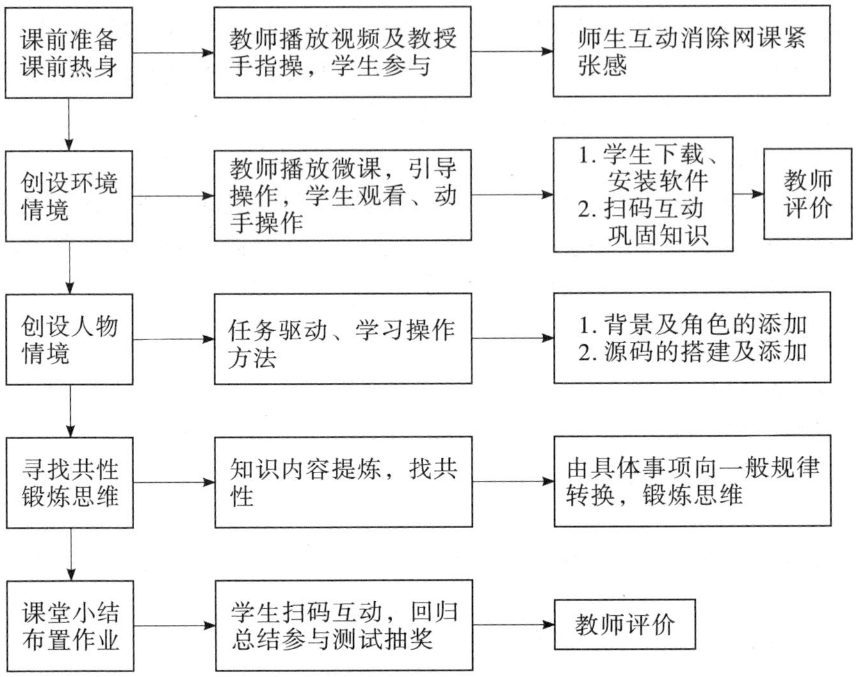

图 1　教学流程图

（七）教学过程设计

1. 教学环节一：课前热身

【教师活动】

示范手指操（见图 2），与学生共同放松手部。

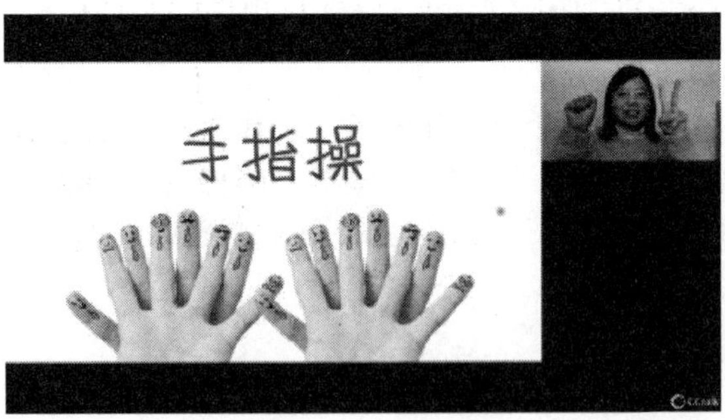

图 2　教师示范手指操

【学生活动】

跟学手指操。时间为 1 分钟。

【设计意图】

避免学生在网络上课过程中过于紧张，吸引学生的注意力。

2. 教学环节二：创设情境，故事引入

【教师活动】

（1）讲述源码世界的故事。

（2）介绍源码世界里生存的精灵（见图3）。

（3）介绍通向源码世界的装备。（具体教学过程请看课例视频。）

【学生活动】

听源码世界的故事。时间为2分钟。

【设计意图】

采用创设故事情境的方式，激发学生的学习兴趣。

图3　源码世界的精灵

3. 教学环节三：下载及安装软件

【教师活动】

（1）导入活动：要通向源码世界，需要找到秘密入口搭乘时光列车，最后刷脸进入，大家准备好了吗？

（2）播放微课视频，学习编程猫移动端的下载、安装及注册。

【学生活动】

观看微课视频，进行安装及注册。时间为5分钟。

【设计意图】

本环节主要让学生跟着微课完成软件的安装及注册，培养学生的自学能力。

4. 教学环节四：软件界面的认识

【教师活动】

（1）导入活动：让编程猫来给大家介绍介绍源码世界吧。

（2）播放微课视频。

（3）布置操作任务“我能改一个酷酷的名字”（见图4）。

（4）布置随堂小测（教师展示手机二维码布置作业）。

【学生活动】

观看视频，学习源码世界的组成；完成操作任务；完成随堂小测。时间为6分钟。

图4　操作任务

【设计意图】

本环节主要让学生跟着微课完成学习，用完成任务及微信扫一扫随堂小测的方式，实时检测学生的学习情况。

5．教学环节五：动手创作

【教师活动】

源码世界有一条规矩：凡是第一次来源码世界的人类，都需要向猫老祖问好。我们一起来完成吧！

（1）让角色动起来。教师播放微课学习视频“让阿短动起来”，布置操作任务一：“让角色动起来”。

（2）拜访猫老祖。教师播放微课学习视频“拜访猫老祖”，布置操作任务二：“向猫老祖问好”（见图5）。

（3）操作总结。教师总结操作三部曲。

（4）发布练习成果。教师引导学生自主发现发布的方法，播放微课学习视频。

图4　向猫老祖问好

【学生活动】

观看视频，学习让阿短动起来的方法，完成操作任务；观看视频，拜访猫老祖，完成操作任务；自主探索；观看视频，完成作品发布。时间为25分钟。

【设计意图】

运用微课，让学生进行重点知识的学习，培养学生的自学能力。

6．教学环节六：小节回顾

【教师活动】

同学们，你今天的收获是什么呢？我们一起回顾一下吧（教师展示“脑力大挑战”二维码）。

【学生活动】

回顾教学内容。时间为1分钟。

【设计意图】

小结回顾加深学生的印象。

7．教学环节七：布置作业

【教师活动】

在编程猫软件中，还有很多没有讲过的积木，请选择其中一个积木仔细研究，看看角色会发生什么样的变化。

【学生活动】

记录作业。时间为1分钟。

（微信扫描二维码可观看课例，网页下载链接：ttps://portal.scnu.edu.cn/article-13965-546-1.html）

三、 教学成效与反思

本案例中的信息技术课——“初识编程猫”，是课本外的拓展内容，属于编程类入门课程，主要掌握编程猫软件下载及安装的方法，学习“事件模块当开始被点击命令”“声音模块说命令”和“动作模块移动命令”的使用。整节课下来，通过创设不同的故事情境，采用多个微课以及扫码互动的方式，教学目标能较好地实现，学生基本能够利用编程猫软件进行简单程序的编制。

需要指出的是，上课前的手指操，在一定程度上能起到舒展手指及灵活大脑的作用，进一步活跃气氛。为了解决在疫情下课堂无法实现互动，教师无法与学生面对面交流的问题，本案例将课程的知识点整理成相应的题目，转换成二维码，利用网络的特性让学生扫码答题，完成后还设有幸运抽奖。这样的方式有利于了解学生的学习情况，从而更好地为后续课程内容做进一步调整。

作者简介

刘侃清，信息技术一级教师。先后获评深圳市龙岗区骨干教师、优秀教师、先进教育工作者、优秀共产党员等；现被聘为龙岗区中小学信息技术中心组成员、区新任教师专业能力培训及考核导师、区“青年教师工作室”主持人等。教学能力突出，多次获教学基本功及教学课例一等奖。

专家点评

当前，信息技术日新月异，教授课本的知识时常不能满足当今学生的学习要求。为了解决“吃不饱”的现象，教师常常需要为学生提供拓展类的学习内容，以便全方位地提高学生的信息素养。小学三年级的学生可谓“数字土著”，这部分学生大多已经具备一定的移动设备使用能力，在没有教材支持学习的基础上，也能达到一定的学习效果。本案例的作者正是巧妙地运用了这一特性，在内容的选取上选择了现在学生喜爱、家长认可的编程类课程。这非常符合学生的学习需求。另外，疫情期间，作为移动设备的代表——手机，人人皆有，令学习开展变得更加轻而易举。在教学方式及方法上，针对网络课程，本案例有以下可取之处，值得一线教师借鉴：

第一，增加暖场环节，拉近屏幕距离。本案例面向的是三年级的学生，学生持续注意时间较短。为了拉近与学生的距离，本案例增加了暖场的环节，采用课前简单的手指操，在一定程度上能起到活跃气氛及舒展手指，进而灵活大脑的作用，为课前营造出轻松氛围。

第二，创设多样的情境，将知识学习及思维锻炼融于情境中。本案例根据学生的身心特点，创设了两个情境——环境情境和人物情境，让学生在情境中完成任务并掌握知识。当然，信息技术课不是教操作，编程类的课程更重要的是对学生思维的锻炼，通过找共性，提问“你知道怎么操作吗”这样的形式，在潜移默化中锻炼学生思维，逐步提高编程的思维能力。

第三，以“码”实施互动，实时监测学习情况。在网络教学环境下，互动较难实现。本案例利用互动平台，将课堂中的知识点变成二维码，在课堂休息及总结环节展现此二维码让学生扫一扫，进行有奖答题，瞬间引发抢答高潮。通过这样的方式，作者在一定程度上能了解学生的学习情况，并能实现课堂的实时监测，从而为后续调整教学内容提供帮助。

不足之处在于，课程最后布置的是开放性的作业，但未提供相应的提交途径，学生课后的学习情况无法得到有效反馈。

——华南师范大学教育信息技术学院　胡小勇

特殊时期的非线性线上翻转课堂

——以小学四年级 WebGoC 编程教学为例

佛山市南海区桂城街道南海师范附属小学　黄明燕/
佛山市南海区狮山镇松岗中心小学　朱蔼玲

一、案例简介

为响应新冠肺炎疫情期间教育部关于“停课不停学”的方针，佛山市南海区信息技术学科也开展了线上教学。笔者在实践中，总结出特殊时期的“非线性线上翻转课堂教学模式”。

以往常态的翻转课堂一般采用“前期准备—自主学习—互动答疑—巩固拓展”的线性的教学模式①：课前，教师录制微课，学生在学习任务单的指导下观看微视频掌握基础性内容；课中，通过协作研讨、师生释疑来实现提升认知、解决重难点的高级学习目标。但在线上教学中，每个教学环节都是互相关联和影响的。而“非线性线上翻转课堂教学模式”包含的四个环节就相互关联、相互影响，具体如下。①“前期准备”：微课直接指向学生的“自主学习”，作业布置与“巩固拓展”环节的作业呈现息息相关。②“自主学习”：学生学习过程产生的疑问通过“互动答疑”得到解决，学习的效果通过“巩固拓展”的分层作业得到体现。③“互动答疑”：学生的理解盲点成为下次“前期准备”微课的重要依据。④“巩固拓展”：作业中的优秀作品成为下一次“前期准备”可视化展示的素材，作业的点评和点拨会在“互动答疑”中体现。

二、教学设计与实施

（一）教学内容分析

本案例所用教材为粤高教版《信息技术》四年级下册，教学时间为每周 20 分钟，教学对象为小学四年级学生。WebGoC 是 C 语言的扩展，是南海区专门针对小学开发的趣味

① 胡小勇，冯智慧. 理解翻转课堂从十个问题说起［J］. 教育信息技术，2015（11）：3－6.

编程入门语言。本课程是在学生学习了四年级上册图形化程序设计 WebGoC 编程的基础上引导学生进行 12 个项目作品综合创作的课程，学习内容综合性强，思维品质要求高，实践技术操作多，教学难度不小。

（二）学生情况分析

信息技术学科偏向理论的教学，线上容易操作，但编程教学线上开展实属不易。通过上学期的学习，学生已学会了 WebGoC 编程绘图的基本命令，这些为本课的学习奠定了基础。但由于学习间隔时间较长，部分学生对学过的知识有些遗忘，所以需要教师引导学生温故知新，熟悉 WebGoC 编程环境的使用。

（三）教学过程设计

本次线上教学完成了 8 周教学内容的设计。

1. 第一周教学内容

【教师活动】

（1）制作一个抗击病毒的微课发到学校公众号（微课封面设计见图 1，具体教学过程请看课例视频）。

（2）作业布置：不要求全体学生提交，只要求信息学科特长生在辅导群交作品。

图 1　微课封面

【学生活动】

观看微课，感受 WebGoc 创作作品的魅力。

【设计意图】

这个内容有难度，并不是所有学生都能掌握，但会让学生开阔眼界，产生学习兴趣并动手操作。

2. 第二周教学内容

【教师活动】

（1）设计任务：让有电脑的学生上 51goc 网站进行闯关游戏。

（2）制作 51goc 网站的操作步骤微课，让学生进行闯关，复习简单命令，并在微信群用“接龙管家—反馈接龙”上交完成作业的照片。

【学生活动】

自学微课；完成闯关游戏；完成作业并上传接龙。

【设计意图】

了解学生是否有电脑的情况，检查学生对命令的掌握程度，从而为下一周的教学做准备；闯关游戏让学生找回对 WebGoC 的兴趣；让学生知道家里没有安装“WebGoC 服务器”一样可以通过网络上的 51goc 网进行学习。

3. 第三周教学内容

【教师活动】

录制微课：（1）复习部分命令。

（2）好作业欣赏，把第一周收集到的有创意的抗击病毒作品给学生欣赏，并鼓励学生继续提交，争取上榜。

（3）移动 moveTo 命令的教学（移动命令是教材内容）：①出示示例（帅气的脸）和程序—显示一次绘画过程—移动命令—讲解坐标—例 1（一个很简单的例子，用移动命令，左边画椭圆，右边画矩形）—例 2（加深例子，画人脸）（见图 2）。②布置分层作业：初级任务——模仿例 1；升级任务——模仿例 2，并可改编。

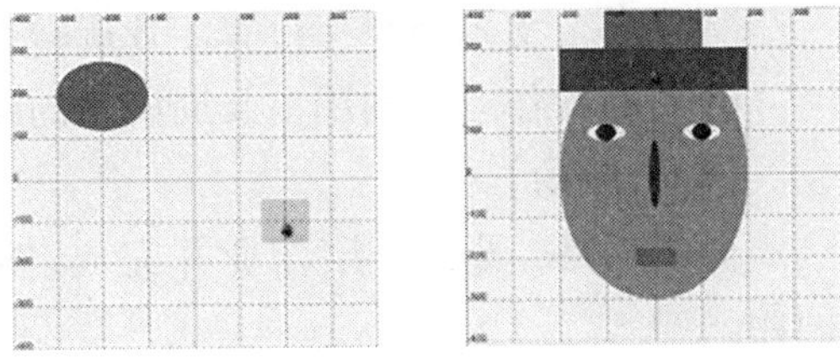

例 1　　例 2

图 2　活动例题图

【学生活动】

自学微课；选择分层作业并完成；通过反馈接龙上传作业。

【设计意图】

教材重构：考虑到学生没有平时在学校的“一室一站”的服务器资源，因而把书本的教学内容重构，改为简单但能吸引学生的例子；让学生接触移动命令，感受它的方便；针对学生的情况适当放慢进度，每周展示优秀作业鼓励学生。

4. 第四周教学内容

【教师活动】

录制微课：（1）为什么要学习编程（网络视频）。

（2）学习命令：调入图片，显示图片，改变图片大小，还有巩固上节刚学的移动命令。

（3）制作范例作品《街景》：用移动 moveTo 命令加上图片 p. picL 和 pic 命令，制作一幅街景。

（4）布置分层次作业：①初级任务——模仿例程，画街景。②拓展任务——把动物放到动物园里面。③高级任务——自由创作。

（5）在“学乐云”平台布置选择题，让全部学生完成。

【学生活动】

自学微课；选择分层作业并完成；通过反馈接龙上传作业；微信联系教师解决疑难问题。

【设计意图】

关注没有电脑的学生，布置关于命令用法的选择题，让学生听完课有一个巩固。在学生刚接触新命令，并且对旧命令掌握不太牢固的情况下，用简单有趣的画面，可以吸引学生注意，让学生有创作的动力。上周是用移动加矩形和椭圆命令绘画，本周是用移动加图片结合进行创作，画面更丰富。

5. 第五周教学内容

【教师活动】

录制微课：（1）介绍教材具体内容。

（2）第 1 课“贴春联”。分析上联、下联、横批各自的坐标位置。

（3）欣赏上周作品，对作品进行点评。利用图片命令再加旋转图片让图片有动态的效果。

（4）复习文本命令，设置图片旋转命令，更改图片大小，使用移动命令。

（5）布置作业：利用上几周所学的移动命令，加上 text 和 picU 命令进行创作。

【学生活动】

自学微课；选择分层作业并完成；通过反馈接龙上传作业；微信联系教师解决疑难问题。

【设计意图】

每节课都有复习命令的环节，因为编程课一周才一节，网课才 20 分钟，通过复习打好基础；每节课的移动命令都会加上不同的命令搭配，让学生能利用多个命令进行创作。

6. 第六周教学内容

【教师活动】

录制微课：（1）《安全网络教育》（网络上的视频）。

（2）创作《安全网络教育》作品（见图 3）。

【学生活动】

自学微课；创作《网络安全教育》WebGoc 作品；上传作业；微信联系教师解决疑难问题。

【设计意图】

学生长期拿着手机、电脑学习，加入网络安全教育可以提高学生的网络安全意识。

图 3 《安全网络教育》作品

7. 第七周教学内容

【教师活动】

录制微课：（1）讲解书本的填空和显身手练习。

（2）演示贴春联作品的编程过程。

（3）布置作业：利用图片库中的春联、灯笼等，设计新春作品。

【学生活动】

自学微课；完成作业；上传作业；微信联系教师解决疑难问题。

【设计意图】

由于本周发放四年级课本，故调整为根据书本上课；在视频里加入上课要求，如准备好书、笔，翻到第几页这类话语，提醒学生要跟上进度。

8. 第八周教学内容

【教师活动】

录制微课：（1）进行情感教育《鲜花祭英烈》（网络上的动画视频）。

（2）分析作品的绘画步骤。

（3）介绍花环的画法。

（4）作业：用画花环的方法进行创作（见图 4）。

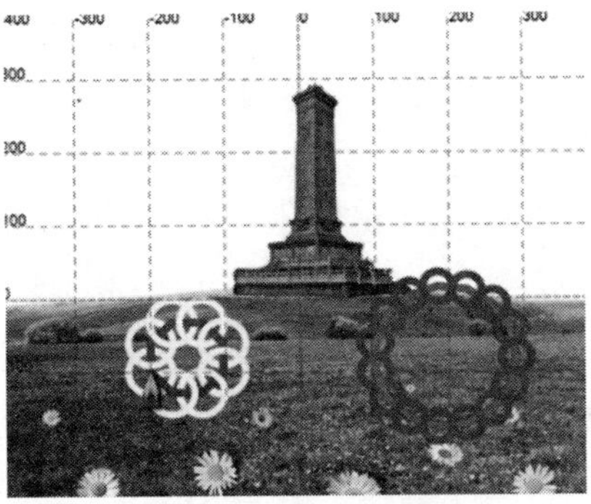

图 4　学生作品

【学生活动】

自学微课；选择分层作业并完成；上传作业；微信联系教师解决疑难问题。

【设计意图】

这周刚好是清明，《第 4 课清明祭扫》调到这周上，对学生进行情感教育。

（四）教学实施

以上教学设计都已在十个班级开展了教学实践，主要实施步骤如图 5 所示。

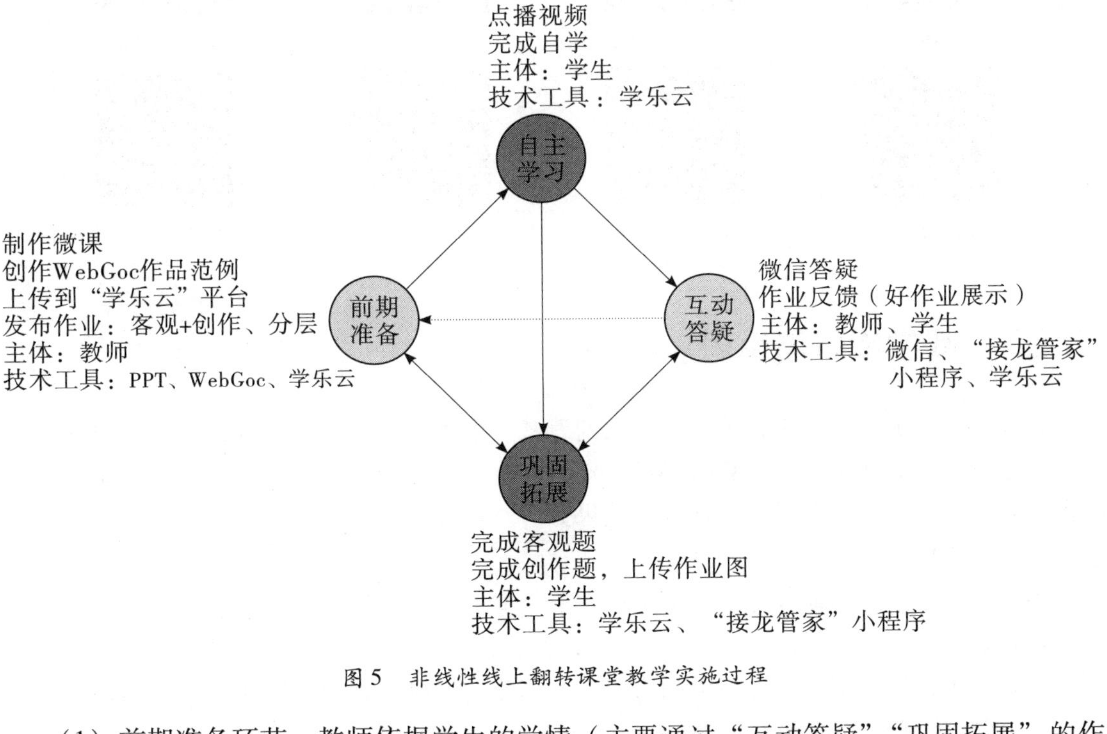

图 5　非线性线上翻转课堂教学实施过程

（1）前期准备环节：教师依据学生的学情（主要通过“互动答疑”“巩固拓展”的作业了解）重构教学内容，在“巩固拓展”收集的作业中挑选优秀作品放入下一节课进行好作品可视化展示，制作 PPT 并录制成微课，利用 WebGoc 创作当次课作品范例并上传至“学乐云”平台，发布分层作业。

（2）自主学习环节：学生通过“学乐云”平台点播视频完成自学。

（3）互动答疑环节：教师通过微信答疑学生在“自主学习”过程中遇到的问题并做作业反馈。

（4）巩固拓展环节：学生通过“学乐云”平台完成客观题；通过“接龙管家”小程序完成创作题，上传作业图。

（微信扫描二维码可观看课例，网页下载链接：
https://portal.scnu.edu.cn/article-13965-539-1.html,
https://portal.scnu.edu.cn/article-13965-535-1.html,
https://portal.scnu.edu.cn/article-13965-536-1.html,
https://portal.scnu.edu.cn/article-13965-537-1.html,
https://portal.scnu.edu.cn/article-13965-538-1.html,
https://portal.scnu.edu.cn/article-13965-534-1.html,
https://portal.scnu.edu.cn/article-13965-541-1.html,
https://portal.scnu.edu.cn/article-13965-540-1.html）

第一周作业　　第三周课例　　第三周作业　　第四周课例

第五周课例　　第六周课例　　第七周课例　　第八周课例（第4课）

三、 教学成效与反思

本案例在以下几方面进行了较为深入的思考、设计以及实践：①如何开始思维实操类的编程教学？②如何帮助学生克服畏难心理，保持学习热情？③如何了解学习效果并提高学习成效？每一课后，都进行了详细的效果分析及反思改进。

1. 第一周教学

教学成效：信息学辅导社团的学生提交了非常有创意的作品，但也有个别学生通过班主任把作业上交。

教学反思：学生都复习了简单的命令，一部分学生放假后把命令遗忘了。

2. 第二周教学

教学成效：收到了约200份作业，也就是有电脑的学生大约占二分之一。

教学反思：对闯关游戏有很大兴趣的学生，除了完成布置的任务，还在网站上找到乐趣，自己编程。

3. 第三周教学

教学成效：①收到了约 250 份作业。有电脑的学生交作品，没有电脑的学生也交笔记或正在看视频学习的照片。②有个别学生选择了简单的例子进行模仿，大部分学生选择了画帅气的脸蛋。③有部分学生除了模仿外，在原作品上进行创新，例如改颜色、改大小、加点装饰。

教学反思：①发现上交的照片里，有些没有电脑的学生也用笔记录命令，这个很好。②部分学生能对命令掌握熟练，还能举一反三进行改编。③在学生没有资源、没有课本的情况下，对书本的教学内容二次重构非常重要，要改为简单但能吸引学生的例子。

4. 第四周教学

教学成效：交编程作品的学生依然有 200 多人，选择题每班能完成的大约就是 30 人，还有十几人不重视。

教学反思：①通过两周的程序练习，学生能自己编写完整的程序，知道一个完整的程序哪些格式要注意。②需要关注那些没有电脑的学生，布置关于命令用法的选择题，使其能巩固提高。

5. 第五周教学

教学成效：第五周收到作业 180 份左右。

教学反思：这周的作业是一大亮点，没有设定春联主题，但学生看了四份作业点评后大有启发，所以作业各不相同。有的学生善用 51goc 网里的图片库进行创作，效果很好。

6. 第六周教学

教学成效：参照程序模仿完成作业的有 100 人左右，另外 100 多人改进了程序，效果不错。

教学反思：学生在家完全是由自己打出一个程序，呈现自己想要的图案。当然，即使是照着教师参考的程序完成，还是有收获的。

7. 第七周教学

教学成效：第七周收到作业 170 份左右。

教学反思：①学生的想象力丰富，设计的画面也有故事情节。②学生学习了五节与移动命令相关的课，对这一内容掌握得很好。从学生的创作可以知道，很多学生能得心应手地运用移动命令。虽然花的课时有点多，但对于基础不太好的学生急不了，毕竟欲速则不达。

8. 第八周教学

教学成效：第八周收到作业 240 份左右。

教学反思：学生的作业效果不错，利用 for 循环语句画出 2 个或更多的花环献给英烈，并且能灵活运用前两周所学的文字命令和移动命令，或写上对英烈说的话，或为图面添加上更多小插图，让画面很饱满。这也意味着学生掌握了前几节课的内容，而且能灵知运用进行编程创作。

具体来看，因为用了非常多的技术手段保证学生的学习效果，例如用“反馈接龙”小程序收集作业，实现好作业点评和可视化展示保持学生的学习兴趣，利用手机微信及时答疑，利用手机 APP“崽崽”制作与教师形象类似的 3D 人物讲课以缓解学生对着电脑过多产生的视觉疲劳和学习倦怠，并且利用了“非线性线上翻转课堂教学模式”环环相扣，利用好每一环节产生的问题和契机进行教学设计和重构，大大提高了线上教学的效率。在全校 10 个班共 440 人的情况下，每次都有将近一半的学生完成作业并且作业质量较高，可见这一模式的实施确实值得再反思和总结，后续深入研究和实践推广。

作者简介

黄明燕，小学信息技术一级教师，南海区基础教育科研标兵，广东省义务教育粤高教版地方教材《信息技术》编写人员，多篇文章发表于省级以上刊物。朱蔼玲，小学信息技术一级教师，南海区先进工作者及信息学优秀辅导教师。

专家点评

本案例总结出“非线性线上翻转课堂教学模式”，按照“前期准备”“自主学习”“互动答疑”“巩固拓展”四个环节设计了八周的教学案例，经过为期八周的教学实施，体现了以下两点特色：

（1）“以终为始”，从结果逆向思考，线上翻转有实效。本案例在进行教学设计之前，从输出端即学生的角度来思考：学生应该知道什么？理解什么？能够做什么？什么内容值得理解？什么是期望的持久理解？通过这样的思考，明确教学目标和定位，以此为基础进行教学设计，而每周的教学评价又成为下周的起点，评估的重点是找到证明学生预期结果的证据，或者是能够证明学生理解和掌握程度的证据，以此设计前置性任务，“以终为始”，从结果逆向思考，线上翻转有实效。

（2）多平台联动，发挥技术优势，提升学生自我效能感。本案例采用“学乐云”平台、微信小程序和微信群等多平台联动的方式进行线上教学，在保证线上教学顺利进行的同时，既充分发挥了各平台的优势，又能抓住新时代学生的个性特点，将他们留在课堂。通过即时的反馈和线上互动，提升学生的自我效能感，一定程度上突破了传统翻转课堂的不足，保持学生后续学习的热情和思维的层层递进，提升了疫情期间信息技术课程的效果，值得后续深入研究和实践推广。

——华南师范大学教育信息技术学院　胡小勇